Une histoire des cours princières

Éric Hassler
Pauline Lemaigre-Gaffier

Une histoire des cours princières

De Lisbonne à Saint-Pétersbourg
XVIIe-XVIIIe siècles

ARMAND COLIN

Collection Mnémosya
Illustration de couverture :
Martin Meytens, *Souper donné à l'occasion du mariage de l'archiduc Joseph et d'Isabelle de Parme en la salle de la Redoute, à la Hofburg de Vienne*, 1760, château de Schönbrunn.

NOUS NOUS ENGAGEONS EN FAVEUR DE L'ENVIRONNEMENT :

PAPIER CERTIFIÉ

Nos livres sont imprimés sur des papiers certifiés pour réduire notre impact sur l'environnement.

Le format de nos ouvrages est pensé afin d'optimiser l'utilisation du papier.

Depuis plus de 30 ans, nous imprimons 70 % de nos livres en France et 25 % en Europe et nous mettons tout en œuvre pour augmenter cet engagement auprès des imprimeurs français.

Nous limitons l'utilisation du plastique sur nos ouvrages (film sur les couvertures et les livres).

Armand Colin est une marque de
Dunod Éditeur, 11 rue Paul Bert, 92240 Malakoff
www.dunod.com
ISBN : 978-2-200-62135-3

Introduction

Qu'est-ce qu'une cour ?

The Crown, *Les Tudors*, *Versailles*, *Victoria*, *Marie-Antoinette*, une tentative de romancer de la vie de sa mère, Marie-Thérèse, ou encore un nouvel ersatz de *Sissi*... L'explosion du phénomène « séries » dans les années 2000 exploite abondamment l'univers des monarchies européennes, à tel point que les cours semblent constituer une des principales clefs d'entrée fictionnelle dans l'histoire de l'Angleterre, de la France ou de l'Autriche. Or, en ce domaine, la réalité dépasse la fiction : en 1953, le couronnement d'Elizabeth II rassemblait 27 millions de téléspectateurs ; en 2011, le mariage du prince William avec la roturière Catherine Middleton en aurait captivé deux milliards. Les figures princières fascinent toujours, familières, car intégrées au *star-system* médiatique, et pourtant profondément étrangères car anachroniques. Celles qui tentent d'échapper à cette tension, en jouant de la trompeuse familiarité que favorise l'écran du téléviseur ou du smartphone, sont inéluctablement rattrapées par les règles de l'autre système auquel elles doivent leur existence publique : la cour, qui maintient sur elles une emprise sociale, politique et culturelle dont elles ne peuvent se départir.

La cour oubliée ?

En suscitant un engouement médiatique et patrimonial, l'alcôve et le palais entretiennent l'intérêt d'un large public pour l'histoire des cours royales et princières. Institution centrale des monarchies européennes, la cour demeure pourtant paradoxalement un impensé. Il faut reconnaître que la cour a subi une oblitération liée à la combinaison de trois puissants filtres : le Versailles de Louis XIV, l'exégèse qu'en a fait Norbert Elias et l'ostracisme imposé par les *Annales* du fait de l'analogie entre la cour et les « trois idoles de la tribu des historiens » – la biographie, la chronologie et l'histoire politique[1].

L'historiographie a été longtemps tributaire d'une vision « para-historique » (H. Himmelfarb) du Versailles de Louis XIV érigé en modèle au tournant des XVIIe et XVIIIe siècles, à l'articulation entre discours de la monarchie française sur elle-même et pratiques d'appropriation des autres cours européennes. S'y conjuguent progressivement une légende noire, héritière des moralistes, des Lumières et de la Révolution, et la nostalgie des « falbalas du passé » (H. de Chennevières), ces reliques d'un âge d'or politique et culturel révolu.

Ce processus de réification a été paradoxalement renforcé au moment où les sciences sociales se sont emparées de ce qui peut être considéré comme un phénomène historique à part entière. C'est en effet en analysant les processus politiques, sociaux et culturels caractéristiques de la société de cour à partir de celle de Louis XIV que le sociologue allemand Norbert Elias a proposé un modèle-type dont il a fait le point d'appui de sa théorisation du « procès de civilisation »[2]. Dans cette perspective, la société de cour constitue, du fait de son extrême codification, un laboratoire de l'intériorisation collective des pulsions qui fait de la curialisation de la noblesse – enfermée dans une « cage dorée » – un instrument essentiel de la construction de l'État moderne. Dès lors investi d'une fonction paradigmatique, Versailles en est venu à incarner le fonctionnement socio-politique de l'absolutisme louis-quatorzien auquel il était tentant d'assimiler tout système de cour.

Polysémies curiales

Au contraire, la polysémie du terme met en lumière la plasticité de cette institution pour les contemporains eux-mêmes. Le *Dictionnaire* de Furetière (1690) en donne par exemple plusieurs définitions :

> 1. « lieu où habite un Roy ou un Prince Souverain. Un courtisan doit estre toujours à la Cour, ou aller souvent à la Cour. Il a escrit en Cour » ;
> 2. « signifie aussi le Roy & son Conseil, ou ses Ministres. Il est venu un ordre de la Cour de faire partir ces trouppes. Ce mot vient de curia » ;
> 3. « signifie encore tous les Officiers & la suitte du Prince. La Cour marche vers un tel endroit. Il y a long-temps que cet homme est à la suitte de la Cour. C'est un des premiers Seigneurs, une des plus belles Dames de la Cour. C'est un Marchand de vin suivant la Cour. Les Rois tenoient autrefois leur Cour plenière » ;

Les échelles de la cour

Devenu roi d'Espagne en 1701, Philippe V éloigne sa cour de la capitale de ses États comme l'avait fait son grand-père Louis XIV pour la cour de France, dont Versailles était devenu le siège principal en 1682 au détriment de Paris. Sans revenir aux pratiques des souverains du XVIe siècle qui arpentaient toute l'étendue de leurs possessions – ainsi de Charles Quint qui traversa plusieurs fois l'Europe au cours de son règne, des Pays-Bas à la péninsule ibérique sans oublier l'Empire et l'Italie –, Philippe V renforce les pérégrinations suburbaines de la cour d'Espagne. Tout en maintenant le principe hérité de Philippe II et des Habsbourg d'une itinérance limitée et centrée sur la capitale, il allonge les séjours de la cour en-dehors de l'Alcazar madrilène, qu'il fait pourtant réaménager à la suite de l'incendie de 1734, et leur confère une régularité saisonnière que maintiendront ses successeurs, Ferdinand VI et Charles III. Aux résidences de chasse – Aranjuez, El Pardo... – et au palais-monastère de l'Escurial construit par Philippe II, il ajoute notamment dans les années 1720 le palais de La Granja, dont les jardins agrémentés de spectaculaires jeux d'eaux conçus par des fontainiers français firent un lieu de villégiature estivale. La cour du premier Bourbon d'Espagne, célèbre pour sa mélancolie et sa tendance à se dérober aux regards, fut ainsi une cour à la fois cosmopolite – puisque s'y croisaient les représentants des grandes familles des royaumes espagnols et des nations alliées et autres anciennes possessions Habsbourg : Flamands, Italiens, Français, Irlandais... – et foncièrement mobile.

Penser la cour au prisme de « jeux d'échelles » (Jacques Revel) permet d'inscrire ce phénomène dans la pluralité d'environnements dont on voit ici qu'ils sont des révélateurs de complexes interactions socio-culturelles et politiques. Deux entrées géographiques se sont avérées particulièrement stimulantes : d'une part, la question des monarchies composites et, d'autre part, l'articulation entre la cour et la ville. La « constellation » des cours habsbourgeoises a servi de laboratoire à l'analyse des modalités transactionnelles du gouvernement des États princiers à l'époque moderne, la cour étant l'un des nœuds des échanges entre le souverain, ses sujets et ses territoires[13]. Dans cette perspective, la cour peut être conçue comme un « pôle de cristallisation » qui fabrique du lien entre le souverain et des élites lointaines dont la présence et le service ne sont souvent que virtuels[14]. Ce constat invite à relativiser l'assimilation entre cour princière et centralisation de l'État. En découle aussi l'idée que la cour est à géométrie variable, c'est-à-dire multi-sites, tantôt réglée par le souverain, tantôt par ses représentants (membres de la dynastie, vice-rois ou gouverneurs...), à l'intersection de plusieurs sphères sociales et territoriales. Quant à l'inscription urbaine, repensée d'abord par les médiévistes, elle oblige à dissiper le mirage d'une société curiale enfermée dans sa tour d'ivoire au profit de l'examen de ses interactions sociales, économiques et culturelles avec son environnement. Plutôt que d'opposer la Cour et la Ville comme deux institutions concurrentes, l'historiographie récente a mis en lumière des continuités et des interdépendances qui dessinent les contours d'un objet inédit, la ville de résidence et ses extensions[15].

Une culture de cour ?

En 1734, l'un des fils de Philippe V d'Espagne, Charles, devient roi de Naples. La construction du théâtre de San Carlo à partir de 1737 participe d'un ensemble d'actions visant à légitimer le pouvoir des Bourbons sur ces territoires conquis après de longues années de guerre. Relié au palais royal par une galerie intérieure, le théâtre en prolonge le faste et la magnificence : on y donne des représentations d'*opera seria*, un art total qui permet d'exalter la personne royale, comme on y célèbre festivités dynastiques et cérémonies de cour. Véritable théâtre d'État, comme le *Teatro Regio* de Turin dont la capacité de 2 500 spectateurs est équivalente, le San Carlo est d'abord un théâtre de cour dont les moyens sont mis à la disposition du public napolitain par des spectacles payants. Son personnel musical relève par exemple largement de la Chapelle royale. C'est aussi un théâtre urbain qui favorise l'agrégation des pratiques culturelles des élites et qui, tout en bénéficiant de subsides royaux et de redevances versées par les autres troupes implantées dans la ville, doit être rentable économiquement. L'accélération des consommations culturelles au siècle des Lumières est dès lors aussi le moteur de son fonctionnement – le successeur de Charles, Ferdinand IV, n'hésitant pas à placer l'opéra-comique, genre mineur mais très en vogue, sous la protection du pouvoir royal et de la cour en y consacrant un deuxième théâtre d'État, le *Teatro del Fondo* créé en 1779[16].

Or fixer la focale sur l'institution curiale en tant qu'elle dépense et consomme permet d'interroger à la fois les pratiques qui circonscrivent chaque cour et la possibilité d'identifier une culture, ou un *ethos* curial, à l'échelle européenne. C'est l'objectif que s'étaient donné en 1998 les organisateurs d'une session au Congrès mondial d'histoire économique qu'ils ouvrirent ainsi à l'exploration de la société de cour. En pensant « la cour comme institution économique »[17], il s'agissait de mettre en exergue les enjeux socio-politiques de la redistribution (pensions, privilèges, mécénat) et de la représentation (vêtement, habitat, *decorum*...), à travers l'analyse de la dépense somptuaire de l'État et des pratiques individuelles de consommation. Une telle démarche, qui cherchait à saisir les déclinaisons concrètes de ce qui s'apparenterait à une culture de cour, entendait rompre avec l'éclatement disciplinaire et le cloisonnement thématique des analyses formelles de la littérature curiale (traités de civilité, mémoires de courtisans...), des productions artistiques (palais, mobilier, iconographie, spectacles et performances...), ou encore des artefacts matériels. Objets et acteurs ne devaient plus être seulement considérés pour eux-mêmes, mais du point de vue de leur fonction dialectique dans la culture de cour.

Modèles et circulations

En 1747, l'empereur de Chine Qianlong, « ayant vu la peinture d'un jet d'eau en demande l'explication au frère Castiglione, et s'il y a à la cour quelque Européen en état d'en faire exécuter de semblable... Le premier modèle que lui présente le père Benoist plaît tellement à l'empereur, qu'il prend en conséquence la résolution de bâtir un palais européen, choisit lui-même l'emplacement dans ses jardins et ordonne au frère Castiglione d'en tracer le plan, de concert avec le Père Benoist »[18]. C'est ainsi que naquit le vaste complexe des Xiyanglou au sein de l'enceinte du Palais d'été de Pékin, dont la construction devait s'échelonner sur une vingtaine d'années, en phases successives, au gré des envies de l'empereur. Grottes, fabriques, belvédères, buffet d'eau reprenaient la grammaire de l'art des jardins européens, accommodé à l'esthétique chinoise. Pour les soldats français puis britanniques qui pillèrent le palais d'été à l'automne 1860, l'analogie à Versailles était aussi évidente qu'elle l'était aux yeux des voyageurs découvrant les résidences princières mégalomaniaques qui fleurirent dans l'Europe des Lumières et que l'historien de l'art Louis Réau n'hésita pas à qualifier de « satellites de Versailles » (*L'Europe française*, 1938).

La proposition d'une analogie systématique avec le Versailles de Louis XIV, qu'elle porte sur les formes ou sur le fonctionnement des cours européennes, ne peut cependant aujourd'hui qu'être relativisée à l'aune du renouvellement des recherches scientifiques et des discours culturels et patrimoniaux sur les cours de l'Europe moderne. L'ombre d'un « modèle » louis-quatorzien n'en continue pas moins de planer sur l'histoire des cours princières, occultant non seulement la pluralité des configurations curiales mais aussi la complexité des circulations et des connexions entre elles.

Les enjeux illustrés par ces quatre histoires, qui eurent pour siège des cours de Lorraine, d'Espagne, de Naples et de Chine en étroite interaction avec l'espace européen des cours princières, serviront de fil rouge à cet ouvrage où l'on cherchera tant à circonscrire l'institution curiale qu'à en montrer les dynamiques au stade de maturité que peuvent représenter les XVIIe et XVIIIe siècles. En somme, les cours princières résultent à cette époque d'une institutionnalisation toujours recommencée de l'entourage du prince et des échanges qu'il cristallise, perpétuant jusqu'à la fin de l'Ancien Régime l'imbrication étroite de paradigmes que l'époque contemporaine a construits en antagonismes – profane et sacré, service du public et service domestique du souverain, pérennité et mobilités.

On procédera comme en cette introduction à partir de cas significatifs et propres à susciter la réflexion sur cette institution à la fois une et plurielle, dont la complexité doit être éprouvée à l'échelle européenne pour sortir des lieux communs[19].

Première partie

L'institution curiale

Chapitre 1

La cour, institution monarchique et espace politique

> Des Offices de la Maison du Roy. Ce sont icy sans doute les plus vrais des Officiers du Roy, qui l'assistent et servent luy-même journellement au lieu que les autres servent l'Estat et le public, & non pas directement la personne du Roy.
>
> Charles Loyseau[1]

« Là où est le roi, là est la cour ». À l'opposé de la réputation de frivolité et de superficialité dont on l'affuble souvent, la cour est d'abord un « espace du pouvoir » (Pablo Vázquez Gestal). Arène politique où s'affrontent conseillers et ministres courtisans dans l'ombre d'un monarque, d'abord arbitre, la cour demeure sous l'Ancien Régime le cœur battant de la monarchie. S'y façonnent les multiples formes de l'exercice du pouvoir, entre incarnation symbolique de la souveraineté et processus pragmatiques de prise de décision. État dans l'État avec lequel elle nourrit une genèse commune, la Maison du roi constitue une structure socio-administrative tentaculaire qui regroupe l'ensemble des domestiques au service du souverain. Enfin, et plus largement, la cour est un des espaces où peuvent être saisis certains des multiples compromis sociaux et politiques sur lesquels est fondé l'État dit moderne. Si la cour peut bien être considérée comme un levier de pouvoir dans l'affirmation de l'autorité monarchique, elle ne peut se comprendre comme l'outil d'un quelconque absolutisme.

À partir de la fin du Moyen Âge, renforcement de l'État et croissance de l'institution curiale vont de pair. En témoignent la multiplication des conseillers et des élites attachés à la cour, l'augmentation du nombre de courtisans ou encore l'afflux d'artistes, d'artisans, de fournisseurs qui contribuent à la production d'une véritable culture de cour. La sophistication de l'appareil d'État est donc autant celle des organes de gestion d'une cour dont l'organigramme se complexifie, sous l'effet de la spécialisation et de la diversification du service du monarque, que celle des administrations à l'appui du gouvernement du territoire. C'est pourquoi les historiens ont abandonné la vision manichéenne d'un processus de séparation de la cour et de l'État pour privilégier l'hypothèse d'une imbrication persistante. Cette révision historiographique a d'abord eu pour terrain, dans les années 1980, la cour d'Angleterre à l'époque des Tudors (David Starkey), puis des Stuarts, ou la cour castillane à l'époque des Habsbourg (José Martinez Millán).

Dans cette perspective où la cour demeure à l'époque moderne l'une des expressions de l'État, voire son paradigme d'organisation, il importe de faire « retour aux Maisons », comme le préconisait Jeroen Duindam[2]. En identifiant jusqu'aux plus humbles des officiers et serviteurs qui touchent au corps du prince, il s'agit non seulement de mettre au jour l'ossature institutionnelle de la cour mais aussi les dynamiques inhérentes à la diversité des activités, des statuts et des réseaux de ces acteurs. Garantissant l'incarnation de la souveraineté par de multiples transactions, ils « construisent au quotidien »[3] la cour comme un espace à géométrie variable où le politique se joue aux frontières du service domestique, de l'administration du territoire et d'un « espace public » en gestation.

Au cœur de la cour, la Maison du souverain

Origines médiévales et évolutions

Sans doute est-il possible de faire remonter l'existence de la cour à la plus haute antiquité et de produire une longue archéologie des institutions chargées du service personnel du prince. Si l'élaboration d'une cour impériale à Rome a été limitée ou dissimulée pour entretenir la fiction du maintien de la République, les normes et pratiques curiales qui se sont construites dans tout le bassin méditerranéen, en Occident comme en Orient, dans l'Égypte des Pharaons comme à Byzance, ont nourri l'héritage revendiqué par les souverains de l'époque moderne. Plus immédiatement, les Maisons princières de l'époque moderne doivent en général leurs structures aux « hôtels » médiévaux[4].

Avec le terme d'« hôtel » – utilisé dans la monarchie capétienne pour qualifier la suite personnelle du prince – ou de « Maison », dont on retrouve l'équivalent en anglais (« *King's household* ») et dans les monarchies méditerranéennes (« *Casa* »), se manifeste la nécessité d'institutionnaliser le soin du corps physique du souverain et les infinies déclinaisons de son service au quotidien[5]. Une organisation fonctionnelle est indispensable à la mise en œuvre de cette tâche sacrée. Partout en Europe, les structures domestiques répondent d'abord à une division pragmatique du service du prince : se nourrir se vêtir, se loger, se déplacer... La période moderne se caractérise toutefois par des formes d'autonomisation ou d'agrégation de compétences manifestant la singularité princière, irréductibles aux besoins universellement reconnus. C'est ainsi qu'émergent des charges, comme celle de *Master of the Revels* à la cour d'Angleterre des XVIe-XVIIe siècles ou d'intendant des Menus Plaisirs à la cour de France des XVIIe-XVIIIe siècles, qui font des divertissements et du théâtre à la cour un des moyens d'exaltation de la personne et du pouvoir du souverain.

Issus d'une matrice médiévale commune, ces services sont dirigés par de grands officiers, placés au plus près du prince et dont les charges sont globalement similaires d'une cour à une autre. L'hôtel capétien agence les principales figures de cet ordre à la fois domestique et régalien : le sénéchal (dont l'autorité s'exerce sur l'ensemble de l'hôtel), le chambrier (chargé de la Chambre), le bouteiller (chargé des Caves et par extension de la Table) et le connétable (chargé des Écuries) assurent tous également des fonctions financières (sénéchal, chambrier et bouteiller) ou militaires (connétable) au moins jusqu'au Moyen Âge central. Dans le Saint-Empire romain germanique, c'est une filiation parallèle avec la cour carolingienne qui structure la cour ottonienne des Xe-XIe siècles autour de quatre grands officiers : le sénéchal (*Truchsess*), le chambellan (*Kammerer*), l'échanson (*Mundschenk*) et le maréchal (*Marschall*).

Dès l'époque médiévale, ces fonctions connaissent pourtant de substantielles évolutions, que certaines disparaissent purement et simplement (notamment lorsqu'elles conféraient trop de pouvoir à leurs détenteurs, comme celle de sénéchal supprimée en France dès 1191) ou qu'elles soient modifiées au point d'être vidées de leur substance. Assisté par quatre chambellans, le chambrier abandonne ainsi les tâches concrètes qui le plaçaient au contact direct du souverain avant de disparaître sous François Ier. Des changements sont également opérés lorsqu'une dynastie nouvelle arrive au pouvoir, souvent davantage par adjonction que par fusion ou suppression radicale. La concentration soudaine et inédite d'un nombre exceptionnel de couronnes sur le front du jeune prince Charles de Habsbourg oblige ainsi à de curieuses – et bancales – manipulations au nom de la préservation des traditions et des susceptibilités. Proclamé roi de Castille et d'Aragon en 1516, à la mort de son grand-père Ferdinand, Charles Quint, qui était duc de Bourgogne depuis 1506, inaugure alors une longue coexistence entre « Maison bourguignonne » et « Maison castillane » dans la péninsule ibérique. Cette structure double, dont les historiens ont dû élucider les articulations fines et le caractère opérationnel, a même perduré au-delà de la dynastie des Habsbourg, puisqu'elle n'a été supprimée que lors du règne de Ferdinand VI et de l'édiction de la *Nueva Planta de la Casa Real* de 1749[6].

Par-delà les subtilités propres à chaque monarchie, les cours européennes ont en commun trois dynamiques qui en transforment les équilibres institutionnels au tournant du Moyen Âge et les polissent jusqu'à la fin de la période moderne. En premier lieu, la tendance est à une spécialisation toujours plus prononcée, comme avec l'apparition de la Garde-Robe, puis du Garde-Meuble au sein de la Chambre du roi de France. Par ailleurs, la distinction s'accroît entre ce qui relèverait du « service d'honneur » – qui peut aller jusqu'à l'emploi fictif, comme dans le cas des cinq cents chambellans viennois qui n'eurent, dans leur très grande majorité, jamais l'occasion, ni même l'envie, de servir – et de charges plus opérationnelles, pas nécessairement subalternes[7]. N'en demeurent pas moins des situations intermédiaires où la dimension honorifique n'efface pas toute réalité de la fonction, ce qui engendre conflits et frustrations au sein des Maisons. Saint-Simon constate ainsi au tournant des XVIIe et XVIIIe siècles que le « grand maître de France, qui depuis longtemps est un prince du sang, [...] ne commande qu'aux maîtres d'hôtel, ne se mêle que des tables, et encore, depuis Henri III, à cause du dernier Guise qui l'était, a-t-il perdu toute inspection sur tout ce qui regarde la Bouche du roi, et à cet égard le premier maître d'hôtel est indépendant de lui »[8]. Troisième tendance : l'accroissement du nombre des officiers ou employés éloignés du service personnel du souverain, mais participant bien au service de la cour. À la cour de France comme à la cour électorale de Munich, on distingue par exemple la Bouche, du roi ou de l'électeur, du Commun chargé de l'alimentation des courtisans et serviteurs ayant table à la cour. Plus largement, prolifèrent les gestionnaires, fournisseurs et serviteurs des serviteurs, plus ou moins officiellement intégrés à la cour dont ils garantissent pourtant le fonctionnement et dont ils brouillent les frontières.

Par opposition avec les réformes des décennies précédentes, la brutalité et l'ampleur des suppressions de charges curiales que connaît la cour de France dans les années 1780 n'affectèrent pourtant guère les domestiques, artisans et commis qui s'étaient démultipliés dans des services comme le Garde-Meuble ou l'administration des Menus Plaisirs et qui n'apparaissaient pas systématiquement dans les états des officiers de la Maison du roi. L'accroissement des effectifs des Maisons princières est donc bien davantage qu'une simple inflation d'ordre numérique : c'est réellement un changement de nature en lien avec la multiplication des tâches et des statuts. Si l'on pouvait déjà opposer au Moyen Âge central la *domus magnificienciae* et la *domus providenciae* (le service d'honneur et le service domestique)[9], les distinctions mobilisées pour décrire les Maisons princières n'ont eu ensuite de cesse de se complexifier allant par exemple en France jusqu'à présenter le service du roi sous « quatre rapports » : d'un côté, « la Maison publique, de décoration, la Maison domestique qui y tient en quelque sorte », et, de l'autre, « la Maison économique » et la « Maison d'administration »[10].

Du reste, si se pose la question de la nature juridique de ces charges, entre offices et emplois qui ne sont pas tous à la main du souverain, il n'en reste pas moins que le serviteur du prince participe de la puissance publique même s'il ne l'exerce pas, ce qui contribue là encore à rendre floue la frontière entre la cour et l'État[11].

La Cour et l'État : une frontière invisible ?

Un double processus caractérise donc la Maison à l'époque moderne : la disparition des charges qui revêtaient une double dimension domestique et gouvernementale, d'une part ; la mise en administration de la cour et du corps du roi, d'autre part. Pour autant, l'imbrication des formes d'exercice de la souveraineté atteste de la nature politique de ces emplois dans les Maisons princières. En France, les grands officiers de la Maison peuvent non seulement être aussi grands officiers de la Couronne, mais l'éminence de leurs tâches judiciaires, exécutives et administratives procure aux ministres et magistrats le rang au moins honorifique de commensal. Se manifeste ainsi la parenté entre le service du corps immortel du souverain et celui de son corps physique[12].

Les détenteurs d'emplois dans les maisons princières ont joué un rôle actif dans l'histoire des monarchies absolues, à la fois par l'accès privilégié au souverain que confèrent les charges curiales, politiques ou militaires et par les pratiques fréquentes de cumul de ces charges. Les grands officiers de ces maisons continuent par exemple de siéger dans les instances de gouvernement. La figure du favori ou de la favorite, profondément réinterprétée dans l'historiographie, met en lumière la manière dont la construction d'un État territorialisé et bureaucratisé s'articule à la persistance de logiques de faveur personnelle, qui ne relèvent pas que du caprice[13]. Cette approche dissout d'ailleurs la singularité de la construction française de l'État moderne puisqu'il est possible de mettre en série parmi d'autres, dans la première moitié du XVIIe siècle, le comte-duc d'Olivarès, *válido* du roi d'Espagne Philippe IV – qui fut son sommelier de corps –, le duc de Luynes, favori de Louis XIII – qui fut non seulement son principal ministre mais aussi son grand fauconnier et l'un des premiers gentilshommes de sa Chambre – ou encore, le duc de Buckingham, favori et conseiller des rois d'Angleterre Jacques Ier, puis Charles Ier, mais aussi titulaire des charges de gentilhomme de la Chambre et de grand écuyer. L'enjeu fondamental est ici celui de l'accès au roi, la cour devenant la scène cardinale où se jouent la faveur princière et les choix politiques du souverain. En ce sens, l'importance même de la cour comme espace politique se lit en creux dans la nécessité d'en exclure ceux qui sont tombés en disgrâce après avoir trahi tant l'affection que le projet gouvernemental du souverain. Contre une vision où l'honneur commanderait à ce dernier de garder près de lui tous les membres de sa noblesse, le cardinal de Richelieu s'ingénie ainsi à faire systématiquement bannir de la cour tous ceux qui s'opposent à ses desseins politiques et à sa conception, partagée par Louis XIII, d'une autorité absolue.

« Mémoire pour le roi du cardinal contre M. de Cinq-Mars, 27 octobre 1642 », publié dans *Lettres du cardinal de Richelieu*, éd. vicomte d'Avenel, t. VII, 1874, p. 164-167.

Que Sa Majesté ait agréable de nettoyer de temps en temps la cour des esprits mal intentionnés, la raison voulant qu'ils ne soient pas plus tôt connus que bannis pour prévenir l'effet de leur malice qui produit souvent des maux presque irrémédiables (ainsi qu'il a paru en l'affaire dudit sieur le Grand[14]), quand on est négligent à y apporter le remède. [...]
Pour ce faire, au lieu que les méchants esprits ont tâché de persuader à Sa Majesté qu'elle ne peut sans préjudice à son honneur, éloigner quelques-uns de ceux qui sont auprès d'elle, par l'avis de son Conseil, elle ne peut manquer à le faire sans s'exposer à sa ruine quand ils sont mal affectionnés à ses principaux ministres, contre lesquels ils ne peuvent agir sans agir contre l'État. [...]
Le roi s'est toujours servi de pareils remèdes en tout temps. Du temps de M. de Luynes[15] il serait difficile de nombrer combien de gens ont été éloignés, et Sa Majesté en a trop bonne mémoire pour qu'il soit besoin de lui rafraîchir.

> J'ai vu de mon temps éloigner de Senneterre et des Marsillac fort à propos ; et l'éloignement forcé ou volontaire de beaucoup de grands qui sont sortis de la cour et de la France sont la vraie cause du repos de cet État.

Ce type de configuration perdure dans une certaine mesure au XVIIIe siècle, même dans le contexte de la monarchie parlementaire britannique. L'exemple de Sarah Churchill, duchesse de Marlborough et favorite de la reine Anne d'Angleterre et qui était aussi Maîtresse de sa Garde-Robe, montre bien l'articulation étroite des liens socio-politiques et institutionnels tissés entre une cour et un parlement loin d'être étanches l'une à l'autre. Dans le cadre d'un régime parlementaire qui s'élabore dans la pratique, les souverains ont besoin de pouvoir s'appuyer sur des hommes de confiance qui les entourent à la cour tout en maniant l'art de négocier dans les deux Chambres des Lords et des Communes. La cour demeure donc sous les Hanovre l'un des lieux d'exercice du pouvoir, dans ce triangle que forment les palais de Saint-James, de Whitehall, et de Westminster, abritant respectivement le roi, le gouvernement et les Chambres.

Sous Georges Ier et Georges II, si Robert Walpole, qu'on considère habituellement comme le premier ministre de Grande-Bretagne, n'occupa aucun grand office de cour, ce fut le cas de deux autres premiers ministres – le comte de Sunderland, *Groom of the Stole*, et le duc de Newcastle, *Lord Chamberlain*. Sans être massivement représentés au sein des Chambres ou qu'il soit possible de faire l'hypothèse que les bas-officiers étaient recrutés afin de tenir les positions de la Couronne aux Communes, les officiers de cour y furent toujours bien représentés, matérialisant le lien entre ces deux pôles du pouvoir. En 1720, sous Georges Ier, 15 % des Lords ont un office de cour et, sous Georges II, ses quatre vice-chambellans comme presque tous les *grooms* de sa Chambre étaient aussi membres du Parlement[16].

La perméabilité de la frontière entre le service de la cour et le service de l'État est d'ailleurs patente dans bien des écrits qui médiatisent l'institutionnalisation de la cour, en interne à l'administration centrale comme auprès d'un large public. L'annuaire de la Cour impériale, publié à Vienne à partir de 1702, s'emploie comme ses épigones germaniques à détailler une cour toujours plus nombreuse et plus sophistiquée, sans toutefois toujours parvenir à distinguer clairement ce qui relève de la cour proprement dite et ce qui relève de l'État autrichien. Certains départements indubitablement curiaux, comme ceux du grand maréchal ou du grand fauconnier, n'apparaissent pas dans la section consacrée aux Maisons princières mais bien dans l'autre partie de l'annuaire, dévolue aux services administratifs, politiques et militaires. Les livraisons successives de l'almanach viennois, dont la structure évolue tout au long du siècle à l'image des institutions habsbourgeoises, n'en rendent pas moins visible l'institutionnalisation de la cour dans toute son ampleur, des offices les plus prestigieux aux services gestionnaires souvent occultés dans d'autres almanachs européens (bureaux d'écriture, d'expédition et d'archivage des documents produits par l'institution) dont les listes sont publiées *in extenso* (voir chapitre 2).

Toutes les cours ont de multiples doubles de papier, via des supports imprimés – almanachs[17], gazettes – ou manuscrits. Une importante production scripturaire résulte en effet de leur mise en administration : textes normatifs, pièces justificatives destinées à la reddition officielle des comptes ou de la garde des objets précieux, écrits de travail (enregistrements des correspondances comme des flux de personnes, d'argent et de biens). Ces pratiques, précocement développées dès l'époque médiévale dans les cours aragonaise ou bourguignonne, sont ensuite réformées et sophistiquées à plusieurs reprises dans toutes les cours européennes. Dans le contexte de crises financières, les réformes s'accélèrent et s'accompagnent de la systématisation des pratiques de contrôle des dépenses. C'est le cas en Espagne où le règne de Charles II (1665-1700) est marqué par des réformes combinées de l'administration de l'État et de la cour. Le secrétaire-comptable de la Garde-Robe doit ainsi contrôler par écrit les ordres de paiement et les quittances des fournisseurs afin de les confronter à son enregistrement des flux d'objets dont le service est le carrefour – entrée par achat de textiles, ornements et accessoires, mais aussi sortie de ces objets, pour transformation par le tailleur ou la couturière, ou par don après que le roi a cessé d'en user[18].

Contrairement aux idées reçues, la gestion aulique n'échappe pas, ou pas complètement, aux transformations des savoirs et des pratiques de gouvernement à l'époque des Lumières. S'y investissent des administrateurs aux compétences juridiques et financières de plus en plus affirmées qui sont aussi des hommes de cour – à l'instar des comtes Ludwig et Karl von Zinzendorf, « aristocrates et grands commis », deux frères tour à tour président de la Chambre des comptes à Vienne dans les années 1760-1780, passionnés d'économie politique et aspirant à la réforme globale des finances de la monarchie des Habsbourg. Le journal de Karl n'en montre pas moins leur intense fréquentation de la cour[19]. Dès les années 1740, le marquis de La Ensenada avait non seulement entrepris de réduire mais aussi de figer le nombre d'officiers servant à la cour d'Espagne pour en limiter les dépenses. Ces réformes furent confirmées sous le règne de Charles III par la *Nueva Planta de la Casa Real* de 1761 qui fixait le nombre d'offices, le montant des gages et les règles de promotion associés aux charges. Ni le souverain, ni les chefs de départements – dont l'autonomie avait été réduite sous le contrôle direct du monarque, de son *mayordomo mayor* et d'un nouveau *contador general* – n'étaient donc plus censés user librement de ces offices pour exercer leur patronage[20]. À la même époque en France, tant les Contrôleurs généraux des finances – dans l'administration centrale – que les nombreux financiers et fermiers généraux investis de charges de trésoriers dans les Maisons royales, travaillent aux réformes successives de l'administration de la cour où se développent différents systèmes d'enregistrement des flux financiers et matériels. Cette tendance culmine en 1780 avec la mise en place du Bureau des dépenses de la Maison du roi qui exerçait un contrôle théoriquement collectif sur la dépense et dont les membres – administrateurs, comptables et grands officiers issus de la haute noblesse – étaient censés faire jeu égal. L'administration des Maisons princières participe ainsi d'un processus plus global de bureaucratisation de l'État.

Entretenir le prince et sa cour participe des plus importantes affaires de l'État, et donc de ses plus importants postes de dépenses. L'amplitude variable du périmètre de la cour et l'absence de comptabilité centralisée opacifient toute vision globale de ces dépenses et rendent périlleuse toute démarche comparative entre cours. Dans une acception large englobant gages et gratifications des emplois, pensions, achats multiples et variés, entretien des résidences princières, ces postes représentent en moyenne 15 à 20 % des dépenses de la Couronne dans la France des XVIIe et XVIIIe siècles. Cette proportion tend structurellement à s'abaisser au XVIIIe siècle du fait de l'alourdissement incessant des dépenses militaires et de l'endettement de la monarchie. De même, à Vienne, les dépenses curiales représentent environ 20 % des dépenses de l'État au XVIIe siècle et seulement 10 % environ au XVIIIe siècle, tout en en constituant les postes les plus importants après les dépenses d'ordre régalien[21]. Loin des fantasmes de gabegie, ces montants attestent à la fois le poids budgétaire de la cour et le soin apporté au contrôle de son fonctionnement. L'ampleur de la production scripturaire afférente témoigne de la volonté d'ordonner et de contraindre une architecture à la fois immuable et labile, solide et fragilisée par la croissance constante des effectifs et des besoins spécifiques.

La tenue d'innombrables listes et registres, participant de systèmes documentaires complexes, ne doit pourtant pas faire illusion. Elle n'est pas toujours suivie d'une réduction durable des coûts par exemple – l'ambition demeurant plus juridique que gestionnaire – et l'inflation paperassière ne signifie pas que les interactions orales et personnelles disparaissent. Un mot du souverain ou d'un grand officier de la cour peut ainsi autoriser une dépense somptuaire. L'administration de la cour illustre ainsi avec acuité des tensions traversant tout l'État, entre exigences administratives de contrôle (matérialisées par des procédures écrites) et exercice de son « plaisir » et de sa libéralité par le prince.

Physionomie des Maisons princières européennes à l'époque moderne

Elle tend à s'homogénéiser, articulant les héritages médiévaux, les circulations et influences entre cours et les sophistications ultérieures autour d'une tripartition fondamentale entre la Maison, essentiellement réduite par l'apparition de nouvelles structures au service de la Table, la Chambre et les Écuries[22]. De ce fait, la hiérarchie initiale qui fait du grand officier supervisant la Maison (les différentes déclinaisons européennes du grand maître, comme le *mayordomo mayor* en Espagne) est altérée au bénéfice des grands officiers de la Chambre (comme le sommelier de corps en Espagne). Partout, le nombre et la spécialisation des employés sont considérés comme les signes de la grandeur du prince dont le service personnel, au sein de la Chambre, demeure le fondement essentiel. C'est ainsi qu'à la cour de Munich, au tournant des XVIIe et XVIIIe siècles, les effectifs et les dépenses de la Chambre de l'électeur restent stables en dépit des soubresauts politiques que connaît l'électorat bavarois. Au gré des capacités de Maximilien Emmanuel (1679-1726) à soutenir ses prétentions, les dépenses de prestige liées à l'emploi de musiciens, moins étroitement attachés à la Chambre, fluctuent en revanche fortement. Certaines fonctions comme la musique ou la conservation des collections princières se voient en effet affectées à tel ou tel grand officier selon les évolutions propres à chaque cour. En dépit de dénominations similaires, les structures curiales diffèrent en effet dans le détail et ce d'autant plus que les attributions des charges sont susceptibles d'évoluer des nécessités matérielles et/ou sociopolitiques.

En Angleterre, cette structure est essentiellement héritée des York : le *lord stewart* a autorité sur la Maison (*Household below Stairs*), le *lord chamberlain* sur la Chambre et le *master of the horses* sur les Écuries et la Chasse. En Espagne, sous les Habsbourg, quatre officiers dominent l'organigramme curial. Le sommelier de corps (*sumiller de corps*) – dont le titre, originaire de la cour de Bourgogne, a été introduit par Charles Quint – est le plus puissant car directement attaché au souverain qu'il suit dans ses déplacements et dont il gère la Chambre (*Real Camara*). La charge de *mayordomo mayor*, qui supervise la *Casa Real* (c'est-à-dire l'ensemble de la Maison royale à l'exception de la Chambre), a également été créée en 1548 par Charles Quint pour la cour de son fils Philippe aux Pays-Bas, afin de lui permettre de s'appuyer politiquement sur son premier détenteur, le duc d'Albe. Le *mayordomo mayor* administre la Maison avec l'aide d'un véritable collège d'officiers (majordomes, greffier du palais, contrôleur des comptes), ce qui est assez rare à l'époque. La charge de grand écuyer (*cavallerizo mayor*) complète enfin ce tableau des principales charges espagnoles. À Vienne, le *Hofstaat* est quant à lui aux mains de quatre grands officiers – le grand maître de la cour (*obristhofmeister*), à qui revient l'organisation générale de la cour, le grand maréchal (*obristhofmarschal*), chargé notamment de la logistique et de la justice au sein de la cour, le grand chambellan (*obristkammerer*), à qui incombe l'organisation de la Chambre et, enfin, le grand écuyer (*obriststallmeister*) en charge des Écuries.

Si l'on ne peut imputer au seul Louis XIV l'institutionnalisation de la cour de France, c'est sous son règne que sa composition est stabilisée par compilation de règlements plus anciens servant de matrice au renouvellement d'une codification qui s'avère malgré tout impuissante à englober dans son ensemble. En témoigne le fameux règlement du 7 janvier 1681 qui ne porte en réalité que sur la charge de grand maître de la Maison, c'est-à-dire sur la Bouche du roi. Il s'agit donc là d'un effort tardif et limité, ô combien significatif des difficultés à dompter une institution curiale longtemps demeurée rétive aux opérations de normalisations et de classifications. Ce règlement détaille les obligations des officiers de la Bouche dans un ordre immuable qui masque les chevauchements de compétences impliquant collaboration et concurrence constantes entre services. Dans les listes d'officiers produites par la cour, la Chapelle royale, dirigée par le grand aumônier de France, et dont dépend notamment le confesseur du roi, précède cependant la Bouche. Celle-ci est composée de sept services (le Gobelet, la Cuisine-Bouche, la Paneterie-Commun, l'Échansonnerie-Commun, la Cuisine-Commun, la Fruiterie et la Fourrière, les deux premiers assurant le service de la table du roi, les cinq autres celui des officiers).

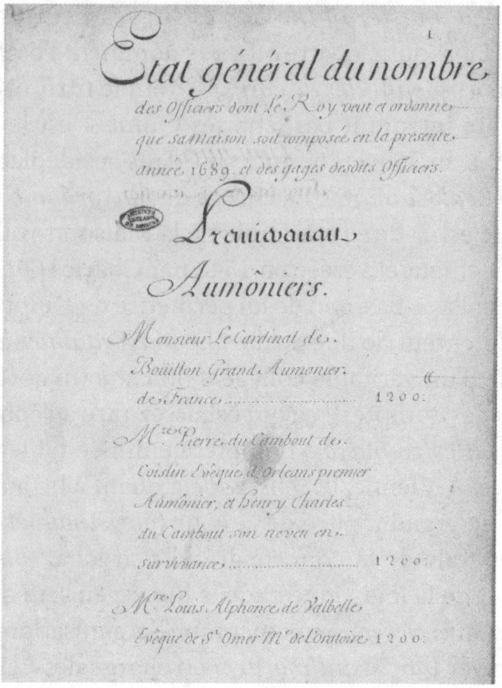

1.

État général du nombre des Officiers dont le Roy veut et ordonne que sa Maison soit composée en la presente année 1689. et des gages desdits Officiers.

Premierement

Aumôniers.

Monsieur Le Cardinal de Bouillon Grand Aumonier de France 1200:

Mre Pierre du Camboust de Coislin Evêque d'Orleans premier Aumônier, et henry Charles du Camboust son neveu en survivance 1200:

Mre Louis Alphonce de Valbelle Evêque de St Omer Mre de l'oratoire 1200:

État des Officiers de la Maison du roi de France en 1689 : page liminaire montrant la prééminence des officiers de la Chapelle (Archives nationales (Paris), O1 716, f° 1).

Théoriquement placée sous l'autorité du grand chambellan, la Chambre du roi est *de facto* dirigée par les quatre premiers gentilshommes de la Chambre. Au service de la Chambre proprement dit (gentilshommes, valets, huissiers, barbiers, porte-manteaux, porte-meubles, porte-arquebuses, horlogers…) s'articulent plusieurs services aux statuts très divers tels que la Musique de la Chambre, la Faculté (Maison médicale), le Cabinet (secrétaires, antiquaires, relieurs, intendant des bibliothèques, lecteurs, historiographes…), les Menus Plaisirs (en charge de l'organisation matérielle des cérémonies et des divertissements du souverain), la Garde-Robe et le Garde-Meuble jouissant d'une autonomie quasi complète sous la houlette du grand maître de la Garde-Robe et de l'intendant général des Meubles de la Couronne qui prétendait même dépendre directement du secrétaire d'État de la Maison du roi, à l'instar des Bâtiments du roi. S'y ajoutaient la grande et la petite Écurie (chevaux et déplacements) ainsi que la Vénerie (pour la chasse à courre, à laquelle étaient rattachés trois autres services, la Fauconnerie, la Louveterie et le Vautrait), la Prévôté de l'hôtel qui jugeait tous les contentieux impliquant des officiers de la Maison et, enfin, la Maison militaire (un corps d'élite composé de plusieurs compagnies de gardes)[23].

Les cours de moindre ancienneté, qu'elles aient été créées de toutes pièces ou dans la majorité des cas amplifiées ou réélaborées dans le courant de la seconde modernité, s'inspirent de ces matrices curiales progressivement réagencées. Il peut s'agir d'une simple solution pragmatique, comme dans le cas du duc Léopold de Lorraine qui doit, dans l'urgence, recomposer une cour à Nancy lorsqu'il recouvre ses duchés en 1698 après un demi-siècle d'occupation française. Se plaignant de ne pas disposer d'archives explicites sur le fonctionnement de la cour de ses prédécesseurs, et ayant négligé la question dans la première décennie de son règne, il se résout, selon ses propres mots, à chercher des solutions tant à Versailles qu'à Vienne[24]. Mais cette imitation peut également participer de stratégies de légitimation de dynasties dont les États et les pouvoirs se sont affermis plus récemment. C'est notamment le cas en Savoie, où l'on retrouve à la mort de Charles Emmanuel, en 1630, la trilogie familière : la *Casa*, la *Camera*, la *Scuderia*. La première est dirigée par un grand maître secondé par un premier *maggiordomo*, lesquels ont des responsabilités similaires à celles de leurs homologues français ou habsbourgeois incluant le service de la table. La Chambre est placée sous l'autorité du grand chambellan tandis que le *gran scuderie* est responsable des écuries qui prennent une importance sans précédent sous le règne de Charles Emmanuel II, passionné de chasse. Quant à la Chapelle, qui s'y est émancipée de la Chambre à partir du XVe siècle comme dans les autres cours européennes, elle voit son personnel, encore modeste, significativement augmenter au XVIIe siècle. Avec un aumônier, un confesseur, huit chapelains, deux clercs, la Chapelle de Charles-Emmanuel II en 1670 est toutefois bien loin des effectifs pléthoriques de la Chapelle du roi de France ou de celle du roi d'Espagne – où les chapelains se comptent par centaines depuis le règne de Philippe II, quels que soient les turbulences financières et politiques[25]. De même, l'occidentalisation de la cour de Russie se matérialise par le remploi progressif de ces structures d'organisation. Pierre le Grand mène, quant à lui, une série de réformes curiales d'inspiration germanique qu'il fait récapituler dans des listes fixant les rangs et les effectifs des départements organisés. Dirigée jusqu'au XVIIe siècle par le grand chancelier du palais, la Maison du tsar s'enrichit en 1711 non seulement de la charge de grand maître de la cour – dont l'autorité administrative concurrence celle du grand chancelier, finalement supprimé en 1727 –, mais aussi de charges comme celle de chambellan ou de valet de chambre, puis de grand écuyer et, sous le règne de la tsarine Élisabeth, de maître de la garde-robe. Curieusement, et comme la cour de Suède l'avait fait deux siècles auparavant, les tsars ont conservé à la majorité de ces charges les dénominations germanophones usitées dans les cours allemandes voisines, signe que ces dernières ont vraisemblablement servi de truchement, malgré les contacts directs que les souverains russes avaient pu entretenir avec les cours occidentales[26].

La cour et le gouvernement du royaume

Le siège de l'exercice du pouvoir par le prince

La Curia regis, c'est aussi bien la cour que le conseil du roi. Cette ambiguïté sémantique est tout à fait significative d'un lien intrinsèque qui se manifeste jusque dans la proximité immédiate de la chambre du souverain et de la salle du conseil. À l'Alcazar de Madrid, à la Hofburg de Vienne, à Hampton Court (en Angleterre), ou encore à Versailles (à partir de 1701), etc., les deux espaces sont même mitoyens. Et de fait, ceux qui fréquentent le conseil, qui rassemble autour du souverain tous ceux qui sont jugés à même (par le rang, la faveur, la fonction) de l'éclairer de leurs avis, sont dans une certaine mesure aussi ceux qui participent activement, ou passivement, au service et au rituel monarchiques.

Trois phénomènes concourent cependant à transformer le rôle du conseil et les modalités d'interaction entre le prince, la cour et l'administration centrale de l'État dans la fabrique des décisions : la tendance du souverain à prendre ses décisions hors du conseil (qui n'est plus alors que le lieu de la délibération), dans le secret de son cabinet ; la volonté de réduire la place de la haute noblesse dont la mise à l'écart systématique, revendiquée par Louis XIV, ne fut cependant pas complètement effective, même en France ; le développement d'une bureaucratie d'État, qui effectue un travail de fond sur les dossiers et prépare largement les décisions – ainsi des « arrêts du Conseil du Roi » qui furent de plus en plus préparés dans la France du XVIIIe siècle par les bureaux du Contrôle général des Finances.

Il est en fait malaisé d'appréhender le déroulement des discussions au cours desquelles chaque conseiller donnait son avis au souverain. Si Louis XIV et Louis XV tranchaient en général en Conseil, suivant la plupart du temps l'avis majoritaire, les Habsbourg tentaient de ne pas laisser filtrer leur opinion, adoptant une posture impassible. Au-delà, comme dans toute cérémonie, la tenue du Conseil, joue de la capacité, parfois ambiguë, du prince à se faire représenter.

Il n'était pas rare qu'au XVIIe siècle, les Habsbourg, en Espagne comme en Autriche, laissent les ministres et conseillers débattre en leur absence – l'absence volontaire ou l'assistance dissimulée derrière une tenture se distinguant d'une absence pour maladie qui suspendait toute décision politique[27].

Espace clairement dissocié de la salle du conseil par son intégration aux appartements privés du prince, à Versailles comme ailleurs, le cabinet n'est pourtant pas qu'un lieu de retraite. C'est aussi un lieu profondément politique dont l'accès restreint garantit le secret des décisions princières. N'y sont admis que des invités choisis, le personnel de la Chambre, et, notamment, les secrétaires particuliers du souverain. Ces derniers peuvent s'y entretenir en tête-à-tête avec lui et participer à l'exercice de l'État. Jusqu'au XVIIIe siècle, la figure du secrétaire concurrence celle du commis, héraut de la modernité bureaucratique, dans le fonctionnement des institutions. Il structure l'environnement de travail du souverain, d'Antonio Perez pour Philippe II à Ignaz Koch, secrétaire de cabinet entre 1742 et 1763, pour Marie-Thérèse. Toussaint Rose, un des quatre secrétaires du cabinet de Louis XIV occupait lui aussi une place privilégiée. Comme Saint-Simon le soulignait, Toussaint Rose « était compté et ménagé même par tous les ministres. Sa plume l'avait entretenu dans une sorte de commerce avec le roi, et [...] d'affaires qui demeuraient ignorées des ministres ». Sa qualité de « secrétaire de la main » – il écrivait les lettres personnelles du souverain parfois en imitant sa graphie – le mettait au cœur de l'intimité princière et des enjeux politiques les plus brûlants[28]. Ces figures montrent combien la confiance et la proximité du souverain pouvaient distordre les logiques hiérarchiques au sein de la cour.

L'environnement de la décision politique, prise au sein d'un conseil pléthorique ou dans la privance du cabinet, n'en était pas moins nettement curialisé. Les cheminements cérémoniels conditionnant le quotidien du souverain au palais faisaient alterner les moments de retraite et d'interaction, voire d'échange avec les courtisans, qui pouvaient constituer des temps d'infléchissement de la politique. Tel mot glissé par l'un, tel placet remis par un autre donnaient à réfléchir. Les modulations de l'entourage du prince au cours de la journée laissaient infuser des idées parfois contradictoires à même de peser sur son avis, surtout lorsqu'il était indécis ou influençable. Les stratégies de circulation de l'information s'avéraient alors complexes, jouant de truchements influents pour tenter de gagner l'assentiment du souverain. Si l'influence politique des épouses ou des favorites royales est difficile à documenter, même lorsque de nombreux contemporains leur attribuent un rôle déterminant, il est indéniable que plusieurs d'entre elles jouèrent une fonction essentielle dans la circulation de l'information et des bienfaits[29]. L'éminence acquise par ces figures en faisait, parfois malgré elles, des personnes dont il fallait conquérir la confiance ou le soutien. Que l'on songe à Mesdames de Maintenon ou de Pompadour, devenues des interfaces entre les ministres et les souverains, ménagées par les puissances étrangères, à l'affaire d'État suscitée par l'animosité de la dauphine Marie-Antoinette envers la comtesse du Barry ou, un siècle plus tôt, au téléguidage de Louise de Kéroualle, qui fut envoyée par Louis XIV à la cour de Charles II d'Angleterre, frère de la princesse Henriette devenue duchesse d'Orléans dont elle était la fille d'honneur, pour conquérir le cœur du roi. Tête de pont de la politique étrangère de Louis XIV dans les Îles britanniques, elle soutint l'influence française durant la décennie 1670. Élevée à la dignité de duchesse de Portsmouth, elle jouit alors d'une certaine autonomie économique et sociale à la cour de Londres.

Une cour politiquement segmentée : patronage et factions

La cour est assurément une arène politique. Qu'il s'agisse de défendre l'intérêt du royaume ou, le plus souvent, des intérêts particuliers, les affrontements entre courtisans passent non seulement par la captation de la faveur princière, mais aussi par le contrôle de réseaux aristocratiques qui s'étendent des plus hautes sphères de la cour, à commencer par la dynastie elle-même, aux administrations et aux différents rouages de l'État monarchique. La haute noblesse conserve de fait un poids politique important, en particulier dans les monarchies moins centralisées, où son rôle d'intermédiaire auprès des pouvoirs locaux est incontournable. C'est notamment le cas dans la monarchie des Habsbourg, que ce soit dans l'administration centrale avec des membres des familles Kaunitz, Starhemberg ou Zinzendorf ou dans les territoires de leurs différentes Couronnes, par exemple dans les *comitats* hongrois où l'administration locale est assurée par des magnats, sur place mais aussi à distance, entre application de la politique royale, pragmatisme de terrain et défense des privilèges nobiliaires[30].

Même en France, où les grands ont dû renoncer à leur « devoir de révolte » (Arlette Jouanna) – dont les manifestations violentes, telles que les revendications de participation au gouvernement, les départs de la cour, voire des prises d'armes, ont scandé la première moitié du XVIIe siècle et culminé avec la Fronde –, les membres de la haute noblesse continuent de peser politiquement. Certains peuvent encore siéger dans les conseils ou exercer des fonctions ministérielles : de ce point de vue, l'expérience de la polysynodie sous la

Régence marque moins une rupture qu'on ne l'a longtemps affirmé[31]. La plupart jouent cependant le rôle de relais de la parole et de l'action monarchiques comme de dispensateur des grâces royales, qu'ils reçoivent et contrôlent, de la cour vers le reste du royaume. À l'image d'un absolutisme en réalité « bien tempéré » (Caroline Le Mao) à l'échelle européenne, la cour était aussi le lieu du compromis.

Façonné pour qualifier les relations synallagmatiques instaurées entre le souverain et ses sujets, le concept de patronage englobe des interactions avec les élites nobiliaires, mais aussi, par leur intermédiaire, avec diverses couches de la société – débordant ainsi le cadre socio-spatial de la cour. Longtemps perçu par les historiens comme une faiblesse structurelle de l'État monarchique profitant à des réseaux locaux assumant un rôle de contre-pouvoir et de groupes de pression, de nombreux travaux récents ont au contraire mis en évidence le poids du clientélisme dans cette « voie alternative » de la construction de l'État moderne au XVIe siècle [32]. Loin de se comporter ainsi seulement en parasites et en accapareurs, ces « intermédiaires (*brokers*) », pour reprendre l'expression de Sharon Kettering, sont un maillon entre le roi et le royaume. Ils participent à leur manière à l'extension de l'État, dont la technostructure administrative n'était pas suffisante pour contrôler l'ensemble du territoire de manière homogène. La cour se retrouve ainsi au centre du fonctionnement social de l'exercice du pouvoir souverain sous l'Ancien Régime, ces analyses pouvant s'appliquer jusqu'à la seconde modernité.

Ronald Asch a montré à propos de la cour des Stuarts la manière dont le pouvoir élaborait un système de patronage complexe lui permettant de fortifier sa position politique et sociale par rapport au Parlement en jouant de différents vecteurs (délégation de la signature du roi, concessions de privilèges économiques, comme sur le savon ou le sel) et provoquant aussi de vives contestations qu'illustre entre autres le *Statute of Monopolies* cherchant à restreindre le rôle de la Couronne en la matière[33]. Dans l'Angleterre du XVIIIe siècle, il demeure toutefois difficile de briguer un siège au parlement ou un privilège d'invention sans relais à la cour. En France, au XVIIe siècle, mais encore au XVIIIe siècle, les clientèles des principaux ministres (Richelieu et Mazarin), puis des dynasties ministérielles connues (les Colbert et les Le Tellier/Louvois sous Louis XIV ou encore les Phélypeaux au XVIIIe siècle) dépendent de la position à la cour de ces derniers et de leur capacité à garantir places, revenus et alliances. Le patronage fonctionne donc selon des logiques verticales, mais aussi horizontales, en lien avec des groupes d'influence. Dans sa fonction d'arbitre, le prince se doit de maintenir l'équilibre entre ces groupes, au risque de se retrouver prisonnier du système. Afin de garantir concrètement la circulation de la faveur, le règlement pris en 1749 à la cour de France stipule qu'aucun placet ne peut être remis au souverain sans l'accord des premiers gentilshommes de la Chambre. Un tel système peut toutefois être dévoyé, puisque, un demi-siècle plus tôt, plusieurs témoins de passage à la cour de Vienne affirment que l'obtention d'une audience auprès de l'empereur tient surtout au fait d'être en bons termes avec les chambellans de service, y compris par la corruption. Profitant de leur capacité à contrôler l'accès au souverain, grands, ministres, et officiers supérieurs des Maisons princières peuvent ainsi tenter d'infléchir la décision royale en faveur d'un intérêt plutôt qu'un autre ou de capter la faveur monarchique.

Tout déchu qu'il paraisse à Saint-Simon, le grand maître de la Maison du roi (dont l'office est tenu par les Condé jusqu'à la fin de l'Ancien Régime) en maîtrise la distribution des offices, ce qui lui confère une puissance sociale sans égale. La correspondance de certains ministres de l'empereur fait apparaître un véritable trafic de charges et de décorations à la fin du règne de Léopold Ier, notamment la Toison d'or, qu'ils se chargent d'obtenir pour des familiers moyennant des services, des cadeaux ou des alliances matrimoniales. Au XVIIIe siècle encore, un artiste – homme de lettres, musicien… – cherche moins à monnayer son talent qu'à compter sur ses protecteurs à la cour pour obtenir une pension et un statut qui lui garantissent sa place dans la bonne société. La brillante carrière de Voltaire, entre espace médiatique européen et espace curial français, entre exil à Ferney et protection toujours renouvelée du maréchal-duc de Richelieu, premier gentilhomme de la Chambre, l'illustre fort bien. La mort dans un dénuement certain de Vivaldi ou de Mozart, qui n'avaient su gagner les emplois auxquels ils aspiraient à la cour impériale – même si le second fut gratifié du titre peu rémunérateur de « musicien impérial » –, tout autant.

Dans ce contexte, le terme de parti politique est indubitablement anachronique, mais il existe bel et bien des groupes d'individus que rassemblent des intérêts communs. Ces factions se constituent aussi bien en fonction de logiques lignagères et clientélaires que d'une vision commune du gouvernement, voire du bien public.

Dans le cas français, les grands de la première moitié du XVIIe siècle, regroupés notamment derrière la reine mère Marie de Médicis, Gaston d'Orléans (le frère de Louis XIII) ou le prince de Condé, se sont illustrés dans leur défense d'une souveraineté partagée entre le roi et sa noblesse ; au XVIIIe siècle, le « parti dévot » fédère autour de l'hostilité à la politique de Louis XV. Son souhait de promouvoir une monarchie plus « vertueuse » s'appuie sur la puissance théologique et économique de la Compagnie de Jésus qui exerce une forte influence à la cour, ne serait-ce que par l'intermédiaire des confesseurs du roi issus de ses rangs depuis le règne de Henri IV – le père La Chaize, confesseur jésuite de Louis XIV n'étant que le plus célèbre d'entre eux. Si la Chapelle est depuis le XVIe siècle aux mains du grand aumônier, dont la charge est occupée par des prélats de haut rang, la figure du confesseur, homme de cabinet spécialiste du théologico-politique, marque en effet la vie de la cour aux XVIIe et XVIIIe siècles[34].

À la cour de Savoie, les confesseurs qui se succèdent au XVIIe siècle auprès des ducs régnants et de leurs épouses, illustrent avec éclat le caractère indissociablement spirituel et politique de leur charge – il est vrai souvent associée à celle d'aumônier placé à la tête de la Chapelle ducale. Historiographes, hagiographes, négociateurs auprès du Saint-Siège ou d'autres cours, ils interviennent même parfois dans les luttes intérieures, à l'instar de l'aumônier de la régente Christine qui appelle en 1639 les Turinois, lors d'un prêche dans la cathédrale, à résister à ses beaux-frères qui se sont soulevés contre son autorité avec le soutien de l'Espagne. À Madrid, la turbulente Chapelle issue de la fusion de la Maison de Bourgogne et de la Maison de Castille, à l'arrivée au pouvoir de Philippe V, incarne l'opposition de la faction loyale aux ambitions unificatrices des Bourbons et le « parti » attaché aux anciennes libertés des royaumes de la Couronne espagnole.

Dans le cas de la cour impériale à Vienne, les factions s'affrontent notamment au moment de la guerre de Succession d'Espagne, le « parti espagnol » cherchant à promouvoir la candidature Habsbourg à la succession de Charles II contre le candidat français, quand le parti impérial souhaiterait voir la politique autrichienne se recentrer sur la seule sphère d'influence germanique. Partout en Europe, ces partis peuvent en effet souvent avoir pour objectif la volonté de promouvoir une alliance étrangère.

Factions mais aussi tensions familiales structurent donc la configuration politique de la cour. Madame Palatine[35], belle-sœur de Louis XIV, décrit ainsi en 1709 la complexité du jeu dynastique dans une cour de France où la famille royale n'avait pas encore été décimée par les accidents et les épidémies :

> Toute la Cour est pleine d'intrigues. Les uns veulent obtenir la faveur de la puissante dame (Mme de Maintenon), les autres celle de Monsieur le Dauphin, d'autres encore celle du duc de Bourgogne (le fils du précédent), car lui et son père ne s'aiment pas : le fils méprise le père, il est ambitieux et veut gouverner ; le Dauphin est sous la domination absolue de sa sœur bâtarde Madame la Duchesse. La princesse de Conti (une autre fille légitimée de Louis XIV) est

devenue l'alliée de celle-ci afin de ne pas perdre tout pouvoir sur lui. Tous sont opposés à mon fils (le duc d'Orléans) : ils ont peur que le roi ne le voie d'un bon œil, et qu'il ne fasse le mariage de sa fille aînée (celle du duc d'Orléans) avec le duc de Berry. [...] C'est une plaisante comédie d'intrigues enchevêtrées, et je pourrais dire, avec la chanson : si on ne mourait pas de faim, il en faudrait mourir de rire[36].

La cour se divise alors en trois partis qui allient considérations générationnelles (le père, le fils et le petit-fils), politiques (la vision conservatrice de Louis XIV s'oppose à celle, plus réformatrice, de son petit-fils, le grand dauphin se contentant d'intriguer), matrimoniales ou religieuses[37]. Ces factions qui se heurtent brutalement attestent de la violence sociale et symbolique à l'œuvre à la cour.

Jeune cour *versus* vieille cour

Plus généralement, la capacité de certains membres de la dynastie à susciter l'attraction d'un nombre considérable de courtisans en s'appuyant sur leurs propres Maisons, favorise la fragmentation de la cour. L'opposition entre « vieille » et « jeune cour », respectivement cristallisées par le souverain et son héritier, est une configuration topique à l'époque moderne. L'aura dont bénéficie au cours des années 1690 le jeune archiduc Joseph, qui vient d'être couronné roi de Hongrie (1687) puis roi des Romains (1690), lui assure le soutien des mécontents. Son père, empêtré dans l'affaire de la Succession d'Espagne qu'il cherche à gagner pour son cadet Charles, mène une politique de plus en plus erratique. Sous l'égide de son grand maître de la cour (et maître à penser), le prince Carl Théodor von Salm, le jeune héritier se pense en souverain d'une jeune cour brillante qui promeut une politique allemande dynamique et offensive. Il cherche à proposer une alternative curiale par le prestige des fêtes et l'ambition de nouveaux chantiers, à commencer par un palais au goût du jour, Schönbrunn[38].

La cour britannique des Hanovre connaît de semblables bipolarités curiales, lorsque le prince de Galles atteint l'âge de la maturité politique. Le futur Georges II (entre 1717 et 1727), le prince Frédéric de Galles (entre 1727 et 1751), le futur Georges IV (surtout dans les années 1780-1790) prennent le contre-pied de leur père et constituent des cours concurrentes, dont l'institutionnalisation est facilitée par le statut du prince héritier qui jouit en Angleterre d'un revenu indépendant. Ces cours se tiennent souvent dans des résidences distinctes : elles agglomèrent les oppositions politiques au souverain, mais constituent aussi des centres culturels alternatifs à la vie de cour menée dans le palais de Saint-James[39].

Les membres de ces factions usent de leur crédit (à tous les sens du terme : financier, social…) pour faire valoir leurs positions, mais aussi mobiliser leurs clientèles au service de leurs objectifs. Au XVIIIe siècle, les grands prennent de plus en plus rarement les armes, ils continuent à agir par d'autres moyens. Les projets de réformes fiscales menées par le baron Haugwitz à la demande de l'impératrice-reine Marie-Thérèse à la fin des années 1740 suscitent à ce point le mécontentement de la noblesse bohême que cette dernière ose « en parler publiquement même à la cour ». Dix ans plus tard, la cour bruisse à nouveau de son opposition à ces « maudits projeteurs »[40]. Plus surprenant, les libellistes français de la fin de l'Ancien Régime ont par exemple pu être financés par des membres de l'aristocratie hostiles à Louis XVI, Marie-Antoinette et leur entourage, moins soucieux d'abattre la monarchie que de contester leur monopole des grâces[41].

Un double constat s'impose alors : d'une part, la continuité des fonctionnements politiques curiaux du XVIIe au XVIIIe siècle – le rôle des ministres et des grands demeurant essentiel – et, d'autre part, la participation de la cour, pourtant lieu par excellence d'une « culture politique de la représentation », à la naissance d'une sphère publique marquée par le débat d'opinion à la fin de l'Ancien Régime. La cour d'Angleterre sous les Hanovre en est l'exemple clef dans le cadre d'une monarchie parlementaire, où la cour peut être rapprochée des cafés et autres lieux nouveaux de la sociabilité politique, mais la construction de débats critiques inédits ne peut nulle part en Europe faire l'économie de la cour[42].

La cour et l'exercice du pouvoir dynastique à l'échelle européenne

La cour est enfin un lieu d'exercice du pouvoir à l'échelle de la « société des princes » (Lucien Bély), la plupart des souverains étant unis par des liens de parenté et leurs cours profondément interconnectées malgré des guerres incessantes. Ces liens sont en effet avant tout dynastiques tant les branches des différentes Maisons princières étaient mêlées à la suite de nombreuses et complexes alliances. Depuis le début de l'époque moderne, l'habitude a été prise de favoriser les mariages internationaux. Même la confession n'est pas nécessairement une barrière : les conversions diplomatiques sont toujours possibles, à l'instar de celles des princesses protestantes Charlotte-Élisabeth, fille de l'électeur palatin qui devient duchesse d'Orléans et belle-sœur de Louis XIV, ou Wilhelmine-Amélie de Brunswick-Lüneburg et Élisabeth-Christine de Brunswick-Wolfenbüttel, appelées à épouser les empereurs Joseph Ier et Charles VI.

Louis XIV était ainsi le cousin de ses deux rivaux Habsbourg, le roi d'Espagne Charles II et l'empereur Léopold Ier. Ces deux derniers partageaient le même beau-père, l'électeur palatin Philippe-Guillaume de Neuburg, qui était aussi celui de Pierre II du Portugal et de deux ducs de Parme. Grandes rivales, les deux principales dynasties européennes, les Bourbons et Habsbourg, pratiquent en effet des alliances relativement fréquentes : trois des cinq reines de France régnant aux XVIIe et XVIIIe siècles sont Habsbourg, les infantes d'Espagne Anne et Marie-Thérèse et l'archiduchesse Marie-Antoinette. La densité de l'écheveau matrimonial tissé par les familles princières tient cependant surtout aux cours secondaires. Les maisons italiennes jouent par exemple un rôle important, notamment les Gonzague, liés aux Habsbourg et aux Savoie, tout comme certaines maisons impériales : les Brunswick, les comtes Palatins… De plus, les Bourbons, contrairement aux Habsbourg, ont cherché à chaque génération à diversifier leurs alliances : c'est ce qu'illustre la variété des maisons dans lesquelles se nouent les mariages des frères, sœurs et enfants de Louis XIII (Espagne, Savoie, Lorraine, Angleterre) comme de Louis XIV (Espagne, Bavière, Toscane, Lorraine-Guise, Savoie).

Avec l'institutionnalisation (même inachevée) de la diplomatie et la mise en place de représentations pérennes dans les différentes capitales européennes, la cour devient au XVIIe siècle une scène permanente des rapports de force et de la négociation entre États européens. Aux grandes rencontres diplomatiques en rase campagne de l'Europe de la Renaissance, à l'image du fastueux Camp du Drap d'Or qui avait réuni Henri VIII et François Ier près de Calais, en 1520, succède une réduction importante des rencontres princières en raison d'impératifs de préséance (voir chapitre 4). Ambassadeurs et ministres plénipotentiaires de tous rangs sont des personnages incontournables des cours. On y espionne autant qu'on y parlemente. On informe continûment l'étranger, on négocie, non seulement les grands traités qui jalonnent l'histoire officielle des relations internationales, mais aussi les nombreux conflits quotidiens qui façonnent les interactions entre les États, à leurs frontières (dont le tracé demeure incertain) ou dans leurs échanges. Connu pour son soutien au soulèvement des colons américains lorsqu'il représentait le roi d'Espagne à la cour de France, le comte d'Aranda veilla avant tout, entre 1773 et 1787, aux intérêts économiques de son pays en cherchant à garantir le droit de ses navires à entrer dans le port de Marseille, le droit de ses bergers à faire paître leurs troupeaux dans les vallées pyrénéennes ou encore le droit d'accès de ses pêcheurs aux eaux de la Bidassoa. Les correspondances diplomatiques fourmillent donc des informations utiles que l'ambassadeur parvient à reconstituer sur le gouvernement auprès duquel il est envoyé, en combinant ses observations à la cour à celles de ses espions sur l'état des factions politiques, de la consommation des mariages princiers ou encore du fonctionnement des manufactures de la capitale.

Au-delà de cette géopolitique de terrain, elles relatent également les difficiles négociations qu'il doit parfois mener pour être intégré à la vie de cour à la mesure de son rang et de celui de son prince qu'il incarne là où il ne peut être présent. De ce fait, il doit s'assurer de recevoir en sa personne les égards dus à son souverain : sa place dans telle ou telle cour étrangère doit refléter avec exactitude le rang qu'occupe (ou prétend occuper) ce dernier dans la hiérarchie des princes. Les ambassades donnent lieu à des cérémonies parmi les plus fastueuses de la vie curiale, à la hauteur du prestige du souverain que l'on représente, comme de la cour qui reçoit. À partir du milieu du XVIIe siècle, les pratiques sont similaires dans toute l'Europe : arrivée à proximité de la ville de résidence du souverain, la délégation patiente avant de pouvoir faire son entrée officielle en ville lors d'un carrousel. À cet égard, les entrées des envoyés de puissances extra-européennes, notamment l'Empire ottoman, sont particulièrement scrutées en ce qu'elles offrent un luxe inouï aux yeux des cours occidentales. Pléthore de domestiques, costumes extravagants aux couleurs somptueuses, bêtes caparaçonnées d'or et d'argent, musique aux accents exotiques, tout concourt à faire de ces cortèges, des moments uniques. Faire assaut de somptuosité n'est cependant pas l'apanage des Orientaux. Pour son entrée à Paris en 1738, le prince Joseph Wenzel von und zu Liechtenstein commande plusieurs véhicules d'apparat à des artistes français, dont le carrosse doré encore aujourd'hui conservé par la famille princière à Vienne. Il s'agissait autant pour le prince d'assurer sa gloire que celle de son maître, l'empereur Charles VI.

***Magnifique entrée dans Paris le 7 janvier 1742 de Zaide Effendi, ambassadeur extraordinaire du grand seigneur Mahamouht, empereur des Turcs* (estampe, musée Carnavalet)**

Se succèdent ensuite les audiences organisées sous l'égide du grand maître, du *mayordomo Mayor* ou du grand chambellan. Celui-ci se rend à l'hôtel de l'ambassadeur pour y chercher le diplomate fraîchement accrédité et l'escorter jusqu'au palais où se déroule en grande pompe, devant toute la cour, l'audience de remise des lettres de créance au souverain. S'ensuivent des audiences accordées par la famille royale et d'autres, particulières, avec les principaux ministres. Le diplomate est alors intégré dans la hiérarchie curiale et participe aux cérémonies de la cour, lors desquelles il peut tenir le rang privilégié qui lui est reconnu dans la hiérarchie européenne des États et des souverains. Entrent aussi en ligne de compte des alliances dynastiques particulièrement fortes – ainsi des « ambassadeurs de famille » envoyés entre cours Habsbourg au XVIIe siècle ou au sein du réseau des cours de la maison de Bourbon au XVIIIe siècle – ou d'alliances politiques singulières – à l'instar des ambassadeurs de Venise et du Portugal à la cour de Vienne.

L'ambassadeur est ensuite admis dans les sociétés aristocratiques qui prolongent le monde de la cour et où il doit tenir son rang. Il mène donc grand train : il doit louer un hôtel particulier ou un palais en vue, s'intégrer à la vie mondaine en fréquentant les salons et les lieux de divertissement (théâtre, opéra) et recevoir lui-même. Il donne des fêtes à l'unisson du pays où il est en mission comme des temps forts de la dynastie qu'il représente : anniversaire de son souverain, fontaines de vin pour la naissance de princes, performances musicales pour un mariage ou catafalque et pompe funèbre lors d'un deuil (voir cahier couleur, fig. 10).

Les diplomates sont donc nécessairement des hommes fortunés à qui leur capital social et leur patrimoine permettent d'assumer cette position exigeante financièrement. Les dépêches regorgent de détails sur les frais qu'occasionne la représentation diplomatique – à l'image du marquis de Mirepoix, ambassadeur de France à Vienne, qui se plaint en 1739 de devoir nourrir des centaines d'aristocrates lors des réceptions données en sa résidence parce que ses invités y emmènent toute leur progéniture –, voire de demandes de subsides – comme lorsque le comte d'Aranda, déjà évoqué, doit emménager dans l'actuel hôtel Crillon sur la nouvelle place Louis XV (aujourd'hui place de la Concorde).

De la mise en contact des cours les unes avec les autres par les échanges de représentants découle l'impérieuse nécessité de « mettre à niveau » les pratiques curiales afin d'éviter toute asymétrie malvenue. La règle est en effet celle de la réciprocité entre puissances alliées se reconnaissant d'un rang égal, tout écart constituant dès lors un manquement – pour ne pas dire une provocation ou un moyen de pression. Entre recherche des précédents dans les archives, incessants ajustements dans les cérémonies diplomatiques ordinaires et extraordinaires (des audiences aux réceptions de princesses étrangères en vue de leur mariage) et publication croissante de manuels cérémoniels diffusés à l'échelle européenne, se jouent la construction et la circulation de savoirs curiaux en voie d'uniformisation.

La reconnaissance d'un statut n'est de fait jamais complètement acquise : le comte d'Aranda demande sans cesse à être traité comme un véritable « familier » du souverain – de manière à pouvoir assister à son Lever ou à certaines des fêtes intimes données par la famille royale et se distinguer ainsi des autres ambassadeurs. Faute de respecter ces usages, Louis XV, puis Louis XVI enfreignent selon lui les accords conclus avec le roi d'Espagne Charles III par trois pactes de famille successifs dont les clauses ne sont pas que militaires et commerciales, mais aussi cérémonielles. Or en négligeant de garantir à l'ambassadeur d'Espagne son statut d'« ambassadeur de famille », ils portaient atteinte à la dignité même du Roi catholique et à la force des liens de parenté l'unissant au roi Très Chrétien[43]. C'est ce qu'illustrent plus largement de nombreuses querelles cérémonielles, souvent inscrites dans la longue durée, à l'image de celle qui opposa Versailles et Vienne autour de la reconnaissance d'une égalité de rang entre rejetons des deux dynasties (voir chapitre 11). Entre évolutions, imitations et réinventions, tous ces exemples illustrent la relativité de ces rangs pourtant au fondement de la société de cour.

Chapitre 2

Une société dans la société

Le [...] dimanche 10 [juin 1663], le Roy étant à son petit coucher, sur sa chaise percée ; j'avais un flambeau à la main, je lui esclairais ; l'un de ses barbiers le peignait ; je tirai un papier doré, bien écrit à la main, attaché avec des rubans bleus, et dis au Roy : « Sire, m'étant trouvé de quartier à la mort du feu Roy, je fis un mémoire, jour pour jour, de ses dernières actions, que j'ai gardées bien chères pour les présenter à Votre Majesté, avec autant de respect que d'humilité. » [...] Le lendemain [...], après [que le Roi eut] entendu la messe et dîné, la Reine prit un fauteuil au chevet de son lit, Monsieur le Prince au pied du lit, Messieurs de Mortemart, Du Lude, de Saint-Aignan, de Villeroy et autres autour du lit, le Roi s'assit sur son lit, sa robe d'ouate sur ses épaules, et commanda à Mr de Nielle de lui donner mon mémoire et dit tout haut : « Hier au soir, un de mes valets de chambre me donna un mémoire qu'il a fait à la mort de mon père. J'en veux être le lecteur ; écoutez-moi » ; et commença et le lut tout.

Marie Du Bois[1]

Dans cette scène crépusculaire, Marie Du Bois, valet de chambre du roi, a l'honneur de remettre un mémoire qu'il a rédigé à la mort de Louis XIII, c'est-à-dire vingt ans plus tôt, à Louis XIV en personne. Le lendemain, le roi, entouré des représentants de la plus grande noblesse du royaume – le prince de Condé, les ducs de Mortemart, du Lude et de Saint-Aignan, premiers gentilshommes de la Chambre, et le duc de Villeroy – met Du Bois, pourtant absent ce soir-là, au centre de l'attention. Il gomme ainsi le fossé entre cette illustre assemblée à laquelle la société de cour est plus spontanément associée et son fidèle domestique, de noblesse si récente et si fragile qu'il doit batailler pour faire reconnaître son rang lorsqu'il n'est pas à la cour et ne pas être soumis à la taille par les officiers de son village.

Or les serviteurs ont longtemps été relégués hors du champ de l'histoire scientifique de la cour, échappant à l'examen de cette configuration sociale qui avait pourtant été largement renouvelée par les travaux sociologiques de Norbert Elias. Dans son ouvrage fondateur, dont la thèse centrale est moins celle d'une domestication de la noblesse que d'une interdépendance du roi et de ses courtisans, l'étude des interactions entre le roi et sa noblesse est au cœur du propos[2] et a contribué aux profonds renouvellements de l'histoire sociale des élites.

En effet, dans une société d'ordres, profondément hiérarchisée, ce sont d'abord ceux qui jouissent du rang le plus élevé qui sont amenés à entourer le prince souverain. Pourtant, comme Jean-François Dubost l'a fait remarquer en appelant à une histoire « populaire » de la cour – économique et sociale autant que politique et culturelle –[3], le spectacle monarchique n'est pas seulement mû par le corps d'un roi, machiniste ou machine lui-même[4] : il exige, pratiquement et symboliquement, une myriade d'acteurs de conditions (au sens sociologique et juridique) très diverses.

Le souverain rassemble ainsi autour de lui un véritable microcosme qui miniaturise le royaume dont il est la tête. En ce sens, la cour contient le royaume et en met en scène la hiérarchisation, du haut en bas de l'échelle sociale. Et inversement, comme l'a bien montré Fanny Cosandey à propos de la France[5], les conflits que suscite l'exercice de son rang à la cour font écho à ceux qui se jouent dans tous les espaces publics – lors de la messe dominicale, dans les processions urbaines, etc. –, l'un des enjeux étant d'ailleurs d'y faire reconnaître l'éminence de son statut de commensal.

Ces mécanismes sont similaires dans toute l'Europe, même si l'empereur ne peut par exemple prétendre, après la guerre de Trente Ans et la reconnaissance de la « supériorité territoriale » des princes du Saint-Empire, au même rôle d'arbitre des rangs à la cour et dans tout son espace de souveraineté que le roi de France. Il n'empêche, la conflictualité inhérente à cette sociologie curiale si particulière, à la fois choisie et englobante, se retrouve partout. La société de cour est donc indissociablement statique et dynamique. Elle est statique, car elle est censée matérialiser un ordre social d'essence divine et par définition intangible. Elle n'en reste pas moins dynamique à l'image de sociétés d'Ancien Régime dont on redécouvre les formes d'ascension sociale et de déclassement. Celles-ci se jouent notamment à la cour, où la faveur du prince conforte autant qu'elle trouble les hiérarchies traditionnelles.

Un véritable microcosme

Par-delà le courtisan : une histoire populaire de la cour

En 1762, le *Dictionnaire de l'Académie française* se borne à définir le courtisan comme celui « qui est attaché à la cour, qui fréquente la cour », sans référence à son statut social, faisant état d'une indubitable tension entre l'assimilation des courtisans à l'entourage noble du prince, telle qu'elle transparaît par exemple dans les traités et manuels, et une définition beaucoup plus large de la cour. Cette dernière peut effectivement englober l'ensemble des serviteurs du souverain, voire des acteurs sociaux qu'on n'intégrerait pas de prime abord, mais qui sont en interaction plus ou moins étroite avec le prince et son entourage. Il suffit de compulser registres administratifs ou décisions de justice pour mesurer toute la densité du tissu social dans lequel s'insérait la cour. Dans le cas de l'espace versaillais, les rapports de police, les jugements rendus par le bailliage ou, plus encore, par la Prévôté de l'hôtel – cour de justice jugeant les litiges impliquant des membres d'une des Maisons princières ou les crimes survenus dans l'espace curial – révèlent le monde bigarré de la « suite de la cour » pour reprendre l'expression des contemporains. Aucune des strates de la société n'est exclue *a priori* de la vie de la cour, pas même les mondes interlopes de la prostitution ou du commerce des livres prohibés. Ce que montrent ces affaires, c'est non seulement le souci d'écarter du roi des criminels susceptibles d'attenter à sa vie ou à son honneur et d'exclure de la cour ceux qui en menaceraient l'ordre, mais aussi l'implication, formelle ou informelle, dans son fonctionnement quotidien, des métiers, des humbles ou des marginaux.

L'enjeu pour les autorités est donc de maîtriser la convergence de ces différentes sphères sociales en les ordonnançant dans leur proximité au prince. On pourrait multiplier les exemples de l'intégration de cette « petite cour » (W. R. Newton). Elle est particulièrement bien illustrée par les dossiers de pensions de la Maison du roi de France déposés aux Archives nationales : classés par ordre alphabétique, tous semblables les uns aux autres, ils semblent mettre sur le même plan toutes les charges de la Maison, tous les pensionnés – quel que soit leur rang, quelle que soit leur tâche, quel que soit le niveau de leur pension – se trouvant unis par le service du roi au sein de sa Maison et pouvant justifier de cette appartenance pour obtenir sa protection jusqu'à leur mort.

Demande de pension de la veuve d'un portier de l'hôtel des Menus Plaisirs du Roi en 1783 (Archives nationales Paris, O[1] 667)

La veuve Bourquard a eu le malheur de perdre en quinze mois le sr Caron son pere portier de l'hôtel des menus plaisirs de Sa Majesté a Versailles après une maladie de sept ans pendant laquelle la veuve Caron sa mere et ses filles ont toujours exercées assidument la place, et s'est consommée en frais et en dépenses considérables qui ont déterminées les supérieurs à l'accorder à la mort dudit Caron pere a son gendre.

La supliante et son mari le Sr Bourquard, pour reparer les pertes de sa mere et de ses Enfans desquels ils sont chargés ont cru devoir entreprendre un petit commerce de traiteur en consequence ils ont pris des Engagemens que la mort subite dudit Bourquard ancien Suisse de Mr le Comte de Maurepas, qui l'honnoroit de sa bienveillance, au Bout seulement d'un an qu'il occupoit le poste, laisse a la charge de sa veuve.

Sa Majesté passant avec Mgr le Comte D'Artois le jour même que le corps de son mari etoit exposé a la porte de l'hotel des menus plaisirs et voyant assemblés les cent suisses de Son Altesse Royal, elle eut la Bonté d'Envoyer sur le champ s'informer qui étoit décédé ; si la douleur dans laquelle étoit plongée alors sa veuve lui eût laissée un moment de réflexions, elle eût été elle-même se jetter aux pieds de Sa Majesté et implorer ses bontés, dont elle eut promptement ressentie les effets, mais la perte qu'elle faisoit lui otat toute faculté de reflechir et de songer a soulager sa situation.

Le Sr Bourquard et son epouse n'onts pas eû le tems depuis quatre mois qu'ils font le commerce d'acquitter les Engagements et leurs dettes, cependant, elle reste aussi chargée de famille, et Mr le Duc de Villequier a disposé de la place en faveur de l'un de ses gens ; les services de son pere, ceux de son mari, sa position, celle de sa mere et de leurs Enfants lui inspirent la plus grande confiance dans les bontés de SM qu'elle voudra bien s'en faire rendre compte et que touchée de sa situation malheureuse, elle daignera lui accorder une pension qui la mette a même de s'accorder et de subsister elle et les siens.

Lire certains almanachs de cour permet de balayer d'un seul regard toute l'échelle sociale. Ces annuaires ne s'arrêtent pas aux plus hautes charges, mais englobent, au moins en partie, des charges remplies par des individus de plus basse extraction comme la domesticité ou les charges de finances. Si ce n'est pas le cas de l'*Almanach royal* français, qui affirme ainsi en 1755 « On n'a pas prétendu décider du rang ou de la préséance, ni donner l'état entier de la Maison du Roy, de la Maison de la Reine, de Madame la Dauphine et de Mesdames de France », l'Almanach viennois ou certains périodiques locaux comme l'*Almanach de Versailles* s'assignent de lister la cour dans tout son ambitus. Édité par le libraire Blaizot, activement impliqué dans la fourniture à la cour de livres autorisés ou pas[6], ce dernier scrute de plus près le monde des serviteurs du roi tout en l'intégrant dans l'espace de la ville. S'il n'est pas exhaustif, il fait apparaître certains des plus humbles des détenteurs de charges, tels que les « enfants de cuisine » du Grand commun, les garçons de la Chambre ou encore l'ensemble des musiciens du roi, jusqu'aux timbalier et trompette[7]. Ceux-ci côtoient commis, secrétaires et contrôleurs de certains services domestiques à l'administration particulièrement développée, comme le Garde-Meuble ou les Menus Plaisirs, ainsi que la liste des marchands et artisans les plus éminents de la ville. Qu'ils fournissent directement ou pas le roi, privilégiés ou non, tous s'inscrivent à la suite de la cour et tirent parti de cette proximité pour offrir leurs services, ainsi de ces maîtres recensés dans l'*Almanach* versaillais de 1786 :

> Dessalle, rue du Plessis, au coin de celle des Fripiers, Maître à Ecrire des Enfans de France, des Pages de la Reine & de Madame, Associé du Bureau Académique d'Ecriture, &c, démontre chez lui & en ville l'Ecriture, l'Arithmétique & la Grammaire Française.
> Defargues, Pensionnaire *de Monsieur*, Frere du Roi, *rue de Paris, Hôtel St. Louis*, démontre l'Ecriture au moyen d'une méthode courte & facile qui met ses Elèves, en moins de trois mois, en état d'écrire avec beaucoup de liberté.
> Desbrulins, rue S. Méderic, *aux Écuries de Madame*, enseigne l'Ecriture, l'Ortographe, la Géographie, & les Elémens de l'Histoire[8].

La cour était donc peuplée de serviteurs voués à des tâches diverses et requérant des compétences plus ou moins spécialisées, les liens économiques de certains fournisseurs ou artisans de cour pouvant même être institutionnalisés sous la forme d'un privilège, d'un emploi rémunéré, voire d'une charge officielle. Ils sont particulièrement visibles dans le service de la Chambre – apothicaires, tapissiers, horlogers, tailleurs, couturières, lavandières, porte-chaises d'affaires – ou de la Bouche – cuisiniers, rôtisseurs, mais aussi les officiers chargés par exemple à la cour de France de l'approvisionnement en bougies et en bois (Fruiterie et Fourrière). Dans un monde où le port d'un linge immaculé est particulièrement distinctif, la blanchisserie est une activité cruciale qui mobilise un personnel important dans toutes les Maisons, masculines et féminines, sans exception : elle est un des facteurs de présence de travailleuses, blanchisseuses et lavandières, célibataires, mariées ou veuves, personnages de second plan mais essentiels de la vie de cour.

Comme toute maisonnée de l'époque moderne, la cour est donc un espace de travail et notamment de travail manuel. On y livre en quantité des matières premières à transformer pour les consommations alimentaires, pour l'habillement et l'ameublement, par les artisans du palais, comme les couturières de la cour espagnole qui assemblent les toiles de Hollande ou de Cambrai aux dentelles pour le linge de corps ou le linge de lit. De plus en plus fonctionnels, les lieux de ce travail peuvent s'autonomiser du palais tout en continuant de participer de l'espace curial. Les bâtiments du Grand Commun ou de l'hôtel des Menus Plaisirs à Versailles sont ainsi extraits du château lui-même. À quelques rues de la résidence électorale de Munich, un palais annexe construit pour le duc Guillaume V à la fin du XVIe siècle, la Herzog-Max Burg, est transformé en 1715 en lieu de vie pour les artisans de cour. Celui-ci en compte 28 en 1733 : maîtres d'œuvre, sculpteur, graveur, tapissier, fontainier, menuisier mais aussi personnel en charge de la blanchisserie…[9], à l'image des Offices à Florence, transformées en ateliers pour la cour grand-ducale en 1588. Outre la célèbre manufacture des pierres dures qui contribua à la réputation de l'artisanat florentin, y étaient assemblés des artisans aux multiples compétences au service des Médicis.

Les connexions entre le monde du service domestique et le monde de l'artisanat sont donc multiples. Certains artisans sont intégrés au palais comme serviteurs, d'autres pratiquent la pluriactivité entre service de la cour et activité en ville, certains fournisseurs extérieurs, enfin, entretiennent des contacts quotidiens avec les domestiques. L'identification sociologique de l'entourage et des réseaux des serviteurs des Maisons princières confirme cette immixtion de mondes sociaux longtemps pensés comme distincts. Ainsi les parrains ou les témoins figurant dans les actes notariés concernant les serviteurs de la Maison de Marie Leszczyńska appartiennent significativement au commerce et à l'artisanat : certains sont marchands de vin, marchands épiciers, tailleurs d'habits…, unis aux commensaux par des liens de service, d'échange et de crédit[10].

Peut-on parler de noblesse de cour ?

Face à cet ensemble composite qui brouille les frontières de la cour, la figure du noble de cour paraît irrécusable. Elle incarne celui dont la présence à la cour est validée par le souverain auquel il doit être présenté pour être admis officiellement – avec ou sans charge, même si celle-ci est par exemple à la cour de

France la condition pour y séjourner durablement. Pour autant, la noblesse de cour ne forme pas davantage un groupe homogène. « Pôle de cristallisation de la fidélité des élites nobiliaires »[11] au pouvoir souverain, la cour est un espace de connexion entre noblesses d'essence différentes, dont l'amalgame tient notamment à la volonté du prince. Toutes les cours européennes forment ainsi un creuset du renouvellement des élites où s'agrègent aux noblesses d'origine chevaleresque et féodale des noblesses plus récentes : la « noblesse de cour » existe donc moins en soi qu'elle ne résulte de la convergence de plusieurs caractéristiques : ancienneté, service, alliances, possessions.

Mais cette noblesse qui irait chercher ses origines dans les brumes de l'histoire est en partie un mythe aux XVIIe et XVIIIe siècles. En France, peu de lignages peuvent en fait se prévaloir d'une noblesse antérieure au XVe siècle, acquise par l'exercice des armes et transmise par le sang de manière immémoriale. L'antiquité réputée de bon nombre de familles tombe sous le coup des généalogistes, comme Bernard Chérin, généalogiste du roi de France au XVIIIe siècle, qui détricotent leurs origines fantasmagoriques. Elles n'en dominent pas moins l'espace curial, de même que dans la monarchie des Habsbourg, où la cour est dominée par les représentants de lignages d'origine féodale, qu'ils proviennent des duchés autrichiens ou d'autres Couronnes des pays habsbourgeois (essentiellement les Alpes méridionales, la Bohême ou les Pays-Bas, et de façon plus fluctuante les États italiens ou la Hongrie), et implantés à la cour depuis le début du XVIe siècle. Si cette noblesse est plus prestigieuse, elle est à la fois menacée par l'extinction des lignages anciens et concurrencée par les nouveaux venus dont l'élévation irrépressible oblige à ériger des frontières pseudo-historiques entre noblesse *ancienne* et familles *nouvelles*.

En fait, la définition de la noblesse de cour – au delà de la curialité – se jouait probablement dans la pratique, à la jonction entre des impératifs fonctionnels et politiques. C'est ce qu'illustre l'introduction à la cour de Suède de la charge de dame d'honneur (*kammarjungfru*) au début du XVIIe siècle : elle répond à la nécessité d'étoffer le service de la reine et d'attirer les filles de la haute noblesse à la cour. Ces compromis valables dans une configuration donnée doivent être ajustés aux évolutions socio-politiques mais aussi démographiques. Adossée à un vivier initialement étroit, cette charge de dame d'honneur devint impossible à pourvoir en raison de la multiplication des candidates résultant d'une généreuse politique d'élévation nobiliaire[12]. C'est donc la quadrature du cercle pour maintenir le prestige de la cour tout en en faisant un espace attractif, *a fortiori* lorsque la démographie nobiliaire est dynamique (voir chapitre 9). Les changements dynastiques jouent aussi un rôle moteur dans le renouvellement de la noblesse, car ils favorisent à la fois l'arrivée de lignages exogènes et des campagnes d'anoblissement. Les Bragance, qui montent sur le trône portugais après la guerre d'indépendance de 1640 doivent ainsi élaborer leur cour. Un siècle plus tard, à la mort de Jean V (1750), parmi les cinquante lignages représentés à la cour, seuls sept sont de noblesse antérieure au XVe siècle[13]. Les autres résultent vraisemblablement de vagues d'anoblissement au cours du siècle suivant l'avènement de la nouvelle dynastie. En Lorraine, le duc Léopold, qui ressuscite la cour de Nancy en 1698, peut certes puiser dans l'ancienne chevalerie des duchés, mais procède également par anoblissements massifs afin de se constituer une cour pléthorique, à la hauteur de ses ambitions.

Être bien né (ou être certifié comme tel par le prince) est toutefois une condition nécessaire mais pas suffisante pour accéder à la cour. Certes, le prestige du nom aide à obtenir des charges ou des honneurs qui perpétuent la position éminente des familles au sein de la hiérarchie curiale et leur procure une visibilité enviable – dont profite également le souverain du reste. L'intégration à la cour n'en est pas pour autant automatique. L'obtention du titre de chambellan de l'empereur, lequel est pourtant considéré comme galvaudé au XVIIIe siècle – « il est plus honteux de ne pas obtenir la clef que prestigieux d'en être récipiendaire » raille J. J. Moser dans son *Teutsches Hofrecht* (1754-1755) –, n'est jamais évidente. En témoignent les nombreuses lettres de sollicitation adressées au grand chambellan par les familles aristocratiques qui devaient, depuis 1754, faire la preuve de douze quartiers de noblesse pour espérer l'obtenir. À la même époque, les règles d'admission à la cour de France – les « honneurs de la cour » – sont formalisées de manière similaire :

> À l'avenir nulle femme ne sera présentée à Sa Majesté et nul homme ne pourra non plus être admis à monter dans ses carrosses et la suivre à la chasse à moins qu'il n'ait préalablement produit, devant le généalogiste de ses Ordres, trois titres établissant chaque degré de la famille du mari : tels que contrat de mariage, testament, partage, acte de tutelle, donation, etc., par lesquels la filiation sera établie clairement depuis 1400[14].

Bien peu de familles peuvent satisfaire à de telles conditions, même si certains prennent des libertés avec leur généalogie, cherchant à tromper les experts en falsifiant leurs preuves, et que d'autres comptent sur la mansuétude royale pour contourner de trop rigoureuses exigences. Ce sont donc aussi les capacités à s'illustrer, la faveur royale et la cooptation qui jouent pour être admis à la cour, mais ce règlement, comme celui de l'impératrice

Marie-Thérèse sur l'accès à la charge de chambellan – étendu l'année suivante à l'accès aux divertissements et aux cérémonies curiales –, attestent à la fois de la nécessité pour le souverain de contrôler la qualité d'une noblesse toujours plus hétérogène et de la tension croissante entre ouverture et fermeture d'une cour qui ne cesse de croître, et continue d'attirer au vu des nombreuses candidatures déposées tant à Versailles qu'à Vienne. La curialité demeurait donc à géométrie variable.

De ce fonctionnement où se jouent des noblesses différentes mais aussi différents moyens d'en obtenir reconnaissance – entre réputation et preuves écrites –, résultent des querelles de préséance à la cour et, au-delà, une conflictualité latente inhérente au fonctionnement de la bonne société. À la cour de France, certaines familles robines investissent les moyens et menus offices de Bouche tandis que les « financiers » (manieurs des deniers du roi, intéressés dans ses affaires, fermiers généraux...) convoitent tout particulièrement les offices des Maisons princières qui leur permettent de confirmer un anoblissement récent et leur agrégation aux élites nobiliaires. Par l'acquisition de charges de trésoriers, ils contribuent notamment à la gestion de ces Maisons, dont ils garantissent le crédit et l'approvisionnement, tout en participant de leur prestige. Leur statut n'est cependant jamais complètement acquis. Antoine Lilti a montré la manière dont les codes hérités de la société de cour façonnent la recomposition des élites parisiennes au XVIIIe siècle : le partage de ces normes de comportement permet autant à ces dernières de former un groupe social unifié que de maintenir en son sein des distinctions très sensibles. C'est ainsi que le financier La Reynière et son épouse tinrent un salon où ils se piquaient de « n'avoir [...] que des gens de la Cour », ce qui les exposait *in fine* à la pire des sanctions sociales, le ridicule[15]. Lorsque La Reynière se crut autorisé à refuser l'accès de son salon au vicomte de Narbonne, celui-ci le punit doublement, par la peur et l'humiliation, en lui faisant croire qu'il s'apprêtait à le provoquer en duel, puis en refusant de s'abaisser à se battre avec celui qu'il considérait comme un inférieur.

Une société de cour ouverte aux « étrangers »

La cour n'en est pas moins un lieu particulièrement ouvert aux étrangers du fait de la capacité des souverains à affranchir les individus de leur statut personnel et des contraintes liées au morcellement des territoires et des droits. Ceux-ci sont du reste également reçus aux honneurs de la cour (accordés à des Lorrains, des Espagnols, des Italiens ou des Impériaux) et leur présence participe du lustre de celle-ci. Cette ouverture est notamment la conséquence de cette « société des princes » (Lucien Bély) européenne qui lie étroitement des dynasties pourtant férocement concurrentes et se disputant les talents par-delà leur espace de souveraineté[16].

Parmi les moteurs de ces circulations entre cours, figurent les alliances avec des princesses étrangères qui amènent dans leurs bagages non seulement des suites plus ou moins nombreuses, mais aussi des pratiques culturelles, des idées, des objets. Dès la fin du xvie siècle, les Habsbourg d'Espagne souhaitaient entretenir l'identité d'origine des infantes en les dotant de Maisons espagnoles dans leurs cours d'adoption. Philippe II constitua une maison pour sa fille Catherine-Michelle à l'image de celle d'une reine d'Espagne : son promis, Charles-Emmanuel Ier de Savoie accepta volontiers cette offre qui lui permettait d'augmenter l'éclat de sa cour à peu de frais et de rehausser son rang dans la société des princes. Philippe III chercha à faire de même avec sa fille Anne d'Autriche, quand celle-ci épousa Louis XIII en 1615. La forte publicité à laquelle était soumise la vie de la reine de France rendait cependant difficile un arrangement comme celui qui avait prévalu pour la princesse Henriette-Marie (sœur de Louis XIII) à la cour des Stuarts où les souverains entretenaient des espaces et un personnel moins politiquement exposés : sa femme de chambre française put ainsi diriger sa garde-robe et gérer sa bourse particulière (*privy purse*). La Maison espagnole d'Anne d'Autriche fut au contraire progressivement démantelée, sous la pression des rivalités curiales – les nobles locaux redoutant de se voir privés des grâces censées leur revenir – et du climat politique hispanophobe. Anne d'Autriche n'en garda pas moins à son service son ancienne nourrice (*azafata*), Estefanía de Villaquarán, qui jouit sa vie durant de la protection de la reine et put léguer un héritage important à ses descendants demeurés dans les Maisons princières madrilènes. De même, son apothicaire du corps, dont le nom fut francisé en « Michel Danse », réussit à s'implanter par son mariage dans la société parisienne et bénéficia de l'appui de la reine régente même après avoir quitté sa Maison – elle l'aida à établir ses trois filles, l'une d'entre elles se mariant même avec un noble titré[17].

Si l'intégration durable dans une cour étrangère était une gageure – le maintien des Maisons des princesses étrangères étant âprement négocié lorsque celles-ci n'étaient pas renvoyées –, les serviteurs pouvaient donc jouer de leurs appartenances successives ou de la diversité des implantations de leur parenté. Estefanía de Villaquarán ainsi que Marie Du Bois purent solliciter la cour de Savoie une vingtaine d'années après y avoir servi. La première se revendique de son service auprès de Catherine-Michelle jusqu'en 1598 pour obtenir en 1619 de l'héritier du duché de passage à Paris, Victor de Savoie, un habit militaire de l'ordre de Saint-Maurice pour son petit-fils Francisco alors à Madrid. Le second n'avait pas hésité à écrire à la duchesse Christine de Savoie pour lui transmettre à elle aussi le récit de la mort de Louis XIII, qui était son frère, dans l'objectif de solliciter ses grâces en mémoire des dix années où il avait appartenu à sa maison et à la compagnie de gendarmes du duc.

Les mobilités de service débordent ainsi le cadre des noces princières, certaines communautés constituant de véritables filières spécialisées dans certains emplois, comme la domesticité italienne dans les Musiques du roi de France, de l'empereur ou d'autres cours germaniques. Au-delà de ce cas de figure bien connu, on notera que des Italiens pouvaient aussi occuper à Vienne des emplois artisanaux ou médicaux et que les cours allemandes furent des terres de migration française. Plusieurs cours d'Europe du Nord et d'Europe centrale s'arrachèrent les cuisiniers français qui participaient d'un marché très concurrentiel, à la fois princier et aristocratique : à Munich, les ambitions européennes du prince électeur Maximilien Emmanuel passèrent entre autres par le recrutement en 1685 d'une véritable équipe de cuisiniers français tandis qu'en Suède le fameux comte Axel de Fersen et son fils furent actifs dans le recrutement et la formation de cuisiniers français pour le service des souverains et les aristocrates qui les entouraient au tournant des XVIIIe et XIXe siècles[18]. Nombreux furent également les musiciens ou jardiniers français à courtiser les princes d'Allemagne du Nord, à Osnabrück, Hanovre ou encore Dresde. Des princes mécènes employaient les musiciens français dans leur Chapelle, à la fois parce qu'ils étaient moins chers que les Italiens et que l'appropriation de leur style musical participait d'un idéal galant partagé à l'échelle européenne. Quant aux jardiniers, les Godeau (Berlin), Marot (Londres), Girard (Munich), Le Blond (Saint-Pétersbourg), Carlier et Boutelou (Madrid) ou Anquetil (Parme) exportèrent l'héritage de Le Nôtre et la science française de l'hydraulique dans toute l'Europe.

En deçà des princes souverains, les familles de la haute noblesse constituaient de véritables élites transnationales jouant un rôle clef dans le cosmopolitisme des cours, les déplacements de ses membres s'articulant à la multiplicité de leurs alliances et de leurs possessions souvent dispersées entre différents États. C'est ce qu'a pu montrer l'historien allemand Leonhard Horowski en mettant en lumière la parentèle européenne des détenteurs des plus hautes charges à la cour de France aux XVIIe et XVIIIe siècles[19]. Réciproquement, les visiteurs étrangers pouvaient être étroitement apparentés aux courtisans qu'ils rencontraient. Le comte d'Aranda, ambassadeur d'Espagne à Versailles de 1773 à 1787, était ainsi lié par sa grand-mère maternelle à plusieurs des membres les plus éminents de la société de cour notamment le duc de Croÿ, le maréchal-duc de Duras, la duchesse d'Aumont ou les Noailles. Cet arrière-plan favorise le maintien de l'ouverture des cours à ceux à qui l'affirmation des constructions nationales assigne de plus en plus clairement le statut d'étrangers.

Questions de démographie curiale

Une population mouvante, entre présence et absence

La cour changeait périodiquement de visage, d'abord et avant tout parce que la plupart des officiers de la Maison ne servaient pas à l'année, mais par « quartier », c'est-à-dire par trimestre, pendant trois mois de l'année seulement. Un officier comme Marie Du Bois, dont la charge avait été dédoublée, ne servait même pas tous les ans ! « L'honneur et bonheur qu'on a de servir en cour ne laisse pas que d'être extrêmement pénible » écrivit en toute hâte le 1er mars 1741 à son père un comte Rudolph Chotek qui se dit exténué par une astreinte de 6h du matin à minuit, une vingtaine de jours durant[20]. Le service maintenait souvent le courtisan à distance de ses terres ou de sa famille, si bien que servir à temps partiel permettait aux officiers ou aux employés de faire leur cour au roi tout en gérant leurs biens et en veillant aux intérêts de leur famille et de leur communauté. Il n'empêche qu'il pouvait être difficile de trouver des volontaires à certaines périodes, comme s'en plaint le prince de Salm, qui peine à faire venir des chambellans à l'automne 1692 pour assurer le service de l'archiduc Joseph, fils aîné de l'empereur Leopold Ier[21]. La multiplication des détenteurs pour un même emploi permettait en outre au souverain de fidéliser à son service un nombre plus important d'individus – voire d'y gagner financièrement si les charges faisaient l'objet de transactions marchandes. Une cour pléthorique était enfin, on l'a dit, signe de prestige, d'où l'importance de publier des listes qui circulaient dans toute l'Europe (voir chapitre 1).

Pour augmenter significativement le nombre de courtisans attachés à sa Maison, le souverain pouvait alors recourir à des charges honorifiques, ces « emplois fictifs » qui conféraient un titre curial et liaient à la cour par la seule potentialité de servir. Ces charges ne contraignaient parfois même pas leurs détenteurs à une quelconque présence : les chambellans de l'Empereur à la cour de Vienne étaient une cinquantaine à servir effectivement, à raison de deux tous les quinze jours au début du XVIIIe siècle, alors qu'ils étaient plus de cinq cents à en porter le titre et à être répertoriés comme tels. Sans doute la majorité d'entre eux n'avaient-ils mis les pieds à Vienne que pour la prestation de serment leur permettant de prendre rang au sein du corps des chambellans et de pouvoir se positionner le cas échéant lors des cérémonies[22]. De même, les nobles récipiendaires des honneurs de la cour n'étaient parfois guère plus attachés à la cour de France que le temps de la fort coûteuse cérémonie de la présentation pour laquelle ils avaient dû faire de gros sacrifices financiers.

Estimer la population en temps réel relève donc d'une véritable gageure en raison de cette rotation du personnel, mais aussi de la mobilité d'une cour toujours itinérante qui se combine à la multi-résidence aristocratique. La taille des résidences variant, de même que leur distance à la capitale, il n'est pas toujours possible d'y loger le même nombre d'individus. L'examen des allées et venues des courtisans viennois fait apparaître une très grande densité des mobilités nobiliaires tout au long de l'année, mais aussi l'importance des séjours de ces aristocrates sur leurs terres. Loin d'être un cas isolé, le comte Johann Adam Questenberg séjourne près de 250 jours par an dans ses terres moraves, sans pour autant renoncer à la vie de cour puisqu'il est fréquemment listé parmi les courtisans présents lors des cérémonies monarchiques. Il parcourait donc, été comme hiver, les 200 km – soit une vingtaine d'heures de voyage – séparant sa résidence de la cour[23].

De manière plus profonde, certains courtisans font parfois le choix de se tenir à distance de la cour. Ce qu'Emmanuel Le Roy Ladurie nomme le « renoncement » intervient lorsque les inconvénients de la cour prennent le pas sur les avantages[24]. Ce retrait peut être collectif, signifiant l'éloignement de tout un lignage pourtant longtemps au service du prince, à l'exemple des princes Liechtenstein qui entament leur retrait de la cour de Vienne dans la première moitié du XVIIIe siècle lorsqu'ils s'estiment déclassés par l'accession aux plus hautes charges curiales de familles de qualité moindre obtenant préséance sur eux. Ne trouvant plus à la cour le reflet de leur éminence sociale, ils préfèrent se retrancher derrière leur statut de princes d'Empire et ne paraissent plus guère désormais que ponctuellement pour l'exercice d'une fonction politique ou diplomatique de premier plan. Dans les monarchies décentralisées, de nombreux aristocrates signifient leur désintérêt, voire leur défiance par le maintien d'un éloignement. Plusieurs lignages espagnols des couronnes périphériques de la Castille marquent leur résistance en se détournant durablement de la cour. Les ducs de Medina Sidonia entretiennent ainsi une cour en miniature dans leur résidence andalouse de Sanlúcar où ils attirent la noblesse locale qu'ils dotent de charges curiales.

Des effectifs importants toutefois

Bien téméraire serait l'historien visant à l'exactitude dans l'évaluation et la comparaison des effectifs curiaux : les effets de source et les choix méthodologiques qu'implique la géométrie variable de la cour rendent la question quasi insoluble. D'une part, il n'y avait jamais autant d'officiers ou d'employés simultanément présents à la cour que de recensés dans les almanachs. D'autre part, les estimations tendent à ne prendre en considération que les personnes à statut, négligeant de ce fait les courtisans sans charge – dont la présence sans contrainte serait pourtant le meilleur signe de l'attractivité curiale – ou les employés les plus modestes. Ni les lecteurs des almanachs, ni les visiteurs d'un palais ne pouvaient donc saisir, ni attester, l'ampleur numérique globale de la cour. Toute estimation correspond donc à une façon de définir la cour, de la vivre ou de l'inscrire dans un type de document. Pour preuve, si l'on suit Montesquieu qui la visite en juillet 1729, le jour de la fête de l'électeur, « toute la cour de Bavière était assemblée, et tout le monde était venu de sa campagne pour lui faire sa cour. Cela pouvait bien faire 80 personnes des deux sexes ». Pour la même période, les historiens évaluent cette cour à plus de 2 000 courtisans et serviteurs[25]. C'est dire la nécessité de considérer l'institution curiale de façon gigogne.

Passé ce constat initial, il est possible de reconnaître que les cours enflent irrémédiablement, passant de quelques centaines d'individus à la fin du Moyen Âge à plusieurs milliers dès la Renaissance. La cour de France compte ainsi au XVIe siècle environ 2 500 serviteurs, en englobant les Maisons princières, les unités militaires, la prévôté. Quant à la cour de Vienne, elle peut aligner au même moment un millier de personnes au service de l'empereur Ferdinand Ier[26]. Ces chiffres conséquents dès le début de l'époque moderne ne doivent toutefois pas masquer les fortes fluctuations des siècles suivants, la tendance étant plutôt à la stabilisation pour les grandes cours après le XVIIe siècle, tandis que les cours de moindre ampleur continuent à se développer dans un esprit de concurrence. Si les évolutions de la démographie curiale sont particulièrement saccadées au cours du XVIIe siècle, le reste de la période moderne ne s'avère pas plus linéaire. Changements de dynastie, succession des règnes, fluctuations de l'ampleur de la famille princière qui conditionnent le nombre de Maisons, ou encore incessantes tentatives de réformes de l'institution curiale visant à réduire drastiquement le nombre de courtisans ou au contraire à amplifier le lustre de la cour, empêchent une quelconque continuité.

L'exemple récemment étudié de la cour de Munich sous les règnes des électeurs Ferdinand Marie et Maximilien Emmanuel, entre 1650 et 1726, est à cet égard particulièrement révélateur. On y observe une succession très rapide de phases d'expansion et de contraction des effectifs au gré des ambitions ou des revers politiques : multiplication par 2,5 des personnes enregistrées annuellement dans les livres de rémunération sur l'ensemble de la période, croissance lente sous le règne de Ferdinand Marie, puis rapide sous son successeur, dont le règne est pourtant marqué par des phases de restriction, en raison de réformes (1688-1689, 1699) ou de son exil en France. Dans le détail, le schéma est encore compliqué par les mariages et les naissances dans la famille électorale. De plus, si le poids financier des guerres entraîne des restrictions budgétaires – et donc une diminution des effectifs curiaux –, les troubles politiques favorisent quant à eux le dérèglement de la cour du fait de la nécessité de contenter des élites nobiliaires récalcitrantes en multipliant les charges et en augmentant, parfois démesurément le nombre de serviteurs.

Force de l'État et taille de la cour n'entretiennent donc pas forcément une croissance parallèle. Importants sous la régence de Marie de Médicis et au début du règne du jeune Louis XIII (1 780 personnes pour la seule Maison du roi en 1612), les effectifs sont réformés à partir de 1625, lorsque le souverain, secondé dans ses efforts par Richelieu, entend reprendre en main sa cour. Le nombre d'aumôniers passe alors de 252 aux seuls dix considérés comme nécessaires, celui des secrétaires de la Chambre de 316 à 11 et, en 1631, celui des Écuries de 750 personnes à 208 officiers avec gages, 205 sans gages. Ces chiffres dénotent la proportion écrasante des charges honorifiques. La cour enfle à nouveau sous la Fronde en raison de la nécessité pour Anne d'Autriche de se rallier la noblesse. Les effectifs de la Maison du roi au sens strict sont ensuite stabilisés autour d'un millier personnes au tournant des XVIIe et XVIIIe siècles.

À ces chiffres, il faut ajouter le reste des emplois domestiques et artisanaux attaché au souverain, soit tout de même environ 2 000 personnes. En ajoutant les autres Maisons princières, on atteindrait les 5 000 personnes – sans même intégrer la Maison militaire qui compterait 10 000 personnes. Ces chiffres se maintiennent tout au long du XVIIIe siècle, autour de 900 personnes pour la seule Maison du roi, jusqu'à ce que les réformes de 1786-1787 amputent drastiquement la Maison du roi de la moitié de ses effectifs. Si celle-ci ne comptait plus alors que 427 personnes, les services administratifs demeurent d'une importance sans précédent (au moins 700 personnes) de même que les autres Maisons princières, comme la Maison des enfants de France à laquelle Louis XVI et Marie-Antoinette avaient souhaité donner un lustre significatif. La cour de France semble donc avoir compté en permanence plusieurs milliers de personnes – et ce jusqu'à la fin de l'Ancien Régime –, à l'aune du recensement effectué en 1722 par le commissaire Pierre de Narbonne à l'occasion du retour de Louis XV et de son entourage à Versailles[27].

La cour de Vienne connut une évolution semblable. Les troubles confessionnels et la guerre de Trente Ans contribuent paradoxalement à une nette augmentation des effectifs curiaux (au-delà de 1 000 personnes), Ferdinand II créant par exemple des charges honorifiques destinées à fidéliser la noblesse catholique. Si 800 personnes servent l'empereur et sa famille au cours du XVIIe siècle, ils sont plus du double dans la seconde moitié du XVIIIe siècle du fait d'une croissance continue, et parallèle à celle des effectifs des services du gouvernement central. En 1670, la cour de Léopold Ier compte environ 900 serviteurs, sans les charges honorifiques, plus de 1 000 en 1705, auxquels il faudrait notamment ajouter environ 400 chambellans honoraires, 1 500 sous le règne de Charles VI (toujours sans les honoraires). Ce chiffre se maintient sous Marie-Thérèse pour atteindre 2 000 serviteurs à la mort de l'impératrice-reine, l'administration centrale égalant cet effectif en 1796 avec 1 900 personnes.

Pour la cour d'Angleterre, la Maison restreinte du roi Charles Ier (*Household below Stairs*) compte environ 300 personnes dans le premier tiers du XVIIe siècle. Si l'on prend en considération l'ensemble des Maisons princières, ces effectifs seraient de 800 personnes et la cour aurait compté d'après R. Asch jusqu'à 2 500 personnes en intégrant les courtisans sans charges et les serviteurs des grands officiers[28]. Comme l'ont montré les travaux de José Martínez Millán, l'ordre de grandeur est similaire à la cour d'Espagne au début du XVIIe siècle : en 1623, elle comptait en effet 350 serviteurs au service direct du souverain, 1 700 en prenant en compte tous les services (gardes du palais, Chasses, Chapelle) ainsi que les Maisons de la reine et du prince des Asturies, auxquels il faudrait ajouter les courtisans sans fonction[29].

Il y aurait donc une corrélation entre la taille de la cour et la taille de l'État, sans qu'elle soit systématique si l'on considère certaines cours certes plus petites, mais non moins ambitieuses comme celles du Saint-Empire. La cour du duché de Wurtemberg, qui n'est en théorie que la cour d'un État de rang somme toute modeste, serait aussi pléthorique que celle de Munich, elle-même comparable à celle de Vienne dans la première moitié du XVIIIe siècle – jusqu'à 2 000 personnes tout compris. Inversement, les cours des princes-évêques de Wurzbourg, Bamberg ou Cologne ne comptent qu'autour de 200 personnes – c'est-à-dire autant que celle du margrave de Brandebourg-Ansbach – et celle de Dresde, environ 500 personnes vers 1700, au seuil de l'âge d'or de l'union de l'électorat de Saxe avec le royaume de Pologne[30]. De même, dans l'espace italien, la cour de Toscane compte 233 courtisans en 1587, 457 en 1621, 719 en 1670 et 792 en 1692[31].

Rappelons-le toutefois, partir des états officiels ou même des livres de gages ou de comptes ne permet que de donner des ordres de grandeur : cette approche doit être combinée à d'autres modes d'estimation. Il est non seulement possible de faire varier la géométrie de la cour, voire de se focaliser sur sa seule composante « populaire » ou de dénombrer l'ensemble de ses fournisseurs (près de deux cents pour les seuls Menus Plaisirs à la cour de France en 1786, loin d'être tous attachés officiellement à la cour), mais aussi de recourir à d'autres méthodologies, comme partir de la taille des salles et en évaluer la capacité. Différentes sources permettent alors d'approcher cette population très fugitive que sont les courtisans sans charge qui les attache institutionnellement à la cour. On a vu l'écart abyssal entre les présents à la fête de l'électeur de Bavière en 1728 et les effectifs globaux de la cour de Munich. Les bals masqués et les courses de traîneaux donnés à la cour de Vienne dans la première moitié du XVIIIe siècle ne concernaient guère que soixante à quatre-vingts courtisans, dont une partie en charge, quand plus de 1 500 masques sont conviés au grand bal organisé à l'occasion du premier mariage du Dauphin, le fils de Louis XV, en 1745. Joël Cornette estime quant à lui que plus de 6 000 nobles fréquentaient Versailles vers 1690, concluant que Louis XIV n'aurait « déraciné » que 2 à 3 % de la noblesse du royaume[32].

La réalité historique de la cour ne tient donc ni dans un nombre très bas, à l'instar des évocations du Versailles déserté des années 1780, ni très élevé, tiré des sources apologétiques ou administratives. Elle réside dans des contrastes saisissants, par exemple entre une population mouvante s'élevant à plusieurs milliers de personnes pour les États les plus importants – *a fortiori* en incluant au moins partiellement la suite de la cour (serviteurs des serviteurs, services administratifs, fournisseurs sans titre) – et le constat de l'aménagement souvent tardif et dans certaines résidences seulement, comme à Vienne, de salles pouvant chacune accueillir simultanément plus de 150 personnes. Une alternance de pleins et de vides entretenait donc des impressions contradictoires de foultitude ou de désert curial, selon les jours de la semaine ou les périodes de l'année. La cour de Londres, qui n'a pourtant pas la réputation d'être très fréquentée à la fin du XVIIIe siècle, connaît pourtant des pics de fréquentation pouvant susciter l'exaspération de lady Lavinia Spencer dont elle fait part à son époux :

> Oh! Oh! Oh! My hips! My feet! My head! I am just returned from the Court which was fuller than a birthday and lasted an eternity and Lady Ely nearly squeezed me flat against Mrs Ellis[33].

Entre auberge espagnole et tour d'ivoire : ouverture ou fermeture ?

Un monde clos ?

La cour serait-elle une tour d'ivoire ? L'idée a fait florès à la suite des propositions de Norbert Elias et mérite l'examen. Elle souligne avec force le caractère réglementé de l'accès à la cour, qui en faisait un espace réservé à ceux qui en étaient dignes par la naissance, le rang, le sang et/ou le service du roi. Dans cette perspective, la cour tendait à former un système juridique, social, symbolique et culturel fonctionnant selon ses règles propres, explicites ou tacites, et qu'il convenait de mettre en œuvre sous peine d'exclusion.

La cour fait cohabiter des individus aux horizons très hétérogènes, cette diversité n'étant d'ailleurs pas que sociologique si l'on songe par exemple à la capacité des chapelles princières à agréger des clercs réguliers d'ordres tantôt anciens, tantôt marqués par la Réforme tridentine, philo-romains, prêcheurs ou contemplatifs. À Turin, aumôniers et chapelains de cour peuvent être aussi bien dominicains, franciscains, jésuites, théatins ou camaldules[34]. Mais tous, clercs et laïcs, humbles et nobles, sont réunis à la cour par le service du prince qui leur procure prestige et bienfaits de tous ordres. En tant que membres d'une des Maisons princières, ils sont soumis à une juridiction particulière, du ressort du grand officier qui en a la charge, tel que le grand maréchal à la cour de Vienne ou le grand prévôt à la cour de France. Ils peuvent également bénéficier d'avantages, qu'il s'agisse de privilèges, notamment fiscaux – c'est le cas des exemptions de péage à l'entrée de la ville de Vienne –, d'accès aux soins médicaux à Madrid, dès lors qu'ils font partie de la Maison royale, ou encore, assez fréquemment, d'un logement fourni par la cour. Rarement confortable, parfois un simple lit sur le lieu de travail quand il s'agit des domestiques et des artisans, ce logement assure la disponibilité d'un serviteur très corvéable. Ces privilèges, qui peuvent être déclinés en fonction du rang, matérialisent la frontière mouvante de la cour en séparant ceux qui en jouissent du reste de la société. Cette appartenance commune se traduit par différents signes, tels que des titulatures officielles attestant le lien avec le prince, sa famille et la cour (valet de chambre tapissier du roi, marchand suivant la cour…), des livrées (parements bleus ou rouges à la cour de France, boutons…), des clefs (comme pour le chambellan de la cour de Vienne).

Les contemporains mentionnent aussi parmi ces signes distinctifs une attitude et une manière d'être, cet « air de la cour » permettant à coup sûr d'identifier l'habitué du nouveau venu ou de l'exclu. C'est parce qu'elle aurait d'abord été le lieu d'élaboration d'une culture spécifique et d'un *ethos* courtisan que la cour aurait constitué un creuset essentiel du « procès de civilisation » ayant transformé, selon Norbert Elias, les sociétés occidentales dans la longue durée par le développement de la capacité à réfréner l'expression violente de ses émotions et de ses passions. De nombreux traités paraissent ainsi à l'époque moderne pour théoriser, synthétiser et diffuser ces normes de langage et de comportement, sans la maîtrise desquelles il n'est pas possible de paraître à la cour et d'y obtenir la faveur princière. Le moindre faux pas pouvait s'avérer fatal à toute carrière curiale.

Le phénomène est européen et la profusion des déclinaisons de ces traités traduits dans toutes les langues et abrégés sous forme de manuels jusqu'au XVIIIe siècle manifeste le caractère universel du modèle de l'homme de cour. C'est en italien qu'est publié en 1528 le célèbre traité de Baldassare Castiglione, *Le Livre du courtisan*, où l'éloge d'une cour vertueuse et animée par le service du prince laisse déjà pointer la dénonciation d'une cour dévoyée. C'est ce que fustige en 1630 et en français, Nicolas Faret dans *L'Honnête homme ou l'art de plaire à la cour* : « Il est bien vray qu'il y a un nombre infiny de raisons qui en pourroient destourner toute personne qui en coignoist les malheurs ; & qu'à plusieurs il auroit mieux valu n'avoir eu qu'une vertu incogneuë qu'une vie si pleine d'éclat & de peril[35] ». Son avertissement n'est guère engageant pour le courtisan novice qui voudrait tenter d'intégrer une société de cour, qu'un proverbe allemand compare à l'enfer (*Bei Hof, bei Höll*).

Dans les pages qui suivent, Faret détaille les « épines » d'une couronne visiblement bien lourde, servitude, fatigue, inquiétude, ambitions, illusions perdues, querelles et cabales qui ont suscité toute une littérature anti-cour pluri-générationnelle, visant à préserver l'honnête gentilhomme des vices curiaux[36]. En 1646, le jésuite Baltazar Gracian publie en espagnol l'*Homme de cour*, qui renouvelle par son pragmatisme le discours de Castiglione, en insistant davantage sur les manières de mener efficacement une carrière curiale et sur le comportement adéquat pour y parvenir. Les traités formalisent donc des savoirs pratiques qu'ils rabâchent mais aussi adaptent aux inflexions du temps – politesse et bel esprit s'introduisent ainsi dans les manuels de civilité revisités au XVIIIe siècle.

Patrimonialisation des emplois et diversification des stratégies sociales

Si la cour est un monde à part, c'est un monde que fabriquent courtisans et serviteurs en cherchant notamment à utiliser leurs charges et leurs emplois à leur profit. De fait, la nomination par le souverain permet d'ouvrir le recrutement mais n'exclut nullement qu'une même famille capte l'exercice d'une charge en l'occupant fréquemment, voire continûment. À la cour de Vienne, seules quelques familles obtenaient des charges plus significatives que celles de chambellan, qu'elles exerçaient pour des durées plus ou moins longues et alternativement, ce qui favorisait l'intégration d'un nombre relativement important de lignages, même si on observe un allongement des temps d'occupation à partir du règne de Charles VI. Les Habsbourg d'Espagne cherchaient eux aussi à diversifier les lignages auxquels ils octroyaient la stratégique charge de *mayordomo mayor*, en raccourcissant la durée d'exercice (20 ans sous Philippe II, cinq ans en moyenne sous ses successeurs) et en sollicitant davantage de lignages (11 pour 16 mandats). Ceux-ci n'en étaient pas moins tous issus de grandes familles (Lerma, Infantado, Medina Sidonia, Albe), essentiellement ducales et nanties de la grandesse.

À la cour de France, les charges de la Maison du roi sont théoriquement non vénales, contrairement aux offices de justice et de finances, mais n'en font pas moins l'objet de transactions marchandes : il s'agit pour reprendre l'expression de Christophe Blanquie d'une « vénalité de fait », pleine d'opportunité mais aussi d'incertitudes. Quoi qu'il en soit, les détenteurs d'offices de la Maison du roi pouvaient en contrôler au moins partiellement la circulation et la transmission à leurs héritiers, tant et si bien que certaines grandes familles les conservent tout au long de l'Ancien Régime : les Cossé-Brissac tiennent la charge de grand pannetier pendant presque 300 ans ; la charge de grand chambellan est aux mains des La Tour d'Auvergne de 1664 à 1789 ; celle de grand maître aux mains des princes de Condé de 1643 jusqu'à la Révolution[37]. Les grands officiers nommant de plus aux fonctions subalternes, ils disposent d'un pouvoir économique et social considérable en contrôlant la distribution de dizaines, voire de centaines d'emplois. Le grand maître n'agréait pas moins de 500 personnes au sein de la Bouche du roi, les officiers lui prêtant directement serment et non auprès du roi.

Au contrôle par en haut, par le prince souverain et par ceux à qui il délègue l'essentiel du recrutement, se combinent les stratégies des détenteurs de charges, même les plus modestes. Ceux-ci peuvent eux aussi chercher à conserver la charge dans une même famille ou tout du moins à s'insérer durablement et collectivement – à l'échelle d'une famille élargie – au sein des Maisons princières. Le croisement du suivi longitudinal de la détention d'une charge et de l'analyse de trajectoires individuelles et familiales donne cependant à voir dans toutes les cours le résultat contrasté de ces stratégies. L'étude de la circulation des menus offices de la Bouche à travers le journal des parties casuelles du duc de Condé entre 1643 et 1720 démontre ainsi la possibilité de faire carrière à la cour en détenant successivement des offices au prestige croissant – par exemple celui d'aide ordinaire puis celui d'écuyer de cuisine – et l'existence d'un groupe de familles cohérentes à l'intérieur desquelles ces offices se transmettaient.

Au sein de la Chambre du Roi, une charge aussi modeste que celle de garçon ordinaire pouvait se transmettre, comme celle de valet de chambre, sur trois ou quatre générations. À la cour de Bavière, on était ainsi lavandière de mère en fille : la famille Feser donna des lavandières à la cour (*Hofwöschin*) sur trois générations, de 1666 à 1718, de même que la famille Schuldtheiss occupa la charge de lavandière de la Chambre de l'électrice, trente-cinq ans durant, de 1683 à 1718[38]. La circulation familiale des charges ne s'opère donc pas seulement de père en fils, mais aussi via les femmes, en ligne directe ou indirecte, ou même par d'autres liens de parenté (d'oncle à neveu…) et implique en général davantage un jeu sur différents types de charges et plusieurs Maisons princières qu'une focalisation sur une seule charge.

Un exemple d'accumulation familiale à la cour de France : les Quentin

La femme de chambre de la dauphine Marie-Anne de Bavière, Marie-Angélique Poisson, fille, petite-fille et sœur de l'apothicaire du roi, belle-sœur d'un conseiller secrétaire du roi et d'un gentilhomme ordinaire de la Chambre du roi, épouse en 1676 un cumulard, Jean Quentin, premier barbier et premier valet de garde-robe du roi dont elle a quinze enfants, dont Jean, qui reprend la charge de valet de son père et épouse la fille d'un secrétaire, orfèvre-bijoutier et joaillier du roi ; Marie, seconde femme de chambre de la duchesse de Bourgogne qui épouse un gentilhomme ordinaire du roi et maître d'hôtel de la duchesse de Bourgogne ; Louis, premier valet de garde-robe du roi ; Louis-Philibert, maître d'hôtel du roi ; Marie-Anne, femme de chambre de la dauphine ; René-Joachim, gentilhomme ordinaire de la Chambre du roi, premier valet de garde-robe du duc de Berry, premier valet de garde-robe du roi à la mort de son frère Louis ; Marie-Catherine, femme de chambre de la dauphine[39].

Au-delà, dans la Maison du roi comme dans la Maison de la reine, il s'avère malgré tout fréquent à la cour de France qu'une charge ne fasse pas l'objet d'une transmission familiale : les groupes familiaux ne concentrent ainsi qu'une minorité des 1 400 officiers répertoriés dans le journal du prince de Condé, la plupart des officiers ne transmettant aucune charge à leurs proches. Au début du règne de Louis XIV, sur les 400 charges occupées au sein de la Chapelle-oratoire, seule une minorité fait l'objet d'un cumul ou d'une transmission intra-familiale (à un neveu survivancier). Pour les cadets de famille noble, le passage par la charge d'aumônier du roi permet en revanche dans la moitié des cas d'accéder à l'épiscopat, comme cela s'observe aussi à la cour de Turin à la même époque. La réussite sociale est alors synonyme, en ces temps de réforme tridentine, d'éloignement de la cour[40].

À défaut de patrimonialisation systématique, officiers et employés forment en revanche un groupe où les connexions et les échanges sont nombreux. C'est d'autant plus le cas dans les cours où la vénalité même tacite n'est pas d'usage, comme à Vienne. Les phénomènes de recommandation et de cooptation, les alliances, les relations de crédit, le recours aux autres officiers comme témoins ou parrains, les revendications communes du statut de commensal y contribuent. Pour autant, l'homogénéité sociale et culturelle qui s'en dégage demeure relative – comme l'a montré l'étude des inventaires après décès des garçons ordinaires de la Chambre ou celle des musiciens du roi au XVIIIe siècle[41].

C'est donc une double tension qui s'observe à la cour. Les offices et emplois domestiques sont un puissant levier de consolidation ou d'ascension sociale et de renforcement de son capital économique et symbolique par les droits et revenus attachés à une charge. Leurs détenteurs cherchent à en sécuriser la transmission sur plusieurs générations sans pour autant réduire leurs stratégies d'investissement à un seul type d'office, ni même au seul univers curial. Cette ouverture résulte à la fois du comportement économique des acteurs et des choix mis en œuvre par le souverain et ses grands officiers, entre logiques de clientèle et nécessité politique de conserver la libre disposition des emplois. Elle se heurte néanmoins, notamment pour les charges les plus éminentes, à une tendance croissante à la fermeture aux nouveaux venus, que redouble au XVIIIe siècle l'auto-contrôle auquel se soumettent les élites nobiliaires, en particulier par les alliances et la reconnaissance interpersonnelle[42].

Ordonner la cour selon le rang, une gageure

Les cours de l'époque moderne sont donc de plus en plus complexes à structurer alors même que s'impose fortement l'idée qu'un ordonnancement par le rang est la condition essentielle de leur éclat. Cet ordonnancement s'avère problématique dès lors qu'il s'agit de prendre en compte tous les critères de définition du rang. Le roi de Suède, désireux d'établir en 1664 une table des rangs claire pour sa cour, se retrouve confronté à des contestations de la diète avec laquelle il doit négocier, ce qui montre qu'il n'est en l'occurrence pas seul arbitre des rangs. L'enjeu du rapport de force est de déterminer ce qui doit primer, de l'ordre nobiliaire ou de la hiérarchie curiale. Même s'il semble acquis qu'une table des rangs est opératoire en 1672, les contestations n'en perdurent pas moins à l'instar des controverses qui agitent toutes les cours européennes[43].

C'est ce dont témoigne avec acuité la difficulté à formuler des règles *ex nihilo* lors de la restauration ou de la création d'une cour, ainsi du duc Léopold de Lorraine retrouvant ses duchés ou de Victor-Amédée de Savoie, lorsque son duché devint royaume à la conclusion du traité d'Utrecht en 1713. Dans ces cours sociologiquement composites et où les souverains font généralement mais pas nécessairement coïncider importance de la fonction et statut social – on a vu que l'empereur Charles VI met parfois en avant de « simples » comtes, au grand dam des princes –, le rang est loin d'être déterminé par la seule naissance. Il s'agit plutôt d'une « position relative car sans cesse réajustée en fonction des circonstances ou des arguments invoqués par le courtisan qui aspire toujours à une meilleure place, même si elle demeure en dernier ressort de l'arbitrage du souverain »[44]. N'est-ce pas ce que résumait Denis Godefroy en 1649 : « que chacun soit maintenu au rang qui lui appartient, soit à cause de son extraction, soit pour son état et office, ou bien en considération de ses mérites, ou quelque autre objet raisonnable »[45]. Le souverain est donc tenu de régler les rangs, par des règlements *a priori* ou par des arbitrages *a posteriori*, qui privilégient et/ou combinent tel ou tel critère. Les solutions peuvent dès lors diverger selon les périodes et les espaces, comme l'illustre la comparaison du traitement des chambellans à Vienne et à Naples.

À Vienne, l'empereur peut et doit puiser dans le vivier des multiples Couronnes de la monarchie des Habsbourg. À chacune correspond une noblesse et, en conséquence, une hiérarchie nobiliaire. Un comte autrichien a-t-il une préséance sur un comte bohême ou hongrois ? Que faire de la noblesse du Saint-Empire qui bénéficie d'un complexe statut de semi-souveraineté ? Sont-ils d'un rang plus éminent ? Pour compliquer le tout, certains cumulent allègrement dignités et ancrages patrimoniaux d'où résultent des appartenances multiples. Ces hiérarchies parallèles n'étant pas compatibles, l'empereur a dû en élaborer une propre à la cour, fondée sur la seule faveur monarchique exprimée par la date d'intégration dans le corps des chambellans, puis dans celui des conseillers intimes. La cour est ainsi théoriquement ordonnée selon un principe d'ancienneté dans la charge qui prend le pas sur toute autre logique hiérarchique. Ce principe est renforcé par le port du manteau espagnol et de la perruque qui uniformise les apparences, au moins jusqu'au milieu du XVIIIe siècle[46]. En revanche, à Naples, qui connaît pourtant la même inflation de chambellans, les Bourbons alignent le rang curial sur le seul rang nobiliaire. Aux aînés des grandes familles féodales du royaume, sont octroyés le service effectif de la Chambre et la permission de pénétrer dans la galerie qui clôture les appartements princiers ; aux cadets et aux nobles issus de familles périphériques, des charges strictement honorifiques dont les prérogatives sont moindres, à commencer par la limitation aux seules antichambres de l'appartement[47].

Parfois démunie face à la complexité des rangs, la cour en était réduite à opter pour un simple tirage au sort. Le bal donné par le roi de Prusse à l'occasion du mariage de sa fille avec le margrave de Bayreuth oblige à faire « tirer aux billets, pour éviter les disputes de rang parmi les princes étrangers »[48]. L'empereur procédait de même pour ordonner les courses de traîneaux données à Vienne à l'hiver.

Des trajectoires curiales, entre ordinaire et extraordinaire

Au sein du microcosme curial, il est des figures atypiques dont la fonction statutaire est de transgresser l'ordre social : les nains de cour, qui participent de l'entourage princier depuis l'époque médiévale jusqu'au milieu du XVIIIe siècle. On en dénombrerait par exemple plus de deux cents dans l'espace germanique : Auguste le Fort, électeur de Saxe et roi de Pologne, en comptait simultanément cinq à son service en 1730, certains honoraires, d'autres cumulant plusieurs emplois. Pleinement intégrés à la Maison princière, ces nains n'en occupent pas moins une position précaire, ce qu'illustre la difficulté à situer ces amuseurs professionnels dans l'organigramme curial. Quoi qu'il en soit, cette fonction leur confère un accès privilégié au souverain et donc une capacité à se mouvoir dans l'espace social de la cour. C'est ce qu'illustre l'histoire de Hans Kleiner, dit le baron Klein, et de Katharina Bott, les nains de l'empereur Charles VI et de son épouse Élisabeth-Christine[49]. Bien que nés dans des milieux très modestes, ils connurent une ascension sociale fulgurante qu'ils durent à la faveur exceptionnelle dont ils bénéficièrent. Signe de cette dilection, l'empereur, sur son lit de mort, fit appeler Klein qui prit place dans son cortège funèbre juste derrière les grands officiers de la cour et avant les archiduchesses. Vingt ans après, sa fille l'impératrice Marie-Thérèse le conviait encore à dîner et lui accorda le privilège d'être inhumé en grande pompe dans l'église paroissiale de la cour. Comblés de cadeaux, intégrés à la sociabilité curiale, accédant peut-être à l'anoblissement – les sources ne permettent pas de déterminer si le terme de baron était un véritable titre ou un simple sobriquet –, Hans Kleiner et Katharina Bott matérialisèrent à leur profit la puissance transgressive attachée à leurs charges. En mettant à mal les hiérarchies de la société d'ordres, ce cas limite met en exergue la manière dont le système de cour les conforte tout en les réinventant.

Chapitre 3

Des cérémonies au cérémonial de cour

> Le roi alla à la messe et prit le roi d'Espagne par la main pour lui donner la droite. [...] Comme on n'avait pas prévu cet événement et que tout le monde était trop troublé de joie pour songer à des bagatelles, il ne se trouva sur le prie-Dieu qu'un carreau ; et le roi s'en apercevant le fit ôter, en sorte que pour cette première fois ils entendirent l'un et l'autre la messe sans carreau.
>
> Louis-Nicolas Le Tonnelier, baron de Breteuil[1]

Le 16 novembre 1700, Louis XIV assiste pour la première fois à la messe en compagnie de son deuxième petit-fils depuis qu'il est devenu Philippe V roi d'Espagne. À la suite de cet événement inouï pour la maison de Bourbon, tout le cérémonial de cour doit être ajusté pour mettre en scène publiquement le rang acquis par le jeune duc d'Anjou, désormais l'égal de son grand-père. Ce dernier préfère donc renoncer à son « carreau » (le coussin sur lequel il s'agenouille et dont la jouissance le distingue de ses courtisans) plutôt que de paraître minimiser ce changement politique et symbolique radical.

Le cérémonial de cour n'est pas un simple *decorum*, mais la substance même de la vie de cour aux XVIIe et XVIIIe siècles, chacun de ses temps fort devenant en quelque sorte un temps de suspension de l'ordinaire, une cérémonie[2]. De plus, la cour, ce lieu privilégié de l'efficacité rituelle, n'est pas seulement un *cadre*, préexistant aux cérémonies. Ces dernières sont autant de modalités d'exaltation de la personne royale, de légitimation du pouvoir dynastique et d'exercice de la souveraineté : elles contribuent à l'institution même de la cour comme forme sociale pérenne. La mise en place d'une cour structurée semble en effet indissociable de formes de ritualisation des interactions sociales autour du monarque. Elle prolonge ainsi les temps forts de vie du prince et de l'État monarchique (sacre/couronnement, entrées royales, funérailles…) et réitère tous les jours le spectacle de l'ordonnancement de la société autour et par le souverain. La liturgie qui impose une régulation des gestes de chacun, des déplacements dans l'espace, de l'accès aux objets permet de mettre en scène le souverain et de manifester sa capacité à créer l'ordre autour de lui (un ordre matériel qui incarne l'ordre social voulu par Dieu et son représentant sur terre qu'est le roi). Les cérémonies de cour portent ainsi un discours de puissance et d'équilibre, le roi devant sans cesse effectuer des arbitrages pour réguler ce système de représentation au quotidien.

Les historiens parlent aujourd'hui fréquemment de « cérémonial de cour ». En englobant à la fois les cérémonies extraordinaires et la vie de cour dans tout ce qu'elle a de ritualisé, cette expression met en évidence leurs enjeux communs qui tout en se manifestant plus fortement dans les cérémonies extraordinaires traversent en réalité toute la vie de cour. Ils sont en effet étroitement liés à l'origine à la définition des charges et des rangs associés, tout en les dépassant (puisqu'il s'agit aussi par exemple d'inclure dans le cérémonial de cour visiteurs et nouveaux venus).

C'est aussi ce à quoi renvoie le concept d'« étiquette » qui peut aussi bien désigner la seule gestion des rangs ou s'assimiler peu ou prou au cérémonial[3]. Ce mot aurait à l'origine désigné un document élaboré à la cour de Bourgogne, que l'on transmettait au courtisan pour l'informer de l'emploi du temps du duc. Son usage aurait ensuite été imposé par Charles Quint à la cour d'Espagne, puis introduit à la cour de France à la fin du XVIIe siècle pour désigner le protocole en vigueur dans certaines cours étrangères afin d'instaurer une distance entre le prince et les courtisans. À ce moment, s'observe un éventail d'usages de ce terme. Si la matérialité de l'étiquette n'a pas disparu puisque le document semble avoir encore quelque réalité à Vienne à la fin du XVIIe siècle[4] et qu'on use par exemple de tickets donnant la permission d'entrer dans les appartements de la reine au palais des Tuileries en 1791, le terme y est employé dans les années 1730 pour qualifier l'ensemble des usages de cour. Le duc Léopold de Lorraine emploie quant à lui « estiquet » ou « tiquet », vers 1710, dans le sens plus restreint de « règle » définissant « touttes les charges tant pour leur attribue que rang et fonctions ». Le mot *étiquette* apparaît en revanche dans le *Dictionnaire de l'Académie* en 1728, pour désigner « l'ensemble du cérémonial en usage dans une cour ». Il s'élargit ensuite à la courtoisie entre particuliers[5]. La sémantique mouvante de *l'étiquette* l'a donc progressivement rapprochée du *cérémonial* célébrant la majesté royale – par la mise en valeur du corps du souverain, source de tout pouvoir et de toute faveur –, en interaction avec l'organisation du service et de la gestion des rangs.

Le cérémonial de cour peut enfin être qualifié de « rituel » au sens où ce concept a pu être redéfini par des historiens comme Philippe Buc ou Edward Muir, c'est-à-dire comme un processus de classification des personnes et des objets, créant d'infinies distinctions et procédant d'un bricolage social qui consiste à amalgamer des pratiques préexistantes et d'autres inédites[6] dans une incessante conflictualité à rebours de la fonction irénique dont il est censé être porteur.

Traditions et cultures cérémonielles

Généalogie des rituels. D'où viennent les cérémonies de cour ?

Un pouvoir politique peut-il exister et perdurer sans incarnation, cérémonie ou rituel ? Dans un ouvrage pionnier paru en 1987, David Caradinne et Simon Prince mirent en évidence les continuités à l'œuvre dans les rituels de couronnement et d'intronisation, depuis la plus haute Antiquité[7], rapprochant des études de cas portant sur la Mésopotamie ancienne ou l'Empire romain avec des études sur les espaces extra-européens. Même si tout rituel politique n'est pas inéluctablement assimilable à un « rituel de cour », il implique malgré tout fréquemment une société choisie autour de la personne du prince et peut être, en cela, un puissant catalyseur de l'institutionnalisation de la cour. Ainsi, dans la Rome impériale, les cérémonies en manifestent l'existence, sans que la notion de cour soit explicitée au risque de fragiliser la fiction du maintien de la République[8]. Les logiques curiales et palatiales s'affirment en revanche dans le monde byzantin. Une étiquette palatiale régit les préséances, l'empereur ne fait pas seulement l'objet d'un couronnement et de funérailles grandioses, ses gestes sont minutieusement mis en scène au sein de sa cour : il prend par exemple ses repas en public.

Le monde byzantin, par lequel transite l'héritage politique du monde romain, constitue ainsi un contrepoint inspirant au développement des cours en Occident, dont témoignent les descriptions ébahies de Liutprand de Crémone (948). C'est à la fin du Moyen Âge qu'est systématisé dans les cours européennes un cérémonial mettant en scène le prince au quotidien et régulant l'accès à sa personne, la distance s'imposant à la fois pour des raisons pratiques (sécurité) et symboliques (expression de la majesté). Dans cette optique, les *Leges Palatinae* édictées par le roi Pierre IV d'Aragon en 1337 imposèrent des règles restreignant l'accès au souverain et formant un embryon de cérémonial[9]. Mais c'est la cour des ducs de Bourgogne qui est habituellement considérée par les historiens comme le laboratoire de la ritualisation de la vie princière, voire comme la matrice de la plupart des systèmes cérémoniels en vigueur dans les cours de l'Europe moderne. Au cœur du processus de construction de leur « royaume inachevé » (É. Lecuppre) par Philippe le Bon et son fils Charles le Téméraire, cette ritualisation s'avère un outil politique à la fois puissant et plastique à même de séduire les princes de toute l'Europe. S'y affirme la différenciation de cercles de courtisans, en fonction de leur proximité au duc, en lien avec la ritualisation du coucher du prince, mais aussi de ses repas, dont la composition et la mise en scène participent à sa gloire et dont la mémoire est entretenue par la conservation d'archives, en apparence triviales, comme les écrous de la dépense[10]. La cour de Bourgogne n'a toutefois pas tout inventé : elle est bel et bien tributaire des cours qui lui préexistent. Dans ses pratiques alimentaires comme dans d'autres aspects du cérémonial, elle s'inspire, entre autres, de la cour de France, dans l'ombre de laquelle elle se développe – il faut rappeler que les ducs de Bourgogne sont des Valois, oncle, puis cousins des rois. L'historiographie privilégie donc aujourd'hui l'hypothèse de circulations croisées, d'inspirations composites et d'hybridations plutôt que la mise en valeur de modèles uniques[11].

L'époque de la dissémination des pratiques bourguignonnes dans toute l'Europe, y compris dans des cours italiennes comme celle de Milan ou de Ferrare, est aussi celle d'autres transferts. Le cérémonial portugais emprunte au XVe siècle à la fois à des coutumes locales mises en recueil dans le *Livro Vermelho* et à des ordonnances anglaises. De même, si Charles Quint et son fils Philippe II sont largement redevables aux traditions aragonaises et bourguignonnes, dont ils sont les héritiers naturels (par les Rois Catholiques et par Marie de Bourgogne, fille de Charles le Téméraire), l'étiquette de la cour d'Espagne intègre aux XVIe et XVIIe siècles, comme l'atteste le cérémonial de table, des traits germaniques, portugais et français. Philippe Buc peut à raison définir le rituel comme le « *multilayered product of a long-durée diachronic stratification* » (ensemble sédimenté résultant d'une stratification diachronique de longue durée) où des apports hétérogènes se sédimentent lentement, tant et si bien que les décalages sont fréquents entre les changements politiques et dynastiques et la cristallisation d'un cérémonial.

À la cour de Toscane, la transformation de la république en principauté, qui confère en 1530 à Alexandre de Médicis le titre de duc, ne débouche que progressivement sur la mise en place d'une cour. La splendeur de la cour de Florence ne s'affirme qu'au tournant des XVIe et XVIIe siècles, notamment sous le règne de Ferdinand Ier qui l'a rendue « beaucoup plus grande et plus glorieuse qu'elle ne l'était, et a introduit ces nouveaux grades : maître de campagne [...] chargé d'estimer et de faire en sorte que les lieux interdits à la chasse ne soient pas violés ; majordome [...] alors qu'auparavant c'était un maître de maison qui gouvernait la famille ; et grand écuyer » témoigne l'ambassadeur vénitien Tomaso Contarini en 1588. Ébauchée dès 1589, une véritable étiquette n'est systématisée qu'en 1648 afin de régler le rang de chacun selon une véritable hiérarchie symbolique dans les fêtes et les cérémonies[12].

Dans l'imaginaire européen, le supposé modèle louis-quatorzien, qui lui aussi emprunte à de nombreux usages étrangers, est en général d'autant plus considéré comme exceptionnel qu'il serait tardif. Le Roi-Soleil aurait ainsi rompu de façon éclatante avec la simplicité et le laxisme de ses prédécesseurs, contrastant fortement avec le cérémonial d'inspiration bourguignonne en vigueur dans les cours des Habsbourg. La réalité n'est pourtant pas si simple. La cour de France a en fait connu une évolution largement similaire à celle des autres cours européennes, qui s'amorce dès le règne de Henri II. C'est cet ordre curial que la régente Catherine de Médicis s'efforce de conserver pendant les guerres de religion. En témoigne un *Avis... pour la police de la cour* datant de 1563 qui insiste notamment sur la ritualisation des moments clefs de la journée du souverain comme le Lever :

> Encore obscur est-il, le Roi étant éveillé, sa chemise lui est apportée. Lors tous les grands et la plupart de la noblesse entrent pour le saluer : sa chemise prise qui lui est baillée par le premier et le plus grand des princes qui se trouve là, et lui habillé, après s'être prosterné à genoux devant un petit oratoire et autel qu'on lui dresse en sa chambre, ses dévotions faites, lui relevé, chacun se retire et ne demeurent que ceux des affaires[13].

La codification de la vie de cour n'en est pas moins nettement accentuée sous Henri III, avec les règlements de 1578 et de 1585. Le premier limitait drastiquement l'accès à la chambre du prince, le second impose qu'« en tous les susditz lieux désormais chacun se tienne loing de Sa Majesté » afin que « toutes choses soient conduites et maintenues en la cour avec l'ordre requis pour faire reconnaître la dignité et la splendeur convenables à sa royale grandeur ». Selon Nicolas Le Roux, le roi aurait mené une véritable « offensive de majesté » en s'employant à sanctuariser son cadre de vie et en s'affirmant comme le maître de la cour. La distance qu'il y impose entre son corps et celui de ses courtisans le singularise au milieu d'une noblesse qui prétend participer au gouvernement du royaume. Henri IV, après lui, rompt moins totalement avec ces usages que la légende ne l'a affirmé.

Si la cour est profondément désorganisée par les affrontements confessionnels, Henri IV joue autant de rapports de proximité avec ses fidèles que d'une logique de distance pour rétablir l'autorité royale. La ritualisation de son corps et de ses gestes s'exprime jusque dans son vestiaire : même lorsqu'il porte une veste rembourrée pour résister aux rigueurs des intempéries, de la guerre et de la vie nomade, une doublure de soie peut rappeler subrepticement, au revers d'une toile plus ordinaire, la majesté qu'il incarne et qui le sépare de ses compagnons d'armes[14]. Au XVIIIe siècle, aucune forme d'assouplissement, dont les critiques contemporaines ou les légendes posthumes ont pu se faire l'écho, n'a d'ailleurs jamais ruiné complètement un cérémonial construit dans la longue durée et encore considéré comme l'« un des plus forts remparts de l'autorité royale » par l'un des pages de la cour de Louis XVI, le comte Félix d'Hézecques.

Quelle visibilité pour le corps souverain ? Convergences et divergences des traditions européennes

Des tendances convergentes sont donc observables à l'échelle européenne dans le développement, les pratiques et les usages des cérémonies de cour. Le cérémonial s'avère être un moyen de contrôler l'accès au souverain en ritualisant tous ses gestes quotidiens et en produisant des filtres matériels, spatiaux et visuels. Leur intensité et leur combinaison varient d'une cour à l'autre dans un jeu subtil dont l'appropriation est un défi pour les nouveaux venus. Une princesse italienne comme Marie de Modène, devenue ensuite reine d'Angleterre et arrivée en France sur le chemin de l'exil après la déchéance de son époux Jacques II lors de la Glorieuse Révolution, peut ainsi accumuler les bévues à Versailles. Par méconnaissance des usages, elle froisse aussi bien le duc d'Orléans, frère du roi, en ne l'embrassant pas, que la Dauphine qu'elle fait saluer par un gentilhomme de sa maison qui n'était pas duc d'ancienne souche[15].

Les officiers de la Maison princière, huissiers, chambellans ou gentilshommes de la Chambre selon les cas, constituent un écran entre le souverain et le reste des courtisans, même si leur capacité d'intervention – et de nuisance – est plus ou moins prononcée selon les cours et la capacité du prince à imposer son autorité. Ces limitations sont donc étroitement liées aux modalités d'aménagement de l'espace, d'un point de vue architectural comme mobilier. Le système de filtrage par des suites d'antichambres marquait la transition entre les espaces d'accès libre et les autres, tandis que des éléments mobiliers souvent combinés, tels que l'estrade, la balustrade ou le dais, sanctuarisaient l'espace du prince. Si le filtre peut alors être seulement spatial, permettant de mettre à distance le corps du souverain sans l'occulter, il est parfois même visuel, en dissimulant le prince derrière un rideau ou une porte fermée à presque tous. Enfin, semble partagée dans toutes les cours européennes une même économie du geste et de la parole qui contribue à asseoir la majesté d'un souverain dont les réactions se font rares et avec lesquels les échanges sont précisément codifiés, selon le rang et les circonstances. Dans l'Angleterre des années 1730, les courtisans qui fréquentent la cour du roi Georges II guettent la moindre parole du roi, réputé peu loquace, de même qu'un simple baisemain accordé par lui les amène à se perdre en conjectures sur cette marque de faveur. Dans ce tableau général où le filtrage est la règle, une opposition se dessine toutefois entre une tradition de publicité, propre aux Bourbons et à la cour de France, et une tradition d'invisibilité que les Habsbourg se seraient attachés à incarner.

Si Charles Quint introduit à la cour d'Espagne le cérémonial bourguignon, ses successeurs exacerbent les logiques de mise à distance et de filtrage, ce que matérialise le long cheminement donnant accès à la chambre royale. En rupture autant qu'en continuité avec le faste de la cour de Bourgogne, ce cérémonial particulièrement rigoureux crée du mystère par l'invisibilisation du corps souverain, comme pour compenser l'absence d'onction et l'impossible sacralité du roi catholique. Philippe II et la reine se tenaient souvent lors des cérémonies sous un dais de velours noir permettant à la fois de localiser leurs corps et de les dérober aux regards. La chapelle de l'Alcazar madrilène était divisée en deux parties, la nef, où se tenaient les courtisans, et le chœur où le roi avait seul le privilège de se tenir au plus près du tabernacle et du clergé : il y était dissimulé à la fois par un pilier et par un rideau dont la fermeture signalait là encore paradoxalement sa présence. Les cérémonies sont ainsi empreintes d'une forme de *gravitas*, éloignées des formes de réjouissances cérémonielles d'une cour de France. Ce contraste a d'ailleurs frappé les contemporains tout au long de l'époque moderne, comme en témoignait Mme d'Aulnoy à la fin du XVIIe siècle : « Il n'y a point ici de ces agréables fêtes que l'on voit à Versailles où les dames ont l'honneur de manger avec Leurs Majestés. Tout est fort retiré dans cette

Cour, et il n'y a selon moi que l'habitude que l'on se fait à toutes les choses, qui puisse garantir de s'y ennuyer beaucoup[16]. »

À Vienne, les Habsbourg, en lien étroit avec les cousins espagnols, ont également imposé de très fortes restrictions d'accès à la personne du prince. Plusieurs ordonnances modifièrent au XVIIe siècle les modalités d'accès aux appartements impériaux : en 1651, Ferdinand III réserva l'accès à son antichambre aux seules personnes préalablement autorisées et inscrites dans un registre mis à jour par le grand chambellan. Les opérations de filtrage ne cessèrent donc de se renforcer au XVIIe siècle, rendant *in fine* la chambre impériale inaccessible[17]. Un siècle plus tard (1755), l'impératrice-reine Marie-Thérèse décide de réserver l'accès à la cour aux courtisans qui ont pu prouver leur noblesse. Ils sont alors réputés *hoffähig*, c'est-à-dire aptes à fréquenter la cour, et peuvent seuls solliciter des *Entrées* pour les cérémonies, les bals ou le baisemain. Louis XV conditionne, de même, en 1759 l'obtention des Honneurs de la cour, qui permettent en particulier d'être présenté aux souverains, à la démonstration d'une noblesse ininterrompue depuis au moins 1400. Un raidissement semble alors se manifester au mitan du siècle des Lumières dans l'accès au prince.

À la cour de France, la visibilité est la clef de l'expression de la majesté : elle est même indissociable de formes de tactilité que les réformes de Henri III n'ont pas complètement entamée. Le roi de France, comme le roi d'Angleterre (car ils sont tous les deux sacrés), ne peut-il guérir les malades par l'imposition des mains lorsqu'il touche les écrouelles ? Même mis à distance, le corps du roi demeure donc exposé et vecteur de sacralité. Tout en réactivant la force de la réglementation élaborée sous les Valois et transmise par écrit sous les premiers Bourbons[18], Louis XIV continue donc de jouer de la mise en scène de l'intimité du corps souverain, recevant jusque sur sa chaise percée, ce que rappellent de nombreux témoignages comme celui de son valet de chambre Marie Du Bois ou celui du gentilhomme piémontais Primi Visconti. Certes, le cérémonial du Lever et du Coucher restreint l'accès à la chambre royale à une élite hiérarchisée et limitée en nombre. Aux « grandes entrées » réservées à la famille royale et aux officiers de la Chambre succèdent les « secondes entrées » destinées aux ministres et grands officiers de la Maison royale. Enfin les « petites entrées » voient se presser les courtisans que la pièce peut accueillir. Cette pratique relève toutefois plus d'un triage temporel que d'un filtrage spatial, au gré de la succession d'antichambres : elle suscite dès lors sur les visiteurs espagnols comme le comte d'Aranda, ambassadeur d'Espagne, en 1773, le sentiment d'une grande confusion. Le principe demeure celui de la publicité : le Grand Couvert permet même d'offrir le roi à la vue d'une foule indistincte de courtisans et de visiteurs, cantonnée derrière une balustrade.

En pratique, le cérémonial français met donc sans cesse en tension distance et proximité, limitation et possibilité d'accès. La chambre royale demeure ainsi un lieu de passage où il convient de saluer le lit du souverain, même vide, toujours placé sous la garde d'un de ses valets de chambre. Ceux-ci veillent en effet sur un mobilier dont la sacralité, par contact avec le corps du souverain, avait été officialisée par Henri III qui avait interdit à tout autre que ses plus proches serviteurs de le toucher.

À deux siècles d'intervalle, les malheurs de jeunes épousées, lors de leur remise à leur nouvelle famille, illustrent aussi bien la réalité de ces divergences cérémonielles entre cours française et espagnole que la complexité des jeux par lesquels se construit ou se défait la majesté. En 1559, Élisabeth de Valois choque les courtisans espagnols en embrassant les membres de sa nouvelle suite : la familiarité, témoignage insigne de faveur à la cour de France, devient trahison de la *gravitas* monarchique. En 1770, c'est Marie-Antoinette, pourtant issue de la cour viennoise, qui abhorre la rigidité du cérémonial français, en raison justement de l'exposition permanente auquel il la contraint. Le paradoxe est donc que les formes de réclusion en vigueur dans les cours des Habsbourg peuvent autant secréter la majesté que dégénérer et servir des formes d'intimité. C'est ainsi que Philippe V, le jeune duc d'Anjou devenu roi d'Espagne, renâcle à mettre en œuvre les réformes cérémonielles souhaitées par son grand-père Louis XV pour mener une vie retirée. Ce faisant, il mécontente les grands d'Espagne qui jouissaient jusque-là du privilège d'un rare accès à la chambre royale du fait de leur rang et de leurs charges, mais aussi ceux qui attendaient un élargissement de ce privilège sur le modèle français. Dans les faits, le règlement cérémoniel de 1709, facilitant l'accès à la personne du roi et à sa chambre, ne fut jamais vraiment mis en œuvre et la cour d'Espagne resta dans l'incertitude cérémonielle jusqu'aux réformes du marquis de la Ensenada sous Ferdinand VI et même jusqu'à l'accession au trône de Charles III en 1759. Celui-ci fit le choix de ne pas cérémonialiser le Lever et le Coucher, mais de prendre ses repas en public (voir le cahier couleur, fig. 4), à l'articulation de l'héritage bourguignon, des pratiques Habsbourg et Bourbons, mais aussi des mœurs du temps[19].

Les temps du cérémonial : des grandes cérémonies monarchiques à la ritualisation du quotidien

Du cérémonial d'État au cérémonial de cour

Le développement des rituels de cour s'articule étroitement avec d'autres phénomènes déjà évoqués, tels que la tendance à la sédentarisation de la cour et du gouvernement, la croissance du nombre de courtisans et du personnel de cour, ainsi qu'avec une concurrence toujours accrue entre maisons européennes. Expression de la majesté et forme d'exercice du pouvoir politique, le cérémonial de cour ne s'affirme donc pas de manière autonome mais en synergie avec les rituels que l'école cérémonialiste a pu qualifier de cérémonials d'État[20].

En Suède, la jeune dynastie des Vasa, arrivée sur le trône dans les années 1520, produit en accéléré un appareil cérémoniel dont la mise en œuvre résume les évolutions plus lentes par lesquelles les dynasties anciennes ont forgé un « cérémonial royal » (Frédérique Leferme-Falguières) intégrant cérémonial d'État et cérémonies de cour. Erik XIV instaure en 1560 pour les funérailles de son père Gustav, son couronnement et ses entrées triomphales, un cérémonial monarchique que son frère, Johan III, peaufine au cours des années 1570. La ritualisation plus poussée du quotidien princier amène alors à adapter les résidences princières aux contraintes nouvelles de l'apparat monarchique[21]. L'exemple suédois montre comment, dans un temps très court, ces pratiques rituelles sont devenues l'apanage d'une société curiale évoluant dans des espaces spécifiques (voir 2ᵉ partie).

Si le cérémonial se trouve ainsi largement occulté aux yeux de la plupart des sujets exclus de la société de cour, le cas français montre bien quelles synergies rattachent les rituels de cour à un héritage plus ancien, le resserrement de l'espace cérémoniel sur la cour reflétant les logiques de centralisation du gouvernement territorial. Alors que les entrées dans les villes disparaissent quasi complètement dans la seconde moitié du XVIIᵉ siècle, les autres cérémonials d'État – le sacre, les lits de justice et les funérailles princières – sont maintenus et s'articulent à la ritualisation de la vie de cour. Les cérémonials d'État peuvent en effet être délocalisés dans l'espace curial, notamment dans le cas des lits de justice qui ne se tiennent plus systématiquement à Paris, mais aussi à Versailles, de même que des assemblées politiques comme les assemblées des notables. C'est pourquoi les États généraux s'ouvriront le 5 mai 1789 à Versailles, dans l'hôtel des Menus Plaisirs, c'est-à-dire de l'administration chargée de l'organisation des grands cérémonials comme de la ritualisation de la vie de la cour et de ses divertissements.

De même, les funérailles des membres de la famille royale ne donnent pas seulement lieu à des cérémonies à Saint-Denis ou à Notre-Dame de Paris, mais aussi à une transformation matérielle des apparences et des appartements princiers, qui sont complètement tendus de noir en cas de « grand deuil ». Toute la cour prend des habits de deuil selon des modalités et pour une durée qui sont fonction du rang du défunt. Comme souvent en matière de cérémonial, des apparences réglées ne doivent pas masquer les subtils ajustements aux réalités hiérarchiques et aux configurations socio-politiques du moment. En découlent des gradations infinies des coloris arborés : le roi porte du violet, qui lui est réservé, ou du noir, tandis que la cour joue du noir et des nuances de gris (voir tableau ci-dessous)[22].

Statut du défunt par rapport au roi	Durée du deuil porté par le roi	Couleur portée par le roi
Père, mère, épouse	1 an	Violet
Frère, oncle, belle-fille (dauphine)	6 mois	Violet
Grand-mère, grand-oncle, grand-tante	4 mois et demi	Violet
Cousins germains	3 mois	Violet
Souverain étranger	3 semaines	Violet
Neveu et nièce	6 semaines	Noir
Princes et princesses du sang ou légitimés	11 à 15 jours	Noir
Fils ou fille	En fonction de l'âge : aucun deuil pour un enfant, jusqu'à 6 mois pour un adulte	Noir

Deuil porté par le roi de France[23]

Les temps de deuil en vinrent parfois à vampiriser complètement le calendrier de la vie de cour – à tel point qu'à Vienne l'impératrice-reine Marie-Thérèse décida par exemple de les réformer, en 1746, puis en 1767, afin de hiérarchiser et simplifier les types de deuil à adopter par la cour et à réduire leur durée.

La prise du deuil permet d'ailleurs de célébrer de manière récurrente à la fois la maison régnante et les défunts des dynasties alliées, l'empereur ou le roi de France pouvant notamment refuser de prendre le deuil pour des raisons géopolitiques ou des enjeux de protocole. C'est le cas à la cour de Vienne en 1745 lors de la mort de l'empereur Charles VII de Wittelsbach au motif que ce dernier avait ravi à la maison d'Autriche le trône de Bohême et la couronne impériale. Louis XIV, fait de même pour Christian V de Danemark au motif qu'il n'avait pas été averti de son décès en bonne et due forme. Les cérémonies funèbres matérialisent ainsi non seulement la cohérence et la hiérarchie de chaque famille royale, mais aussi de la « société des princes ». Dans un élan mimétique à l'échelle de l'Europe, de grandioses catafalques – architectures éphémères conjuguant lourdes tentures noires, signes monarchiques, iconographie morbide et cierges en nombre – prennent place dans les sanctuaires et constituent le décorum des célébrations religieuses qui s'enchaînent[24].

***Pompe funèbre de Catherine Opalinska*, Nicolas Cochin II, gravure sur cuivre, 1746**

L'importance de ces cérémonies, et tout particulièrement des célébrations funèbres, est une caractéristique commune à l'ensemble des cours princières européennes. Entre cérémonial d'État et rituel quotidien de la vie de cour, les cérémonies « dynastiques » – telles que ces nombreuses cérémonies funèbres mais aussi les mariages et les baptêmes – deviennent un maillon essentiel du cérémonial. Ces cérémonies prennent une ampleur considérable et exaltent la sacralité du sang dynastique, réactivant à un rythme dense, du fait de la démographie d'Ancien Régime, la charge symbolique attachée au sacre et aux funérailles du souverain – qui étaient finalement des événements assez rares.

Une liturgie au rythme des temps de la cour

Le cérémonial de cour s'articule partout en Europe à différentes temporalités – quotidienne, hebdomadaire, saisonnière – qui permettent d'organiser la vie des courtisans, au rythme du temps du monarque – au-delà des seules grandes scansions de son règne. Au quotidien, le cérémonial régit la vie de cour comme un « script » (Jeroen Duindam) : aux temps forts eux-mêmes (Lever, Coucher, repas, offices religieux, conseil, audiences…) qui exposent plus ou moins le souverain, se combinent les transitions entre ces moments, qui sont des occasions supplémentaires de mise en scène et de publicité (cahier couleur, fig. 4). C'est dans ces moments de circulation que le prince se montre. En France, comme en Espagne ou en Angleterre, le trajet qu'effectue le roi de ses appartements jusqu'à la chapelle est un moment particulièrement ritualisé, même si c'est aussi une opportunité de contact entre le prince et ses courtisans. L'apparition matinale du Roi-Soleil au centre de la galerie des Glaces, sortant de ses appartements par des portes dissimulées par les miroirs et à l'aplomb de la peinture de Le Brun (*Le roi gouvernant par lui-même*) avait tout d'une épiphanie royale. Elle rejouait chaque jour les mythes attachés au cycle solaire et annonçait le mystère de l'incarnation, célébré peu après dans la chapelle palatiale[25]. En 1701, le choix de déplacer la chambre du roi au centre du château altéra fondamentalement cette mise en scène par l'obstruction de ces portes : un discours symbolique et cérémoniel se substituait à un autre.

Ces transitions, prétexte à magnifier le corps du prince, nécessitent des décorums à la hauteur. Escaliers et galeries (cahier couleur, fig. 8) deviennent paradoxalement des espaces de cérémonie. Dès la fin du Moyen Âge se développent dans les résidences royales des escaliers ajourés qui permettent de voir le souverain. Ils deviennent par la suite une des pièces maîtresses de résidences princières totalement cérémonialisées. Le somptueux escalier du

Jourdain, aménagé dans le palais d'hiver de Saint-Pétersbourg en 1762, est le cadre privilégié de la fête de l'Épiphanie orthodoxe, tandis que les sonneries de trompettes accentuent la pompe de la montée du grand escalier de la *Reggia* de Caserte – les musiciens se dissimulant dans un espace aménagé dans la coupole. Les jeux de niveaux et de perspectives, l'emploi de matériaux nobles, la démultiplication des espaces (paliers, volées, tribunes latérales...) font de ce lieu fonctionnel un théâtre monarchique capable d'accueillir une affluence maximale (voir chapitre 6)[26].

Dans les cours où l'accessibilité au prince et sa visibilité sont plus restreintes, le rythme rituel de la journée est moins dense. Si le Lever et le Coucher relèvent à Madrid et à Vienne de la sphère personnelle – alors qu'ils sont publics en Angleterre et en France –, ils n'en impliquent pas moins une stricte codification des allées et venues des domestiques. Des inflexions, pratiques et/ou politiques, sont par ailleurs toujours possibles : à la cour de Londres, lever, coucher et repas ne sont pas nécessairement publics tous les jours sous les Hanovre qui n'hésitent pas cependant à multiplier ces « public days » en cas de nécessité. C'est notamment le cas dans les moments de tension politique : Georges Ier intensifie la ritualisation de la vie de cour pour contrer les tentatives du prince de Galles d'animer une cour concurrente entre 1717 et 1720. Levers et dîners publics deviennent *de facto* quasiment quotidiens, « Appartements » et bals se tiennent trois à quatre fois par semaine, la réconciliation du père et de son fils mettant fin à ce calendrier cérémoniel très dense[27].

Si la ritualisation de la vie du prince tend à focaliser l'attention sur le rythme quotidien, la vie de cour obéit en fait aussi à des rythmes hebdomadaires (notamment pour les divertissements) et saisonnier, au gré des changements de résidence et du calendrier religieux. Ce dernier est partout structurant, mais plus encore dans les grandes cours qui se considèrent comme des bastions de la catholicité et de la contre-réforme, Madrid, Vienne ou encore Munich. Ponctué de fêtes dynastiques et religieuses, le calendrier annuel de la vie de cour entremêle le sacré et le profane. Anniversaires des souverains, commémorations des avènements et fêtes patronymiques en sont les temps forts. Dans la Londres des Hanovre, l'anniversaire du souverain connaît un faste particulier, jusqu'à l'avènement de Georges III. Suivant un cérémonial immuable se succèdent odes chantées, panégyriques historico-mythologiques, compliments de la noblesse, grand bal et feu d'artifice sur la Tamise. La fête patronymique de l'empereur et l'anniversaire de l'impératrice sont des jours de grand Gala où le Tout-Vienne se met sur son trente-et-un – vêtements de cour, bijoux, carrosses, chevaux caparaçonnés et domestiques en livrée dans le cas de cérémonies extérieures –, comme le décrit le baron de Pöllnitz :

> Les jours de Gala, nom qu'on donne ici aux jours de Fête & de Cérémonie, la Cour est extrêmement magnifique. L'on ne voit alors qu'Or & Diamans. Ceux qui sont célébrés avec le plus d'éclat sont les jours de S. Charles & de S. Elisabeth. Pour l'Impératrice, qui est ordinairement magnifique, elle l'est tellement le jour de la S. Charles qu'elle a assez de peine à porter son habit, tant il est recouvert de pierreries. [...] ces jours sont très fréquents [...] car pour mettre toute la Ville en Gala, il ne faut que la Fête ou le Jour de Naissance d'un Ministre, ou que quelque Dame de distinction se soit faite saigner. Ces Galas peuvent être divisés en trois classes : Galas de Cour ; elle est universelle, pour les Nobles comme pour les Roturiers ; Grande Gala dans la Ville ; c'est pour la Fête de quelque Ministre. Enfin petite Gala ; c'est pour les saignées des Dames. Deux tiers de Vienne est toujours en Gala[28].

À en croire Johann Basilius Küchelbecker, la cour de Vienne alterne toutefois dans les années 1730 les périodes d'intense fréquentation et de faste, lors de ces *Galas* ou lors des repas accompagnés d'une *Tafelmusik*, et des temps mornes pendant lesquels la Hofburg demeurait vide et silencieuse. Du reste, c'était sans doute le lot de toutes les cours de ne pas vivre au rythme d'une intensité toujours trépidante.

Le calendrier religieux correspond aux principales fêtes chrétiennes, auxquels s'ajoutent des fêtes liées aux dynasties régnantes : Saint-Michel, la Trinité, Saint-Jean-Baptiste à la cour d'Angleterre qui nomme ses douze jours fastes principaux les « *collar days* » en raison de la chaîne d'or que portent alors les courtisans ; en Autriche, la Saint-Léopold ; en France la Saint-Louis ; à Naples la Saint-Janvier. D'un très dense calendrier liturgique, les fêtes mariales représentent, depuis la Contre-Réforme, un temps fort : les Habsbourg multiplient processions et prières publiques qui sont largement théâtralisées à l'image des litanies devant la colonne mariale de Am Hof, psalmodiées par la famille impériale, installée sur le balcon spécialement aménagé en façade de l'église des Jésuites. C'est alors l'occasion pour la cour de se montrer hors du palais. Le respect du rang est particulièrement à l'œuvre dans les grandes processions parisiennes de la Purification de la Vierge et des Rameaux auxquelles Louis XIII ajoute en 1638 une procession pour l'Assomption en remerciement de la naissance d'un dauphin. Le roi de France, enfin, comme les souverains Habsbourg, lave les pieds de douze pauvres le Jeudi saint, réaffirmant ainsi l'assimilation du prince au Christ.

Entre ordre et désordre : le cérémonial, une affaire d'État

Tenir une cour réglée par un cérémonial impliquant la présence d'un entourage à la fois nombreux et hiérarchisé est un enjeu politique dont l'importance se révèle tout particulièrement dans trois configurations qui sont autant d'échelles de l'exercice de la souveraineté : les cours en exil, les enjeux diplomatiques et les conflits de préséance.

Transposer le cérémonial : les cours en exil

Comment mieux percevoir l'efficace politique des rituels curiaux qu'en rendant compte de la manière dont les souverains en exil s'acharnent, malgré le manque de moyens et un entourage réduit, à maintenir une vie de cour et le cérémonial qui lui est associé pour affirmer sa qualité et sa légitimité de prince souverain ? Déchu à la suite de la « Glorieuse Révolution », le roi d'Angleterre Jacques II s'exile en France où Louis XIV lui offre refuge en 1689. Les deux souverains sont en effet étroitement unis : la mère de Jacques II, Henriette-Marie de France, était l'une des filles de Henri IV et sa sœur, Henriette d'Angleterre, la première épouse du frère de Louis XIV, Philippe d'Orléans. Jacques II, installé au château de Saint-Germain, obtient immédiatement d'être traité en souverain par la cour voisine de Versailles. « Demain, lui écrit Louis XIV peu après son arrivée, vous me viendrez voir à Versailles comme nous en sommes convenus ; je vous en ferai les honneurs, comme vous me les ferez à Saint-Germain la prochaine fois que je viendrai, nous vivrons ensuite sans façon ». Il réunit ses fidèles et ses anciens officiers dans les Maisons qui sont reconstituées pour les membres de la famille royale. Même si le nombre de serviteurs est au moins divisé par trois (de 600 à 200 personnes) et que la Maison du roi est plus proche par son ampleur de celle dont le souverain jouissait quand il n'était que duc d'York, Jacques II veille au respect du cérémonial de cour. Récemment réaménagé par Jules Hardouin-Mansart, le château de Saint-Germain, qui était encore l'une des principales résidences de la cour de France une dizaine d'années auparavant, présente toutefois une configuration problématique. La disposition des espaces de représentation oblige le souverain à mener une vie plus exposée qu'en Angleterre où les palais ménageaient plus d'intimité aux souverains dans leurs appartements privés[29]. Cet exemple met en lumière avec une acuité particulière la dialectique qui s'élabore entre le cérémonial, sa matérialité et son inscription dans l'espace.

L'enjeu est peut-être encore plus crucial pour le futur Louis XVIII lorsqu'il prit la route de l'exil pendant la Révolution française. C'est par respect du principe coutumier selon lequel « le mort saisit le vif » – le sacre ne faisant pas le roi – que le comte de Provence prend le titre de Louis XVIII à la mort de son neveu en 1795, considérant que ce dernier régnait sous le titre de Louis XVII depuis l'exécution de son père Louis XVI en 1793. La fiction dynastique se matérialise lors de l'établissement de la famille royale survivante en Courlande (aujourd'hui la Lettonie) : Louis XVIII y tient une cour dont la mise en scène vise à faire de lui un véritable monarque en exil alors que les puissances étrangères ne reconnaissent pas sa souveraineté et le considèrent comme un simple prétendant. Malgré l'isolement et les difficultés pécuniaires, les Maisons princières sont reconstituées pour exalter la dignité du sang de France et perpétuer la tradition d'incarnation collective de la majesté royale. C'est dans ce contexte que Louis XVIII marie la fille de Louis XVI, Madame Royale, à l'aîné des fils du comte d'Artois, le duc d'Angoulême, et s'empresse de la doter d'une Maison constituée d'une dizaine de personnes (sans compter leurs serviteurs). Au-delà des fidélités avérées pendant la Révolution française, la composition et le fonctionnement de ces Maisons sont fixés en continuité avec la période pré-révolutionnaire et dans le respect des rangs d'Ancien Régime. La cour est donc pour lui instrument essentiel du maintien de son autorité politique et du statut sacré de la personne royale[30]. Au tournant du XIXe et du XXe siècle, les princes d'Orléans entretiendront encore une « illusoire continuité avec les rituels curiaux » (Bruno Goyet) en archivant soigneusement registres, listes et carnets créant par la conservation de ces traces de leur vie mondaine un ersatz de vie de cour.

Le cérémonial, outil diplomatique

Les enjeux de souveraineté et leurs implications diplomatiques sont aussi au cœur du cérémonial de cour dont la mise en œuvre est étroitement liée dans l'ordinaire comme dans l'extraordinaire à l'expression du rang d'un État dans la société des princes et des nations. À la suite d'un violent conflit qui survint en 1684 entre la France et la république de Gênes, soupçonnée d'avoir entravé le passage des troupes françaises sur son territoire, le doge Lercaro fut contraint de venir présenter en personne ses excuses à Versailles. Louis XIV le reçut en audience au printemps 1685 dans ce qui constitua l'une des plus fastueuses cérémonies organisées dans la galerie des Glaces. Avant d'être médiatisée par l'image (cahier couleur, fig. 3), elle fit aussi l'objet d'une longue description dans *Le Mercure galant* :

> Après que l'on eut monté le magnifique Escalier qui conduit au grand Appartement de Sa Majesté, on le traversa en cet ordre. [...] On entra dans le Salon qui est au bout, & qui joint la Galerie, & de ce Salon on tourna dans la Galerie, au bout de laquelle estoit le Roy dans le Salon qui fait face à celuy par lequel on venoit de passer. Deux choses sont à remarquer ; l'une que cet Appartement & cette Galerie estoient magnifiquement meublez, & qu'il y avoit pour plusieurs millions d'argenterie ; l'autre que la foule estoit également grande par tout, quoy que ces Appartements & cette Galerie ensemble pussent contenir autant de monde que le plus vaste Palais. Quelque ordre qu'on eust apporté pour laisser un passage libre le long de la Galerie, le Doge eut beaucoup de peine à la traverser. M. le Maréchal Duc de Duras Capitaine des Gardes du Corps en Quartier, qui l'avoit receu à la porte de leur Sale, l'accompagna jusqu'au pied du Trône de Sa Majesté. Il estoit d'argent, & élevé seulement de deux degrez. Monseigneur le Dauphin, & Monsieur estoient aux costez du Roy, & Sa Majesté estoient environnée de tous les Princes du Sang, & de ceux de ses grands Officiers qui ont rang proche de sa Personne en de pareilles Cérémonies. La suite du Doge estant fort nombreuse, la plus grande partie ne le put suivre jusqu'au Trône, & remplit le vuide de la Galerie, qu'on avoit tâché de tenir libre pour le laisser passer. Dès que le Doge eut apperceu le Roy, & remarqué qu'il pouvoit en estre reconnu, il se découvrit. Il avança encore quelques pas, & fit suite, & les Sénateurs en mesme temps deux profondes révérences à Sa Majesté. Le Roy se leva, & répondit à ces révérences en levant un peu son Chapeau, après quoy ce Monarque fit signe d'approcher, comme en les appelant de la main. Le Doge monta alors sur le premier degré du Trône où il fit une troisième révérence, ainsi que les quatre Sénateurs. Le Roy & le Doge se couvrirent ensuite. Tous les Princes en firent de mesme, & les quatre Sénateurs demeurèrent couverts[31].

L'humiliation infligée au doge de Gênes est d'autant plus vive que tous les paramètres définissant une cérémonie sont ici poussés au paroxysme. Le luxe déployé est inouï – du fameux mobilier d'argent aux tenues des nombreux courtisans à l'unisson comme lors des galas viennois – et la gestuelle est réglée de manière très sophistiquée. Tout a été pensé pour humilier le doge : après l'avoir fait attendre très longtemps, Louis XIV l'oblige à remonter au milieu de la foule oppressante des courtisans toute l'enfilade du grand appartement ainsi que la galerie. À son extrémité, trône le souverain sur une estrade qui ne compte toutefois que deux degrés – davantage aurait été insultant – ; de même, le salut accordé par le roi tempère le caractère glacial de la réception offerte par la cour.

Hiérarchies, conflits de préséance et réinventions cérémonielles

Les rencontres officielles entre souverains, qui posent d'insondables difficultés cérémonielles, ont tendance à se raréfier au cours de la seconde modernité. Peuvent s'y substituer des visites *incognito* qui soulignent en creux la puissance de la ritualisation de la vie de cour. Elles présentent en effet l'avantage de suspendre le cérémonial sans pour autant dissoudre tous les problèmes d'étiquette. Ainsi, lors de sa visite à Versailles en avril 1704, sous le pseudonyme de marquis de San Salvador, le duc de Mantoue se présente tête nue – et non couvert comme s'il avait effectué son voyage en tant que prince souverain –, mais Louis XIV se découvre ostensiblement pour signifier leur égalité de rang[32].

Le 29 avril 1777, la *Gazette d'Amsterdam* annonce à son lectorat européen que :

> Vendredi dernier, l'Empereur arriva ici (à Paris) le soir sous le nom de Comte de *Falckenstein*, fit le lendemain à Versailles une visite à Leurs Majestés, & fut introduit ensuite par la Reine, son auguste Sœur, auprès de la Famille Royale. Ensuite le Monarque, considéré comme Particulier par rapport à son *incognito*, se rendit chez les Ministres d'État, accompagné du Comte de Belgioso, son Envoyé-Extraordinaire auprès de la Cour de Londres, qui, à cause de son arrivée, étoit venu en cette Capitale. [...] Avant le départ du Comte de *Falkenstein* pour Versailles, il se transporta à l'Hôtel des Invalides, visita cet Etablissement & lui donna des marques de sa générosité naturelle, dont se ressentent tous les endroits par où passe ce digne Chef suprême de l'Empire. On fait à Versailles des préparatifs pour y donner à ce Prince sur le grans théâtre la Représentation du superbe Opera, intitulé : CASTOR & POLLUX[33].

On comprend bien ici que l'objectif de l'*incognito* est rarement de passer inaperçu : le rang réel du voyageur n'est que partiellement occulté, dans un mélange des genres assumé où l'un des titres secondaires de Joseph II – le comté de Falkenstein étant la dernière possession des Habsbourg en Lorraine – est officiellement mis en avant, sa qualité d'empereur devenant officieuse. L'*incognito* est dès lors un statut dont le respect est paradoxalement lié au rang même de l'intéressé démontrant sa capacité à renoncer temporairement aux honneurs qui lui sont dus[34]. Il émancipe donc moins de la vie de cour qu'il ne permet de jouer de ses règles. Cela peut être à son avantage, comme dans le jeu maîtrisé auquel excelle Joseph II, mais parfois à ses risques et périls, comme on le fit par exemple sèchement sentir à la princesse de Conti en 1747 :

> Hier dimanche, le Roi et la Reine descendirent en bas pour entendre la grande messe à onze heures et demie. […] Mme la princesse de Conti était en bas dans la chapelle, mais sans être habillée, et par conséquent censée [être] incognito. Il est d'usage que tous les dimanches, lorsque le Roi descend en bas, il y ait du pain bénit à sa messe. […] Après que M. le cardinal de Rohan eut présenté hier le pain bénit, l'aumônier de quartier alla en porter à Mme la princesse de Conti ; M. le cardinal de Rohan le désapprouva avec raison, et lui dit que Mme la princesse de Conti n'étant point habillée et à son rang de princesse, on ne devait point lui porter de pain bénit […][35].

Quoi qu'il en soit, les enjeux se déplacent aux XVIIe et XVIIIe siècles autour de la codification d'interactions plus fréquentes que les rencontres souveraines. Ont déjà été évoqués les enjeux que soulève l'intégration curiale des ambassadeurs (voir chapitre 1). Dans des cours ouvertes aux visiteurs, ils sont en outre redoublés par les conflits récurrents que suscite la réception des membres de noblesses étrangères et de princes souverains de rang secondaire. Le cas des princes étrangers anime ainsi pendant des années la cour de France. Cette dignité qu'aurait créée François Ier accorde un statut et un rang aux souverains étrangers, aux familles nobles prétendant à la souveraineté ou aux cadets de maisons régnantes résidant dans le royaume, avec l'objectif d'augmenter encore le prestige de la cour de France. Leurs revendications protocolaires empoisonnèrent cependant la vie de la cour comme le narre Madame Palatine à propos d'une visite du duc de Lorraine en 1699 qui met en lumière le différentiel entre pratiques curiales :

> Le roi n'a pas voulu qu'on trouvât un moyen terme au sujet du cérémonial. Le duc de Lorraine prétendait avoir une chaise à bras devant Monsieur et devant moi, parce que l'empereur lui en accordait une. Le roi répondit que l'empereur avait son cérémonial et lui le sien. [...]. Monsieur veut bien donner une chaise à dos et le roi y consent, mais le duc prétend être traité comme un électeur et c'est ce que le roi ne veut pas admettre. Monsieur avait proposé de faire comme chez le roi d'Angleterre [Jacques II évoqué plus haut]. Celui-ci prétend ne pas nous donner de chaise, nous de notre côté nous en prétendons une, c'est pourquoi il ne s'assied que sur un tabouret quand nous sommes là. [...] Mais le roi n'a pas voulu en entendre parler et, pour ne pas faire de haute lutte un affront au duc, nous avons renoncé à notre voyage à Bar[36].

Pour éviter de tels conflits, des accords sous la forme de systèmes d'équivalences pouvaient être établis. Tel était le cas du règlement de 1701 entre les cours désormais cousines de France et d'Espagne à propos de la reconnaissance réciproque et sur un pied d'égalité des Grands d'Espagne et des ducs et pairs. Cette mesure n'en suscita pas moins de durables oppositions à ce que toutes les parties considérèrent comme un nivellement par le bas. En 1777, le comte d'Aranda obtint ainsi lors de son séjour à la cour de France d'être « admis et non reçu » dans l'ordre du Saint-Esprit, c'est-à-dire d'en accepter la dignité sans participer pour autant à la cérémonie de réception, afin d'éviter de se mêler aux ducs et pairs dont il estimait la noblesse moindre que celle des Grands d'Espagne.

La cour est en effet un espace d'expérimentation où se consolide, se fait et se défait la hiérarchie sociale à l'époque moderne, entre respect de la naissance, reconnaissance du mérite et faveur royale. Les positions dans les cérémonies de cour reflètent donc le caractère fixiste par essence de cette hiérarchie, mais aussi les inflexions que le souverain était susceptible d'apporter à cette mathématique sociale. La mise en place d'un rang propre à la cour permet au souverain de s'émanciper des logiques lignagères ou territoriales, comme dans le cas des chevaliers de l'ordre du Saint-Esprit, ci-dessus, ou celui des chambellans viennois évoqué précédemment (voir chapitre 2). Même dans les cours comme celles des Habsbourg où la moindre exposition du corps princier limitait les interactions entre les courtisans et les souverains et, par conséquent, les subtilités cérémonielles, la mise en ordre de la cour demeurait un enjeu crucial, en particulier lorsqu'elle était rendue visible dans les processions. Pour se soustraire à un arbitrage princier jugé contraire à l'honneur individuel et familial, la seule solution à Vienne, à Madrid comme à Versailles, était le retrait. Sans aller systématiquement jusqu'à renoncer à participer à toute vie curiale, les mémorialistes mettent au cœur de leur propos de multiples stratégies de contournement dénotant une inlassable inventivité au service d'un savoir-faire social et politique.

C'est ce que montre la manière dont Mme de Châtillon répondit en 1736 à l'affront reçu d'une princesse du Sang, alors qu'elle était censée accéder à ses prérogatives curiales de nouvelle duchesse, en particulier le privilège de s'asseoir en présence du roi et des membres de la famille royale. À la suite d'une erreur, elle n'avait pu exercer ce droit lors de la première visite qu'elle fit chez le roi après l'obtention par son mari de son brevet de duc et pair. Bien que cette erreur ait été corrigée lorsqu'elle se rendit ensuite chez la reine, Mademoiselle (une des princesses du Sang) décida de se conformer au rituel tel qu'il avait été apparemment observé chez le roi et l'empêcha de s'asseoir chez elle. Dans l'impossibilité de contester cette interprétation sans manquer de respect à une femme d'un rang infiniment supérieur au sien, Mme de Châtillon n'eut d'autre choix pour s'y soustraire que d'interrompre sa visite :

> De chez la Reine, ces deux dames [les duchesses de Mazarin et de Châtillon] allèrent chez M. le Dauphin, où il n'y eut nulles difficultés. Mais quand elles arrivèrent chez Mademoiselle, on apporta d'abord des fauteuils. Comme Mme de Châtillon était prête de s'asseoir, Mademoiselle, qui était instruite de sa visite chez le Roi, lui dit : « Madame, vous êtes bien pressée », Mme de Mazarin répondit que Mme de Châtillon avoit pris son tabouret chez la Reine. Mademoiselle lui dit : « Madame, la Reine peut faire ce qu'elle juge à propos chez elle, mais c'est le Roi qui donne les rangs en France, et Mme de Châtillon n'a point pris son tabouret chez lui ; la Reine ne peut donner de rang, quand même elle seroit régente. » Après cette réponse elles crurent que le meilleur parti était de s'en aller. Mademoiselle a raison dans la grande exactitude, mais il est désagréable d'avoir fait cette difficulté. Aucune des autres princesses ne la fit ; toutes donnèrent des fauteuils suivant l'usage et le droit toujours constant lorsqu'on a pris son tabouret chez le Roi[37].

Les rangs ne tiennent qu'à la volonté du roi : l'argument est fort, même s'il est en l'occurrence assené de mauvaise foi. La reine avait en effet précisément confirmé que la duchesse pouvait jouir de ses prérogatives sans attendre l'enregistrement du brevet de son mari par le Parlement de Paris, mettant ainsi la grâce royale au-dessus des procédures de publication de la loi. Le duc de Luynes laisse d'autant plus sentir sa désapprobation vis-à-vis de Mademoiselle que l'enjeu dépasse le cas de Mme de Châtillon. Se retirer évitait sans doute à ses yeux de créer un précédent qui aurait pu fragiliser l'immédiateté de l'accès des nouveaux ducs et pairs à leurs prérogatives. Ce passage met ainsi en lumière la litigiosité sous-tendant en permanence les rapports sociaux à la cour. Pour garantir la reconnaissance de leur rang – c'est-à-dire de leur être social –, les courtisans étaient en fait sans cesse en train d'interpréter, de confirmer ou de créer du droit, entre usage, précédents et arbitrage royal.

Dans ce contexte, chaque conflit donne lieu à une microdécision qui le résout le temps de la cérémonie, par un mot ou un geste de celui dont le rang est mis en cause – comme Mme de Châtillon ci-dessus – ou de toute personne détenant sur place l'autorité – comme le cardinal de Rohan dans le cas cité plus haut de l'incognito de la princesse de Conti.

Le cérémonial : un savoir pratique

Un savoir mis par écrit

La réflexion ne s'en poursuit pas moins, dans le secret des bureaux des officiers des cérémonies ou des cabinets des courtisans, par un travail de mise en écrit qui inscrit ces cas pratiques dans une jurisprudence destinée à être nourrie dans la longue durée. Loin d'être des frondeurs pourfendant par écrit les errements d'une vie curiale dont ils se seraient retirés, les courtisans dits « mémorialistes » participent pleinement à la production des normes cérémonielles et curiales. Il est en effet avéré qu'en cas de doute à la cour de Louis XV, les officiers des cérémonies pouvaient consulter les mémoires du marquis de Dangeau, du marquis de Sourches ou du duc de Luynes. Ces écrits prenaient en effet la forme d'enregistrements journaliers similaires à ceux de l'administration curiale[38]. C'est ce qu'explique fort bien l'introducteur des ambassadeurs Eusèbe de Verneuil (en charge entre 1725 et 1740) lorsqu'il présente sa manière de travailler et la compare à celle de ses prédécesseurs sous Louis XIV, Nicolas de Sainctot et le baron de Breteuil :

> Quoique j'aie étudié avec exactitude tout ce qui avait rapport au cérémonial concernant les ambassadeurs, je ne me sens point la capacité nécessaire pour vouloir prescrire sur cela des règles. M. de Sainctot père les a établies dans ses mémoires et cet ouvrage ne laisserait rien à désirer s'il s'était étendu davantage sur certains points qu'il n'a pas traités assez amplement. M. le baron de Breteuil a écrit dans un autre genre ; il rapporte plus d'exemples. Ses mémoires sont par conséquent plus utiles, en ce qu'en fait de cérémonial la pluralité des exemples entraîne toujours la décision de la question. C'est cette raison qui m'a déterminé à donner à mes mémoires la forme de journal. Cette manière d'écrire est ingrate et rendrait leur lecture insupportable à qui voudrait l'entreprendre de suite, mais mon objet n'a jamais été de donner de l'agrément à cet ouvrage[39].

L'impuissance qu'éprouve Verneuil, qui s'avoue incapable de « prescrire » des règles à partir de la matière pourtant déjà considérable que Sainctot a rassemblée dans ses registres, et son souci de la « pluralité des exemples » résument le défi normatif que représente le cérémonial. Comme l'a montré Fanny Cosandey, l'enjeu est moins de prévenir tout conflit en réglant *a priori* toute la mécanique des rangs que de constituer un stock de précédents suffisamment important pour donner au roi et à ses officiers les moyens de s'ajuster à toute la diversité des situations qui pourraient survenir. Ce fonctionnement avant tout contentieux et jurisprudentiel – caractéristique du droit d'Ancien Régime – est censé permettre d'intégrer toujours plus de subtilité à la gestion des interactions curiales sans lier les mains du souverain qui en demeure le seul maître.

La codification du cérémonial n'aurait donc paradoxalement rien d'une évidence, et ce jusqu'à l'échelle européenne si l'on en juge par les manuels qui ne circonscrivent le cérémonial que par accumulation de cas. Cette codification ne se limite plus à une somme de règles tacites sans pour autant constituer un droit positif et stabilisé. Il s'agit d'un ensemble normatif complexe, sédimenté et toujours susceptible d'évoluer. La production réglementaire qui accompagne la mise en registre des précédents consiste avant tout depuis le Moyen Âge à mettre des usages préexistants par écrit et à amender les règlements antérieurs, en jugulant – ou en entérinant – les libertés prises par les courtisans[40]. Elle augmente aux XVIIe et XVIIIe siècles dans le cadre d'une bureaucratisation plus générale de l'administration curiale, mais elle porte moins sur les cérémonies en elles-mêmes que sur l'organisation de la Maison et les prérogatives associées aux charges.

Si les Tudors légifèrent dès 1526, ce n'est qu'en 1651 qu'une junte réunie à cet effet par Philippe IV produit, après quatre ans d'effort, la première codification écrite globale des pratiques curiales espagnoles[41]. En France, depuis les grandes ordonnances de Henri III, se succèdent des micro-réglementations qui ne concernent que les attributions de telle ou telle charge mais qui s'inscrivent dans une sédimentation de longue durée. Le règlement que promulgue Louis XIV en 1681 pour la Maison du roi ne porte encore que sur les officiers de la Bouche et leur rang. Toute création de charge ou tout conflit donnera *de facto* lieu à de nouveaux règlements particuliers redéfinissant les règles cérémonielles. À Vienne, si les charges curiales sont globalement redéfinies dans des ordonnances générales au XVIe siècle, celles-ci doivent être réitérées à trois reprises (1527, 1529 et 1537) et sont sans cesse complétées par des instructions particulières, 43 au XVIIe siècle et 77 au XVIIIe siècle. L'administration curiale aurait ainsi noirci plus de 1 500 pages d'instructions[42] témoignant à la fois de la nécessité de codifier et de la difficulté à élaborer des règlements globaux.

La production documentaire des mémorialistes et des officiers des cérémonies contraste avec les relations imprimées qui tendent à effacer les conflits et mettent en scène un ordre garanti par des règles non seulement incontestées mais immuables. Leur travail jurisprudentiel s'appuie cependant parfois sur celles-ci et se prolonge malgré tout dans l'élaboration de traités des cérémonies partout en Europe. En 1682, la célébration du baptême du fils du duc Victor-Amédée Ier de Savoie amène ses officiers à exploiter intensivement les archives ducales pour organiser la cérémonie en s'appuyant sur des récits de baptêmes de princes de la maison de Savoie remontant à 1528 mais aussi sur deux manuscrits relatifs au cérémonial observé en France. De tous ces documents encore conservés aujourd'hui dans les archives d'État de Turin et de son expérience, le duc fit produire pour l'avenir un *Ceremonial tel qu'il est pratiqué par les princes de la royale maison de Savoie afin de servir de regle pour les futurs princes de Piemont*[43].

Si ce traité était probablement à un usage interne, d'autres sommes normatives en viennent à être destinées à une plus large diffusion par leur publication. On peut citer *Le Cérémonial de France* édité par Théodore Godefroy en 1619 et repris trente ans plus tard par son fils Denis, historiographe du roi. L'abondante production germanique du siècle des Lumières – avec Johann Christian Lünig (1719-1720), Gottfried Stieve (1723), Julius Bernhard von Rohr (1733) ou encore Friedrich Carl von Moser (1754-1755) – trouve un équivalent francophone dans le *Corps universel du droit des gens*, publié par Jean Du Mont entre 1734 et 1736, et plus particulièrement dans les quatre tomes de supplément intitulés le *Cérémonial diplomatique* qui collectionnent des pièces décrivant les usages en vigueur dans les principales cours européennes. Se combinent ainsi différentes modalités de mise par écrit des précédents et de formalisation des règles dans le double souci de codifier sans rigidifier un cérémonial de cour dont la conflictualité est un indéniable moteur.

Un savoir cérémoniel à l'épreuve de la matérialité

Il est fondé sur une différenciation toujours plus fine des rangs dont la matérialisation passe par une mise en espace où les déplacements et les gestes sont fixés de manière quasi chorégraphique. Être positionné devant ou derrière, à droite ou à gauche témoigne des logiques hiérarchiques qui se pensent verticalement ou horizontalement. Céder le passage, faire la révérence (le nombre et la forme sont extrêmement codifiés et varient selon la cour), se découvrir, identifier son interlocuteur par des titres ou des prédicats sont autant de moyens de décliner et d'appréhender les préséances. Tous ces gestes composent une grammaire complexe qui permet de traduire toutes les subtilités du rang, à la fois par rapport au souverain et par rapport à ses voisins, comme, par exemple, lors de la réunion du Conseil à la cour d'Espagne :

Sa Majesté entre par la porte qui donne immédiatement sur sa chambre, accompagnée par le Majordome Mayor et les gentilshommes de la Chambre. Aussitôt, les conseillers se découvrent et se mettent à genoux, et ils gardent cette position jusqu'à ce que Sa Majesté se soit assise et qu'Elle leur ait demandé de faire de même. Alors seulement ils se redressent et se rassoient. Puis, le Roi leur ordonne de se couvrir : ils se remettent immédiatement à genoux, se relèvent, se rassoient et se couvrent, à l'exception du rapporteur, qui reste debout et la tête découverte. À ce moment sortent ceux qui étaient entrés en même temps que Sa Majesté : les alcaldes, greffiers de la Chambre et secrétaires du président sortent par la même porte par laquelle ils sont entrés, que garde l'huissier de la Chambre[44].

Isolés ou massés en fonction de leur rang, les acteurs se déplacent dans un espace pensé en termes de pleins et de vides, structuré par des décors mobiles qui en accentuent la solennité – estrades, dais et baldaquins, barrière, « échafaudages » et tribunes (cahier couleur, fig. 1)... Dans les archives curiales, à Versailles comme à Vienne, il n'est d'ailleurs pas rare de retrouver les schémas ou les plans nécessaires à la préparation puis à la mémorisation du déroulement des cérémonies (voir ci-dessous).

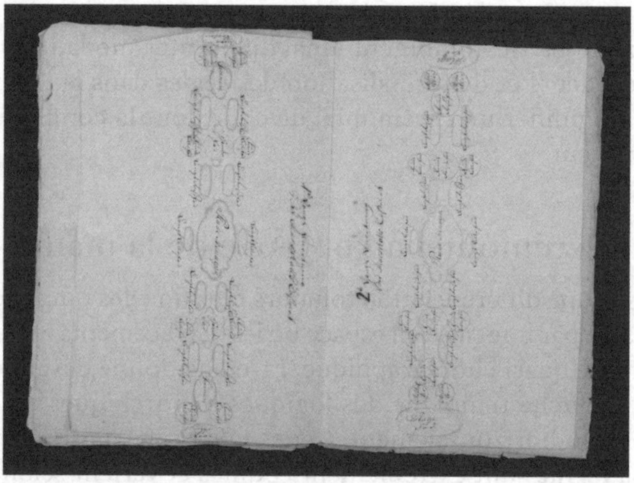

Brouillons de deux plans de table à la cour de Danemark (v. 1767). Conservés dans le *Journal* du Maître d'hôtel, ils montrent la manière dont celui-ci élaborait des plans de table lui permettant de disposer selon les règles fixées par l'étiquette les convives mais aussi les plats des différents services et les décorations – argenterie, porcelaines, confiseries (Rigsarkivet, *Journal over hvad ved hoffet er passeret* m.m.,1760-1781)

Dans ce dispositif, les objets deviennent des instruments du rituel et de déclinaison des préséances, même si tous n'ont pas la sacralité des « regalia » (sceptre, couronne) utilisés lors du sacre et des funérailles princières. La nef, ce récipient de vermeil ayant la forme d'un navire démâté, contenant des serviettes humides et ornant la table royale à la cour de France, revêtait un caractère sacré et incarnait la souveraineté. Ce n'est donc pas par hasard si Victor-Amedée II de Savoie l'introduit à la cour après son accession à la dignité royale par le traité d'Utrecht (1713). Il renforce même la sacralité de cet objet en en confiant la manipulation à son premier aumônier, non seulement chargé de bénir la nourriture lors des repas publics, mais aussi d'ouvrir et de fermer la nef dans une mise en scène aux résonances eucharistiques[45]. De la même manière que la possibilité de pénétrer dans tel ou tel espace est synonyme de distinction, la possibilité d'user de tel ou tel objet, *a fortiori* de manipuler ce qui appartient au prince ou à un membre de sa famille – de la traîne du manteau au gobelet –, dit le rang et contribue à faire fonctionner la vie de cour comme une liturgie. Certains objets sont des marqueurs fixes : parmi les commensaux qui servent dans les différentes cours, les officiers supérieurs utilisent une vaisselle précieuse, par exemple en argent, et les petits officiers de la vaisselle commune, par exemple en étain. D'autres varient en fonction de la qualité de l'entourage présent et induisent une relativité dans les pratiques.

Les usages du mobilier d'assise en sont un bon révélateur. Celui-ci a été investi d'une mission de matérialisation du rang au fur et à mesure de la complexification des charges et des statuts : tabourets (ou pliants), fauteuils (à bras), « fauteuils à dos » (chaises) se déclinent à l'infini, faisant du niveau de confort qu'ils offrent le reflet de la qualité de l'individu autorisé à s'y asseoir. À la cour de France, le tabouret qui posa tant de difficultés à Mme de Châtillon en 1736 avait été conçu par la régente Anne d'Autriche comme un moyen de gratification. Signe de distinction pour les dames autorisées à s'asseoir, il marque aussi, par son confort relatif, le fossé hiérarchique entre la souveraine et son entourage. Comme toute innovation en la matière, le privilège du tabouret est d'abord dénoncé, comme dans un pamphlet paru en 1649 dans le contexte des mazarinades et intitulé *De la guerre des tabourets* :

> Sçavoir si la mesure des Tabourets doit estre égalle pour toutes : et en ce cas qu'ils y doivent avoir de l'inégalité, si elle doit estre de proportion Geometrique, ou Arithmetique, c'est à dire, s'il faut donner les plus larges aux plus gros culs, ou aux plus nobles[46].

Sous Louis XIV, ce privilège a pourtant été intégré et ses modalités d'attribution précisées. Seules les duchesses et les princesses du sang peuvent en bénéficier en présence de la reine. Des interstices hiérarchiques demeurent cependant et ont obligé le roi à créer un demi-tabouret pour la femme du chancelier de France : elle obtint ainsi le droit de s'asseoir pendant la seule toilette de la reine. Ce système a par ailleurs été étendu aux hommes. Un prince du sang devait rester debout devant les souverains, mais bénéficiait d'un tabouret devant les Fils et Filles de France (après avoir été initialement debout) et même d'un siège à dos devant les petits-fils et petites-filles de France et d'un fauteuil devant ses *alter ego*. Un duc en revanche devait également rester debout devant les Enfants de France. Enfin, un simple gentilhomme admis à la cour ne pouvait s'asseoir que devant les princes du sang. Le tableau ci-dessous propose une vision synoptique de ces configurations.

	Roi	Reine	Enfants de France	Petits-enfants de France	Princesses du sang	Princes du sang
Fils de France	Pliant	Pliant	Fauteuil	Fauteuil	Fauteuil	Fauteuil
Filles de France	Pliant	Pliant	Fauteuil	Fauteuil	Fauteuil	Fauteuil
Petits-fils de France	Pliant	Pliant	Pliant	Fauteuil	Fauteuil	Fauteuil
Petites-filles de France	Pliant	Pliant	Pliant	Fauteuil	Fauteuil	Fauteuil
Princes du sang	Debout	Debout	Pliant	Chaise à dos	Fauteuil	Fauteuil
Princesses du sang	Pliant	Pliant	Pliant	Chaise à dos	Fauteuil	Fauteuil
Cardinaux	Debout	Pliant	Pliant	Chaise à dos	Fauteuil	Fauteuil
Princes étrangers	Debout	Debout	Debout	Pliant	Fauteuil	Fauteuil
Princesses étrangères	Pliant	Chaise à dos, puis pliant	Pliant	Chaise à dos	Fauteuil	Fauteuil
Ducs	Debout	Debout	Debout	Pliant	Fauteuil	Fauteuil
Duchesses	Pliant	Pliant	Pliant	Chaise à dos	Fauteuil	Fauteuil
Hommes de qualités	Debout	Debout	Debout	Debout	Chaise à dos	Chaise à dos
Femmes de qualités	Debout	Debout	Debout	Pliant	Chaise à dos	Chaise à dos

Grammaire du mobilier d'assise : type de siège auquel on pouvait prétendre en fonction de son rang et de la personne en présence de qui on se trouvait[47].

Si les Jacobites de la cour anglaise de Saint-Germain semblaient peu au fait des règles de préséance associées à ce complexe mobilier d'assise[48], ces usages, mais aussi les abus et les solutions parfois radicales auxquelles ils donnaient lieu se retrouvaient toutefois dans nombre de cours de l'Europe des Lumières. En témoigne la margrave de Bayreuth, sœur du roi de Prusse, à propos des revendications intempestives de la duchesse de Brunswick, mère de l'impératrice :

> Cette princesse étoit détestée de tout le monde par sa hauteur. De peur que les dames qui alloient chez elle ne s'assissent dans sa chambre, elle en avoit fait ôter tous les sièges, ce qui ne se faisoit jamais chez la reine, où il étoit permis à chacun de s'asseoir dans la première antichambre. Les dames de la cour et de la ville en furent si choquées, qu'elles ne voulurent plus mettre le pied chez elle[49].

Rien de matériel ne semble ainsi dénué de signification. Cela ne veut pas dire pour autant que les contraintes pratiques et logistiques n'avaient pas d'effet sur le cérémonial de cour : il fallait au contraire souvent s'en accommoder et ce sont aussi elles qui faisaient évoluer un cérémonial malgré tout flexible. La constante mobilité princière et curiale, objet du chapitre suivant, l'illustre avec éclat.

Deuxième partie

Les espaces de la cour

Chapitre 4

Les espaces de la cour (1) : la « région-résidence »

> Les petits voyages étaient aussi une affaire très importante pour le roi [Louis XV]. Le premier jour de l'an, il marquait dans son almanach les jours de départ pour Compiègne, pour Fontainebleau, pour Choisy, etc. Les plus grandes affaires, les événements les plus importants ne dérangeaient jamais cette distribution de son temps.
>
> Mme Campan[1]

Contrairement aux idées reçues, Versailles n'a pas immobilisé la cour de France : Louis XV perpétue une itinérance ancestrale, imposant à sa cour de constants déplacements entre les résidences royales.

Princes et cours du Moyen Âge étaient foncièrement itinérants. Pour administrer leur patrimoine et asseoir leur autorité sur leurs États, ils combinèrent des déplacements à différentes échelles, à l'échelle de leur domaine et de leurs terres comme à l'échelle du territoire où ils exerçaient une souveraineté encore souvent fragile. Au début de l'époque moderne, nombre de ces paramètres demeurèrent inchangés. La cour est très mobile et change fréquemment de résidence et le prince se déplace encore en personne, que ce soit sur les champs de bataille ou pour rencontrer d'autres souverains, accompagné d'une suite importante[2]. Il effectue de longs déplacements à travers son royaume, à l'image du véritable « tour de France » organisé par la régente Catherine de Médicis qui, pour montrer le jeune Charles IX à ses sujets, jette la cour sur les routes pendant plus de deux ans (1564-1566).

Contraintes matérielles et développements du cérémonial ont toutefois favorisé une sédentarisation progressive. Dès la fin du Moyen Âge, la cour se fixe durablement en ville, sans se départir d'un nomadisme quasi génétique, désormais cadencé, ritualisé et essentiellement cantonné à une « région-résidence » articulant plusieurs demeures dans et autour de la capitale. Cette longue évolution est consommée au XVIIe siècle. Un basculement s'opère : le symbolique prend le pas sur le pratique. Les déplacements de la cour ne sont plus liés aux nécessités du gouvernement mais toujours exigés par l'expression de la majesté royale.

Nomadisme et sédentarité : un enjeu politique

Une présence princière nécessaire ?

À l'image de leurs prédécesseurs, Charles Quint, François Ier ou Henri VIII d'Angleterre passent encore leur temps sur les routes, partant du principe qu'aucun substitut ne remplace la présence physique du souverain et de sa cour pour affirmer l'autorité royale de par leurs vastes royaumes, alors que les cours italiennes se sont sédentarisées très précocement du fait de l'étroitesse des principautés du nord de la péninsule. François Ier ne reste ainsi jamais au même endroit plus du tiers de l'année[3]. Élisabeth Ire, qui accède au pouvoir dans un contexte particulièrement troublé, sillonne tout au long de son règne (1559-1603) un royaume afin de mieux le connaître, mais aussi pour s'assurer du soutien d'une noblesse déchirée par les affrontements religieux et les problèmes de succession à la Couronne d'Angleterre. Parfois qualifiée de *portable queen*, elle investit avec sa suite les demeures de la noblesse[4], pratique qui se maintient tout au long de l'époque moderne comme en témoignent les chambres royales aménagées dans les châteaux de la noblesse ou les appartements impériaux dans les monastères germaniques.

Se déplacer s'avère même une nécessité absolue pour Charles Quint, qui a hérité dans les années 1510 d'un empire dont la structure polycentrique l'oblige à se mouvoir perpétuellement avec sa cour de Flandres en Espagne, en Empire ou en Italie pour en maintenir la cohésion. Deux siècles plus tard, les souverains d'autres Couronnes soudées par union personnelle seront obligés à de semblables voyages, à l'instar des deux premiers souverains britanniques issus de la maison de Hanovre – Georges Ier et Georges II –, écartelés entre leur électorat germanique et Londres, ou encore des électeurs de Saxe qui règnent un temps sur la Pologne. Ces allers-retours ne sont pas sans poser problème dans la mesure où ils reflètent la difficulté des Hanovre à s'attacher à leur nouvel État. Cette configuration met la cour de Londres en concurrence avec leur petite cour électorale, ce qui leur est reproché par leurs sujets britanniques. En fonction des nécessités politiques, les cours de ces monarchies composites réactivent également de façon épisodique des mobilités endormies.

Un changement majeur de paradigme à l'époque moderne

De multiples facteurs tendent dans le même temps à limiter l'ampleur de ce nomadisme. L'itinérance n'est plus guère compatible avec un train de vie curial qui requiert désormais en permanence le faste et le confort d'un palais princier. Elle ne l'est pas davantage avec un cérémonial qui impose une gestion pointilleuse de l'espace et s'avère source de multiples conflits. Le comportement d'un François Ier, disparaissant pendant plusieurs jours dans des haltes de chasse improvisées, est inconciliable avec la maturation de l'État : le souverain doit toujours être localisable, tant pour être en mesure de trancher les conflits curiaux que d'arbitrer les problèmes gouvernementaux ou de discuter les affaires diplomatiques. Ces incessants déplacements s'avèrent également coûteux : l'ambassadeur vénitien Marino Cavalli estimait en 1546 qu'ils augmentaient d'un tiers le budget de la cour de France, ce que la régente Catherine de Médicis souhaitera ensuite absolument limiter[5]. Ils peuvent même être potentiellement dangereux pour la santé du prince. C'est une des explications données par les historiens à l'abdication (1555-1556) d'un Charles Quint totalement épuisé par ses pérégrinations aux quatre coins de ses possessions[6].

Au-delà, l'immobilisation de la cour est liée à un changement de paradigme dans la conception de l'État et de l'exercice du pouvoir : ce sont désormais aux sujets de venir jusqu'au prince, dont la cour devient l'instrument d'un gouvernement à distance et un pôle fédérateur de territoires hétérogènes. Compte moins la présence physique du prince que sa capacité à se mettre en scène et à se faire représenter : dans toute l'Europe, chaque souverain s'attache à faire diffuser largement son portrait qui offre à ses sujets un substitut à la présence réelle.

Par son installation en 1561 à Madrid, Philippe II muait la cour de suite itinérante du prince en instrument de gouvernement à distance et en pôle fédérateur de sa monarchie composite. Il appartient désormais aux royaumes de s'inscrire dans la proximité royale. C'est le sens des conseils du juriste Baltasar Àlamos de Barrientos à son jeune successeur, Philippe III, auquel il recommande en 1599 de s'entourer d'Italiens et de Portugais car « ils accroîtront la grandeur de V. M., serviront d'otages et enrichiront la tête de ses royaumes en y dépensant leurs rentes de leur patrimoine », et d'ajouter qu'« il sera aussi utile de connaître leur naturel, leurs qualités et leurs inclinaisons afin de les employer et de les occuper à différentes charges »[7]. Dans ces monarchies polycentriques, la nécessité de maintenir malgré tout des centres de pouvoir dessine un système de cours périphériques, sans prince, mais animées par des vice-rois, parents ou grands aristocrates, à l'image des archiducs Albert et Isabelle (1598-1621) qui font de la cour de Bruxelles un relais du Siècle d'Or espagnol au nord de l'Europe. Le palais d'État, résidence ordinaire de la cour qui se substitue progressivement à un réseau de demeures royales occupées par intermittence, incarne aussi plus efficacement ce centre politique dynastique[8]. En cas d'absence du souverain, il matérialise la majesté royale (chapitre 6).

Cette sédentarisation n'a cependant rien de systématique ni de linéaire et sans doute faut-il nuancer l'idée qu'elle serait synonyme de maturité de l'institution curiale. Le débat qui anime la cour d'Espagne en 1600 sur l'opportunité d'un déménagement de Madrid à Valladolid est tout à fait révélateur de la persistance de ces enjeux au tournant du XVIIe siècle[9]. Si le nomadisme pouvait y être présenté comme le symptôme d'un État faible, dont l'administration ne serait pas capable de suppléer l'absence du souverain, les partisans de l'itinérance curiale avancent encore l'idée que le souverain espagnol devait, tel Alexandre le Grand, parcourir sans cesse ses États à la rencontre de ses sujets. Dans un contexte d'affaiblissement du pouvoir royal, Catherine de Médicis doit renoncer à sa politique de réduction des voyages en cédant à la nécessité impérieuse d'organiser un « tour de France royal » destiné à ressouder le lien entre son fils Charles IX et ses sujets[10]. Le jeune Louis XIV procédera de même en 1659-1660.

Les grands voyages curiaux se font de plus en plus rares, au profit de déplacements de petites suites, voire *incognito*, qui évitent les difficultés de cérémonial et soulagent les finances de l'État. L'empereur Joseph II passe ainsi son temps sur les routes un tiers de son règne, accompagné d'une dizaine de personnes, en tant que comte de Falkenstein, dont l'anonymat lui procure « de n'avoir ni étiquettes ni ceremoniel ni fêtes ni quelqueconques à subir, ainsi ni accompagnement ni logement ni garde, rien enfin »[11].

Principes et pratiques de la multi-résidence

Raréfaction des grands voyages ne signifie pas pour autant immobilisme. Les allées et venues de la cour, tel un mouvement perpétuel autour d'une ville de cour et d'un palais d'État, se cantonnent désormais essentiellement à des résidences proches reléguées au rang de satellites. Ce maintien de l'itinérance curiale prend donc la forme aux XVIIe et XVIIIe siècles d'une multi-résidence princière, qui se décline sous différentes modalités.

Le passage d'une résidence à une autre peut s'expliquer par la nécessité d'effectuer des travaux annuels d'entretien et de nettoyage. Tout en demeurant généralement à proximité d'un grand pôle urbain, c'est-à-dire d'un foyer d'approvisionnement en produits à la fois abondants et de qualité, la cour doit aussi se déplacer de manière à éviter de mettre en tension les marchés locaux. C'est notamment ce qui explique les allées et venues fréquentes de la cour d'Angleterre entre la dizaine de résidences royales londoniennes dispersées le long de la Tamise. Il en va de même pour la cour de France dont le siège principal est à Versailles à partir de 1682, mais qui continue à se déplacer, notamment l'automne où elle séjourne longuement à Fontainebleau, ou encore à Compiègne. De manière plus exceptionnelle, des travaux de restauration et de reconstruction de la résidence principale peuvent obliger la cour à déménager – par exemple la cour d'Espagne qui séjourne six ans à Valladolid sous Philippe III après décision prise en 1606 de reconstruire l'Alcazar madrilène.

Au-delà, la multi-résidence est liée à la saisonnalité des activités curiales selon un calendrier qui participe de la structuration cérémonielle de la vie de cour à l'échelle de l'année. La cour se déplace fréquemment pour s'éloigner des désagréments de la ville – notamment l'été –, et gagner des palais implantés à proximité de forêts giboyeuses – en particulier lors des grandes chasses automnales. Les déplacements de la cour peuvent être aussi liés à des dévotions rituelles et de cette combinaison de facteurs pragmatiques et symboliques résulte un calendrier complexe qu'illustre l'exemple de la cour de Vienne.

Celui-ci s'avère à la fois strict et régulier d'une année à l'autre. Suivons-le durant l'année 1730[12]. Jusqu'à la deuxième quinzaine d'avril, la cour se meut essentiellement en ville et dans ses environs immédiats pour des dévotions aux sanctuaires d'Hietzing et d'Hernals ou quelques chasses dans la plaine du Danube ou la Forêt viennoise. Le 19 avril, la suite impériale se transporte à une quinzaine de kilomètres au sud de Vienne, à Laxenburg, forteresse qui sert de résidence de chasse aux Habsbourg depuis la fin du XIVe siècle. On y assiste en particulier au Vol du héron qui divertit la cour, si l'on en croit un Montesquieu quelque peu dubitatif[13]. De là, l'empereur sillonne chaque jour les forêts environnantes, quitte à séjourner au château d'Halbturn, à la frontière hongroise, lorsque la quête du gibier l'éloigne trop. Le 20 juin, la famille impériale revient à Vienne et prend ses quartiers au palais suburbain de la Favorite jusqu'au 20 octobre, au rythme des opéras, donnés dans les jardins qui font la réputation du lieu, et des concours de tir. Les chasses continuent, ponctuées de dévotions dans les sanctuaires environnants et de haltes au château d'Ebersdorf, sur la rive gauche du Danube. La proximité de la ville permet cependant l'organisation de cérémonies ponctuelles à la Hofburg, que la cour réintègre à la fin du mois d'octobre. Elle se déplace encore en grande pompe au monastère de Klosterneuburg, que Charles VI a transformé en fastueux palais-monastère, pour la Saint-Léopold, à la mi-novembre.

Géographies et logiques de la multi-résidence

Des exemples de régions-résidences

Dans toutes les cours, se fixe un espace au sein duquel se déploient les mobilités du souverain et de sa suite, selon des configurations assez similaires qu'il s'agisse des régions-résidences francilienne, madrilène ou viennoise, des palais russes de Saint-Pétersbourg ou encore de la « couronne des délices » turinoise. C'est ainsi que Philippe II restreint considérablement, au regard des grands voyages de son père Charles Quint, le champ des déplacements curiaux. Il les recentre autour de Madrid : le printemps à Aranjuez, l'été à l'Escurial, Valsaín et El Pardo à l'automne, l'hiver à Madrid. Malgré le changement de dynastie, le schéma perdure au XVIIIe siècle, même si Aranjuez est désormais concurrencé par La Granja, bâtie par le premier roi Bourbon, Philippe V et que le palais-monastère de l'Escurial, très lié à la figure de son constructeur Philippe II, est désormais plutôt fréquenté à l'automne.

La contraction de l'espace de circulation de la cour des Valois dans une région-résidence se dessine ainsi nettement entre François Ier et Henri III : l'Île-de-France représente 40 % des lieux fréquentés par le premier, 80 % pour le second (60 % pour Paris) – si le contexte des guerres de Religion joue certes son rôle dans le délaissement du Val de Loire et le renforcement de la capitalité parisienne, le phénomène est irréversible[14]. C'est donc dans la longue durée que la cour de France a concentré ses déplacements dans une région-résidence francilienne dont le centre de gravité est indéniablement Paris (centre d'approvisionnement), pourtant toujours concurrencé par les nombreuses résidences suburbaines, telles que Fontainebleau ou Saint-Germain-en-Laye (sous Henri II mais encore sous Henri IV ou au début du règne de Louis XIV). Celles-ci se combinent à une constellation de résidences aux statuts divers et occupées épisodiquement, voire délaissées ou cédées à des branches cadettes, en fonction des circonstances et des goûts des souverains.

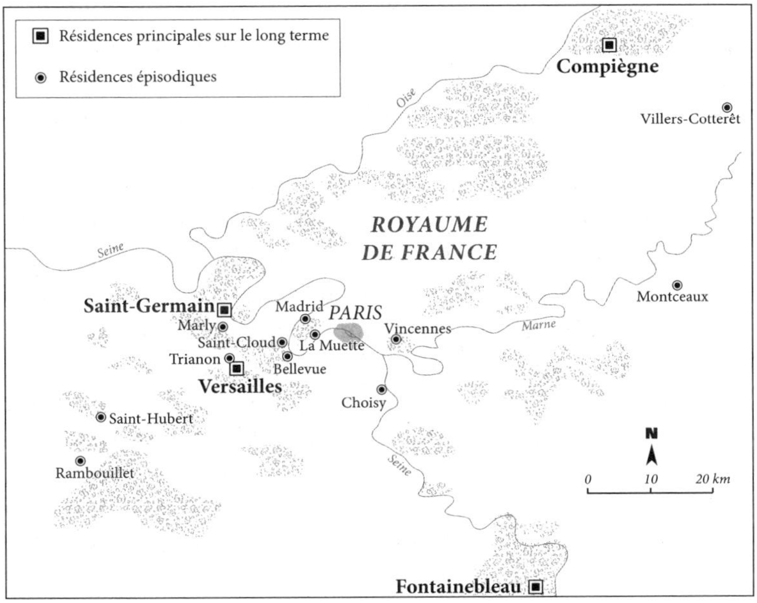

La région-résidence francilienne de la Renaissance à la Révolution (carte synchronique établie par Éric Hassler)

Le choix de Versailles n'est donc pas si incongru au regard de l'histoire longue de la cour, même si le délaissement de Paris entre 1682 (date à laquelle Versailles devient officiellement le siège de la cour et du gouvernement) et 1789 est pour le coup radical. Autre singularité de Versailles, le fait que les successeurs de Louis XIV, tout en acquérant, réaménageant ou en faisant bâtir d'autres résidences « secondaires » (Compiègne ou Choisy par exemple pour Louis XV, Rambouillet ou Saint-Cloud pour Louis XVI), ne l'aient pas privé de son rang de résidence principale : Versailles n'est plus seulement le choix personnel de Louis XIV, c'est un choix dynastique.

Cette région-résidence est adossée dans le temps long à la fois au domaine royal des Capétiens, à la présence de grandes forêts propices à la chasse et aux ressources de la métropole parisienne. Sa pérennité, par-delà les déplacements fréquents et les changements de préférence des souverains successifs, se marque à travers les hybridations décoratives qui caractérisent certains palais réaménagés à plusieurs reprises – comme Fontainebleau, où l'on peut encore voir la galerie aménagée par François Ier ou le boudoir turc de Marie-Antoinette.

Tout en conservant la même configuration spatio-temporelle au cours de la période, les Habsbourg d'Autriche procèdent tout de même à un jeu de substitutions : la Favorite est ainsi supplantée par le château de Schönbrunn qui, de résidence de chasse, puis de villégiature baroque, devient résidence d'été de l'impératrice-reine Marie-Thérèse dès son avènement en 1740. De la même manière, elle fait construire une nouvelle résidence à Laxenburg, délaissant l'ancestrale forteresse. D'autre part, la région résidence viennoise se voit déportée à l'est du Danube, vers la plaine hongroise par l'adjonction de résidences qui densifient le réseau de micro-itinérances : Schlosshof, racheté en 1755 aux héritiers du prince Eugène de Savoie, que Marie-Thérèse fait agrandir et convertir en château familial pour sa vaste progéniture ; Holitsch, domaine réservé de son époux ; ou encore les résidences de chasse de Wolkersdorf et Stammersdorf. L'importance de la famille oblige parfois à dissocier les aînés des plus jeunes et entraîne des va-et-vient successifs ou des suites différenciées. Marie-Thérèse aime ainsi à solliciter l'hospitalité des grands officiers qui dirigent les maisons archiducales.

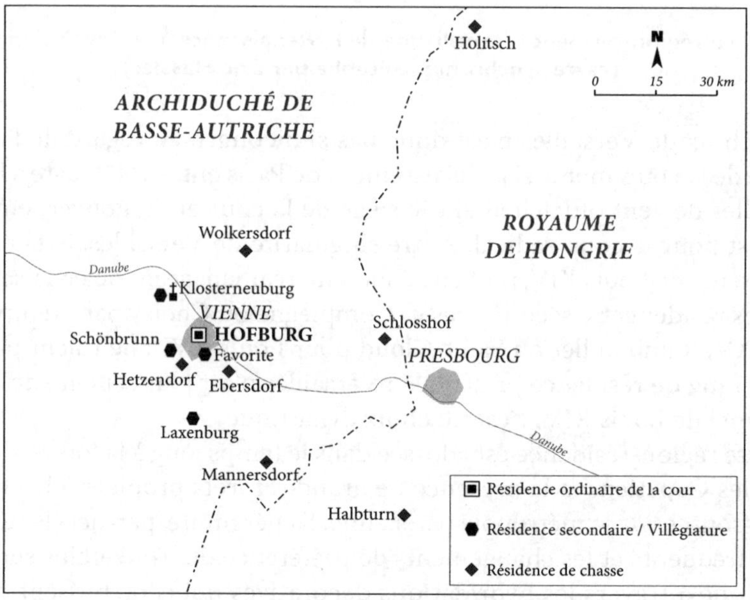

La région-résidence viennoise des Habsbourg, XVIe-XVIIIe siècle (carte synchronique établie par Éric Hassler)

Fuyant la foule, son fils aîné Joseph II préfère quant à lui Augarten, près du Prater, qu'il fait réaménager dans les années 1780. Enfin, le développement du thermalisme amène la cour à suivre la dynastie et à prendre épisodiquement les eaux à Baden, au sud de Vienne, lors de ce qu'il convient d'appeler des réunions de famille.

La multiplication des résidences plus intimes où ne s'assemble qu'une société choisie par le souverain, sans toujours respecter les hiérarchies de cour, ne relève pas d'une autre géographie mais complique ces configurations. Une analyse fine des déplacements du prince (ce qui a pu être fait pour Louis XIV, Louis XV ou Louis XVI) montre par exemple dans le cas français qu'il peut passer plus d'une centaine de jours hors de Versailles ou d'une autre des grandes résidences officielles, dans des demeures telles que Marly, Trianon, La Muette, Saint-Hubert, Choisy, Rambouillet, etc. La multiplication des séjours courts, d'une part, et des résidences où l'accès est particulièrement limité et selon des règles qui semblent parfois déroger à l'étiquette, pose en outre la question du statut de ces résidences : ermitages du prince ou résidences de la cour ?

La réponse n'est pas toujours claire : la dilection royale pour le pavillon de Choisy, édifié pour la Grande Mademoiselle à la fin des années 1670 et passé ensuite de main en main jusqu'à son acquisition par Louis XV en 1739, le métamorphose en résidence de cour par adjonction progressive au cours des années 1740 de divers ailes et pavillons destinés à héberger les courtisans et les domestiques, mais aussi d'écuries, d'une orangerie, d'un pavillon des bains, d'une salle de spectacle et de serres où sont introduits les premiers ananas[15]. Désirant recouvrer l'intimité originelle de la résidence de chasse, Louis XV fait construire en 1754 par Gabriel au sein de ce vaste complexe un petit château destiné à devenir sa maison particulière. Significative à cet égard est l'ingénieuse table volante dotée d'un mécanisme élévateur qui permettait de s'abstenir de la présence de tout domestique lors des dîners du souverain, en cantonnant le service de table au sous-sol. La table s'élevait donc dressée et s'abaissait au signe du roi pour être débarrassée.

Complémentarités et concurrences entre résidences

De ces géographies, ressort clairement le fait que les résidences prennent sens les unes par rapport aux autres, à la fois dans le jeu entre résidences urbaines et suburbaines – ce qui pose la question de la proximité de la cour au gouvernement – et dans la déclinaison subtile de formats permettant d'accueillir une suite plus ou moins nombreuse.

La capitale peut donc être doublée ou supplantée par l'une des résidences suburbaines. Les châteaux de Versailles, Potsdam ou encore Caserte induisent une véritable bipolarisation du siège du gouvernement, voire de la cour quand cette dernière est obligée à d'incessantes allées et venues qui dépassent le simple calendrier saisonnier[16]. La nuance est importante dans la mesure où le cas Versailles, habituellement considéré comme l'archétype de ces résidences nouvelles, constitue plutôt, du point de vue de la cour, une exception. Le choix de Louis XIV d'y installer sa cour en 1682 n'implique plus de mobilités avec la capitale, en dehors de quelques occasions cérémonielles, telles que les entrées royales. Si les courtisans peuvent être amenés à opérer individuellement des va-et-vient entre cette dernière et la résidence royale, en fonction de leur lieu de résidence, l'institution curiale est clairement établie au château, contrairement aux organes de l'État qui se partagent dans les faits entre les deux lieux.

Les résidences curiales de Postdam ou Caserte, en revanche, dialoguent avec les palais de Berlin et Naples, la cour suivant le prince qui y établit alternativement sa résidence. Sans doute la balance penche-t-elle épisodiquement d'un côté ou de l'autre, mais sans qu'il ne s'agisse jamais d'un choix exclusif. La préférence de Frédéric II se porte ainsi très distinctement sur Potsdam, qu'il gratifie de nouveaux palais, laissant le soin à la reine, qu'il fuit littéralement, d'animer la société de cour berlinoise. L'espace disponible pour les bâtiments comme pour les jardins, l'éloignement des désagréments de la ville, une meilleure sécurité sont autant d'arguments qui peuvent expliquer la métamorphose de châteaux satellites en résidences principales, si ce n'est permanentes, de la cour. Certains de ces châteaux deviennent de véritables palais d'État dans la mesure où ils accueillent, à l'instar des palais urbains, tout ou partie de l'exercice du gouvernement et du cérémonial.

Tel est le cas de Schönbrunn, qui s'inscrit en complémentarité avec la Hofburg viennoise. Cantonné depuis le XVIIe siècle dans un rôle subalterne de résidence de chasse, épisodiquement affecté à l'une ou l'autre impératrice douairière ou l'objet de projets qui ne virent jamais le jour, le château n'intègre réellement le réseau résidentiel habsbourgeois que sous le règne de Marie-Thérèse et opère progressivement sa mue en résidence d'État à partir des années 1750, comme le note une dépêche envoyée au département des affaires étrangères du royaume de France :

> Quant aux premières audiences publiques, Leurs Majestés veulent bien à présent, pendant le séjour qu'elles font au palais de Schönbrun, se rendre depuis cette résidence d'été, parce que celle-ci n'est point achevée, dans leur palais de

> la ville pour y donner lesdites premières audience publiques aux ambassadeurs après leurs entrées solennelles, mais elles se réservent cependant de les recevoir dans la suite au palais de Schönbrun lorsqu'il sera en état. En attendant, comme ce palais fait au reste déjà actuellement leur résidence dans les formes, les ambassadeurs s'y rendront les jours de cérémonies[17].

Non seulement la cour s'y installe désormais la moitié de l'année, mais des salons d'État peuvent accueillir de grandes cérémonies dynastiques et un savant parcours cérémoniel accentue la majesté de l'accès aux appartements des souverains[18]. Quant au décorum, plus encore qu'à la Hofburg, il exalte le pouvoir impérial et la dynastie. Schönbrunn n'est pas sans rappeler le château de Schleißheim, construit par l'électeur Maximilien Emmanuel de Bavière entre 1701 et 1726 au nord de Munich, avec l'ambition de créer une vaste résidence estivale, mais dont les appartements d'apparat sont, là encore, proprement palatiaux et suggèrent la tenue de manifestations officielles, davantage que dans l'autre villégiature de Nymphenburg dont les appartements étaient nettement plus exigus[19].

La question du statut de la résidence suburbaine n'est cependant pas toujours clairement tranchée et produit des demeures hybrides au gré des circonstances. Dès les années 1630, Philippe IV et son ministre Olivarès entendent faire de la résidence de plaisance madrilène du Buen Retiro un manifeste de l'union étroite entre la Maison d'Autriche et ses Couronnes, qui dépasse de loin les attributions initiales de cette résidence de plaisance[20]. Près d'un siècle plus tard, Philippe V envisage la métamorphose de ce vaste ensemble irrégulier en un palais d'État grandiose, susceptible d'offrir une alternative suburbaine au vieux palais urbain de l'Alcazar. Les projets de 1708, puis 1715 n'aboutissent pas et ce dernier demeure en fin de compte la résidence principale de la cour jusqu'à ce qu'un incendie ne le ravage opportunément en 1734 de fond en comble, et n'offre l'opportunité d'envisager sa reconstruction[21]. Lors de la restructuration de Compiègne, désormais considéré comme la résidence estivale de la cour, le directeur des Bâtiments du roi, d'Angiviller, se montre sceptique devant l'ambiguïté architecturale du projet mené depuis 1751 par l'architecte Gabriel : « Le ton de la grande magnificence n'était pas nécessaire dans un château tel que celui de Compiègne, que je considère comme une maison de plaisance ». Malgré une étiquette allégée, la distribution des appartements demeure en tout point conforme à celle d'un palais, à la nuance près que la décoration des pièces privilégie le blanc à l'or, comme il était d'usage depuis le règne de Louis XIV pour les résidences de campagne[22].

Il faut enfin compter avec les aléas de l'histoire. Le palais de Queluz est ainsi devenu palais d'État par nécessité. Simple résidence de chasse lorsque sa construction est entreprise en 1747, il est progressivement étendu par le second fils du roi, dom Pedro, qui en fait sa résidence estivale[23]. De la destruction du palais royal par le tremblement de terre de 1755 et de la phobie consécutive qui poussa Joseph Ier à vivre dans un palais fait de matériaux légers trente ans durant (chapitre 6), découle l'absence de résidence royale lisboète digne de ce nom. Lors de son accession au trône en 1777, dom Pedro et sa nièce et épouse, Marie Ire, s'installent donc à Queluz. En 1794, l'incendie du nouveau palais d'Ajuda, en voie d'achèvement, retient le successeur de Marie, Jean VI, à Queluz. Par nécessité, ce château fut donc considérablement étendu en surface, notamment par une aile hébergeant les espaces d'apparat auparavant absents, et en hauteur par la construction d'un étage supplémentaire (1785), destiné à accueillir de nouveaux appartements. Des plans conservés attestent de travaux de plus grande envergure encore puisqu'il était question de doubler la taille de la cour d'honneur et de construire en miroir un bâtiment de la même ampleur que le château pour héberger les communs. Les guerres napoléoniennes, provoquant le départ de la famille royale en 1807 pour le Brésil, en décidèrent autrement.

Le prince en ses ermitages

Un cérémonial assoupli, une compagnie amicale, un environnement à taille humaine permettent au prince une retraite temporaire du tumulte de la cour. Trianon, s'il reste dans la proximité immédiate du palais, n'en est pas moins conçu comme une véritable demeure, dotée d'appartements qui permettent un séjour prolongé, mais intime. Les jardins eux-mêmes diffèrent de ceux de Versailles par leur moindre grandiloquence et l'importance accordée aux fleurs et aux essences rares (chapitre 10). Et voici que les parcs des palais et les forêts princières se couvrent de pavillons de plaisance et d'ermitages au XVIIIe siècle : Favorite, Monplaisir, Monbijou, Monrepos, Sansouci, Solitude et autres Buen Retiro évoquent la recherche de l'intimité et de la simplicité champêtre à travers toute l'Europe. Succédant aux pavillons secrets des jardins italiens, ou aux relais de chasse, ils se métamorphosent en palais miniatures, bénéficiant de tout le confort souhaité. Le pavillon d'Amalienburg, construit entre 1734 et 1739 pour l'électrice Marie-Amélie dans le parc du château Nymphenburg (Munich), ne comprend ainsi qu'un grand salon, deux chambres et un jeu de cabinet et d'arrières-cabinets entresolés.

Marly, dont la construction est initiée dès 1679, marque un aboutissement dans la réflexion sur les formes résidentielles curiales : douze pavillons destinés aux courtisans sont placés de part et d'autre d'une grande pièce d'eau dans l'axe de laquelle trône le pavillon royal.

Vue du château de Marly, gravure sur cuivre, XVIIIe siècle

Ce dernier accueille l'essentiel des activités intérieures, musique dans l'appartement du roi, dîner dans celui du Dauphin, jeu dans celui de Monsieur. Marly ouvre la voie à un nouveau type de résidence qui associe étroitement la pierre au végétal et dont bien peu de témoignages sont conservés. Clemenswerth, construit pour l'électeur de Cologne, Clément Auguste de Bavière, entre 1737 et 1747, reconfigure l'exemple de Marly en un plan en étoile dont le centre est matérialisé par le pavillon électoral entouré de sept pavillons identiques et d'un huitième hébergeant les communs. Le pavillon central, en croix grecque (ou moulin à vent), abrite au rez-de-chaussée une salle ronde qui distribue des cabinets, l'escalier et le buffet, au premier étage deux appartements (chambre et cabinet) avec antichambre et garde-robe commune. Sous les toits logent les domestiques[24].

Pour l'ordinaire comme l'extraordinaire : une logistique à toute épreuve

La cour en procession…

En tête du convoi, des gardes suisses ouvrent la marche, suivis de diplomates. Arrive la famille royale : Henri, futur roi de Pologne, à cheval, un carrosse transportant François d'Alençon, la reine-mère Catherine de Médicis sur sa litière, chacun accompagné par les gentilshommes et dames de leurs maisons. Enfin un joyeux capharnaüm de mules, cavaliers, chariots sur lesquels des domestiques terminent de charger des coffres et des ballots, tandis que d'autres démontent les tentes installées aux abords du château d'Anet.

C'est la scène que présente une tapisserie aujourd'hui conservée à la Galerie des Offices de Florence (voir cahier couleur, fig. 6) demeure un rare témoignage visuel des itinérances curiales et aurait pu illustrer n'importe quel convoi royal du XVIe siècle[25] De tels déplacements nécessitent une logistique à toute épreuve puisqu'ils jettent sur la route une suite de plusieurs centaines de personnes attachées de près ou de loin au service du roi. C'est ainsi toute l'institution curiale, y compris la Bouche et la Chapelle, qui voyage afin d'assurer la continuité de l'exercice du pouvoir royal et de la majesté qui en émane. L'ordre doit régner malgré le désordre apparent, le roi demeurant toujours le point névralgique du cortège. Parvenir à surmonter les difficultés matérielles et symboliques en toutes circonstances est révélateur des capacités d'adaptation de l'institution curiale.

Aux siècles suivants, comme l'ont par exemple montré les travaux récents sur le règne de Louis XIV[26], les déplacements sont de moindre ampleur géographique et souvent moins cérémonialisés – ce n'est pas en procession que l'on se déplace d'une résidence habituelle à une autre. Ils impliquent toutefois une logistique toujours aussi lourde et qui a fait l'objet d'une véritable institutionnalisation.

Une logistique à toute épreuve

L'organisation des Maisons princières conserve bien souvent les traces des impératifs d'itinérance tout au long de l'époque moderne. Un personnel reste dédié tout au long de l'époque moderne à l'organisation des « voyages » au sens strict (gestion des équipages, des chariots, malles…) tandis que les officiers des différents départements demeurent des professionnels de la mobilité – qu'il s'agisse de déplacer les effets personnels (vêtements…) du roi et de la famille royale, ou des meubles ou des décors pour l'aménagement des demeures ou l'organisation des fêtes et cérémonies. Outre le service des Écuries, l'*État de la France*, qui décline l'organigramme de la cour, mentionne des « Officiers nécessaires pour les voyages » qui en avaient en charge la logistique, tout à la fois itinéraires, transports des hommes et des biens, ainsi le « Wagmestre de l'Équipage du Roi, qui a autorité sur les Capitaines des chariots, et Conducteurs desdits chariots de Sa Majesté, quand Elle va en campagne, avec soin de les faire charger, de les mettre en marche, de les faire loger, et généralement de leur distribuer tous les ordres nécessaires, et leur partager tout le travail, en sorte qu'il ne manque aucune chose à la dite conduite »[27].

La Chambre du roi sait s'adapter. Huit porte-meubles de la Chambre, originellement chargés du transport du lit du roi, officient, tout comme le capitaine des mulets du roi dont le titre perdura malgré l'introduction des véhicules à roues. Les maréchaux des logis et les fourriers sont chargés de réquisitionner des logements dans les points d'étape de la cour et de loger les courtisans qui recevaient des billets de logement. Le droit de gîte, formalisé en Espagne au XIVe siècle, est du reste l'un des rares privilèges de la cour et un outil de renforcement de l'autorité monarchique sur les villes et la noblesse. Les chambellans et les huissiers de cour doivent inspecter et juger les logements susceptibles d'accueillir la cour[28].

Même à des lieues du palais, la géographie curiale est respectée. Les logements les plus confortables et les plus proches de celui du roi sont réservés aux princes. Le reste des courtisans, et plus encore les domestiques, sont parqués de façon on ne peut plus spartiate dans tous les espaces disponibles. Benvenuto Cellini s'en plaint beaucoup en 1540 :

> Voici donc ce que je fis quand nous suivions la cour. Nous étions tribulés, je puis bien le dire, car le roi traînait toujours derrière lui douze mille chevaux […] Les embarras d'un tel train nous obligeaient parfois à camper avec la cour dans des endroits où il y avait à peine deux maisons. On dressait alors des tentes de toile, comme le font les bohémiens, et souvent on avait beaucoup à souffrir[29].

Les campagnes militaires des deux siècles suivants n'y changèrent pas grand-chose : la quête de la faveur princière motivait les courtisans, fût-ce au prix d'un inconfort certain que l'ingéniosité des artisans tente toutefois d'alléger. À partir de la seconde moitié du XVIIe siècle, un mobilier est spécialement conçu pour pallier la rudesse des voyages et maintenir le prestige de la représentation royale : lits démontables, meubles d'appoint, clavecins « brisés » (pliants), mais aussi malles de rangement pour la vaisselle, les nécessaires de toilette, les habits de gala utiles lors des fêtes données par les villes traversées, toutes honorées de la présence d'une si auguste société.

Deux exemples de clavecin brisé, Jean Marius, v. 1700.
Paris, musée de la Musique

Les convois prennent alors des proportions inusitées : le voyage du jeune Louis XIV dans les provinces méridionales du royaume aurait ainsi nécessité 100 carrosses, 110 fourgons, 200 mulets et 120 charrettes, sans compter les marmitons.

Les transhumances ordinaires

La logistique des déplacements « ordinaires » de la cour est plus aisée. Il faut cependant bien un mois pour mettre en ordre la résidence royale choisie avant l'arrivée de la cour. Là encore, l'hébergement constitue une question cruciale : la cour est hébergée au château ou à proximité. Dans le premier cas, la documentation manque. Les plans de Fontainebleau indiquent parfois l'emplacement des lits (138 en 1725) et les inventaires mentionnent entre 500 et 700 couchages dans les années 1780, ce qui montre les capacités importantes de logement du château au regard d'autres résidences royales[30]. Le duc de Luynes affirmait même que Fontainebleau était davantage fréquenté que Versailles, ce que les historiens expliquent par la distance plus importante de Paris qui obligerait les courtisans à y demeurer plus longtemps[31]. S'ils ne pouvaient loger au château, ils devaient alors s'établir à proximité. Au début du XVIIIe siècle, le village de Laxenburg prend ainsi l'allure d'une véritable ville de résidence avec la multiplication des demeures aristocratiques environnant le château impérial. Même le faubourg de la Favorite, pourtant plus proche de la vieille ville de Vienne, attire les courtisans qui y font construire des demeures suburbaines. Outre les hommes, ce sont aussi les animaux qu'il faut loger. Les seules chasses bellifontaines réclament ainsi plus de 600 équidés en 1751[32].

Alors que l'ameublement des princes de la Renaissance était essentiellement constitué de coffres ou d'armoires, le plus souvent portables, la diversification et la multiplication d'un mobilier, souvent précieux, rendent par la suite les opérations complexes. En France, le Garde-Meuble central, qui a la responsabilité de l'ameublement des résidences, jongle entre envois successifs de mobilier, jusqu'à la semaine suivant l'arrivée de la cour, et garde-meubles locaux. Le mobilier est alors classé en trois catégories : les meubles d'ébénisterie livrés sur place pour y demeurer – ils étaient marqués au fer du signe de la résidence royale – et remplacer les meubles démodés ; les meubles d'usage courant destinés à revenir à Paris ensuite ; les meubles « consommés » pendant le séjour enfin, telles les pièces d'étoffe ou les passementeries. Ainsi en 1749, 248 tapisseries furent livrées pour le séjour bellifontain. Les coûts très élevés de cette logistique entraînent plusieurs projets de restriction, notamment sous le règne de Louis XV qui envisage une limitation du nombre de résidences royales et du train de vie déployé[33]. On a vu avec les travaux de Compiègne qu'il n'en fut rien.

Les voyages extraordinaires (1) : le couronnement de Charles VI à Prague, 1723

Encore au XVIIIe siècle, la cour peut se mettre massivement en branle pour des occasions particulières. Deux mois après que le couronnement de l'empereur comme roi de Bohême a été décidé, le train impérial, en ordre de marche – plus de 500 personnes attachées aux maisons impériales et 600 chevaux – se met lentement en branle le 19 juin 1723. Un trajet d'une vingtaine d'étapes qui alterne villes et châteaux nobiliaires, doit le mener à Prague. Les festivités qui s'y déroulent sont à chaque fois rapportées par la *Gazette de Vienne*. Le numéro du 30 juin 1723 relate ainsi la réception donnée le 23 juin précédent en son château de Pirnitz (Moravie) par le comte Collalto. L'empereur y passe la nuit, avant de repartir le lendemain matin vers sept heures pour un trajet de trois heures jusqu'à Iglau où la cour se restaure et assiste à un défilé militaire.

Le 25, la suite impériale arrive à Pfauendorf où elle déjeune à la ménagerie et tire le cerf l'après-midi. Le soir, elle parvient au château de Jankau qui était illuminé, nous dit la *Gazette*, d'un millier de lanternes. Le 29 juin, au château de Neuhof, le comte Czernin donne un déjeuner pour la cour, puis fait visiter sa seigneurie, les jardins, l'orangerie, les écuries et la faisanerie. Le dîner se tient dans les parterres « si merveilleusement et incroyablement éclairé » de 15 000 lanternes que les souverains y demeurent jusqu'à minuit[34]. Vivant littéralement sur le pays, la cour profite de la munificence des élites locales qui y voient la possibilité de réaffirmer leur fidélité au prince. Le voyage est alors aussi un moyen unique de démonstration du prestige de la cour, hors de son environnement palatial habituel.

Les voyages extraordinaires (2) : la campagne des Flandres (1744)

L'expédition militaire du printemps 1744 montre comment, alors que rien n'est initialement prévu, se réactive la capacité à se mouvoir de l'institution curiale, au motif que le roi se déplace[35]. Le 26 avril au soir, Louis XV déclare la guerre à Marie-Thérèse d'Autriche. Se pose alors la question de savoir si le roi mènerait la guerre depuis son cabinet ou s'il rejoindrait le front, et éventuellement avec la cour, comme le jeune Louis XIV. Après avoir interdit à la reine et au dauphin de le suivre, il signe un règlement le 2 mai pour la tenue du gouvernement en son absence. Le départ a lieu le soir même, avec un entourage de conseillers des plus réduits. Le voyage se fait par étapes jusqu'à Lille, permettant au roi d'inspecter son royaume et de se montrer à ses populations. À mesure que le souverain avance vers la frontière, sa suite grossit : des détachements de sa Chambre, de son Cabinet, de sa Bouche et de son Gobelet, ses médecins et chirurgiens, son Confesseur, son premier aumônier, deux aumôniers et deux chapelains assurent non seulement le service du roi, mais rétablissent aussi progressivement le rituel royal. Le corps diplomatique accrédité arriva dans la foulée.

La présence de tous ces individus nécessite alors la mise en place progressive d'une logistique à même de soutenir le fonctionnement de cette cour improvisée. Le souverain est logé à l'hôtel de ville de Lille, précipitamment garni de tapisseries et de meubles prêtés par les élites locales. Une ordonnance du Magistrat enjoint aux bourgeois de mettre des appartements à la disposition des fourriers de la cour et défend d'effacer les marques à la craie apposées sur les demeures choisies, suggérant une possible résistance devant cette obligation inattendue. On assiste alors également à la réactivation de la cérémonie de l'entrée de ville, systématiquement réitérée à chaque étape selon le même rituel : présentation des clefs par l'échevinage, confirmation des privilèges, procession et *Te Deum*. Aux domestiques, aux ministres et aux diplomates s'ajoutent bientôt les courtisans : Lille se peuple de la cour, à commencer par Mme de Châteauroux, arrivée avec bagages, domestiques et familiers. La présence de la maîtresse en titre entraîne de nombreux inconvénients, et pas seulement moraux. Parvenu à Metz fin juin, le roi est logé à l'hôtel du gouverneur. La favorite qui, par bienséance, ne peut y loger exige la construction d'une galerie en bois permettant un accès direct depuis le bâtiment voisin qui l'hébergeait.

Une maladie soudaine du souverain stoppe la suite des opérations. La restriction de l'accès à la personne royale réveille les querelles de préséances entre les courtisans nantis de charges. Les interminables débats pour savoir lesquels pouvaient ou non avoir accès au souverain montrent la pleine réactivation de l'institution curiale en itinérance. Les princes de sang et les grands officiers, les premiers, se plaignent de ne plus bénéficier des entrées ordinaires, au seul profit d'un entourage restreint, en partie issu du cercle de la favorite. Un coup d'autorité du comte de Clermont, prince du sang, et du duc de Bouillon, rétablit l'ordre habituel des entrées le 12 août 1744. Se joue alors un épisode tragi-comique lors duquel le souverain, au bord du trépas, ne peut recevoir l'extrême-onction qu'après avoir consenti à renvoyer sa maîtresse. Louis XV donne alors l'autorisation à son épouse et à sa famille, qui manquaient encore à l'appel, de le rejoindre. Lorsqu'ils arrivent, le souverain est sauvé.

On voit bien ici comment la mécanique de l'itinérance curiale se remet progressivement en marche, à l'exemple du règne précédent. Michel Antoine suspecte que le voyage était plus préparé qu'il n'en a eu l'air et que la cour se doutait d'un départ imminent, d'autant plus que les départements en charge de l'organisation des voyages, en l'occurrence les Menus Plaisirs, paraissent constamment à pied d'œuvre, se montrant capables de fournir l'ameublement nécessaire dans l'imprévu comme pour les voyages ordinaires. En 1744, sont expédiés en un temps record non seulement lit, linge de lit, table de toilette et de jeu, luminaires en nombre (bras, plaques, bobèches, cierges), tentes de coutil doublées d'indienne et équipées de marquises, mais aussi des aménagements de circonstance, ainsi ces « contrevents faits a l'apartement du Roy pour planchés faits sous ses tentes et pour un pont de communication du Jardin au château », un parquet dans « la tente turque » ou « quatre Baraques destinées pour la Chapelle, la Chambre, la Garderobe et la petite Écurie du Roy au camp de flamerlingue »[36]. Cet exemple illustre avec éclat l'atavisme nomade d'une cour pourtant désormais réputée sédentaire. De même que l'institution curiale était capable de répondre à la fin du XVIe siècle aux ordres contradictoires d'une Elisabeth Ire d'Angleterre qui ne tenait jamais en place[37], elle peut remobiliser en un temps record tous les services qui permettent au souverain et à sa suite de prendre la route au pied levé cent cinquante ans plus tard.

Chapitre 5

Les espaces de la cour (2) : la ville

Les relations entre la cour et la ville ont fait couler beaucoup d'encre, ce diptyque ayant été l'objet d'interprétations aujourd'hui discutées. À rebours d'une opposition systématique entre deux sphères quasi imperméables ou d'une hiérarchisation impliquant la domination de l'une ou l'autre, l'analyse du fonctionnement de ces ensembles invite à mettre en évidence leurs complexes interpénétrations et à réévaluer le modèle proposé par Norbert Elias[1].

Du fait du caractère fondamentalement urbain de la cour, le concept de « ville de résidence », hérité de l'historiographie allemande, offre l'opportunité de penser ce phénomène comme un continuum socio-spatial. Lieu de séjour du souverain, la ville de résidence est un espace où s'articulent différents groupes sociaux émargeant de près ou de loin à la cour. Leurs interactions – politiques, économiques, mondaines... – posent alors la question du degré de perméabilité de la cour par rapport à des sociétés urbaines que l'autorité monarchique s'attache à contrôler toujours plus. De la *plaza Mayor* madrilène à l'Amalienborg de Copenhague, nombreux sont encore les témoignages architecturaux et urbanistiques de ce façonnement de la ville par la main du prince pour en faire un écrin pour sa cour. Dans ce cadre, les élites nobiliaires peuvent être appréhendées comme un pivot essentiel de l'articulation entre les deux sphères.

La cour, un phénomène ancré dans l'espace urbain

Choisir ou construire une ville de résidence

Il est des capitales inscrites dans le temps long des monarchies. Paris, Londres ou Lisbonne furent le siège précoce et durable de cours dont la perpétuation urbaine était synonyme de continuité dynastique. La sédentarisation de la cour s'inscrivait dans un substrat économique, politique et social qui rendait assez naturelle son articulation avec la ville. D'autres ne le deviennent qu'à la faveur d'une création *ex nihilo* ou d'une translation de la cour dans un centre urbain existant, parfois doté d'une résidence princière de second plan. Plusieurs princes cédèrent à la tentation de la page blanche : Louis XIV à Versailles, le Grand Électeur de Brandebourg à Potsdam, Pierre le Grand à Saint-Pétersbourg, Charles III de Bourbon à Caserte ou le margrave Charles Guillaume de Bade qui imagina en 1715

***Vue idéale de la ville de résidence de Karlsruhe*, G. Bodenehr, gravure sur cuivre, 1721**

à Karlsruhe la ville de résidence peut-être la plus achevée : une ville circulaire sillonnée de voies radiales rayonnant depuis la tour du château. Le message ne pouvait être plus éloquent. Conçue comme un microcosme de l'État princier, Karlsruhe reflète les hiérarchies sociales : les façades qui donnent sur la place d'honneur, abritant ministères et logements des courtisans, sont plus élevées et monumentales que les autres bâtiments, dévolus à une population de moindre qualité. Lorsqu'elle ne s'y substitue pas, la ville neuve double la capitale, en constituant une extension plus ou moins éloignée et le pouvoir politique se partage selon des modalités variables entre ces deux espaces[2].

Dans le cas des monarchies décentralisées, le choix d'une ville de cour pérenne n'était pas, loin s'en faut, une évidence. Entre difficultés logistiques et ménagement des susceptibilités, la nécessité de fixer durablement la cour n'était pas sans écueil. Lorsque Charles Quint décide en 1528 de faire de Madrid l'une des résidences ordinaires de la cour, les courtisans se rebiffent : « Madrid, neuf mois d'hiver, trois mois d'enfer ». Pourquoi cette bourgade perdue en plein cœur de l'aride Castille quand bien des villes de ses possessions espagnoles, flamandes ou italiennes auraient légitimement pu s'imposer au prince ? Le choix étrange d'une petite ville, sans lien apparent avec la dynastie et dénuée de toute identité politique clairement établie, permettait au jeune souverain de fonder une cour « internationale » à la hauteur de la monarchie des Habsbourg, susceptible d'attirer les élites des différentes Couronnes de ce nouvel empire (voir chapitre 2), surtout dans le contexte de difficile affirmation politique du jeune prince bourguignon[3]. Restant précaire, l'établissement de la cour à Madrid doit être confirmé. Son fils Philippe II en fait une capitale princière, en y fixant ses Conseils.

Son petit-fils, Philippe III, y concentre les structures administratives de la monarchie, désormais tenues par une élite à l'échelle de la monarchie espagnole. « Solo Madrid es Corte » (Nuñez de Castro) : les thuriféraires des rois espagnols s'attellent alors à glorifier les liens étroits que Madrid, ville de cour, centre de culture, mais plus encore cœur de la monarchie, a su tisser avec la dynastie tandis que la fondation de nombreux couvents et monastères exalte la *pietas austriaca* des Rois catholiques, ferment d'unité des sujets des Habsbourg. L'effet démographique est immédiat : 12 000 habitants en 1561, 120 000 en 1620. La ville revêt les atours d'une capitale : aménagements urbains (plaza Mayor), reconstruction des bâtiments officiels (ayuntamiento, prison municipale), demeures aristocratiques, Alcazar rénové ou nouvelles résidences royales, à l'image du Buen Retiro.

Des relations houleuses entre la cour et la ville

Au milieu du XVIe siècle, la bourgeoisie madrilène voit arriver la cour avec appréhension. Son installation est synonyme de contraintes fortes, qui vont de l'alourdissement de la fiscalité à la nécessité de loger une société curiale pléthorique. Les courtisans se révèlent très vite encombrants. Jamais évidente, l'installation durable du prince en ville s'accompagne fréquemment d'un bras de fer avec les autorités municipales, partagées entre l'honneur d'accueillir la cour et la crainte de perdre la main. De cette tentative de confiscation de l'espace découlent de nombreux conflits, tant d'autorité que de place.

Les tensions entre le prince et les officiers de sa Maison, d'une part, et, d'autre part, les autorités municipales s'inscrivent dans des logiques contentieuses plus générales sous l'Ancien Régime liées au renforcement de l'autorité monarchique[4]. À Dresde, l'affaire est particulièrement complexe. La juridiction de l'électeur de Saxe ne s'exerce que sur le quartier du château. La ville reste administrée par les bourgeois qui bénéficient d'une autonomie communale héritée du Moyen Âge et sont liés à l'électeur par une relation de type vassalique qui se concrétise à chaque avènement par une cérémonie d'hommage. Cette configuration induit des conflits de compétences et de juridictions, qui montrent paradoxalement la vitalité de l'institution municipale, et conduit à une limitation de l'emprise architecturale, juridique ou fiscale de la cour sur la ville[5].

Cette résistance à la cour est également perceptible dans la difficulté du prince à concrétiser ses projets urbanistiques. Agrégat juridique inextricable, le centre de Paris est quasiment intouchable et oblige le souverain à reléguer dans les faubourgs de la ville la majorité des réalisations envisagées, et en particulier les places royales. Aucune des solutions urbanistiques prévues par Pierre Patte dans les années 1760 et visant à la monumentalisation du centre de la capitale ne sera réalisée sous l'Ancien Régime[6]. Et de fait, construire une ville nouvelle ne résout pas forcément tous ces problèmes puisque, même à Versailles, le Grand Prévôt de l'Hôtel se heurte fréquemment à l'autorité du Bailli de Versailles du fait de superposition de juridictions administratives et judiciaires.

Les différents types de privilèges dont peuvent bénéficier les courtisans, ainsi que les procédures de réquisition de logements destinés au personnel curial, attestés dans nombre de cours, suscitent également de fortes tensions. La protection du souverain et le prestige social qu'elle confère bouleversent d'autant plus les hiérarchies urbaines que la noblesse de cour se croit souvent en terrain conquis et argue de son rang pour obtenir des passe-droits en matière d'urbanisme ou de fiscalité. Les courtisans viennois ne sont ainsi pas soumis aux péages urbains, ni à la contrainte de loger des fonctionnaires dans leurs palais et bénéficient, comme le reste de la Cour, d'une justice parallèle, dirigée par le Grand Maréchal qui entretient des enclaves juridiques au sein de l'espace urbain

De même, il a toujours existé à Paris des enclaves princières, à l'image des galeries du Palais-Royal résultant de la valorisation de leur apanage par les ducs d'Orléans. Elles abritent à partir des années 1780 une population interlope parfois en délicatesse avec les autorités monarchiques : imprimeurs des « Rousseau du ruisseau » (Robert Darnton) et libraires vendant des caricatures séditieuses, joueurs invétérés et filles de joie évoluent au milieu des restaurants, boutiques et cafés qui attirent une bonne société. Par ailleurs, la croissance de ses effectifs rend la cour toujours plus gourmande en espaces pour loger le prince et les courtisans, organiser cérémonies et divertissements, mais aussi produire les biens nécessaires à la cour et les stocker – qu'il s'agisse des vivres, des ustensiles, des vêtements, du mobilier, des décors ou des équipages et moyens de locomotion.

Une interdépendance socio-économique

En s'installant en ville, le prince bénéficie d'un support logistique et d'un vivier démographique préexistants à même de servir de vivier pour l'administration et la domesticité. La ville offre un marché économique susceptible de pourvoir aux besoins essentiels de la cour, non seulement alimentaires, mais également artisanaux[7]. Elle présente aussi un tissu immobilier dans lequel la cour peut réquisitionner les logements destinés aux nombreux serviteurs dont le nombre s'accroît au fil de la maturation de l'institution curiale, quand il ne s'agit pas d'y loger les diverses administrations de l'État. Symptômes de cette nécessité que la ville représente pour la cour, se développent autour des résidences royales, même secondaires, des centres urbains qui lui sont intrinsèquement liés et bénéficient de sa munificence. Versailles peut être considérée comme le prototype de la ville de résidence subordonnée à la présence de la cour, les étiages démographiques qu'elle connaît lorsque la cour la déserte tendant cependant à montrer qu'une vie urbaine propre subsiste en son absence[8]. Modeste bourgade de 500 habitants à la veille de sa faveur royale, elle compte 25 000 habitants à la mort du Roi-Soleil. Le départ de la cour pour Paris en 1715 lui fait perdre la moitié de sa population, son retour, à partir de 1722, la porte à 60 000 à la veille de la Révolution. Le retour forcé du roi à Paris provoque certes une forte hémorragie démographique, ramenant la population en

1795 à son niveau de 1715. Versailles n'en demeure pas moins désormais l'une des grandes villes de la jeune République. On mesure ici combien les deux entités ont noué une relation réciproque qui les rend désormais indissociables.

La dépendance de la cour à l'égard de la ville n'en est pas moins réelle et perçue dès l'époque moderne, surtout dans le cas des centres urbains modestes qui lui doivent leur croissance, à l'image de Madrid. Le débat sur le déménagement de la cour d'Espagne à Valladolid en 1600 met au jour l'arsenal des arguments de la municipalité madrilène pour inciter Philippe III à y demeurer. Outre la perte de prestige évidente, pour la ville comme pour la cour du reste qui perdrait son siège permanent au profit d'une itinérance jugée archaïque et peu digne d'une grande cour européenne, le plaidoyer met en avant la ruine économique certaine de la cité, dépendante de la consommation curiale, mais également la perte des bénéfices de la charité pratiquée par les courtisans envers les hôpitaux et monastères, d'autant qu'il n'était pas certain que la population nécessiteuse attirée par la prodigalité du prince, le suive sur les routes[9]. Et les bourgeois, longtemps rétifs à l'installation de la cour, de se transformer en suppliants. De même, la dilection appuyée de Guillaume III d'Angleterre pour Hampton Court dès les premières années de son règne, à la fin des années 1680, au point de ne plus se rendre à Londres que les jours de conseil, produisit « un refroidissement général, en ce qu'elle fit qu'il n'y eut plus ni cour, ni parties de plaisir » et suscita le mécontentement durable des Londoniens[10].

Des répercussions plus inattendues montrent la profondeur de l'ancrage curial en ville, y compris dans les capitales anciennes. En 1723, lors de la longue absence de l'empereur Charles VI, parti se faire couronner à Prague, le nombre d'abonnés de la gazette de Vienne chute[11]. À l'autre extrémité de notre période, la plainte adressée en l'an III par l'administration municipale versaillaise à la Convention déplore le départ de la cour depuis 1789 et met en lumière cette extrême dépendance de la ville de résidence princière :

> La commune de Versailles doit sa nombreuse résidence de la ci-devant Cour ; les habitants privés de cette source intarissable de secours, sont condamnés par la nature des choses ou à déserter ou à périr de misère ; les deux tiers de sa population ont déjà disparu ; le reste de cette grande famille est encore de trente-six mille âmes ; six mille peut-être peuvent subsister par leurs moyens personnels ou par des talents utiles mais plus de trente mille sont privés de fortune, de commerce et de métier ; ils n'ont que des bras et de la bonne volonté… Environnés de bois ils n'ont point un territoire suffisant pour les occuper à l'agriculture[12].

Pour de nombreux historiens, dont Werner Paravicini et Jean-Marie Le Gall, la cour constitue toutefois un « multiplicateur économique » pour le centre urbain dont elle dynamise les forces de production et d'échange[13]. Bien évidemment, des effets de seuil se font sentir et la grande ville présente assurément des reins plus solides, même s'il s'agit de supporter une cour pléthorique comme la cour de France. La consommation alimentaire parisienne dépasse ainsi allègrement celle de la seule cour. Il a par exemple été estimé que cette dernière ne prélevait que 0,25 % de la production de pain quotidienne de la capitale et 0,003 % de la consommation de vin entre 1595 et 1670[14]. Qu'il s'agisse en revanche d'un marché du luxe en plein essor qui procure à la cour les atours lui permettant de soutenir le rang de son prince, ou du mécénat artistique du prince ou des grands, la présence de la cour se fait davantage sentir. Si cette obligation de mener grand train déplaît à la noblesse tyrolienne peu enthousiaste à l'idée qu'une cour s'installe à Innsbruck autour de l'archiduchesse Marie-Madeleine dans les années 1620, au motif qu'elle « engageroit les personnes de qualité à faire de la dépense »[15], elle n'en stimule pas moins magistralement l'économie urbaine locale comme plus éloignée.

Certaines villes maintiennent en effet une spécialisation artisanale, à l'image d'Augsbourg dont l'orfèvrerie inonde les cours d'Europe du Nord et de l'Est et répond à leur goût pour le mobilier d'argent. Les grandes capitales en revanche connaissent une diversification remarquable de leur offre. Paris ou Londres deviennent des plaques tournantes des métiers du luxe. S'y développent de véritables centres commerciaux du luxe, tels que le Strand londonien dans les années 1680 ou le Palais-Royal un siècle plus tard, lequel rassemble dans ses galeries près de 200 artisans et fournisseurs. Ceux-ci contribuent à satisfaire une forte demande aristocratique non seulement locale – la princesse Kinsky qui séjourne à Paris recourt à elle seule à une centaine de fournisseurs dans le domaine du vêtement[16] –, mais également européenne. Dans la première moitié du XVIIIe siècle, les électeurs de Bavière se fournissent ainsi largement à Paris, tant en meubles qu'en œuvres d'art ou en produits textiles de tous ordres[17]. Dans un complexe effet de mimétisme, les modes curiales et urbaines s'entrecroisent et dessinent une société aristocratique profondément urbanisée dans laquelle les apparences effacent les limites entre cour et ville[18]. Le transfert de la cour de France à Versailles entraîne du reste un renchérissement considérable des prix : un coiffeur parisien appelé à Versailles impose ainsi un doublement de ses émoluments[19].

Un environnement urbain bouleversé

La croissance démographique, générée par la présence du prince et le gonflement des effectifs curiaux que le palais ne peut à lui seul héberger, bouleverse l'ensemble de l'environnement urbain et, donc, du marché foncier et immobilier. Les prix du foncier s'envolent à Madrid dès l'arrivée de la cour. Et à l'espérance des plus-values immobilières succède le dépit d'une hausse substantielle du coût de la vie dont les bourgeois pâtissent à moyen terme. De surcroît, la raréfaction de l'offre, du fait d'opérations immobilières visant à constituer de vastes parcelles pour y construire des palais, accentue la pénurie de logements et favorise la propriété aristocratique au détriment des autres catégories sociales, artisans, marchands ou employés[20].

Dans un Milan certes de culture patricienne, les nouvelles familles nobiliaires attirées par le rétablissement de la cour ducale en 1771 accèdent toutes très rapidement à la propriété et bouleversent le marché foncier[21]. Observable à Vienne également, cette pénurie est exacerbée par la configuration même de la ville, toujours enserrée par des fortifications qui empêchent toute possibilité d'extension de la vieille ville, contrairement à Paris, Londres, Milan ou Florence qui peuvent repousser toujours plus loin leurs murs : l'hypertrophie du centre se solde par l'obligation de construire en hauteur pour augmenter la surface habitable. Entre 1563 et 1730, le nombre d'appartements passe de 3 000 à 8 000. Dans le même temps, la part de ces logements occupée par le personnel de cour passe d'environ 40 % à plus de 60 % en 1730. Les basses couches de la population doivent trouver refuge dans les soupentes ou les faubourgs[22]. Versailles connaît le même sort. L'exiguïté d'une ville encore en construction est problématique : outre les réquisitions opérées pour héberger une partie des officiers domestiques, les « logements garnis » à louer se multiplient. Pour juguler la constante augmentation des tarifs, une réglementation est même promulguée en 1735 : elle s'applique seulement aux établissements hôteliers de haut de gamme qui se multiplient pour accueillir la noblesse de passage[23].

Trouver des solutions pour l'hébergement de la cour s'impose. La cour se greffe sur la ville, sous l'égide de services administratifs chargés de l'affectation des logements réquisitionnés selon des modes d'imposition variables. La monarchie portugaise opte dès l'époque médiévale pour des contrats d'hébergement (*aposentadoria*) passés avec les autorités urbaines qui sont coordonnés par le fourrier de la cour. Des logements collectifs sont mis à la disposition de la noblesse portugaise au palais des Estaus qui reste actif jusqu'au milieu du XVIe siècle, évitant un éparpillement des Maisons royales dans la ville[24]. À Vienne, on préfère les réquisitions, réglementées par les ordonnances de 1554 et 1566 ; ces conditions d'éligibilité des bénéficiaires, de réquisition, d'exemption et de sanction en cas de fraude sont revues dans les années 1630[25]. Un inventaire précis des logements disponibles est tenu par le Grand Maréchal qui traque les exemptions injustifiées. À partir de 1608, la junte des Chambellans chargée des réquisitions de logement à la cour d'Espagne cherche à pallier les difficultés posées par ce système en proposant aux propriétaires de la capitale de se libérer de leurs obligations par le règlement d'une taxe (*libranza de aposento*) fixée en fonction de la valeur locative du logement qu'ils auraient dû concéder à un serviteur du roi[26]. La mise en place de cette indemnité censée permettre aux officiers de se loger en ville suscite rapidement des abus auxquels Philippe III tente de remédier en 1618 par une inspection générale des maisons de Madrid. Les propriétaires rivalisent d'inventivité pour se soustraire à cette obligation : la *casa a la malicia* madrilène enlaidit volontairement son extérieur pour ne pas retenir l'attention des chambellans.

La pratique du service par quartier complique encore la mise à disposition des logements, la rotation des occupants s'en trouvant accélérée. Surcoûts et conflits en découlent, obligeant à trouver de nouvelles solutions qui accentuent la mainmise de la cour sur la ville. Le feld-maréchal comte Harrach se plaint fréquemment des difficultés sans fin qu'il rencontre pour obtenir que le logement qui lui a été attribué à Vienne à ses retours de campagne soit vidé de ses occupants précédents. Devant parfois patienter plusieurs semaines, il mendie l'hospitalité de son frère qui réside dans le palais familial[27].

Toutes ces contraintes stimulent le développement d'un actif marché locatif dont les aristocrates sont les acteurs à la fois comme locataires et comme bailleurs. À Paris, la location séduit par sa souplesse une part croissante de la noblesse qui ne peut ou ne veut pas accéder à la propriété[28]. De même, ce sont des quartiers entiers qui sortent de terre, dans l'Ouest londonien, et offrent des pied-à-terre à une noblesse terrienne devenue londonienne le temps de la *Season* parlementaire. Dès sa création à la fin des années 1720, Grosvenor Square accueille ainsi, parmi la cinquantaine de premiers locataires, seize pairs dont deux ducs et neuf comtes. Il ne s'agit pas alors de loger un simple ménage, mais des maisonnées de plusieurs dizaines d'individus, femmes de chambre, musiciens, cuisiniers et palefreniers inclus. Certains aristocrates viennois, en ouvrant leurs palais, favorisent quant à eux le développement d'un véritable marché de la location de luxe au XVIIIe siècle, particulièrement attractif dans la mesure où il offre des biens à la fois spacieux et prestigieux par leurs aménagements comme leur adresse. S'y combine la location des espaces interstitiels à un tout-venant n'appartenant en rien à la cour. Il n'est ainsi pas rare qu'un palais héberge près de 200 personnes de toutes conditions, ce qui perturbe grandement l'épouse de l'ambassadeur du roi d'Angleterre auprès de la Sublime Porte, lady Montagu, qui se plaint lors de son passage en 1716, de rencontrer des personnes de toutes conditions, et surtout des moindres, dans les escaliers d'honneur des palais[29]. Le poids économique de la noblesse dans l'espace urbain en est renforcé à Vienne comme à Madrid où les aristocrates du XVIIIe siècle, soucieux de rentabilité économique, destinent d'emblée certains espaces des palais qu'ils se font construire à la location. Logements et boutiques leur rapportent des revenus supérieurs à l'impôt toujours en vigueur pour éviter de loger des serviteurs de la cour et les amènent là aussi à cohabiter avec des habitants de divers milieux sociaux en dépit, par exemple, d'escaliers séparés.

La ville comme théâtre monarchique

Un écrin pour la cour

Dans leur grande majorité, les villes de cour sont marquées par la volonté du prince de théâtraliser sa présence et celle de sa suite, que ce soit par le réaménagement de l'existant ou, lors du choix d'une nouvelle résidence suburbaine, l'aménagement spécifique du terrain et de son bâti. Si Versailles n'en a pas été le seul prototype ni le modèle unique, il peut en être considéré comme un archétype : le plan de la ville est régi par la convergence de trois avenues principales vers le château qui en est ainsi le point de mire et le centre de gravité. Ces villes, qu'il s'agisse de créations comme Versailles ou encore Karlsruhe, ou de quartiers constituant des extensions d'un centre urbain préexistant, lui-même partiellement remodelé, présentent un plan régulier, des façades harmonisées, des perspectives mettant en valeur le palais princier, les bâtiments du gouvernement et les hôtels aristocratiques.

Turin répond parfaitement à ce modèle urbanistique. La ville acquiert le statut de capitale en 1563, lorsque le duc Emmanuel Philibert de Savoie y transfère son gouvernement depuis Chambéry, et devient le nouveau cœur d'un duché transalpin pour lequel le duc nourrit de grandes ambitions : « de Savoie je tire ce que je peux, du Piémont ce que je veux » lui prête-t-on[30]. En un siècle et demi, ses successeurs, énergiques et ambitieux, vont élaborer une ville digne de la couronne royale que ceint, en 1713, la Maison de Savoie. À la petite ville frontière se substitue une vaste cité, qui voit sa superficie tripler. La ville se mue en décor de théâtre comme en témoigne l'entreprise propagandaire du *Theatrum Sabaudiae*, réalisé sous l'égide de Charles-Emmanuel II et publié dès 1682. Perspectives, façades uniformisées et places monumentales disent la puissance d'un État piémontais-savoyard en quête de reconnaissance politique. Centre névralgique du développement de la ville neuve dès les années 1620, la piazza Castello fait apparaître l'organisation du pouvoir : le palais ducal, qui en occupe le fond, est progressivement doté d'une façade monumentale, mais il est concurrencé par le Palazzo Madama, ancienne forteresse des ducs, investie par la duchesse douairière et régente Christine de France (1606-1663) qui y entretient une cour rivale. Des galeries monumentales, circonscrivant la cour d'honneur et reliant les deux palais, renforcent l'homogénéité de l'ensemble.

Vue de la place du château à Turin, R. de Hooghe, gravure sur cuivre, v. 1690

Une autre régente, Marie-Jeanne-Baptiste de Savoie-Nemours (1644-1724) entreprend une rénovation du palais Madame, interrompue dès 1721 à l'achèvement d'une magistrale façade au sein de laquelle se déploie un vaste escalier d'honneur menant aux appartements de la souveraine, splendide écran baroque occultant désormais la sévère forteresse. Autour de cet ensemble palatial s'agglomèrent les outils du gouvernement : outre les bâtiments de la Secrétairerie d'État (1732-1740) qui s'inscrivent dans le prolongement du palais, l'académie royale (1680) et l'université avec ses nombreux équipements (bibliothèque, laboratoire de physique, amphithéâtre anatomique ou jardin botanique) ou encore une manufacture de porcelaine et tapisseries (1737) et un théâtre (1740) témoignent de l'évergétisme princier. La coupole d'une nouvelle église dynastique, achevée par Guarini en 1680, dialogue avec celle de la chapelle palatiale du Saint-Suaire, qui conserve la précieuse relique que la Maison de Savoie se targue de posséder. Le religieux répond ainsi au politique dans les ambitions dynastiques des Savoie. Un troisième pôle curial apparaît dans les années 1680 sous l'égide d'une branche cadette qui entretient une cour parallèle. De part et d'autre d'une place monumentale dialoguent la majestueuse façade de brique du palais Carignan, restée inachevée, et dont les ondulations borrominiennes contrastent avec le caractère rectiligne du château, et celle du théâtre aménagé au même moment et reconstruit en 1752 pour accueillir le théâtre parlé.

Les urbanistes veillent à ce que cet ensemble palatial élargi s'articule avec le reste de la ville. De larges rues rectilignes partent du palais ou de la piazza San Carlo et ses deux églises jumelles, et constituent autant de voies triomphales menant à la couronne des délices d'une dizaine de résidences suburbaines, auxquelles s'agrège une multitude de demeures aristocratiques, à l'image des faubourgs parisiens ou viennois. Les avenues larges et rectilignes et les vastes esplanades, formant de magistrales perspectives, sont effectivement dans l'air du temps. De nombreux projets conservés attestent la constance d'une réflexion sur les aménagements de l'interface entre cour et ville, en particulier des abords du palais princier, pensés pour en devenir le bel écrin. Cette question est d'autant plus centrale dans l'élaboration ou le remodelage des villes de cour que les solutions urbanistiques souvent bancales participent de la déception des voyageurs en quête de sensations architecturales. L'esplanade située devant l'Alcazar madrilène ne présente aucun aménagement spécifique, même après sa reconstruction par les Bourbons ; quant aux abords de la Hofburg viennoise, l'inachèvement de la façade envisagée par Charles VI dans les années 1730 et la construction du nouveau théâtre de la cour (1741) font figure d'aberration urbanistique que les demeures aristocratiques refusent de cautionner en boudant leurs environs immédiats.

Au-delà, le remodelage global du bâti existant s'avère souvent complexe, du fait de la densité du tissu urbain. L'enclavement persistant du Louvre tout au long de l'époque moderne montre bien l'impuissance du prince face aux contraintes juridiques. La monarchie française se voit contrainte d'alterner politique volontariste et concessions à l'égard des autorités municipales et ecclésiastiques pour libérer le palais de son carcan urbain et permettre sa mue, finalement avortée par le départ à Versailles de Louis XIV en 1682[31]. Il faut donc imaginer la magistrale colonnade du Louvre (1667-1670) cachée par les façades des maisons que Louis XIV n'est pas parvenu à éradiquer. Quant à la topographie, elle ne se prête que rarement aux politiques d'aménagement princières. Des dessins de l'architecte Tessin le Jeune, réalisés en 1713 pour le réaménagement des abords du palais royal de Stockholm, mettent en lumière une vision grandiose de la capitale suédoise, mais aussi les multiples difficultés posées par la situation insulaire du palais qui nécessite la multiplication des ponts et impose des propositions urbanistiques aussi somptueuses que bancales.

Le Louvre dans les années 1730, détail du plan Turgot, gravure sur cuivre, 1732-1739

La noblesse est aussi convoquée dans cette vaste entreprise de théâtralisation du pouvoir. Des princes qui ambitionnent de rivaliser avec les grandes cours n'hésitent pas à encourager un habitat aristocratique ostentatoire au début du XVIIIe siècle : l'électeur de Saxe et roi de Pologne Auguste le Fort octroie aux Ministres et aux courtisans des terrains constructibles sur lesquels bâtir des demeures d'apparat[32] ; son voisin, le roi Frédéric Guillaume de Prusse, finance à Berlin la construction de palais nobles dans le nouveau quartier de Friedrichstadt ; Pierre le Grand va plus loin en obligeant en 1712, par décret, les mille familles nobles russes les plus éminentes à construire une maison à

Saint-Pétersbourg, au risque de perdre leur rang et de se voir confisquer leurs domaines[33]. Les tsarines Élisabeth et Catherine II poursuivront cette politique en offrant de multiples palais à leurs favoris.

Une scène pour les cérémonies

Entrées monarchiques ou diplomatiques, fêtes dynastiques marquées par des feux d'artifice, des jeux, des fontaines de vin, des illuminations, défilés militaires ou navals, mais aussi cérémonies religieuses, processions, prières publiques, *Te Deum* ou autodafés, toutes ces manifestations qui peuvent revêtir un caractère curial animent ce théâtre urbain minéral. De la même manière, l'agitation perpétuelle autour du palais et des demeures princières, les va-et-vient de carrosses et de domestiques en livrée (cahier couleur, fig. 2), entretiennent la curiosité. Un simple déplacement de la cour peut ainsi donner lieu à de somptueuses processions de carrosses à même de créer l'événement comme en témoigne en 1785 Sophie von La Roche :

> Le 1er avril [...] la nouvelle que le roi se rendrait avec tout son cortège à l'église de Notre-Dame avait suscité notre curiosité et nous avait mis en mouvement, ainsi que tout le reste de Paris. Le maître de notre logis voulait nous conduire lui-même à l'église pour y voir prier le roi et écouter le Te Deum. Mais pour cela, il nous fallait avoir une meilleure voiture, avec cocher et domestique, et de plus belles robes que d'habitude, afin de pouvoir nous mêler aux autres et nous asseoir sur les bancs recouverts de velours rouge entre les tapisseries. [...] Et pourtant, même ce roi et ses frères n'ont pas toujours pu refaire tout à neuf, car l'or a l'air vieux et rouillé, ce qui contredit le préjugé selon lequel tout ce qui concerne Versailles, Paris et cette cour devrait toujours être brillant. [...] L'affluence populaire était étonnante ; il est vrai que toutes les boutiques avaient fermé, car les marchands et artisans avaient obligation de laisser partir leurs gens pour voir passer le roi[34].

Certains règnes se révèlent éminemment fastueux. L'arrivée de Christine de France, qui vient épouser le duc Victor-Amédée Ier de Savoie en 1619, apporte un lustre particulier à Turin. La princesse amène dans ses bagages Claude-François Ménestrier, le futur metteur en scène des cérémonies monarchiques : tournois, joutes, cavalcades, entrées se multiplient afin de mettre en scène le pouvoir royal, mais aussi de magnifier les liens étroits entre le souverain et sa résidence par la constance d'un évergétisme prestigieux, tant profane que sacré. La place du château, à l'interface entre la cour et la ville, devient la scène monumentale de ces manifestations, à l'image des ostensions théâtralisées du Suaire dont les Turinois sont les spectateurs privilégiés. La précieuse relique est ainsi exposée sur le pavillon qui fait office l'entrée triomphale de la cour d'honneur du palais en 1737, à l'occasion du mariage de Charles III et d'Élisabeth-Thérèse de Lorraine.

De la même manière, les Wettin veulent afficher leurs ambitions dynastiques en organisant en septembre 1719 un tournoi sur la place du Vieux-Marché de Dresde, à l'occasion du mariage du prince héritier, Frédéric-Auguste, avec l'archiduchesse Marie-Josèphe, qui marquait l'entrée de la maison saxonne dans le cénacle des principales dynasties européennes. Quelques jours plus tard, l'électeur Auguste le Fort organise de fastueux carrousels et spectacles chorégraphiques dans un espace, celui-ci fermé, le Zwinger. Aménagée à partir de 1711, cette vaste esplanade est située à proximité du château sans être réellement incluse dans l'espace palatial dont elle constitue une sorte de prolongement architectural urbain.

Vues des deux pavillons symétriques du Zwinger lors de la fête de Mercure (1719), A. Corvinus, gravure sur cuivre, ap. 1729

Clôturée d'arcatures ornées de fontaines et de pavillons qui rivalisent d'une débauche ornementale et abritent des salons peints *a fresco*, un cabinet de mathématique et physique ou encore l'opéra, elle est érigée en sorte de palais à ciel ouvert entre cour et ville, tout comme le théâtre San Carlo de Naples, véritable « salon de cour » (Mélanie Traversier), édifié en 1737, dès l'arrivée de Charles III de Bourbon sur le trône de Naples et restauré à plusieurs reprises au cours du siècle. Une centaine de loges est louée ou achetée par la noblesse de cour, mais la population napolitaine y a également accès. La cour s'y met en scène pour la ville, notamment lors des grandes cérémonies monarchiques qui font du théâtre une scène. Le San Carlo est ainsi le cadre de l'anniversaire de Ferdinand IV, le 12 janvier 1770, comme nous le décrit le *Foglio ordinario* :

> Le soir même, leurs Majestés descendirent en grande pompe au grand Théâtre de Saint Charles, aussi magnifique que somptueux, où le public avait accouru en très grand nombre. Leurs Majestés y assistèrent très volontiers à la représentation du drame musical intitulé Adriano in Siria ; il fut précédé d'une cantate à trois voix, vantant les vertus et mérites incomparables de notre Souverain. Cette dernière fut très applaudie. La soirée fut également marquée par une extra-ordinaire triple salve de coups de canon, tirée des forteresses royales[35].

Cette alternance d'ouverture et de fermeture est particulièrement marquante à Vienne, où alternent les courses de traîneaux qui sillonnent en tous sens les rues de la ville et montrent la cour aux badauds et les cérémonies officielles dans une Hofburg rendue inaccessible par un protocole d'une grande rigueur.

La société de cour en ville

Sociabilités curiales, sociabilités urbaines

L'utilisation par la cour de la sociabilité urbaine témoigne elle aussi de l'interpénétration de la cour et de la ville. La cour de Suède qui alterne les périodes de résidence à Stockholm et dans les châteaux limitrophes, se partage ainsi entre le palais et la ville. Lors des sept semaines du séjour en ville à la fin de l'année 1776, le programme est le suivant :

> Opéra deux fois par semaine, et grande cour chaque mardi. Les lundis, grand souper chez le roi, suivi de bal en domino, les mercredi assemblée et bal à la bourse, les vendredis bal masqué dans la même salle ou bien au théâtre. Le beau monde le préférait au premier des deux endroits et les dimanches assemblée et bal chez madame la sénatrice de Ribbing[36].

Frédéric-Guillaume de Prusse, le Roi Sergent n'hésite pas à délocaliser les occasions de cour dans les palais de ses Ministres, y compris lors des visites de souverains étrangers, à tel point du reste que les historiens ont pendant longtemps cru qu'il n'y avait plus de cour digne de ce nom à Berlin[37].

La cour des Hanovre marque peut-être le changement de paradigme curial le plus assumé : la cour n'est désormais plus du tout un espace clos qui marque sa supériorité, mais fonctionne de façon totalement éclatée dans l'espace urbain à la faveur de la multiplication des résidences urbaines publiques et privées dévolues aux différents membres de la dynastie. Saint James, Kensington, puis Buckingham House, Queen House à Greenwich, Leicester et Carlton Houses pour le prince et la princesse de Galles, sans compter les résidences suburbaines, accueillent simultanément une sociabilité, politiquement concurrente selon les périodes, qui provoque une dilution de l'espace curial dans la ville. La cour est désormais perçue comme un des pôles du Beau Monde londonien, au même titre que les résidences urbaines aristocratiques qui s'animent lors des sessions parlementaires, de Westminster Hall ou des Coffee House et des théâtres[38].

La distinction entre le courtisan venant *à* Versailles et celui pouvant se revendiquer *de* Versailles relève sans doute d'un snobisme plus symptomatique d'une intégration à la société de cour plus aboutie que d'une réelle différenciation spatiale. Bernard Lepetit a pu montrer le faible ancrage social versaillais[39] d'une noblesse qui n'a jamais réellement abandonné Paris. Le soin apporté aux aménagements routiers entre Paris et Versailles, dès 1684, permet les allées-et-venues et montre que Louis XIV lui-même n'avait pu envisager de maintenir sa résidence ordinaire depuis deux ans éloignée de la capitale. Le péage du nouveau pont de Sèvres qui facilite la traversée de la Seine est tenu par des agents en livrée royale[40], signe du statut particulier de cette route qui est éclairée afin de la rendre plus sûre, luxe inouï mais pas superflu si on songe aux prestigieux utilisateurs qui auraient fait le bonheur des brigands. Par ailleurs, un privilège d'entreprise est délivré à partir de 1661 pour établir un service de transport public entre Paris et les « maisons royales » – la desserte évoluant en fonction des pratiques résidentielles du moment. Vers 1760, plus de 150 voitures et 350 chevaux acheminaient quotidiennement les courtisans ne disposant pas de leur propre attelage, les solliciteurs, le public avide de découvrir le cérémonial, les comédiens et musiciens venant jouer à la cour ou encore des membres des bureaux ministériels et de l'administration curiale[41].

La sociabilité que la noblesse développe dans ses demeures urbaines au cours de la seconde modernité fait figure de lien entre la cour et la ville, à la fois dans ses formes et dans ses modes d'agrégation. Entre rituel social et affabilité, se dessinent les contours d'une sociabilité intermédiaire : on mange, on badine, on joue, on lit les auteurs à la mode ou on écoute les dernières pièces musicales en vogue, on discute et on forge des réputations – sociales, littéraires ou artistiques. Avec plus ou moins de réciprocité, la cour prend des habitudes de la ville et la ville des atours de la cour. C'est ainsi que la tournée qu'effectuent les deux musiciennes italo-anglaises Mary Ann et Cecilia Davies à travers l'Empire et les possessions des Habsbourg, des Pays-Bas au royaume de Naples, bascule lors du concert donné à Vienne à l'occasion du mariage de l'archiduchesse Marie-Amélie avec le duc de Parme. Elles font sensation ce 27 juin 1769 en jouant dans la grande galerie du palais de Schönbrunn une cantate inédite du compositeur Johann Adolph Hasse, qui met en lumière leur talent mais aussi un étonnant instrument créé par Benjamin Franklin – l'harmonica de verre. Ce succès leur vaut des lettres de recommandation de l'impératrice Marie-Thérèse qui viennent amplifier celles que leur accordent sommités du monde musical, diplomates et aristocrates – comme la comtesse Tour et Taxis établie à l'automne 1768 à Schwetzingen, résidence d'été de l'électeur palatin – et leur ouvrent ensuite les portes des scènes milanaise, napolitaine et florentine[42].

Lors de son passage à Vienne dans les années 1720, la comtesse de Schwerin observe que « l'étiquette de Vienne exige qu'une Étrangère de quelque qualité qu'elle soit, soit présentée à la Cour et introduite en Ville par une dame de Vienne, et que celle-là réponde de la conduite et qualité de l'Étrangère »[43]. Dans la Stockholm de la seconde moitié du XVIIIe siècle (voir cahier couleur, fig. 9), la Ville, en éprouvant les capacités du gentilhomme à se muer en courtisan, s'érige en antichambre de la Cour, tandis qu'à Londres, c'est la présentation à la Cour qui permet ensuite aux dames d'évoluer dans la *metropolitan life*[44].

Quelle qu'en soit la chronologie, les modalités d'agrégations aux sociétés curiales et aristocratiques sont donc les mêmes, ce qu'Antoine Lilti a également constaté pour les salons parisiens dans lesquels il voit des « petites cours »[45]. Les cercles d'invités sont d'abord des aristocrates triés sur le volet, bien en cour et reconnus comme tels, au fait de l'étiquette et particulièrement à cheval sur le respect des préséances. Y brillent les beaux esprits d'un soir ou d'une saison, à l'image de la comtesse de Forcalquier, grande amie de Mme du Deffand, qui annonce à l'automne 1775 son retour de Londres où elle est devenue la coqueluche du Beau Monde et, signe d'une renommée européenne favorisée par la mise en réseau des sociabilités curiales, fait trépigner d'impatience jusqu'à l'ambassadeur du roi de Suède[46]. La sociabilité parisienne s'étoffe du reste dans les années 1760 de cours princières entretenues par les princes du sang, de retour à Paris du fait de leur marginalisation à la cour royale, pour des raisons matérielles comme politiques. L'illustre notamment le célèbre tableau d'Ollivier, peint en 1764 et représentant une assemblée donnée par le prince de Conti dans son hôtel du Temple, dans le Marais.

Ces cours parisiennes nourrissent alors des liens étroits avec les salons, qu'ils imitent et qu'ils influencent, sans perdre pied à Versailles puisqu'il arrive que des salons s'y transportent le temps du service d'un de leurs hôtes. C'est le cas, dans les années 1770-1780, du salon de la princesse de Beauvau qui se tient dans les appartements du prince au château lorsque ce dernier est de quartier, obligeant jusqu'à Mme du Deffand à faire le trajet, du haut de ses quatre-vingts ans[47].

La diversification des usages de l'espace public, à l'œuvre à l'époque moderne, offre à l'aristocratie l'occasion de s'approprier la ville. La promenade, obligation mondaine autant que loisir, est assujettie à une codification stricte qui en fait un prolongement des divertissements curiaux. L'on se retrouve à heure fixe au Cours-la-Reine, en bordure de Seine, au Prater, sur le Corso romain pour parader. Le Vauxhall, pavillon de loisir sur le modèle anglais, offre un cadre à l'architecture extravagante pour les divertissements et fêtes qui se poursuivent dans la soirée. Enfin, le théâtre, microcosme de la société urbaine, du fait de la forte segmentation de ses espaces, permet à l'aristocratie de reproduire une sociabilité quasi domestique aux yeux du plus grand nombre : la loge, sorte de salon en miniature et dont la location annuelle est quasiment synonyme de privatisation, est autant faite pour être vu que pour soi-même voir.

Cette sociabilité urbaine connaît des moments d'intense activité. Le *Fasching* (carnaval) viennois lance la saison des courses de traîneaux et des bals qui sont organisés soit dans les palais, soit au *Mehlgrub*, sorte de casino construit en 1697. Ce dernier propose une salle de bal privatisée par la haute noblesse – l'après-midi pour les bals des enfants, le soir pour ceux des adultes auxquels se mêle parfois la jeune impératrice-reine Marie-Thérèse. La *Season* londonienne qui s'étale de Noël à juin voit quant à elle affluer l'aristocratie terrienne qui reprend possession de ses demeures urbaines. S'y succèdent les réunions familiales, les bals ou les réunions politiques en lien avec les sessions du Parlement. La prééminence de ce dernier, sous le règne des Hanovre, tend d'ailleurs à rallonger la résidence urbaine de la noblesse, quand les Stuarts avaient tenté, au XVIIe siècle de la limiter. On applaudit Haendel et le castrat Senestino au *Queen's Theatre* ou l'on prend parti pour la troupe concurrente, l'*Opera of the Nobility*, créée en 1733 par le prince de Galles, qui y fait venir Porpora et Farinelli. Covent Garden comme Saint-James deviennent alors le cœur battant de la vie mondaine, qu'elle se déroule dans les résidences royales – où les trois Georges qui se succèdent tentent d'attirer une noblesse de cour –, ou dans les demeures nobiliaires qui jouent sur la taille réduite des pièces pour amplifier l'effet de foule[48]. Et de fait, cette sociabilité s'inscrit dans une concurrence acharnée entre lignages et use de tous les supports : divertissements, vêtements, luxe ostentatoire des façades et des aménagements intérieurs.

La résidence aristocratique en ville

Hôtels particuliers et palais aristocratiques témoignent justement de la forte présence en ville de cette noblesse à la recherche de la faveur du prince, des emplois et des grâces, mais aussi de la proximité des autres familles aristocratiques qui font de la cour un nœud relationnel. Qu'elle revête la forme du palais urbain, dont le corps d'habitation principal donne sur la rue, ou celle de l'hôtel particulier parisien, qui adopte une configuration entre cour et jardin, la demeure aristocratique devient l'une des constantes de la ville de cour. Cette concentration nobiliaire se traduit par des chapelets de belles façades et de portails somptueux contribuant au prestige de la cour, *a fortiori* quand l'habitat nobiliaire se fait plus dense aux abords du palais : la Herrengasse conduisant à la Hofburg viennoise, les quais de la Néva dans la nouvelle Pétersbourg, les *Terraces* de l'Ouest londonien qui sont du reste souvent conçues par des propriétaires aristocratiques ou encore le quartier du Louvre sous Henri III, auquel se sont ensuite substitués le Marais, au XVIIe siècle puis au siècle suivant les faubourgs Saint-Germain et Saint-Honoré qui demeurent le principal lieu de résidence de l'aristocratie « versaillaise »[49].

Le cas florentin est ici particulièrement significatif. Lorsque les Médicis prennent définitivement le pouvoir sur la cité florentine et sont élevés à la dignité grand-ducale, ils entreprennent en 1587 de relocaliser le centre du pouvoir du palais de la Seigneurie au palais Pitti, situé de l'autre côté de l'Arno, dans le Borgo. L'impact de ce transfert sur la localisation des résidences nobiliaires n'est pas immédiat, mais devient visible lors du recensement de 1632 : les demeures situées dans un vaste quartier entre le palais et la rivière ont ainsi été systématiquement rachetées par les familles nobles qui ont progressivement quitté la rive droite de l'Arno[50].

Hôtels particuliers et palais se rejoignent dans le faste accordé aux appartements somptueusement meublés et décorés qui font la réputation du savoir-vivre français[51], mais auxquels les palais viennois n'ont rien à envier :

> Ce sont ordinairement des enfilades de huit ou dix grandes pièces toutes parquetées : les portes & les fenêtres sont ornées de sculpture et de dorure ; les ameublemens sont si riches, qu'on en voit peu de semblables, même chez les Princes Souverains des autres pays. Ils consistent en tapisseries de haute-lisse ; en très grandes glaces, dont les cadres sont d'argent ; on y voit des tables en vernis du Japon. Les Lits, les chaises, les canapés & les rideaux des fenêtres sont de damas ou de velours de Gênes, enrichis de galons ou de broderies en or. Il y a en outre de grands vases en vernis de la Chine, de très-beaux tableaux, & de grands lustres de crystal de roche[52].

Ces demeures constituent un baromètre de la présence nobiliaire en ville. L'importance que leur accorde l'aristocratie est révélatrice d'un ancrage urbain prolongé, même dans le cas britannique. La résidence londonienne des grandes familles anglaises a en effet pu être réévaluée par l'étude approfondie de leurs demeures urbaines. Certes d'allure extérieure modeste, ces maisons de ville, plus souvent achetées que louées, étaient richement meublées et localisées dans les meilleurs quartiers de la capitale, constituant un réel investissement financier qui en faisait bien plus que des pied-à-terre très ponctuels[53]. Bien que toujours placée en concurrence avec les châteaux seigneuriaux qui proclament haut et fort l'ancienneté du lignage, la propriété urbaine est devenue un marqueur de prestige pour ces élites qui gravitent autour de la cour et l'un des symptômes d'une urbanité curiale qui se traduit aussi par les fondations religieuses ou le transfert des sépultures familiales dans les églises de la ville de résidence.

La ville de résidence et/ou capitale est donc conçue pour servir d'écrin à la cour. Décor pour les cérémonies et fêtes, elle est sujette aux transformations urbanistiques qui visent à la moderniser afin qu'elle contribue au prestige du souverain, toujours inscrit dans une concurrence européenne. Elle n'est cependant pas qu'un décor, mais bien davantage une réelle extension de la cour en ce qu'elle héberge les courtisans qui y mènent une vie propre, en dehors de la cour, et y élaborent une sociabilité qui, si elle peut calquer la vie de cour, n'en est pas moins différenciée. Il convient donc de ne pas opposer les deux espaces, mais au contraire les considérer dans leurs articulations étroites et complexes. Il y a bien une interpénétration des deux espaces, même si la cour peut présenter une certaine imperméabilité, générée par la distance (Versailles) ou par la difficile accessibilité du palais (Vienne ou Madrid). Les courtisans assurent alors la jointure entre les deux, mais ils ne sont pas seuls. Le personnel domestique ou politique, souvent logé dans la ville, participe aussi à cette mixité entre cour et la ville.

Chapitre 6

Les espaces de la cour (3) : le palais

Lorsqu'au début du XVIIIe siècle, de passage à Vienne, Casimir Freschot arrive aux abords de la Hofburg, grande est sa déception devant le palais de l'empereur[1] : « le bâtiment qui devroit être le plus magnifique & le plus riche de tous, ne repond nullement à la grandeur du Maître qui l'habite, & qui poerte le titre de premier Prince du Monde. »

L'incompréhension du voyageur est à la hauteur de la fonction d'incarnation du pouvoir monarchique assignée par les traités de l'époque moderne à l'architecture palatiale. Dans cette perspective, la demeure princière est l'héritière du *palatium* des empereurs romains dont les souverains bâtisseurs revendiquent l'héritage. Mais le palais est aussi le cadre premier de la cour. À cet égard, il revêt de multiples dimensions, politique certes, cérémonielle ou symbolique, mais aussi fonctionnelle, domestique.

S'il exalte le pouvoir monarchique, le palais princier de l'époque moderne pourrait pourtant se résumer en deux adjectifs : composite et inachevé. Composite en ce qu'il est le plus souvent un ensemble hétérogène, héritier de règnes antérieurs dont on souhaite conserver la trace ; inachevé parce qu'en perpétuels travaux, afin de répondre aux besoins d'une cour en croissance et d'un État en quête d'affirmation. Réfléchir aux modalités selon lesquelles le palais incarne le pouvoir monarchique à travers les usages variés de l'iconographie et, plus largement, les formes d'habitat a stimulé l'intérêt des historiens pour les fonctions de la demeure princière. Assurément une question d'actualité à en juger par les opérations de reconstitution du palais royal de Berlin ou les restitutions numériques d'intérieurs princiers disparus[2].

Une demeure en perpétuelle évolution

De la forteresse médiévale au palais d'État moderne

Siège du pouvoir, la forteresse médiévale entame sa mue dès le XVe siècle. À travers toute l'Europe, elle est très progressivement dépossédée de ses attributs militaires au profit d'une parure plus palatiale qu'appelle notamment de ses vœux l'architecte et théoricien italien de la Renaissance Alberti. Les palais des principautés italiennes – Naples, Milan, Mantoue, Ferrare, Florence ou Urbin – conservent encore leur carapace militaire quand les appartements bénéficient déjà des fastes de la Renaissance. Les résidences germaniques et anglaises, les alcazars ibériques (Madrid, Saragosse, Séville...), les palais parisiens (le Louvre ou l'hôtel des Tournelles) et les résidences du Val de Loire – Chambord n'est-il pas encore un château fort dans l'âme ? – suivent le même schéma. Il faut dire que la forteresse est souvent construite sur le rempart, ce qui en limite la croissance tant que le corset des fortifications qui protège les villes est maintenu, jusqu'aux XVIe ou XVIIe siècles, au XIXe siècle encore à Vienne.

Dévolues aux plaisirs, les résidences suburbaines s'ouvrent plus aisément à la modernité architecturale, ainsi du palais du Té à Mantoue (1525-1536), du palazzo Pitti agrandi par les Médicis au milieu du XVIe siècle, du château de Villers-Cotterêts (1530-1556) ou de Hampton Court (1530). Ils n'en demeurent pas moins qu'un supplétif au palais urbain. Le palais des Tuileries, dont la construction est lancée en 1564 par Catherine de Médicis sur le glacis militaire de la capitale, doit, parmi les premiers, offrir une alternative au Louvre voisin et procurer à la cour de France toutes les commodités importées d'Italie.

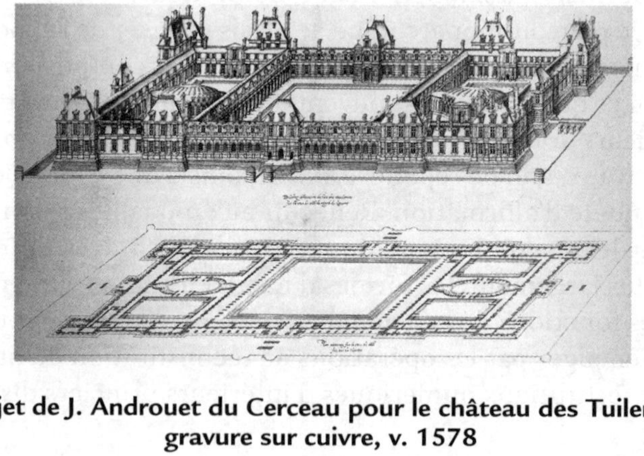

Projet de J. Androuet du Cerceau pour le château des Tuileries, gravure sur cuivre, v. 1578

Les plans de Delorme, puis Bullant et Androuet du Cerceau qui reprennent le chantier, prévoient d'ailleurs un vaste quadrilatère dont seule la façade ouest sera, bon gré mal gré, achevée, puis remaniée un siècle durant[3].

Les évolutions de l'institution curiale imposent de nouvelles solutions architecturales. Croissance des effectifs et quête d'une magnificence accrue favorisent dilatation et spécialisation de l'habitat princier et rendent impraticables d'anciennes résidences tombées en déshérence. En 1715, même réaménagée, la forteresse médiévale de Vincennes – isolée à l'est de Paris – s'avère par exemple impropre à réunir la cour et le gouvernement, si bien que le petit Louis XV déménage à nouveau après y avoir séjourné quelques mois, cette fois aux Tuileries. S'élaborent donc des « palais d'État » qui, du fait de la sédentarisation de la cour, deviennent la résidence clairement identifiée du souverain, dans sa fonction comme par son aspect. Cette mutation stimule des projets aussi fastueux que mégalomanes pour les Tuileries, Whitehall (à Londres), à Nancy et Lunéville, à la Hofburg de Vienne, à Madrid, Lisbonne, Naples… qui, pour la plupart, demeurent des fantasmes d'architectes et de souverains.

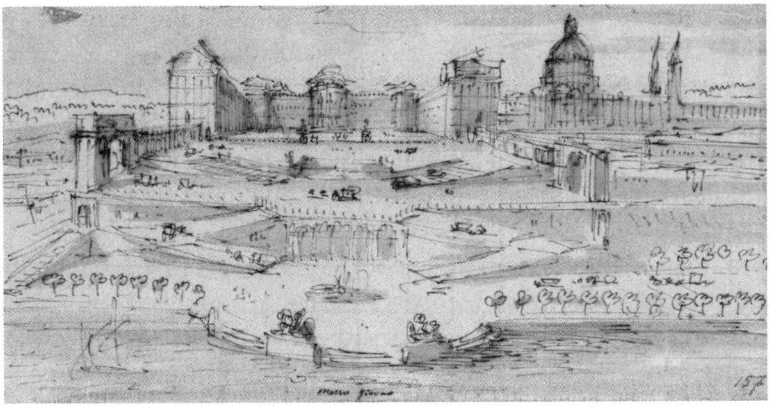

Projet de F. Juvarra pour le palais royal de Lisbonne, dessin à la plume, 1719. Turin, Palazzo Madama, Museo Civico d'Arte Antica

Outil politique, le palais devient l'une des pierres angulaires de l'expression de la grandeur dynastique et participe à la concurrence à laquelle se livrent les souverains européens, en particulier ceux qui ont besoin de matérialiser une élévation récente à la dignité royale (les Savoie et les Hohenzollern au début du XVIIIe siècle, les Bourbons à Naples) ou ceux dont les ambitions sont particulièrement prononcées (Wittelsbach, Bragance, Romanov).

C'est par exemple le cas à Copenhague où Christian VI de Danemark fait construire entre 1731 et 1740 le palais de Christiansborg, en même temps qu'il fait réaménager la ville.

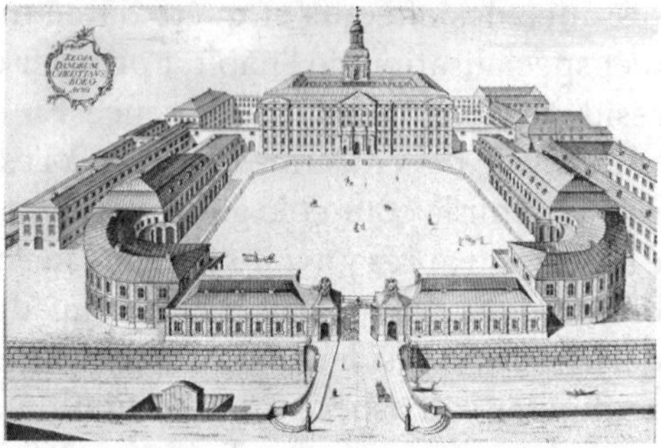

Vue du palais de Christiansborg, gravure sur cuivre, v. 1750

Ces projets peuvent être fort opportunément soutenus par des événements extérieurs, catastrophes ou incendies qui ravagent régulièrement les villes et monuments à l'époque moderne et favorisent une reconstruction selon la mode architecturale du temps. Ainsi à Whitehall en 1619, pour le palais royal de Stockholm en 1697 ou de l'Alcazar madrilène en 1734 ; en revanche, le palais ducal du Coudenberg à Bruxelles, ravagé par un incendie en 1731 et le *paço da Ribeira* de Lisbonne, victime du tremblement de terre de 1755, ne seront jamais reconstruits.

Même si la sédentarisation de la cour demeure relative, chaque dynastie princière cherche à élaborer un ensemble palatial auquel elle puisse s'identifier. Qu'il s'agisse de dessins théoriques, d'une fantaisie d'architecte ou d'un projet mûrement réfléchi par le souverain, le palais prend sur le papier une forme relativement canonique dès le XVIe siècle. Ampleur des façades, des bâtiments et des pièces, monumentalité et homogénéité doivent refléter la grandeur du prince qui l'habite. Les dictionnaires rejoignent en ce sens les traités en soulignant le caractère exceptionnel du palais dont les formes sont censées distinguer le prince sans ambiguïté : « Bâtiment magnifique, propre à loger un roi ou un prince. [...] Aucune personne, quelque qualifiée qu'elle soit, ne peut mettre sur la porte de sa maison le titre de palais, mais seulement celuy d'Hôtel » lit-on par exemple dans l'*Encyclopédie*.

La *Reggia* de Caserte répond fidèlement à ce cahier des charges. Mis en valeur par un réseau de perspectives magistrales qui sillonnent ville et jardins, ce vaste quadrilatère aux proportions pharaoniques (250 mètres sur 180) incarne pleinement la majesté royale et les ambitions politiques de Charles de Bourbon, arrivé sur le trône de Naples en 1734, après en avoir chassé les Habsbourg. À l'élévation somme tout classique des façades, répond l'ampleur des aménagements intérieurs : suites interminables de vestibules ménageant de savantes perspectives, escalier d'honneur monumental, appartements royaux surdimensionnés qui se développent chacun sur plus de 200 mètres de longueur, en une succession de salles de gardes, d'antichambres, de salles de parade ou plus intimes, pour s'achever par une galerie monumentale[4]. Tout contribue à faire de ce palais un outil politique au service de la jeune dynastie napolitaine.

Projet pour le palais royal de Caserte, C. Nolli d'après L. Vanvitelli, gravure sur cuivre, 1756

Au-delà des considérations stylistiques, ces résidences adoptent donc les formes et les grandioses dimensions recommandées pour différencier le palais d'État du simple hôtel nobiliaire, et se lancent dans une surenchère au gigantisme, surtout lorsqu'ils sont bâtis à la lisière de la ville de résidence. Versailles déploie ses façades sur 600 mètres, dimensions que n'égaleront pas même les projets les plus ambitieux des tsars. Les dimensions du palais Catherine aménagé à Tsarkoïe Selo par la tsarine Élisabeth Ire (310 mètres de long) dépassent toutefois celles du palais d'hiver pétersbourgeois (220 mètres sur 160) et même les 280 mètres de façade de Peterhof, le palais d'été de son père, Pierre le Grand. La tsarine terrasse ainsi son ennemi Frédéric II dont le nouveau palais de Potsdam peine à atteindre les 200 mètres de longueur. De moindre envergure, les palais construits par les princes allemands n'en expriment pas moins leur soif de reconnaissance et ont entretenu l'idée d'une analogie, au moins tacite, avec le Versailles de Louis XIV dans le Saint-Empire.

Il ne faut pourtant surestimer ni le caractère programmatique, ni même le degré d'achèvement de ces projets quels qu'ils soient – réaménagement, reconstruction ou construction *ex nihilo*.

De projets inachevés en demeures composites

> On peut dire qu'il y a de l'irrégularité dans le tout. La raison en cela est que cet amas de maisons n'a pas été fait tout d'un coup. Chacun y a travaillé selon le goût de son temps ou selon son goût particulier et cela cause des dissemblances, si je puis me servir de ce terme, qui ont quelque chose de désagréable, mais ce défaut est général, dans presque toutes les grandes maisons des princes[5].

Les récriminations du voyageur français Maximilien Misson, de passage à Munich en 1688, pourraient s'appliquer à bien des cours. Dans la plupart des cas, le palais résultait en effet d'une agglomération incohérente de bâtiments au fil des âges qu'on se bornait à maquiller par la modernisation de la façade. C'est donc toute une grammaire de l'inachèvement que proposent ces demeures viscéralement composites, entre agrégat informe de bâtiments et inachèvement patent du fait d'une ambition démesurée. Quelle ne devait effectivement pas être la surprise du visiteur, encore au milieu du XVIIIe siècle, après avoir passé l'imposante façade baroque du palais royal de Berlin ! Il se retrouvait face à un corps de bâtiment sans allure, partiellement en brique, et devait ensuite pénétrer dans un autre corps de bâtiment à l'allure de forteresse pour parvenir à l'entrée principale des appartements royaux[6].

La tentaculaire résidence électorale de Munich constitue un cas d'école, loin d'être isolé, qui s'inscrit en miroir de l'histoire de la dynastie régnante. Progressivement constituée autour de la forteresse médiévale construite à la fin du XIVe siècle par les Wittelsbach, qui règnent sur le duché de Bavière depuis 1180, elle se compose d'un ensemble hétérogène et constamment remanié, articulé autour de six cours. Au XVIe siècle, des ducs ambitieux transforment une partie de la forteresse en l'un des palais les plus prestigieux d'Europe, avec ses jardins à l'italienne, sa grotte et son *Antiquarium*, grande salle d'apparat abritant les collections princières. Au début du siècle suivant, la *Residenz* est enveloppée sur deux côtés par une vaste aile d'inspiration maniériste qui lui confère l'allure monumentale désormais attendue d'un palais princier. Au début du XVIIIe, l'électeur Max Emmanuel, cédant aux nouvelles modes françaises, fait entièrement réaménager les appartements électoraux, sitôt ravagés par un grand incendie en 1729, et tout aussitôt remplacés par un nouveau corps de bâtiment d'élévation classique, hébergeant de nouveaux appartements, dénommés significativement *Reiche Zimmer* (les « salles riches »). Si la construction d'un théâtre de cour est menée à bien, le projet de construction d'une grande aile rococo à l'emplacement du bâtiment médiéval subsistant est rapidement abandonné. Les électeurs abdiquent de fait toute tentation d'homogénéiser cet ensemble résidentiel finalement assez malcommode et sans morceau architectural de bravoure.

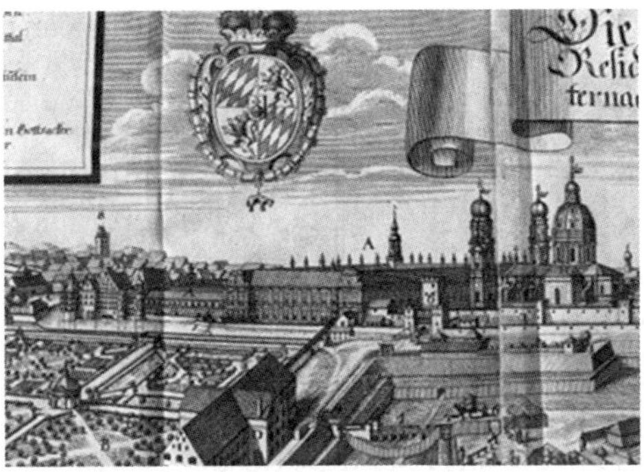

Vue de la résidence de Munich depuis le jardin, gravure sur cuivre, v. 1700.

En Angleterre, l'inachèvement se justifie par l'incapacité de choisir. Les souverains n'ayant jamais vraiment concentré leurs efforts sur une seule et unique résidence. Les migrations de leur résidence londonienne au gré des circonstances politiques ou dynastiques ont longtemps empêché l'érection d'un véritable palais royal. Le palais médiéval de Westminster, fondé par les Normands, tout en demeurant le pôle sacré de la monarchie – et un trait d'union entre les dynastiques successives –, fut abandonné par Henri VIII au profit de Whitehall, confisqué en 1529 à l'archevêque-chancelier Wolsey. La croissance du palais suivit alors celle la cour et de l'administration. Whitehall s'étale ainsi, tentaculaire, le long de la Tamise[7], jusqu'à ce que les Stuarts mettent à profit le grand incendie de 1619 pour le moderniser et y construire une vaste salle de réception, la *Banqueting House,* achevée en 1622. Celle-ci offrit un espace d'apparat digne de ce nom à Jacques Ier et survécut même au nouvel incendie de 1698, mais les souverains préférèrent désormais le palais de Saint-James et les résidences suburbaines de Greenwich et d'Hampton Court. Saint-James, bâti sous les Tudors et à l'allure encore médiévale, était demeuré jusque-là dans l'ombre de Whitehall. Bien que « petit et minable » selon Daniel Defoe (1725), il fut la résidence officielle de la cour jusqu'à l'incendie de 1809, même si d'autres palais recueillirent davantage les faveurs des souverains. Acquis en 1685, Kensington fut par exemple la résidence principale de la reine Anne, qui l'agrandit significativement entre 1702 et 1714. Ancienne résidence d'été d'Henry VIII, qui l'avait aussi confisquée à Wolsey, Hampton Court fut partiellement reconstruit par Christopher Wren pour Guillaume d'Orange et Mary dans les années 1690. Du grand projet de reconstruction du palais, stoppé par la mort précoce du roi en 1702, furent réalisées trois ailes monumentales, greffées à la vieille bâtisse Tudor et abritant les nouveaux appartements. Le palais fut finalement abandonné par la cour en 1739, à la mort de la reine Caroline, au profit des résidences plus centrales de Saint-James et de Kensington, Buckingham Palace ne prenant la relève qu'en 1837, à l'avènement de Victoria.

Certains souverains voient, enfin, tout bonnement leurs ambitions contrariées. Le palais d'État se mue alors en ruine préromantique, à l'image de l'entrée de la Hofburg, envahie par les herbes folles, en raison de l'inachèvement de la façade monumentale entreprise dans les années 1730 par Charles VI. Un trou béant couronne le porche d'entrée en lieu et place de la grande coupole initialement prévue, jusqu'à ce que François-Joseph n'en ordonne l'achèvement, cent cinquante ans plus tard. Le palais peut même ne jamais sortir de terre. C'est la mésaventure arrivée au duc Léopold de Lorraine, dont l'ambitieux projet de reconstruction du palais nancéien, projeté par Hardouin-Mansart et mené par Boffrand au cours des années 1702-1729, fut sans cesse contrarié par les occupations françaises ou les difficultés financières. Las, le duc fixa définitivement en 1723 sa résidence au château de Lunéville, si bien que la famille ducale doit se contenter, lors de séjours épisodiques à Nancy, des appartements exigus, bien que modernisés, du vieux logis Renaissance[8].

Au moins y bénéficie-t-elle d'un toit, contrairement au roi du Portugal, José Ier, qui se retrouva sans-logis au lendemain du tremblement de terre de novembre 1755 et de la destruction du palais royal (dit *paço da Ribeira*). Par crainte d'un nouveau séisme et faute d'autre demeure capable d'accueillir la cour – le palais des Necessidades est considéré comme trop dangereux du fait de son inclusion dans le tissu urbain lisboète et le monastère-palais de Mafra trop éloigné de Lisbonne –, la cour dut se replier sur la colline d'Ajuda où le souverain fait aménager un bâtiment en matériaux légers[9]. Or le provisoire s'éternise quarante ans durant sous le nom de « baraque royale » (*real barraca*), vaste complexe de toile et de bois, d'une centaine de pièces, destiné à héberger les souverains et leurs maisons. Richement aménagé par Giovanni Carlo Galli di Bibiena, l'un des membres de la célèbre famille de peintres, scénographes et architectes italiens, confortablement meublé, il brûle en 1794, forçant la cour à déménager au château de Queluz qui prend le statut de nouvelle résidence royale. Le traumatisme explique cette situation, qui témoigne aussi du développement coextensif des demeures princières et des capacités curiales à produire des installations exceptionnelles, si bien que la qualité des décors éphémères et du mobilier portatif brouillaient les frontières entre palais et campements.

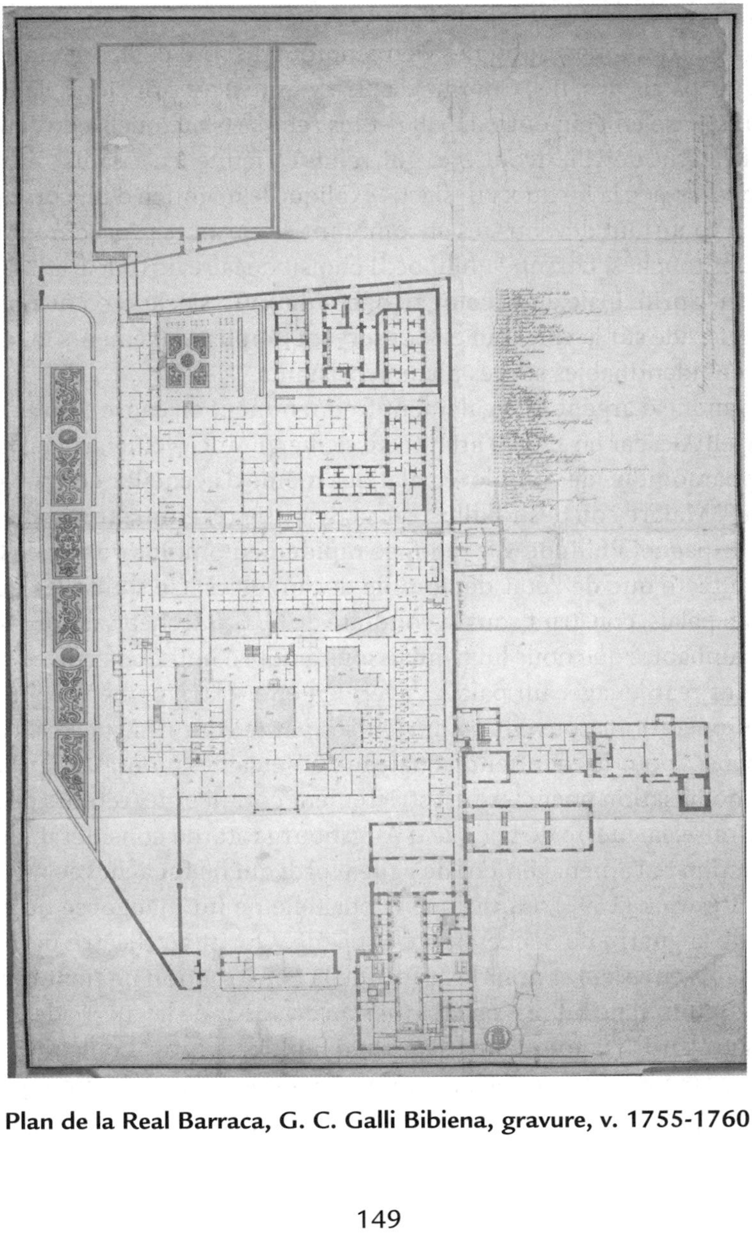

Plan de la Real Barraca, G. C. Galli Bibiena, gravure, v. 1755-1760

Des contraintes matérielles et symboliques

Si les variations de la géographie de la région résidence favorisent la dispersion des efforts d'aménagement et d'entretien entre différentes demeures et nourrissent donc l'hétérogénéité caractéristique de la plupart des palais princiers de l'époque moderne, celle-ci est le produit de trois principaux types de contraintes.

Des obstacles topographiques viennent tout d'abord contrarier le développement de palais urbains. Comme d'autres résidences princières, la Hofburg était ainsi prise en étau entre la ville et les remparts auxquels elle était adossée. Si le statut de ville-frontière, qui valut à Vienne les assauts répétés des Ottomans jusqu'à la fin du XVIIe siècle, explique le maintien d'un corset de fortifications pourtant devenu très encombrant, les princes procédèrent ailleurs par petites touches. Lorsque Philippe II choisit de faire de l'Alcazar madrilène la résidence principale de sa cour, au début du XVIIe siècle, il en fit ainsi régulariser la façade sur la ville tout en conservant nombre d'éléments médiévaux, clairement identifiables sur les plans subsistants.

Le manque d'argent est également fréquemment en cause. Après l'incendie du vieil Alcazar en 1734, l'architecte sicilien Francisco Juvarra propose un projet pharaonique de complexe palatial à même d'accueillir cour et gouvernement[10]. Malgré son désir d'illustrer sa dynastie récemment installée sur le trône d'Espagne, Philippe V y renonce rapidement, moins du fait de la mort de l'architecte que de l'état déplorable des finances. Ce sont elles qui donnèrent au palais, construit sous la conduite de G. B. Sacchetti, les proportions plus raisonnables que nous lui connaissons aujourd'hui. Construire ou même seulement réaménager un palais s'avère en effet extrêmement coûteux. Ce sont des opérations souvent compromises par le coût des guerres, l'analyse des dépenses pour le chantier du château de Versailles montrant que la capacité de mobilisation financière est strictement corrélée aux retours de la paix. Au contraire, la guerre de la ligue d'Augsbourg retarda considérablement la construction et l'aménagement de l'aile Nord, qui ne fut achevée qu'après la paix de Ryswick (1697), tandis que la chapelle ne fut inaugurée qu'en 1710 à la fin de la guerre de Succession d'Espagne. Quant au théâtre permanent, maintes fois envisagé et dont le report de la construction ne tient certes pas qu'aux conflits, il ne fut mis en chantier qu'au sortir de la guerre de Sept Ans et inauguré en 1770 pour le mariage du dauphin, le futur Louis XVI.

Des choix idéologiques et dynastiques assumés peuvent, enfin, prévaloir pour expliquer la modestie de certains aménagements. La simplicité de la

Hofburg est un lieu commun des lettres et témoignages de visiteurs qui n'en saisissent guère la raison et la moquent fréquemment. Elle tiendrait pourtant, si l'on en croit l'empereur Léopold Ier, à la volonté délibérée de conserver des restes de la forteresse des Babenberg, premiers ducs d'Autriche. Exalter la piété et l'humilité, vertus attachées de longue date à la maison d'Autriche, et réaffirmer son ancienneté, notamment par rapport à l'ennemi Bourbon, participaient non seulement des lignes directrices de la communication habsbourgeoise, mais permettaient aussi de s'inscrire en opposition avec l'*hybris* français qu'incarnait la construction de Versailles, largement fustigée dans toute l'Europe à partir des années 1670-1680. Si le fils de Léopold, Charles VI, entreprit des travaux de modernisation du palais impérial, ils furent contrariés dès les années 1730 par le chantier du gigantesque palais-monastère de Klosterneuburg, dont la construction fut entreprise au nord de Vienne pour glorifier l'alliance ancestrale du trône et de l'Église, à travers la figure du saint patron de la famille, Léopold de Babenberg.

Des chantiers permanents

Primo Visconti, de passage à Versailles en 1680, note qu'« on y travaille continuellement à des constructions et, comme on ignore l'architecture, on ne sait que faire et défaire ». De fait, la nouvelle résidence royale est en perpétuels travaux tout au long du règne du Roi-Soleil. Savoir par exemple que la construction du grand escalier (dit « des Ambassadeurs ») s'étala sur près de dix ans (1671-1680), en raison des modifications successives du projet, permet de mesurer le degré d'improvisation dont la cour de France dut faire preuve lors de ses premiers séjours versaillais, l'appartement du roi demeurant partiellement inaccessible par cette voie. Il faut imaginer la cour aux prises avec cette énorme contrainte – jusqu'à 36 000 ouvriers simultanément l'année 1685 –, vivant dans les gravats et le bruit, circulant entre les échafaudages des années durant, côtoyant le difficile quotidien des ouvriers, parfois mortifère[11]. On sait grâce au *Journal* d'Ormesson que Louis XIV aurait même été traité de « putassier » en 1668 par la mère d'un ouvrier qui s'était rompu le cou en faisant une chute[12]. Même dans le cas de constructions *ex nihilo*, le processus n'était donc jamais fluide, les nombreux aléas matériels comme les changements de programme esthétique, architectural ou iconographique contribuant à maintenir la cour dans son ancestrale itinérance.

Ainsi, le chantier de la *Reggia* de Caserte s'éternisant, la présence de la cour napolitaine conserve à la ville de Naples son rôle central dans la résidence et la mise en scène dynastique des Bourbons au XVIIIe siècle. De même, les Hohenzollern ne développent en fait que par à-coups leur implantation dans la ville de Potsdam où ils font construire non pas une mais plusieurs résidences, la multiplication des résidences perpétuant la logique médiévale et renaissante de dissociation de la famille royale et de dispersion de la cour, comme autant de fragments de l'incarnation royale. Encore seulement Grand Électeur, Frédéric Guillaume de Prusse y fait construire un premier palais à la fin du XVIIIe siècle. À sa suite, Frédéric II conçoit le pavillon de plaisance de Sans-Souci entre 1745 et 1747, puis un véritable palais d'État. Ce « Nouveau Palais » demeure toutefois peu employé et a surtout valeur de *fanfaronnade*, pour reprendre le mot du roi, affirmant la grandeur de la Prusse, sortie victorieuse de la guerre de Sept Ans.

Cérémonial et formes d'habitat : des appartements conçus pour réguler l'accès au prince

Les principes de la topographie palatiale[13]

Cadre principal de la cour, le palais agrège des espaces de cérémonie, de logement, de service et de gouvernement, dont les délimitations ne sont pas toujours claires. Du fait des spécificités et des évolutions curiales comme des fluctuations du cérémonial, la demeure princière fait l'objet d'incessantes adaptations. Trois principes structurant l'aménagement et le fonctionnement du palais d'État dans l'Europe moderne n'en sont pas moins discernables, même s'ils sont mis en œuvre avec souplesse.

La tendance est tout d'abord nette à la séparation entre espaces d'apparat et espaces de service, entre espaces du prince et espaces domestiques. Les pièces d'apparat et les appartements du prince se situent en général à l'étage noble (le premier) ; les espaces du service sont dispersés quant à eux, entre rez-de-chaussée, étages supérieurs ou bâtiments distincts. La spécificité et la complexité des « communs » (cuisines, écuries…) se développent en effet considérablement à partir du XVIIe, *a fortiori* au XVIIIe siècle. Espaces d'apparat et de service sont dès lors reliés entre eux par des couloirs, des entresols et des cabinets qui se multiplient et innervent tout le palais en garantissant, tout en les dissimulant, les indispensables circulations des serviteurs. Assurément moins prestigieuse que les appartements princiers, cette « petite cour » demeure encore bien souvent dans l'ombre, malgré les travaux précurseurs de W. Newton pour Versailles[14]. Dans les interstices, s'intercalent aussi les logements des courtisans, plus ou moins développés selon les cours, par exemple à Versailles où ils se situent principalement dans les ailes du Nord et du Midi construites à cet effet par Louis XIV[15].

Parallèlement, les pièces de réception se multiplient et n'existent finalement que pour elles-mêmes, sans autre finalité que de manifester la grandeur du prince et de la cour par leur nombre et leur faste décoratif. Sous l'effet de l'accroissement du nombre de courtisans et d'une course à l'ostentation, les espaces se dilatent et les enfilades s'allongent : du long de ses 150 mètres, le grand appartement du roi aux Tuileries (salle des gardes, antichambre, chambre, cabinet), réaménagé pour Louis XIV dans les années 1670, est doublé d'un second appartement similaire au rez-de-chaussée pour le cérémonial ordinaire[16] ; l'appartement royal de Caserte compte onze pièces précédant la chambre, à savoir cinq salons, trois antichambres et deux salles des gardes[17]. Dans certaines résidences allemandes, des pièces d'introduction (*Vorsäle*) précèdent encore les antichambres à partir du milieu du XVIIIe siècle. Les quelque 300 mètres de façade du palais Catherine de Tsarkoïe Selo permettent à la tsarine Élisabeth de mettre en scène les circulations de la cour à travers des enfilades infinies de pièces aux boiseries foisonnant d'or mais aussi de miroirs qui démultiplient encore les espaces d'apparat. Cette amplification devient du reste la règle. « Pour que je sois logé comme il faut, il est absolument nécessaire que l'appartement que je dois occuper soit composé des pièces suivantes… » et l'électeur de Cologne, Joseph Clemens de Bavière, de lister à l'architecte Robert de Cotte pas moins de onze pièces, sans compter « plusieurs cabinets de miroirs, antiques, médailles et autres curiositez »[18].

La multiplication de ces pièces n'est pas synonyme de spécialisation, bien au contraire. Les grandes salles ouvrant les enfilades sont foncièrement polyvalentes et peuvent aussi bien servir de salle des gardes, de salle des pas perdus ou de cadre pour des cérémonies impliquant une grande affluence. Si le cérémonial devait aussi s'adapter à la capacité des pièces, il était en revanche possible d'en modifier épisodiquement le gabarit par fusion ou division. Cette souplesse est accrue par la mise en œuvre de différents accessoires : le trône, toujours nomade, un podium ou un dais permettent d'affecter rapidement une salle à une circonstance particulière, les échafaudages et tribunes d'accueillir le public. Une table pouvait également être dressée en fonction des besoins dans un espace revêtant plus ou moins d'apparat selon la solennité souhaitée (voir fig. 1 et fig. 4, cahier couleur).

Grâce au dais, le courtisan peut aisément localiser l'endroit où siège le souverain, circonscrit dans un espace sacralisé par le vide qui l'entoure. Une séparation physique peut aussi être instituée entre les espaces de la pièce au moyen d'une balustrade. Il s'agit d'une innovation fondamentale, déjà attestée à la cour d'Henri III :

> Le capitaine des gardes fera tenir durant le disner de Sa Majesté tous les archers aux deux bouts de sa table, lesquels garderont la foule et confusion à l'entour de la dite table, ainsi feront tenir chacun un peu esloigné d'icelle et s'il y a des barrières, il n'entrera dans icelles que ceux à qui il sera permis, suivant le role que Sa Majesté en fera bailler au capitaine des gardes, ne souffriront qu'ils s'appuyent dessus pour s'avancer trop le corps sur les dites barrières, et si quelqu'un le fait, le capitaine des gardes ou autre qui tiendra son lieu luy dira qu'il se tienne comme il se doit ; le mesme ordre sera gardé au soupé de Sa Majesté[19].

Si la barrière permet d'abord de dégager un espace pour le déroulement des cérémonies, elle revêt surtout une dimension symbolique. En établissant une distance entre le souverain et les courtisans, elle théâtralise le rite monarchique par une mise en abyme mettant en valeur la personne royale.

Toujours plus nombreuses et sans fonction déterminée, et, la plupart du temps, dénuées de mobilier significatif, les pièces d'apparat se dissocient par conséquent de plus en plus des pièces à fonction d'habitation et à l'accès plus restreint même si le cérémonial n'en est pas forcément absent – notamment dans la chambre du souverain. S'opère ainsi une distinction complexe entre des espaces plus ou moins ouverts au public. Ces espaces d'habitation peuvent être eux-mêmes dédoublés par des appartements au caractère privé encore plus affirmé. Au gigantisme de certains vestibules, salles de cérémonies et autres galeries, en général fastueux mais peu meublés, s'opposent alors les proportions plus modestes et l'aménagement à la fois plus intime et plus confortable des appartements intérieurs.

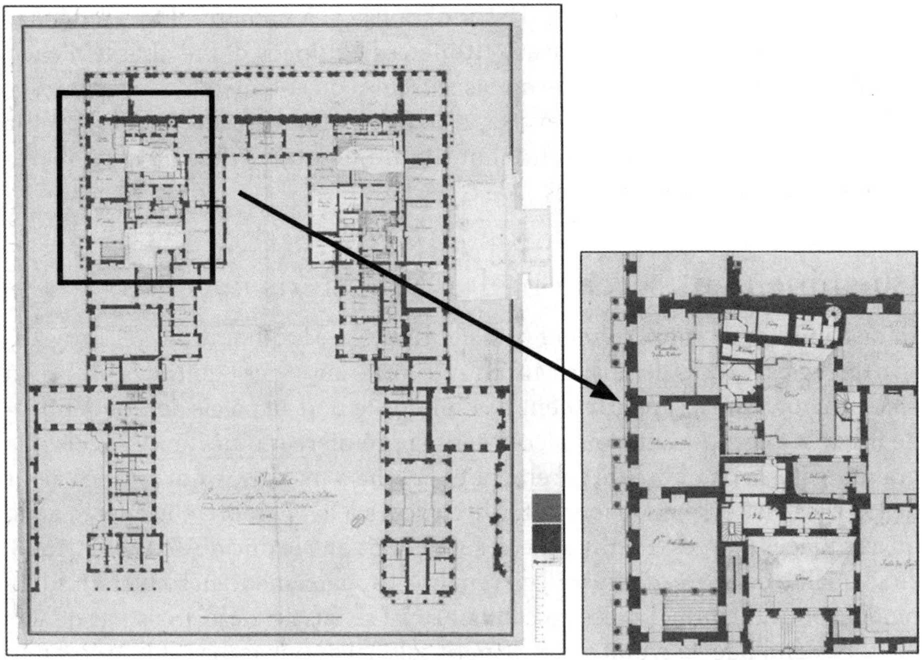

Archives nationales (Paris), O_1 1769, dossier 2, n° 2 : ce plan d'octobre 1781 permet de voir les options envisagées pour les petits appartements de Marie-Antoinette et de mettre en lumière les constants réaménagements de ces espaces intercalés au milieu des salles d'apparat

Les petits appartements des souverains à Versailles s'étendent eux aussi en colonisant tous les interstices disponibles. On « entresole » et on cloisonne à foison pour créer des cabinets, bibliothèques, salles à manger, salles de bains ou boudoirs. Louis XV conquiert les étages supérieurs qu'il aménage en pièces confortables pour lui ou ses favorites, avec des accès particuliers qui évitent le flux des courtisans. Marie-Antoinette annexe de même des pièces au rez-de-chaussée pour son nouvel appartement des bains.

Ces espaces de vie sont saturés de mobilier : boiseries et porcelaines créent une atmosphère plus intime, où se répandent de rares fragrances émanant des pots-pourris et autres fontaines à parfum, où s'ébattent des animaux de compagnie. C'est là que le mobilier du siècle des Lumières trouve son accomplissement formel et pratique, à la recherche constante de solutions innovantes pour répondre aux besoins du quotidien, qu'il s'agisse de tables à jeu, de meubles de toilette, de secrétaires ou de bonheurs-du-jour aux savants mécanismes qui permettent de passer d'un usage à un autre. On y aménage les premières « chaises anglaises » (toilettes équipées d'une chasse d'eau), « chaises volantes » (ancêtres de nos ascenseurs) ou encore tables « volantes », qu'un mécanisme permet d'élever et d'abaisser afin d'assurer le service et la desserte à l'étage en dessous, offrant une intimité totale à des convives libérés de la présence des domestiques.

Cheminement cérémoniel et traditions curiales

La distribution de l'appartement princier résulte de l'élaboration très progressive de règles d'accès depuis le Moyen Âge, mais aussi des habitudes propres à chaque cour. Ainsi, l'appartement de Philippe le Bon au palais de Coudenberg de Bruxelles comportait trois pièces dans la première moitié du xve siècle – la grande salle, la chambre de parement et la salle à manger – qui permettaient de trier les visiteurs et de leur interdire l'accès à la chambre elle-même ainsi qu'aux pièces privées. En Espagne, il semblerait que le duc d'Albe ait en 1548, en sa qualité de *mayordomo mayor*, remanié l'appartement du souverain sur le modèle bourguignon, l'accès au cabinet royal se faisant désormais par quatre pièces en enfilade, le grand salon, le petit salon, l'antichambre et une seconde petite antichambre. Le rang du visiteur détermine alors la pièce au-delà de laquelle il ne lui est plus permis d'avancer. Le cabinet qui leur fait suite opère une séparation avec la chambre, elle inaccessible[20].

En 1538, l'appartement d'Henry VIII à Hampton Court présente une organisation assez similaire : s'y succèdent la *Watching Chamber*, la *Chamber of Estate*, la *Presence Chamber*, une salle d'audience avec trône, la *Privy Chamber*, puis des appartements privés[21]. La réduction progressive de leur taille témoigne de la mission d'entonnoir social assignée à l'appartement royal. En revanche, l'appartement français – une salle, une antichambre introduite sous le règne d'Henri II, la chambre puis l'appartement privé – maintient un accès relativement ouvert jusqu'à la chambre. Si le règlement du cérémonial de la cour de France édicté par Henri III en 1585 se rapproche du séquençage anglais, il fut rapidement abandonné[22].

Au xviie siècle, l'accès au corps du prince est nettement plus régulé, même en France. Quelle que soit la cour, le cérémonial se complexifie et produit des effets plus ou moins forts de triage de l'assistance en lien avec la multiplication des pièces d'apparat. La majesté, si ce n'est la sacralité, du souverain, se manifeste alors dans le cheminement cérémoniel aménagé pour atteindre puis traverser les espaces d'apparat jusqu'à la chambre du souverain. La tendance observée à la démesure et à la multiplication des pièces est donc indissociable d'une stratégie spatiale reposant sur des systèmes d'avant-cours et de cours (à l'extérieur) et de vestibules et d'enfilade de pièces (à l'intérieur) allongeant sans cesse ce cheminement. La distance à parcourir rend ainsi sensible la distance incommensurable entre le roi et ses sujets.

Ce système de pièces n'a cependant pas partout exactement la même forme, ni la même valeur symbolique. L'effet de triage est d'autant plus fort d'une pièce à l'autre que l'accès à la chambre du souverain est limité, voire interdit, comme chez les Habsbourg de Vienne où les cérémonies du Lever et du Coucher se déroulent devant une assistance très limitée (dans un cadre que l'on pourrait presque qualifier de « privé »). À Naples, le filtrage que permet d'opérer la succession de six pièces précédant la chambre du lit est renforcé par la décision prise en 1737 de fermer la porte entre la cinquième et la sixième pièce au moment où le roi Charles prenait ses repas dans cette dernière. Ambassadeurs, lieutenants généraux et gentilshommes de la clef d'or voyaient ainsi amoindri le privilège attaché à leurs fonctions d'être admis jusqu'à la cinquième pièce de l'enfilade, cette modification des usages les éloignant symboliquement encore plus du corps du souverain[23]. L'adoption de la hiérarchisation de l'accès à la chambre du souverain, que manifeste la mise en œuvre d'appartements organisés en enfilade, ne limite en revanche que partiellement la tradition d'ouverture propre à la cour de France. Les cérémonies du lever et du coucher dans la chambre de parade y demeurent publiques, d'autres cérémonies peuvent s'y dérouler, comme dans les autres cours qui se sont approprié ces usages – par exemple certaines cours germaniques à partir de la fin du XVIIe siècle, sous l'effet d'un tropisme français.

Les choix propres aux souverains peuvent infléchir le plan du palais et les circulations. Les appartements versaillais sont ainsi modifiés à de très nombreuses reprises. Les plans de 1676, 1684, 1701, 1755 et 1780 montrent clairement la mouvance de la topographie palatiale et les changements d'attribution de certains espaces. L'appartement du roi, initialement symétrique à celui de son épouse, est transféré à la mort de la reine Marie-Thérèse autour de la galerie de marbres, tandis que l'ancien appartement fait désormais office de suite d'apparat. Le déplacement, hautement symbolique mais tardif, de la chambre du monarque au centre du corps de bâtiment en 1701 induit paradoxalement des distorsions dans l'articulation entre le cérémonial et son décor. Le roi ne pouvait en effet plus paraître dans la grande galerie à l'aplomb de la fresque centrale glorifiant son pouvoir absolu.

Charles III et son fils Charles IV ne reculent pas devant de dispendieux réaménagements de la distribution des appartements du palais royal de Madrid. Alors que le premier avait déjà fait détruire, au début des années 1760, l'un des deux escaliers d'honneur construits de part et d'autre de la salle des gardes pour créer une salle de bal du côté est du palais, vingt ans plus tard, le second fait reconstruire l'escalier est et détruire l'escalier ouest pour y basculer la salle de bal. L'enjeu de ces travaux pharaoniques était de modifier l'accès à son propre appartement, qu'il fait basculer de l'ouest à l'est du palais, en raison de la construction d'une aile supplémentaire prolongeant ses petits appartements. La forte déclivité du terrain rendait en effet impossible l'érection de cette aile du côté ouest de la cour d'honneur[24]. Loin d'être prisonnier des lieux, le cérémonial peut donc suffisamment peser pour en altérer les dispositions, quel qu'en soit le prix.

État 1746-1759

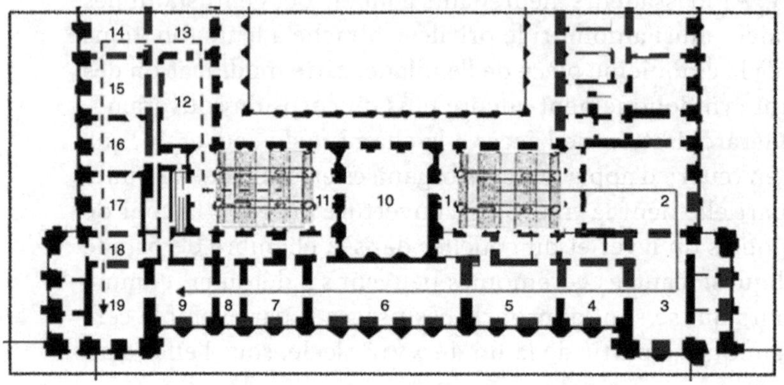

1746-1759

Appartement du Roi
1. Escalier Est
2. Salle des Gardes
3. 1ère antichambre
4. 2e antichambre
5. 3e antichambre
6. Salle d'audience
7. Salon de famille
8. Cabinet
9. Chambre du Roi
10. Salle de bal

Appartement de la Reine
11. Escalier Ouest
12. Salle des Gardes
13. 1ère antichambre
14. 2e antichambre
15. Salle d'audience
16. Salon de famille
17. Chambre de la Reine
18. Passage
19. Garde-Robe de la Reine

État 1759-1788

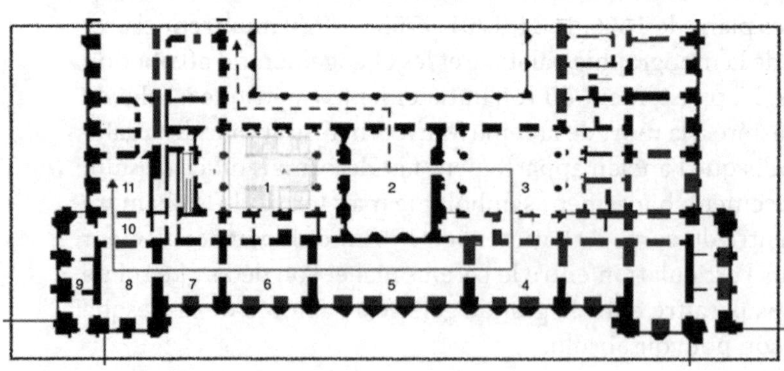

1759-1788 et 1788-1808

1. Escalier d'honneur

Appartement du Roi
2. Salle des Gardes
3. Salle de bal
4. Antichambre
5. Salle du Trône
6. Salon (Déjeuner, puis Dîner à partir de 1788)
7. Salon (Dîner, puis Billard à partir de 1788)
8. Chambre ou Garde-Robe
9. Cabinets
10. Oratoire
11. Chambre à coucher
12. Nouvelle aile

État 1788-1808

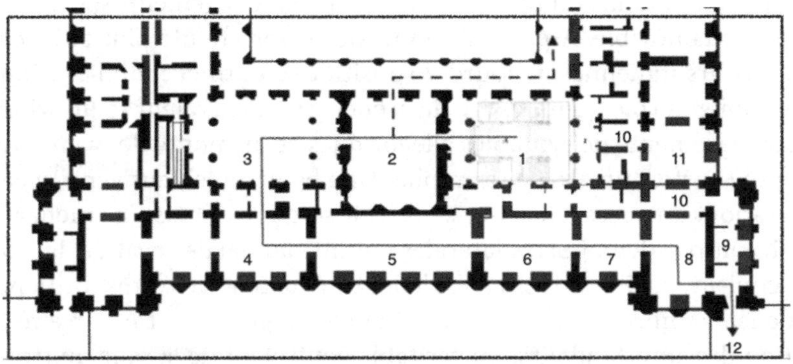

États successifs du cheminement cérémoniel au palais royal de Madrid sous Ferdinand VI, Charles III et Charles IV (schémas établis par Éric Hassler).

Animé par la recherche d'une plus grande intimité, Louis XV crée une nouvelle chambre, en 1738, puis bouleverse complètement les accès aux appartements en décidant en 1752 de remplacer l'escalier des Ambassadeurs, qui constituait l'accès principal aux grands appartements, par une suite de petits cabinets, certains temporairement dévolus à sa fille Adélaïde. Les espaces du corps central sont en effet l'objet de toutes les convoitises. Madame de Pompadour et les filles du roi mènent ainsi une véritable guerre des appartements, dans laquelle le souverain peine à assumer son rôle d'arbitre. La distribution des espaces en fait les frais et connaît à certaines périodes de fréquentes modifications qui mettent en lumière les constantes réappropriations du palais par la famille royale et les courtisans[25].

Des espaces à la charge symbolique particulière : la chambre et la chapelle

La chambre revêt une valeur symbolique liée à la présence du corps du prince et d'autant plus forte qu'il n'y a pas encore de salle du trône à proprement parler dans les palais d'État de l'époque moderne. Dans un ensemble mouvant, cette pièce peut donc faire exception. Si elle demeure très peu accessible dans les cours qui suivent l'influence habsbourgeoise et où elle est reléguée en fin d'enfilade, son statut hybride entre ouverture et fermeture implique partout de la placer au-delà des pièces publiques initiales et d'en faire un pivot de l'appartement princier[26]. Elle nécessite de surcroît, et d'autant plus dans les cours où le cérémonial du Lever est public, des aménagements spécifiques qui la rendent inamovible. À partir du XVIIe siècle, sans doute plus précocement dans les cours italiennes, le lourd dispositif décoratif et mobilier s'impose : jouant le même rôle qu'un cadre de scène, il met en valeur le lit princier et peut être agrémenté de symboles allégoriques et surmonté des armes royales – il simule parfois un arc de triomphe. Une balustrade peut venir accentuer la séparation, un accès à l'alcôve se faisant soit par un passage ménagé dans celle-ci, soit par deux portes latérales comme au palais royal de Turin (voir cahier couleur, fig. 7) ou dans la résidence de Munich. Un tel dispositif pouvait faire de la chambre, notamment en France où elle servait par exemple à la réception des ambassadeurs, un véritable équivalent de la salle du trône fixe du XIXe siècle.

La chapelle palatiale, quant à elle, est un lieu essentiel car l'organisation des cérémonies religieuses au sein même du palais participe de la mise en scène de la piété du souverain et de sa qualité d'intercesseur auprès de Dieu. Depuis le Moyen Âge, les souverains jouissent fréquemment d'oratoires et de chapelles privées dans leurs appartements, tandis que la chapelle « palatine » accueille les grandes cérémonies ou les messes solennelles. Significativement centrale à l'Alcazar puis au palais royal de Madrid, elle pérégrine longtemps à Versailles avant de trouver sa place en 1710, une silhouette altière compensant sa position latérale[27]. La succession de cinq chapelles versaillaises entre 1660 et 1682 témoigne de la complexité des enjeux architecturaux et cérémoniels attachés à ces lieux – de même que les sept chapelles lunévilloises (entre 1698 et 1728) ou, encore, la nécessité de suppléer l'ancienne *Hofkapelle* viennoise (fixée dès le XVe siècle au cœur de la Hofburg) par d'autres sanctuaires comme l'église conventuelle des Augustins, mitoyenne du palais, plus vaste et à l'interaction avec la Ville, puisqu'elle accueille aussi bien les cœurs des membres de la dynastie que les sépultures des courtisans.

La forme de la chapelle palatiale doit en effet répondre aux exigences du cérémonial monarchique. La présence de tribunes, en particulier, démultiplie la capacité d'accueil des lieux et les transforme en un théâtre monarchique sacré. Le plan de la grande chapelle de Versailles, repris à Lunéville, Bruxelles, Caserte ou partiellement à Colorno (Parme, projet), est de ce point de vue significatif : une longue nef, est cernée de bas-côtés surmontés de tribunes pouvant accueillir une assistance pléthorique. Le décorum, associant fresques et marbres, y est bien évidemment assorti[27]. À cet égard, la chapelle palatiale de Lisbonne, également investie de la fonction d'église patriarcale, ce qui en renforçait le prestige et témoignait des liens entre le pouvoir et l'Église, présentait une somptuosité remarquable :

> La Patriarchale est l'église même dans laquelle le Patriarche du royaume fait ses fonctions. C'est en même temps la chapelle du roi. [...] Le tabernacle est d'agathe. Deux autres colonnes de lapis se font remarquer à l'entrée de cette chapelle magnifique, où on ne voit plus que marbre noir, jaune et autres rares productions de la nature majestueusement mis en œuvre. On n'y va jamais qu'on n'y remarque quelque beauté nouvelle. Le moindre rayon de soleil en fait apercevoir qui avaient échappé au premier coup d'œil. Le plafond est décoré de compartiments, de groupes dorés avec des têtes d'ange de marbre dans les intervalles. On y voit aussi des tableaux du plus beau marbre sculpté admirablement, qui servent de dessus de porte. Le parquet est couvert de tables à la mosaïque avec une sphère et ses attributs. Les ornements les plus magnifiques répondent à la majesté de cette chapelle qui a une sacristie particulière et des ornements affectés. Trois grosses lampes de vermeil artistiquement travaillées, qui partent du même tronc, brûlent sans cesse devant l'autel. [...] Les autels, les aubes, les chasubles et autres meubles sont affaissés sous le poids de l'or et de l'argent et des pierreries. On y voit [...] d'énormes flambeaux et statues d'argent et de vermeil qu'on prendrait pour du cuivre si l'on était prévenu, tant ils y sont communs et énormes[28].

Un décor au service de la grandeur monarchique

Magnificence et démesure

À mesure que la cour s'y sédentarise, le palais se fait le miroir des discours monarchiques et dynastiques : à l'exubérance des palais italiens ou français s'opposent la *gravitas* et l'humilité des demeures habsbourgeoises. L'Alcazar madrilène présente ainsi des suites de salles, simplement pavées de carrelage, sans guère d'ornementation sinon des tableaux ou des tapisseries, certes d'une grande richesse, et parfois si faiblement éclairées par des fenêtres hautes qu'elles forment des espaces clos. Jusqu'au règne de Marie-Thérèse, les résidences viennoises sont de même assimilées à des monastères du fait de la médiocrité de la taille des salles et de la simplicité des aménagements. Si le contraste est grand avec le faste déployé dans les appartements versaillais contemporains, cette simplicité n'était cependant qu'apparente et les tapisseries qui les meublaient de grande valeur.

Ces espaces ne peuvent être interprétés sans prendre en compte leur dimension cérémonielle. Il faut imaginer les grands motets baroques de Lully,

Lalande ou Mondonville répondre aux ors et aux marbres de la chapelle royale de Versailles ou le grand escalier d'honneur de la *Reggia* de Caserte résonner au son de trompettes invisibles. Points de mire du palais, l'escalier d'honneur et la grande salle sont fréquemment privilégiés par les architectes et les décorateurs. Pour autant, ils n'en étaient pas nécessairement plus accessibles. Réservés aux cérémonies les plus somptueuses – et stratégiques pour la mise en valeur du corps princier –, ils n'en étaient que plus prestigieux. L'escalier des ambassadeurs de Versailles, pièce maîtresse des grands appartements, n'était pour autant que rarement accessible en dehors de ces cérémonies, comme l'attestent des témoignages de voyageurs déçus[29].

Espace stratégique dans la mesure où il introduit à l'étage noble, l'escalier d'honneur connaît de multiples déclinaisons à la croisée des impératifs de distribution des espaces et de théâtralisation d'un espace qui prend toute sa place dans le cérémonial monarchique[30]. Les possibilités infinies permises par les différences de niveaux, l'agencement des volées et les circulations secondaires en font peut-être l'espace le plus scénographique de résidences qui doivent « en imposer » au visiteur, comme en son temps l'escalier à double révolution du château de Chambord. Le fastueux escalier du palais d'hiver de Saint-Pétersbourg, construit par B. Rastrelli au milieu du XVIIIe siècle donne ainsi lieu à la très protocolaire descente de la famille impériale lors de la fête du Baptême du Christ, au point de prendre l'appellation d'escalier du Jourdain. Quant à la grande salle, elle hérite des châteaux médiévaux les fonctions festives et l'ambition décorative, tout en présentant une ampleur croissante. Si la salle des Cariatides du Louvre et la grande salle du palais ducal de Mantoue présentaient déjà pour le XVIe siècle des dimensions considérables, la *Banqueting House* du palais de Whitehall à Londres (1622, 578 m²) ou la salle de bal du palais de Tsarkoïe Selo (1755, 846 m²) atteignent des surfaces inédites.

À la grande salle se conjugue, voire se substitue la galerie. À l'origine, simple espace de promenade recluse dans la partie privée de l'appartement princier, à l'image de la galerie commandée par François Ier à Fontainebleau (1528-1530) qui présente par ailleurs une salle de bal, la galerie intègre au cours du XVIe siècle les espaces d'apparat[31], qu'il s'agisse d'y exposer les collections princières ou d'y glorifier le souverain ou la dynastie[32]. Simple couloir de circulation ou de connexion entre appartements, elle peut aussi être affectée, lorsque son gabarit le permet, aux divertissements ou aux audiences solennelles qui la transforment en salle du trône lors de cérémonies réclamant un prestige particulier, comme c'est le cas à Versailles (1684, 720 m²) où la grande galerie occupe une position centrale, en remplacement d'une terrasse à l'italienne. Si la fonction initiale ne disparaît pas – le château comporte jusqu'au milieu du XVIIIe siècle une petite galerie au fond de l'appartement du roi et à la fin du XVIIIe siècle, les appartements royaux de Caserte sont encore joints par une galerie –, elle devient un lieu attendu du palais d'État. Variant les déclinaisons et les formats, la grande majorité des résidences construites ou réaménagées à partir de la fin du XVIIe siècle comporteront des *ersatz* de la grande galerie versaillaise, tels que la magistrale galerie de la Venaria Reale de Turin, reliant les appartements du roi Victor-Amédée II et du prince héritier, érigée par l'architecte Juvarra à partir de 1716 (voir cahier couleur, fig. 8). Sa décoration célébrant le règne de Charles Emmanuel III, qui devait symboliquement rassembler en un lieu toutes les régions de ses États sous forme de statues, ne fut toutefois jamais achevée[33].

Aux nobles proportions s'ajoute l'emploi d'un vocabulaire décoratif à la fois riche et varié. Fresques et peintures, marbres et stucs, boiseries, miroirs et tissus qui y étaient employés témoignent d'un art décoratif total particulièrement étudié. Qu'elle imite le marbre ou qu'elle figure des allégories bibliques ou mythologiques, la fresque prédomine aux XVe et XVIe siècles, en particulier dans les palais italiens, à l'image de la chambre des Époux du palais de Mantoue, réalisée pour le duc Louis III de Gonzague entre 1565 et 1574. Les princes italiens aiment également à revêtir les épaisses murailles de leurs cabinets de boiseries d'essences rares. Cette mode est importée par les Valois, comme le suggère le *studiolo* du château de Blois, même si les salles des demeures princières françaises sont avant tout ornées de tapisseries et de cheminées dont le manteau arbore un vocabulaire sculpté particulièrement riche.

Au XVIIe siècle, l'un des matériaux les plus prisés pour les pièces d'apparat est le marbre, ou son imitation, le stuc. C'est l'option retenue dans le grand appartement de Versailles, dans les palais de l'aristocratie pontificale romaine ou au château de Varsovie. Les Habsbourg, comme les princes germaniques, continuent à user plus volontiers de tapisseries, tout aussi coûteuses mais d'allure plus sobre, dont ils couvrent les murs dans la continuité des siècles précédents.

Le XVIIIe siècle plébiscite l'usage de la boiserie qui confère élégance et richesse aux pièces. Abondamment dorée et sculptée sur le modèle français, elle se répand au cours du siècle à travers toute l'Europe, d'abord bourbonienne puis dans les contrées germaniques au mitan du siècle, qui n'abdiquent pas pour autant le marbre, par exemple à Potsdam. La France exporte aussi le trumeau, cette glace surmontant la cheminée, dont le succès européen contribue à uniformiser les intérieurs palatiaux. Le tissu peut être associé à la boiserie dans les chambres et les cabinets. Ces combinaisons décoratives deviennent une marque du « bon goût », si l'on en croit le comte August Christoph von Wackerbarth, chargé de l'aménagement des appartements électoraux de la résidence de Dresde, qui se permet de rappeler à son prince en 1719 :

> que les regles qu'on observe dans l'ameublement sur tout dans celui de parade, sont, que depuis la sale des Gardes jusqu'à la Chambre à coucher tous les appartements doivent etre plus propres, plus riches, et plus magnifiques [...] on ne se sert dans ces sortes de Chambres que 1.) de tapisserie de haute lice, 2.) de velours avec des bandes brodées, ou cousues à petits points, et on ne s'y sert jamais ni de satin, ni de damas, ni de brocatelle..., ni de galonnage d'argent[34].

Le rôle des objets : meubles et collections

Afin de rompre une unité décorative qui eût pu devenir monotone, sont insérés dans les boiseries, exposés dans des niches ou sur des consoles des objets précieux, miroirs, laques chinoises ou porcelaines, qui produisent des ensembles originaux, voire exubérants. Les princes germaniques notamment sont friands des cabinets de miroirs et de porcelaines, quand les deux types ne sont pas tout bonnement combinés, comme au château de Charlottenburg (Berlin) où les parois du cabinet du roi Frédéric-Guillaume Ier de Prusse sont tapissées au début du XVIIIe siècle de vaisselle de porcelaine chinoise blanche et bleue, assortie à la riche boiserie dorée et que des miroirs viennent refléter à l'infini. Les palais de Capodimonte (Naples) et d'Aranjuez verront même au milieu du siècle l'une de leur pièce intégralement habillée de plaques de porcelaines (cahier couleur, fig. 11).

C'est également pour Charlottenburg que fut initialement conçu le fameux cabinet d'ambre, finalement offert par Frédéric-Guillaume au tsar Pierre Ier en 1716. Les panneaux furent ensuite agrandis par Rastrelli, l'architecte de la tsarine Élisabeth, qui les installa au palais Catherine à Tsarkoïe Selo.

Les descriptions d'époque mettent en lumière la participation étroite des pièces de mobilier les plus ostentatoires au décorum princier. La seconde moitié du XVIe siècle marque un profond renouvellement du mobilier d'apparat qui se développe et se diversifie sous l'influence d'ateliers de cour, à commencer par la Galleria dei Lavori médicéenne, fondée en 1588, qui promeut l'art de la *pietra dura*. Les XVIIe et XVIIIe siècles sont ainsi marqués par le développement de diverses formes de mobilier d'apparat : tables en pierres précieuses ou semi-précieuses, buffets et cabinets en marqueterie de bois précieux, d'ivoire ou encore d'écailles, meubles sculptés et rehaussés de dorures, objets de précision, horloges et luminaires... Signalons ici le travail des ébénistes français comme Boulle, mais aussi d'origine germanique comme Oeben et Riesener, qui ont travaillé pour la cour de France et créèrent notamment un extraordinaire bureau à cylindre pour Louis XV.

Le mobilier d'argent constitue peut-être l'apogée de la production du meuble de cour. Attesté dans la plupart des cours d'Europe au Grand Siècle, ce mobilier d'argent prit toutefois à la cour de France un caractère exceptionnel puisqu'il ne s'agissait plus de métal plaqué, comme en produisaient les orfèvres augsbourgeois, mais d'argent massif (voir cahier couleur, fig. 3). La « grande argenterie » commandée par Louis XIV est exposée dans la seconde partie des grands appartements où les miroirs, lustres, torchères, tables, vases à orangers pour la galerie, et surtout la balustrade du lit d'apparat du salon de Mercure et le trône du salon d'Apollon contribuaient à la splendeur des fêtes nocturnes[35]. L'abbé Bourdelot s'émerveillait « que tout y était embrasé, car un grand soleil au mois de juillet est moins étincelant ». Les plus somptueuses de ces pièces étaient disposées au fond de la galerie des Glaces, de part et d'autre de l'estrade où se dressait le trône lors des grandes réceptions diplomatiques. Plus que le reste du mobilier d'apparat, essentiellement sédentaire, le mobilier d'argent revêtait une dimension cérémonielle et était potentiellement mobile – il fut surtout éphémère puisque fondu dès 1689 pour les besoins de la guerre de la Ligue d'Augsbourg. À Berlin en revanche, dans la tradition des buffets d'apparat médiévaux, la précieuse argenterie des rois de Prusse est présentée dans un décor spécialement conçu pour lui servir d'écrin dans la salle des gardes du château.

Est observable dans la gestion du mobilier une fluctuation entre logiques d'usage et logiques d'ostentation, entre traditions d'exposition héritées et formes nouvelles. Dans certaines cours, l'exposition des collections princières n'est d'ailleurs plus limitée, au XVIIIe siècle, à l'espace étroit du cabinet, ni même cantonnée à la dispersion dans le palais d'artefacts manifestant la grandeur et la puissance du prince – comme le cas des antiques de Louis XIV : elle s'ouvre au public et participe de la création de l'institution muséale. Ainsi, les salles du trésor électoral, dit « la Voûte verte », aménagées au rez-de-chaussée du château de Dresde dès le XVIe siècle prennent une ampleur inégalée sous Auguste le Fort ; quant aux pièces les plus précieuses du Garde-Meuble de la Couronne de France, elles tendent à s'échapper au XVIIIe siècle de l'espace curial pour être exposées et rendues visibles au public parisien dans son nouvel hôtel de la place Louis XV.

Les programmes iconographiques

De tout ce décorum alliant dans un esprit d'art total les arts plastiques, le cérémonial ou les performances scéniques ou musicales, le discours allégorique, biblique ou mythologique développé dans les cycles iconographiques constitue la clef. Selon la figure princière à invoquer, roi de guerre ou roi de paix, mécène ou vertueux, sont convoqués Hercule, Apollon, Mars ou Phaéton, les rois Salomon ou David ou encore Alexandre le Grand. L'apothéose est monnaie courante au palais, et ce quels que soit le rang et la puissance effective du prince : citons par exemple celle de Jacques Ier (P. P. Rubens, 1635) environnée d'évocation des Vertus au plafond de la *Banqueting House* de Whitehall, celle des Médicis (L. Giordano, 1670) au palais Médicis de Florence, ou des Hohenzollern nouvellement élevés à la dignité royale dans la salle des Chevaliers du Palais royal de Berlin (J. F. Wentzel, 1702), l'apothéose du margrave Carl Wilhelm Friedrich de Brandebourg-Ansbach (C. Carlone, 1735-1736) à la résidence d'Ansbach ou encore l'exaltation des vertus de Charles de Bourbon et Marie-Amélie de Saxe au palais royal de Naples (v. 1750).

L'analogie avec l'Olympe ou le système solaire, privilégiée en France, fait de Versailles un microcosme de l'univers dont le Roi-Soleil entend être le centre. Le grand appartement du roi, réalisé au cours des années 1670, invoque ainsi les divinités païennes : au salon de l'Abondance succèdent les salons de Vénus, Diane, Mars, Mercure et Apollon. Les peintures des plafonds et des voussures, figurant des épisodes historiques ou mythologiques, pouvaient également être comprises comme des allusions à la vie du souverain et répondaient aux attributs sculptés sur les murs ou aux autres peintures et portraits par des jeux de correspondances subtiles. G. Sabatier a cependant montré comment l'iconographie monarchique évolua au cours du règne de Louis XIV, « disgraciant » Hercule et Apollon au profit d'une glorification des hauts faits royaux[36].

La galerie des Glaces, grande nef de la religion royale, constitue à partir des années 1680 un des centres névralgiques du château, encadrée par les deux salons de la Paix et de la Guerre, alpha et oméga de la politique royale, qui prennent tout leur sens lors des grandes réceptions d'ambassadeurs : les suites diplomatiques pénètrent dans la galerie par le salon de la Guerre, pour finalement atteindre le trône, placé à l'entrée du salon de la Paix dont le souverain se veut le seul maître (cahier couleur, fig. 3). Sans doute la compréhension des cycles iconographiques versaillais trouvait sa limite dans leur grande complexité, obligeant à produire de petits guides susceptibles d'éclairer le visiteur, également publiés dans les gazettes pour une diffusion *urbi et orbi*[37].

Si les Habsbourg optèrent plutôt pour une représentation chrétienne, conjuguant vertus et fables édifiantes, telles que Phaéton foudroyé pour avoir perdu le contrôle du char du Soleil, victime de son *hybris*, ils n'en négligèrent par pour autant la dimension politique à l'image du salon des Royaumes (1633-1635) du Buen Retiro madrilène qui conjugue les blasons des différentes possessions de la Maison d'Autriche, les portraits des souverains et les représentations de grandes batailles[38].

Le XVIIIe siècle privilégie une concentration de l'iconographie monarchique dans les principaux espaces de cérémonie du palais, et en particulier la galerie ou la salle des fêtes. Les voûtes accueillent désormais de vastes compositions qui exaltent le bon gouvernement monarchique, ainsi dans la salle de bal du palais Catherine de Tsarkoïe Selo, où est glorifiée la *Puissance russe entre Guerre et Paix* (Valeriani, 1752-1754) ou dans la salle du trône du palais royal de Madrid (G. B. Tiepolo, 1762-1766) où le trône espagnol gardé par Apollon et Minerve est environné des vertus. À Schönbrunn (1760-1762), sont exaltés les bienfaits du règne de Marie-Thérèse et François-Étienne de Lorraine : la Paix et la Guerre toujours, mais aussi l'abondance économique des couronnes de la Maison d'Autriche, que figurent prosaïquement l'agriculture ou les manufactures, signe que les ressorts iconographiques ont changé.

La gloire peut enfin se faire circonstancielle, car mise en rapport avec un lieu à la fonction particulière. Si la chapelle ne glorifie le souverain que dans son rapport privilégié avec Dieu, la bibliothèque princière est un cadre idéal pour exalter le mécénat princier, tout comme le théâtre de cour. Participant plutôt des espaces privés, elle peut toutefois faire l'objet de réalisations exceptionnelles. C'est le cas de la bibliothèque impériale (1723-1726), construite dans le prolongement de la Hofburg, à laquelle pourrait être assimilée la strictement contemporaine bibliothèque Joanina de Coimbra (1717-1728), qui proclame au sein de l'université la gloire de son fondateur, Jean V du Portugal : celui-ci étant le beau-frère de Charles VI, se pose légitimement la question de son influence sur sa cousine viennoise. L'empereur figure à la place d'honneur de la fresque réalisée par Daniel Gran en 1730, au centre de la coupole de la bibliothèque impériale. Entouré des Vertus, des Sciences et des Muses, il étend son patronage sur les Arts qui lui offrent en retour l'Immortalité et la Victoire[39].

Le prince et sa cour éprouvaient clairement la nécessité de vivre au sein d'un palais grandiose et s'employaient à trouver les moyens de tenir leur rang dans une féroce concurrence européenne. De nombreux obstacles matériels, économiques et symboliques pouvaient toutefois entraver ce processus.

Pour rendre compte des réalités du palais d'État de l'époque moderne, sans doute faut-il donc opposer, aux richesses et beautés aujourd'hui intégrées à notre patrimoine, la déception de la jeune Frédérique-Sophie-Wilhelmine de Hohenzollern, mariée à l'héritier du modeste margraviat de Brandebourg-Bayreuth (en 1731) :

> Il étoit si beau qu'il mérite bien que je m'y arrête un moment. J'y fus introduite par un long corridor, tapissé de toiles d'araignées et si crasseux, que cela faisoit mal au cœur. J'entrai dans une grande chambre, dont le plafond, quoique antique, faisoit le plus grand ornement ; la hautelice qui y étoit, avoit été, à ce que je crois, fort belle de son temps, pour lors elle étoit si vieille et si ternie, qu'on ne pouvoit deviner ce qu'elle représentoit qu'avec l'aide d'un microscope ; les figures en étoient en grand et les visages si troués et passés, qu'il sembloit que ce fussent des spectres. Le cabinet prochain étoit meublé d'une brocatelle couleur de crasse ; à côté de celui-ci on en trouvoit un second, dont l'ameublement de damas vert piqué faisoit un effet admirable ; je dis piqué, car il étoit en lambeaux, la toile paroissant partout. J'entrai dans ma chambre de lit, dont tout l'assortiment étoit de damas vert avec des aigles d'or éraillés. Mon lit étoit si beau et si neuf, qu'en quinze jours de temps il n'avoit plus de rideaux, car dès qu'on y touchoit ils se déchiroient. Cette magnificence à laquelle je n'étois pas accoutumée, me surprit extrêmement[40].

Troisième partie

Cultures de cour

Chapitre 7

Les jeux de l'échange et de la consommation

Comme le souligne l'historien Fabian Persson, il est paradoxal que l'un des *Hovmarskalk* (Maître de la cuisine) de la cour de Suède, Otto Helmer von Mörner, ait pu écrire au milieu du XVIIe siècle que ses parents, « ayant été élevés à la cour, connaissaient peu de choses en matière d'économie »[1]. Vivre à la cour revenait en effet à participer à l'une des « plus grosses machines à dépenses » d'un royaume, et, au-delà, à une véritable « institution économique » pour reprendre l'expression fondatrice de Maurice Aymard et Marzio A. Romani (voir introduction). Entre évolutions de longue durée et innovations gestionnaires, la cour est, aux XVIIe et XVIIIe siècles, à la fois bureaucratique et rituelle. Elle est connectée aux circuits commerciaux pour les nécessités de son approvisionnement et aux réseaux par lesquels le souverain redistribue les fruits de prélèvements fiscaux de plus en lourds. « L'argent y est omniprésent » (Maurice Aymard), à toutes les échelles individuelles et collectives, tout un chacun passant son temps à acheter, vendre, donner ou recevoir des biens pour son compte, celui de sa famille ou celui du prince, à enregistrer ces transactions de manière officielle ou officieuse, à établir des prévisions financières et des anticipations, à négocier des prix ou des gages, à revendiquer des pensions ou des bienfaits. Cet ensemble de pratiques et de normes économiques structure un système d'échanges qui demeure avant tout un système de communication, où les instruments de gestion sont de plus en plus sophistiqués, mais où les logiques de libéralité, de don et de prestige héritées du Moyen Âge demeurent structurantes.

À l'image de la cour parasite – celle de la dépense sans contrôle, du gaspillage et de la prédation – ou celle de la cour complètement abstraite de la sphère de l'échange, *a fortiori* de l'échange marchand, il est possible de substituer celle d'un univers tissé par des transactions complexes, allant de l'économie du don et du contre-don à celle des marchés caractéristiques du monde contemporain – comme celui de l'art.

En ce sens, on peut tout d'abord postuler que la vie de cour stimule les échanges (voir chapitre 5), c'est-à-dire les consommations curiales à la fois massives et somptuaires de biens et de services, aiguillonnées par la compétition entre cours, pouvant favoriser le développement du marché du travail, des manufactures urbaines et rurales et, *in fine*, le commerce intérieur et international. C'est en tout cas l'argument des administrateurs curiaux. Mais, plus largement, la cour est un maillon essentiel de l'économie d'Ancien Régime, « ce monde de l'échange et de l'incertitude » (Jean-Yves Grenier). C'est une institution économique toujours plus réglementée, « *state-enforced* », et pourtant irréductiblement « *self-enforcing* » (Avneir Greif), liée à l'action des agents économiques et de leurs réseaux interpersonnels – des courtisans à la tête des plus importants patrimoines aux serviteurs et fournisseurs les plus modestes[2]. À Versailles même, ne trouvait-on pas dans les baraques extérieures et jusque dans les galeries ou escaliers du palais étals et boutiques proposant toutes sortes de marchandises – du vin, du café et du tabac aux livres, jeux et jouets[3] ? L'analyse des dépenses de la cour et de leur impossible maîtrise met donc en perspective les importantes consommations qu'y finançait le prince, au fondement d'une culture matérielle spécifique mais aussi d'échanges profitant à ceux de ses sujets qui gravitaient même assez loin de l'orbite de la société de cour.

Dépenses somptuaires, expédients et contrôle bureaucratique

Les dépenses de la cour : une part significative des dépenses de la Couronne

Aujourd'hui encore les dépenses supposées de la cour peuvent être un objet de fantasme ou de fascination : les contempteurs de la cour en ont toujours décrié le coût exorbitant et ces dénonciations, qui n'ont fait que s'exacerber au siècle des Lumières, ont été souvent reprises dans l'historiographie du XIXe siècle (voir aussi chapitre 1)[4]. Premièrement, déterminer le périmètre des dépenses de la cour est tout aussi difficile que délimiter celle-ci. Même en la considérant sous l'angle institutionnel, c'est-à-dire en ne prenant en compte que les dépenses engagées par le prince pour le fonctionnement de sa maison et celles de sa famille à l'exclusion de celles qu'engagent courtisans et serviteurs sans pouvoir prétendre en être remboursés, la tâche reste ardue. Gages et consommations en font de toute évidence partie, mais les pensions peuvent être tantôt incluses, tantôt exclues des comptabilités contemporaines comme des analyses des historiens. Le caractère foncièrement éclaté de la trésorerie et de la comptabilité dans les États d'Ancien Régime empêche en effet bien souvent de disposer d'une vue d'ensemble des dépenses de la Couronne, auxquelles doivent pourtant être rapportées celles de la cour, pour en évaluer le poids et la signification dans le fonctionnement de l'institution monarchique. Lorsqu'on dispose d'états prévisionnels ou de bilans récapitulatifs – qu'ils aient servi comme instruments de gestion ou qu'ils aient été reconstitués par les contemporains, souvent à des fins critiques intérieures ou extérieures au gouvernement, ou par les historiens –, il s'avère que les dépenses de la cour, et c'est le second point, sont en général bien moins importantes en proportion que les dépenses militaires. Ce sont ces dernières qui grèvent lourdement les dépenses des États princiers de l'époque moderne, perpétuellement sur le pied de guerre si ce n'est en conflit. Toutes les monarchies pesant sur la scène européenne, et globale par le biais des implantations coloniales, sont lourdement endettées, qu'il s'agisse de la France, de l'Espagne, de la Suède ou de l'Angleterre dont les crises politiques du XVIIe siècle sont liées à la contestation de la capacité du souverain à Lever sans contrôle les fonds nécessaires à sa politique de grandeur. Pour autant, et c'est le troisième point, les dépenses de la cour n'en constituent pas moins un poste de dépense très significatif : dans la plupart des États, elles excèdent celles que l'on consacre à l'administration centrale. Or un tel état de fait est consubstantiel à la nature de l'État d'Ancien Régime. La cour est non seulement le lieu central de l'exercice et d'incarnation d'un pouvoir éminemment personnel, mais aussi un véritable *hub* de redistribution de la richesse issue des prélèvements par le pouvoir souverain. Le rôle économique de l'État – dont la conceptualisation ne s'affirme qu'avec l'économie politique des Lumières – s'y déploie en pratique, du fait des interconnexions entre la cour et le royaume, entre jeu des intérêts personnels et recherche du bien commun. En ce sens, le développement de la cour s'articule étroitement à celui de la fiscalité princière, au point que s'élargissent les capacités de secours exercées traditionnellement par le prince et qu'un historien de la cour de Suède voie en celle-ci un ersatz d'État-providence[5]. En effet, si les compétences de l'État d'Ancien Régime sont sans commune mesure avec celles que l'on associe à l'État contemporain – ce qui explique la faiblesse des fonds attribués à l'administration centrale –, la cour est un des lieux où s'invente la bureaucratisation, si ce n'est la dépersonnalisation, de l'attribution des grâces et des secours.

Dans la France du XVIIe siècle, la Maison du roi représente 3 millions de livres tournois en 1600-1656, soit 36 % des dépenses de la Couronne ; 5 millions en 1662-1695, soit 27 % des dépenses totales. Il faut y adjoindre les dépenses pour les autres Maisons princières (fluctuant en fonction de l'importance démographique de la famille royale) : elles font gonfler la part de la cour dans les dépenses globales de la Couronne à 55 % dans la première moitié du XVIIe siècle et à 42 % dans la seconde moitié. Jeoren Duindam a pu évaluer le poids des dépenses au XVIIIe siècle à partir de documents incluant l'ensemble des Maisons princières[6] :

Dépenses de la cour	1726	1752	1781
En livres tournois	31 millions	28 millions	41,5 millions
En pourcentage des dépenses de la Couronne	17 %	9 %	16 %

La diminution de la part de l'institution curiale dans le budget est due notamment à la régression des dépenses consacrées aux bâtiments après leur explosion dans la seconde partie du XVIIe siècle marquée par le chantier de Versailles (jusqu'à 50 % des dépenses de l'administration curiale en 1685), mais aussi, et surtout, à la hausse exponentielle des dépenses militaires et du service de la dette. Si les dépenses baissent en proportion, elles ont en effet plutôt tendance à augmenter en valeur absolue (même en tenant compte de l'inflation et des mutations monétaires).

Les dépenses de la cour autrichienne nous sont bien connues par les archives de la *Hofkammer*. Dans la première moitié du XVIIe siècle, elles tournaient autour de 680 000 florins en moyenne (450 000 florins pour la Maison impériale). Elles connurent une croissance nominale continue jusqu'à la fin du siècle qui ne compensa jamais la régression de leur part dans les dépenses de la Couronne :

Dépenses de la cour	1re moitié du XVIIe s.	Dernier tiers du XVIIe s.	1714
En florins	680 000	1 million	2,8 millions
En pourcentage des dépenses de la Couronne	20 %	13 %	8 %

En 1775, les dépenses totales se hissaient à 46 millions de florins, soit environ 30 % des dépenses de la cour de France à la même époque si l'on considère qu'un florin était équivalent à 2,5 livres tournois, les pensions étant cependant exclues de ces évaluations (à l'inverse des données françaises).

En Angleterre, des données d'ensemble ont notamment pu être établies pour la première moitié du XVIIe siècle sur la base des bilans réalisés par l'administration elle-même alors qu'enfle le conflit entre le roi et le Parlement autour de la prérogative fiscale[7]. Elles attestent du poids de ces dépenses dans celles de la Couronne alors même que la cour n'a alors qu'une taille relativement modeste, y compris lorsqu'on la rapporte à la démographie des élites anglaises contemporaines (700 à 800 officiers probablement présents simultanément pour une population curiale d'environ 2 000 à 2 500 personnes si l'on y ajoute les serviteurs et les familles des officiers ainsi que les membres de la pairie et de la *gentry* dépourvus de charges et dont la présence n'était qu'épisodique). Ces dépenses représentent en effet 40 à 50 % des dépenses ordinaires de la Couronne entre 1630 et 1635 : peut-être peut-on voir là l'effet de l'importance conférée à l'institution curiale par Charles Ier, connu pour avoir renforcé la réglementation héritée des Tudors dans l'espoir que de « l'ordre à la cour » pourrait découler « plus d'ordre dans toutes les parties du royaume »[8]. Sur les 239 252 livres dépensées par an, près de la moitié (108 000 livres) concerne la *Household below Stairs*, c'est-à-dire l'approvisionnement alimentaire du souverain et des officiers qu'il nourrit, loin devant les 26 000 livres pour la garde-robe et les 30 000 livres pour la Maison de la reine. Ce poids de la commensalité – c'est-à-dire au sens strict le fait que le prince partage sa table – est un héritage des cours médiévales et de la Renaissance : il demeure primordial dans toutes les cours européennes des XVIIe et XVIIIe siècles, en même temps que la cible première des réformes et des mutations de l'échange entre le prince et ses sujets.

Le même phénomène s'observe à la cour d'Espagne où l'approvisionnement pour l'alimentation, le chauffage et l'éclairage représente la moitié des dépenses de la cour. Celles-ci auraient toutefois pesé beaucoup moins lourdement sur le Trésor royal que dans les autres cours, autant que les chiffres puissent être comparables du fait de la disparité des systèmes comptables. Elles auraient en effet ponctionné seulement 5 à 9 % des revenus ordinaires de la Couronne de Castille et connu tout au long de la période une croissance nominale bien supérieure à l'augmentation réelle en raison de fortes périodes d'inflation. Cette augmentation ne se traduit d'ailleurs pas par une modification en termes relatifs, la part des dépenses de la cour ayant toujours été supérieure à celle de l'administration centrale, tout en demeurant très inférieure à celle des dépenses militaires (85 % dans la seconde moitié du XVIIe siècle et encore 60 % dans la seconde moitié du XVIIIe siècle) combinées au service de la dette[9].

Sommes en millions de reales de vellón

Période	Dépenses en fonction des prix courants	Dépense en fonction des prix déflatés (selon l'indice construit par Reher et Ballesteros)
1621-1665	9,80	5,29
1666-1700	13,97	9,18
1713-1746	25,52	24,98
1747-1759	29,34	25,16
1760-1788	46,69	30,21

Dépenses de la *Casa Real* espagnole aux XVIIe et XVIIIe siècles

En Suède, l'État est structurellement endetté tout au long du XVIIe siècle, ce qui pèse lourdement sur le fonctionnement d'une cour, à tel point qu'en 1652 les officiers sont tellement à court de chandelles qu'ils proposent de ne plus en brûler qu'une ou deux là où on pouvait en placer jusqu'à 300. Si réduite que soit alors la cour suédoise (quelques centaines de personnes réunies sous l'autorité du *Riksmarskalk*), à l'aune d'un État faiblement peuplé et urbanisé, ses dépenses représentent tout de même 10 à 20 % des dépenses de la Couronne, ce que l'on peut documenter assez précisément à partir des années 1630 et de l'établissement d'états prévisionnels annuels.

Les dépenses de la cour sont-elles maîtrisables ?

Le cas suédois illustre de manière paradigmatique les difficultés auxquelles étaient confrontées les cours européennes et l'équation insoluble que devaient sans cesse tenter de résoudre les princes et leurs officiers. Bien ménager ses finances et limiter l'endettement de la Couronne est inhérent à l'éthique princière. Ce devoir moral et politique ne doit pour autant pas contrevenir aux exigences croissantes de la représentation souveraine : il incombe au prince encore aux XVIIe et XVIIIe siècles de faire éclater sa libéralité et sa magnificence. C'est essentiel aux yeux de ses sujets et de ses courtisans qu'il cherche à retenir auprès de lui pour s'assurer de leur fidélité et manifester la cohésion du royaume autour de sa personne. Charles Ier d'Angleterre cherche ainsi à réduire le train de vie de sa cour pour parvenir à faire fonctionner la Couronne sans avoir à convoquer le Parlement pour Lever de nouvelles taxes. Il y parvient au début de son règne, à la fin des années 1620, avant d'y renoncer de crainte de voir sa cour désertée si les membres de la pairie et de la *gentry* qu'il pouvait y accueillir n'y trouvaient plus gîte, couvert et grâces à leur mesure. Les dépenses somptuaires, dont la cour est le théâtre, visent aussi à faire briller le souverain sur la scène européenne à travers les dépêches des ambassadeurs dont la présence permanente tend alors à se généraliser. Inversement, les diplomates en poste à Stockholm sous Charles XI éreintent la ladrerie du seul souverain suédois ayant réussi à maîtriser les dépenses de la cour pour lutter contre l'endettement chronique de la Couronne. John Robinson, ambassadeur de Guillaume III et de Marie d'Angleterre, s'exclame ainsi en 1694 :

> La frugalité du tempérament de Sa Majesté est partout visible dans sa Cour, où l'on fait peu de cas de la splendeur et de la magnificence, qu'il s'agisse du mobilier, des tables, des serviteurs ou d'autres choses de ce genre[10].

Il confirmait le jugement sans réplique de son prédécesseur William Carr en 1688 : déclassée par rapport à la splendide cour du Danemark, la cour de Suède avait, comme le soulignerait plus tard Nicolas Tessin, fait le choix d'une impropriété – la parcimonie – sur une autre – celui d'un luxe indécent en temps de guerre et de crise financière – et ce, au prix du respect des standards internationaux de la concurrence entre cours malgré des dépenses déjà considérables au regard de ses ressources[11].

Près d'un siècle plus tard, les administrateurs des Menus Plaisirs, à la cour de France, reformulent dans des termes proches ce qui ressemble fort à la quadrature du cercle. À partir des années 1760, les Contrôleurs généraux des finances successifs pressent les premiers gentilshommes de la Chambre d'accepter l'encadrement prévisionnel de la dépense de cet organe, dont ils sont les ordonnateurs et qui est notamment chargé de l'organisation matérielle des fêtes et des cérémonies. Comment faire pour éviter d'avoir à « renoncer à faire exécuter ce qui pourrait être agréable au Roi et à la Cour », au cas où l'estimation serait trop faible ? Mais comment « annoncer alors une dépense extraordinaire qui donnera matière aux personnes peu instruites et mal intentionnées d'en quadrupler peut-être l'objet »[12] ? C'est-à-dire comment se soustraire au risque d'une condamnation sans appel de l'opinion publique naissante si l'estimation moyenne était trop forte, par anticipation des événements exceptionnels aussi imprévisibles qu'essentiels à la glorification du souverain et nécessairement coûteux – mariages, sacres (ou couronnements) et funérailles ? Une seule solution s'impose aux yeux des administrateurs : accepter l'encadrement *a priori* de la dépense ordinaire (et non seulement un contrôle *a posteriori*) tout en en exceptant « par une clause particulière les tentures d'appartements relatives aux grands deuils, les grands voyages extraordinaires que le Roy ou la famille royale pourrait faire ainsi que les grandes fêtes extraordinaires, relatives aux mariages des Enfants de France, ou à leurs naissances, les Grands spectacles de Fontainebleau, les constructions de salles, les grands catafalques… » [13].

Plusieurs facteurs expliquent le fait que n'ait pas vraiment été mis en place de budgets – centralisés et contraignants à l'échelle de l'ensemble des dépenses des États – dans l'Europe des cours. Ils sont à la fois matériels – la lenteur de la circulation de l'information –, comptables – l'éclatement des caisses, des outils d'encadrement tantôt trop souples, tantôt trop rigides – et politiques – l'effacement du principe du consentement à l'impôt dans les monarchies absolues, l'Angleterre parlementaire constituant une exception remarquable de ce point de vue. Si des pratiques se développent en ce sens et que l'administration curiale est loin d'y être étrangère (voir le chapitre 1 au sujet du développement aulique de l'administration par l'écrit), comme en Suède à partir des années 1630, le cas des Menus Plaisirs français est un révélateur de la persistance du caractère problématique de la limitation des dépenses curiales et, donc, de la magnificence princière. Au-delà d'une opposition réelle mais manichéenne entre grands officiers dépensiers et administrations financières rigoureuses, les départements curiaux se trouvent sans cesse pris entre des impératifs contradictoires.

Les efforts de maîtrise des dépenses de la Couronne ne s'opèrent donc pas seulement à l'échelle macro-économique de l'État mais passent aussi par deux tendances de fond opérées à l'échelle des services curiaux. Tout d'abord, forte d'une autonomisation comptable acquise au tournant du XVe siècle, l'administration curiale continue à développer les outils documentaires hérités de la période médiévale, à l'origine de sources abondantes qui ont suscité maints travaux d'édition et de recherche[15]. Comme on l'a vu (chapitre 1), les almanachs viennois attestent également la spécification des Maisons princières et des consommations curiales au sein des finances de l'État, voire de services comptables indépendants de la *Hofkammer*. L'augmentation de la population curiale et des volumes consommés nourrit des réglementations toujours plus précises afin de limiter les fraudes des officiers et des fournisseurs, mais aussi de contrôler l'origine des ordres de dépense et de paiement. Tout un appareil bureaucratique se développe autour des trésoriers, dont les missions se concentrent sur l'acquittement des dépenses. Prévaut désormais le principe de séparation des ordonnateurs et des comptables, comme à la cour de France où c'est l'œuvre de Colbert. Par ailleurs, l'enregistrement par écrit des paiements, associé à l'archivage de différents types de justificatifs, quittances reçues des fournisseurs (en aval) mais aussi ordres d'engagement et de paiement (en amont), est soumis à des opérations de contrôle de conformité, si ce n'est d'opportunité, des dépenses, assurées par des officiers distincts. Les réformes menées à la cour de France dans les décennies 1650 et 1660, puis à plusieurs reprises au cours du XVIIIe siècle, notamment dans les décennies 1750 et 1760, puis 1780 confirment ainsi les orientations déjà prises sous Henri III, et en particulier la nécessité de conserver toute la documentation produite en lien avec les consommations des Maisons (marchés et contrats, devis et mémoires de fournisseurs), afin de justifier les plus menues dépenses. La cour de Suède connaît de semblables réformes au XVIIe siècle. Des procédures de plus en plus complexes sont mises en œuvre, les comptes de la cuisine et du cellier étant signés chaque semaine, puis chaque jour par le *hovmarskalk* (maître de la cuisine), le clerc de la cuisine et le *hovkontrollor* (contrôleur de la cour) en vue d'un audit annuel[16]. Quant à l'Espagne du XVIIe siècle, dont la gestion des finances curiales est étroitement corrélée aux aléas des guerres incessantes, d'importantes réformes comptables n'y sont pas seulement menées sous les règnes de Philippe II ou de Philippe V, à l'accession au trône des Bourbons, mais aussi sous le règne de Charles II, au crépuscule des Habsbourg d'Espagne (voir chapitre 1).

L'autre tendance de fond consiste à réduire la population curiale et/ou à jouer du crédit accordé au souverain par ses sujets au risque de fragiliser leurs échanges. Les fluctuations du nombre d'officiers des Maisons tiennent à la fois aux évolutions de la démographie nobiliaire et à des réformes imposées d'en-haut, circonstancielles ou systémiques (comme celle du marquis de La Ensenada dans l'Espagne des années 1740 ou celle de Loménie de Brienne dans la France des années 1780) – elles ont déjà été évoquées aux chapitres 1 et 2. Quant au crédit à la fois financier et social du souverain, il était au cœur des modulations fréquentes de la nature et du rythme des paiements – qu'il s'agisse des gages des serviteurs ou des livraisons des fournisseurs. En 1700, un décret royal suédois réduisit par exemple au quart ou à la moitié les gages de tous les officiers, sauf ceux des officiers les plus modestes ; en 1715, tous les paiements furent suspendus. Ce type de pratiques d'étalement des paiements ou de diminution autoritaire de leur valeur ne suffisait pas à endiguer l'endettement des Maisons princières. En 1743, quand La Ensenada devint *Secretario de la Hacienda* (secrétaire du Trésor) et entreprit de réformer la *Casa Real,* l'endettement de celle-ci fut évalué à un montant équivalent au total annuel des gages de ses officiers[17]. Aux expédients temporaires, se combinaient donc des mesures structurelles pour contracter les dépenses en agissant simultanément sur les consommations et les rémunérations curiales. Réduire le nombre d'officiers allait en général de pair avec la suppression de leurs avantages en nature (accès aux tables royales, rations alimentaires, logement, livrées) ou la transformation de ceux-ci en indemnités monétaires dont l'allocation était plus facilement contrôlable et dont on pouvait espérer la dévaluation.

Dans une cour d'Angleterre trop accueillante dans les années 1630, Charles Ier décida ainsi de faire de nombreux droits de « bouge à court » de simples « *board wages* » (allocations de logement), mesure qui semblait plus acceptable, et donc plus efficace, que des contrôles indélicats qui auraient nui à l'attractivité aulique[18]. De même, en Suède, les réglementations sur le gaspillage alimentaire ou l'interdiction d'emporter de la nourriture hors du château s'avérant insuffisantes, s'imposa la transformation autoritaire des dons alimentaires et vestimentaires en dons monétaires dans les décennies 1640 et 1650. Un processus similaire s'opéra à la cour de France, avec l'extinction progressive jusqu'à la fin de l'Ancien Régime de la fourniture de certaines tenues spécifiques – comme dans le cas des parlementaires assistant aux funérailles royales et dont l'agrégation à la cour, même temporaire, était ainsi remise en cause – ou même l'obligation de les restituer – comme dans le cas des costumes créés pour les représentations des Comédiens Français ou Italiens.

Cette monétarisation de l'économie de l'échange curial concernait donc tous les acteurs sociaux engagés dans des interactions avec le prince, des plus intégrés aux Maisons princières jusqu'à ceux qui y avaient accès ponctuellement. Le Grand-Duc Pierre-Léopold de Toscane indique ainsi dans son journal que « maintenant, il n'y a plus de dîner, et [que] les pauvres [dont le souverain lave les pieds lors des cérémonies du Jeudi Saint] reçoivent de l'argent liquide » et non plus les reliefs du repas, les couverts et les assiettes dans lesquels celui-ci avait été servi, ni le costume et la médaille dont ils avaient été revêtus[19]. Or l'abstraction fiduciaire des relations que le prince pouvait entretenir avec ses sujets dans le cadre de la cour n'allait pas sans conséquences symboliques et politiques dans un univers matériellement façonné dans les moindres détails.

Le luxe ordinaire ou l'impératif curial de la qualité

Des produits d'exception

Tant la société de cour au sens large, dans et hors le palais, que les Maisons royales se distinguaient par la qualité et l'abondance de leurs consommations (voir chapitres 5 et 6). Nombre des biens achetés relèvent d'une économie du luxe, par leur caractère exceptionnel par la rareté, le prix et/ou la finesse d'exécution – comme les glaces qui ornent en série la grande galerie du château de Versailles et que les courtisans qui y sont logés cherchent à multiplier dans leur petit intérieur pour attester leur rang. Les cours stimulent ainsi la production d'objets hors normes dans toute une série de domaines en multipliant les achats.

405 pièces d'argenterie,	1405 pièces de vaisselle avec armoiries royales,
79 avec les armes du duc de Bourgogne,	89 avec les armes du Dauphin,
335 bronzes,	417 agates,
534 cristaux de roche,	822 pièces de porcelaine,
35 horloges,	375 miroirs,
257 luminaires en cristal,	1616 pièces de mobilier (armoires, cabinets, tables et guéridons),
108 objets en provenance de Chine,	242 pièces d'argenterie pour la chapelle,
721 pièces textiles pour la chapelle,	458 armes,
2071 ensembles pour cheminées,	42 baldaquins,
333 tapis,	364 pièces de tapisserie de soie et Gobelins
93 pièces de la manufacture des Gobelins (soie et laine),	55 revêtements muraux de cuir doré,
100 étoffes de brocard,	37 étoffes de soie,
161 pièces de mobilier tendues de tissu,	147 tendues de brocard,
77 mixtes,	9 en toiles peintes,
473 avec velours,	473 avec damas,
64 avec brocatelle,	206 avec tapisserie,

101 avec tapisserie de la Savonnerie,	203 avec étoffes peintes,
257 avec maroquin,	333 avec simple tissu,
455 « meubles de suite »,	318 pièces de linge,
698 autres pièces de mobilier	

Des achats de luxe en série : l'exemple de la cour de France en septembre 1750[20]

Aux productions des arts décoratifs (chapitre 6), se combine dans les palais d'État ou les résidences de villégiature un mobilier d'exception qui représente une part importante de ces consommations curiales de luxe. Le XVIIe et surtout le XVIIIe siècle sont en effet marqués par l'augmentation et la diversification des pièces de mobilier, en contraste avec les coffres de la cour itinérante du tournant de la Renaissance et, dans un contexte plus large, de sophistication des objets du quotidien. Ébénistes, menuisiers et tapissiers élaborent ainsi un mobilier d'assise – crucial dans la mise en scène du rang (chapitre 3) – aux formes toujours plus variées[21]. Le mobilier de rangement connaît des évolutions similaires, dont la commode est le meuble le plus représentatif. Apparue en France dans les années 1690, elle tend rapidement à concurrencer l'armoire, reléguée dans les arrière-cabinets, et se répand dans toute l'Europe où elle devient aussi un élément important des chambres d'apparat et des pièces de réception. Le meuble de rangement se décline par ailleurs en de multiples formats : cabinet, bureau ou secrétaire (d'homme ou de dame), semainier, bonheur du jour, coiffeuse qui ne font pas pour autant disparaître en Europe centrale les grands cabinets d'apparat. Se développent aussi d'autres meubles spécifiquement destinés à abriter ou exposer les différentes collections, des bibliothèques où sont disposés des livres aux reliures luxieuses aux consoles dont le rôle est purement décoratif. On y met en valeur des objets précieux tels que des vases, des luminaires sur pied ou encore des objets de précision dont le goût se développe entre nouveau rapport au temps, curiosité scientifique et fascination pour la mécanisation. Aux XVIIe et XVIIIe siècles, les savoir-faire mécaniques se concentrent sur les meubles à transformation et la réalisation d'horloges qui prennent des formes diverses (pendule, cartel, régulateur qui succèdent à l'horloge de table). Certaines réalisations exceptionnelles misent essentiellement sur le calcul astronomique et allient le savoir-faire des horlogers et des techniciens à celui des ébénistes et des bronziers.

De manière générale, le raffinement avec lequel est conçu tout ce nouveau mobilier amène au développement de techniques décoratives spécifiques (marqueterie, notamment Boulle, laque orientale ou Vernis-Martin, bronzes décoratifs à la décoration foisonnante...) et à la réalisation d'objets combinant de nombreux savoir-faire et innovations. C'est d'ailleurs aussi le cas dans d'autres domaines comme la production de carrosses qui mobilise à la fois les techniques pour le véhicule *strico sensu* (système de traction, amortissements, équilibre de l'ensemble pour le confort des passages), l'ébénisterie, la sculpture du bois, la peinture ornementale, la dorure, la tapisserie, la maroquinerie, la confection textile, le travail du bronze, la vitrerie et la miroiterie pour l'extérieur comme l'intérieur de l'habitacle.

Pour tracter ces véhicules, il faut de nombreux attelages, l'acquisition en abondance de chevaux de prix – pour les gigantesques écuries de Versailles, Madrid et Vienne –, et, au-delà, de toutes sortes de produits issus du vivant et de matières végétales ou organiques, transformées ou à transformer – chevaux, animaux, plantes, épices, produits alimentaires, cosmétiques et thérapeutiques... – caractérisant aussi des consommations curiales articulées à des échanges avec de multiples fournisseurs et métiers artisanaux[21]. L'illustre avec éclat le cas des villes nouvelles comme Madrid, ou Versailles dans une moindre mesure, où l'installation finalement pérenne de la cour favorise la multiplication des implantations artisanales et la structuration de puissantes communautés de métiers comme les *Cinco gremios* madrilènes.

Au-delà, la diversité des achats nécessaires à la vie de la cour amenait les administrateurs des Menus Plaisirs du roi à rappeler fréquemment dans la France du XVIIIe siècle que, pour l'organiser, il convenait de s'approvisionner massivement en « choses courantes et non de fantaisie »[22]. Avec cette formule, ils souhaitaient d'abord répondre à un contexte particulier, celui de l'exacerbation des critiques contre la cour, notamment en dénonçant le fantasme selon lequel on utilisait de véritables pierres précieuses sur les scènes du théâtre de cour. Mais apparaît aussi en filigrane l'idée selon laquelle la cour est un lieu où consommations du quotidien (chauffage, éclairage, alimentation...), objets prosaïques (planches, cordes, outils, batteries de cuisine[23]...) et consommations extraordinaires (comme lors des fêtes et des cérémonies dont ils avaient la charge) se confondent dans un même objectif : incarner la majesté royale en utilisant des produits et des matériaux dont la qualité et l'abondance doivent s'accorder au rang du prince. Dès lors, tout y est en un sens marqué par le sceau du luxe, même si cette exigence – de l'ordre de l'impératif éthique et politique – n'est jamais synonyme d'uniformité. Au contraire, les qualités d'objets et de produits se déclinent en fonction des circonstances, de la visibilité et de leurs usagers : les reliures des volumes des Spectacles de la Cour distribués lors des représentations d'opéra à Fontainebleau sont plus ou moins onéreuses selon qu'elles aient été produites pour le couple royal, la famille royale ou les courtisans ; c'est *a fortiori* le cas pour les objets à destination des serviteurs les plus modestes. La cour est en outre un espace où les biens et matériaux sont non seulement transformés – car assemblés, cuisinés ou utilisés par les serviteurs – mais acquièrent également une valeur inédite du fait des modalités de leur circulation ou de leur conservation dans la proximité au prince.

Entre pérennisation de l'éphémère et patrimoine (in)aliénable : consommations curiales et valeur économique

Les manifestations éphémères dont étaient responsables les Menus Plaisirs avaient ainsi bel et bien un coût élevé et même une valeur, non seulement symbolique, mais aussi économique, qu'ils cherchèrent à valoriser systématiquement. Si les décors monumentaux pour les cérémonies dynastiques ou les divertissements n'étaient le plus souvent faits que de matériaux très ordinaires (bois communs, fer-blanc, papier mâché comme dans le théâtre de Marie-Antoinette à Trianon), l'illusion qui en faisait l'intérêt, en faisait également le prix, d'autant plus que leur réalisation pouvait aussi mobiliser des expertises techniques spécifiques – jeux pyrotechniques ou aquatiques, effets spéciaux et machineries opératiques, etc. Les cours font également de plus en plus appel à un personnel artistique professionnel nombreux pour les différentes performances théâtrales et musicales, ce qui représente là encore un coût important. À Vienne, la Chapelle impériale compte plus d'une centaine de musiciens, dont une majorité d'instrumentistes (autour de 70). Certaines cours germaniques, en particulier celles de Mannheim et de Dresde, renforcent la dimension instrumentale de leurs Chapelles au point de faire école en Empire. Si la Chapelle du roi de France ne compte qu'une vingtaine d'instrumentistes (pour une centaine de choristes), la Musique de la Chambre, qui a fusionné avec elle en 1761 au sein de la Musique du roi, se distingue par l'importance de son orchestre, notamment les fameux Vingt-Quatre Violons du roi. Quant à la sophistication matérielle des costumes et des décors de théâtre, dont les dépenses vont croissant au cours du XVIIIe siècle, sous la houlette d'artistes comme les frères Slodtz ou Pierre-Adrien Pâris, elle répond en France[24] au prestige des productions opératiques viennoises du siècle précédent.

La préservation de ces ressources humaines et matérielles devient alors un véritable enjeu pour les cours : retenir les artistes que l'on protège, voire que l'on a fait venir à grands frais, et, plus largement, pérenniser l'éphémère en systématisant l'inventorisation et le stockage raisonné des costumes et des décors, sont un défi constant pour les administrateurs des cours princières. Comme les objets précieux, les œuvres d'art et les résidences – dont l'entretien relève partout de l'État plus encore que de la Maison –, les artefacts des divertissements et des cérémonies en viennent dès lors à constituer une forme inédite de patrimoine valorisable pour les souverains. C'est aussi ce que font observer les administrateurs des Menus Plaisirs à propos des multiples dépenses extraordinaires qu'ils ont dû engager dans les décennies 1760 et 1770, marquées par plusieurs funérailles et mariages, par le sacre de Louis XVI et par l'explosion des performances théâtrales – notamment l'opéra-comique – tous ces événements ainsi que « la construction du grand Théâtre de Versailles » produisent des « objets de propriété réelle pour le Roy ainsi que tous les effets qui existent et qui se conservent avec le plus grand soin » et qu'il ne sera donc plus forcément nécessaire de renouveler[25]. Est ainsi construite une « église portative » servant aux pompes funèbres à la cour de France, faite de pièces détachées entreposées dans les hôtels des Menus de Paris et Versailles, et adaptable aux différents édifices utilisés (Saint-Denis ou Notre-Dame) ainsi qu'à l'identité et au rang du défunt[26].

Si ces pratiques ne ralentissent pas automatiquement le rythme des achats (les magasins des Menus Plaisirs comptent par exemple un millier d'habits de théâtre en 1762 et plus de 5 milliers en 1786), il arrive que les administrateurs, comme ceux du Garde-Meuble à la cour de France des années 1780, se mettent à calculer la valeur des biens conservés ou remployés – et donc des économies réalisées. La valeur marchande, et non seulement symbolique, de ces artefacts, est ainsi clairement posée. En ce sens, est consommée la transformation des fonctionnalités documentaires, du comptable et du judiciaire au gestionnaire. Au sein de l'*Ewry*, le service chargé du linge de table à la cour d'Angleterre, quatre à cinq officiers s'activèrent dès la seconde moitié du XVIIe siècle à la tenue de registres permettant de tracer toute la vie curiale des produits et des matériaux acquis par la *Royal Household* : contrôle de la livraison, transformation, marquage aux armes de la cour – une couronne, l'initiale du souverain et la lettre R pour « Rex » ou telle ou telle autre initiale pour les officiers qui en auraient l'usage dans le cadre de leurs fonctions comme « L » pour *ladies of the Bedchamber*, ce que l'on retrouve dans les cours des Orange-Nassau ou des Bourbons –, usages et blanchissage, réforme, mise au rebut ou remploi. Tous les cadres pratiques étaient donc disponibles pour affirmer la propriété du souverain sur les biens même les plus prosaïques, leur patrimonialisation pouvant dès lors être opposée à des traditions de don et de réappropriation par les courtisans et serviteurs.

Conserver fait ainsi paradoxalement entrer ces biens dans l'économie marchande, faisant écho à la possibilité utilisée de longue date de mobiliser en cas de crise des biens précieux censément inaliénables. L'exemple le plus fameux en est la fonte de son mobilier d'argent (évoqué chapitres 3 et 6) par Louis XIV à l'occasion de la guerre de la Ligue d'Augsbourg. En 1711, les princesses suédoises offrent leurs bijoux pour contribuer au financement de la Grande guerre du Nord, à une époque où la valeur monétaire de la vaisselle d'or et d'argent, des chevaux ou du mobilier précieux (comme les tapisseries) n'est pas indiquée dans les inventaires au contraire de ce qui semblait se pratiquer en Espagne dès le milieu du XVIIe siècle – en 1666, la valeur de l'argent thésaurisé par la *Casa Real* espagnole sous la forme d'objets précieux était estimée à 717 000 *reales*. En 1747, François-Étienne, duc de Lorraine, en difficulté pour faire reconnaître son autorité comme grand-duc de Toscane, n'hésita à faire engager à Gênes tous les bijoux et toute la vaisselle d'argent de la cour florentine, puis également la vaisselle de Lorraine, soit 61 coffrets de vaisselle d'argent et de vermeil décrits dans une liste de 30 pages, pour contracter un prêt important de 51 733 514 lires génoises[27].

Biens précieux et produits ordinaires participent ainsi du même système où les valeurs économiques, marchandes et symboliques des artefacts matériels se reconfigurent sans cesse. Au début du XVIIe siècle, Charles Ier, pourtant l'un des premiers souverains anglais collectionneurs – il acquiert une partie des fabuleuses collections des ducs de Mantoue –, dépense plus en tapisseries qu'en Van Dyck et en Rubens. Et surtout, il débourse encore bien plus pour nourrir sa cour (un millier de personnes) que dans les arts plastiques et visuels. Alors que les investissements massifs dans ce domaine transforment les souverains en mécènes, captant la production artistique et façonnant les mondes de l'art, l'alimentation et d'autres dépenses qui répondent, certes de manière extraordinaire, à des besoins universels, dominent encore les dépenses de la cour.

Des consommations quotidiennes d'une ampleur extraordinaire

Chauffage et éclairage

Si l'enjeu peut paraître particulièrement crucial dans une cour comme la Suède, le chauffage et l'éclairage revêtent partout une importance capitale, à une époque où s'éclairer est une gageure et se chauffer d'autant plus essentiel que les températures sont globalement rigoureuses. Un « état » de 1783 recense par exemple 1 169 cheminées à Versailles, qu'il faut approvisionner en bois (plutôt qu'en charbon que l'on n'aime pas utiliser en France, contrairement à l'Angleterre ou à l'Espagne où l'on en achète 500 tonnes par an dans les années 1670 pour la Maison du roi et celle de la reine), qui est essentiellement fourni par les forêts royales alentours pour les appartements royaux et quelques bénéficiaires privilégiés. On dénombre ainsi l'achat de 985 cordes de bois et de 78 430 fagots en 1747, ou encore 1 266 cordes et 81 750 fagots en 1756, soit autour de 35 000 à 40 000 livres en moyenne/an, ce qui n'empêchait pas un froid glacial de régner à Versailles.

Les cours d'Europe centrale préfèrent le poêle, la cheminée restant essentiellement ornementale quand le goût français a pénétré l'espace germanique. En France, se multiplient au XVIIIe siècle les chauffages d'appoint : petits poêles et braséros en faïence ou en fonte. Les autorités royales, en l'occurrence les Bâtiments du roi, cherchent toutefois à les interdire, en raison des dangers d'incendie qu'ils présentent. La question du chauffage est tellement cruciale que les Bâtiments se trouvèrent confrontés à une inflation de demandes de percement de fenêtres ou de murs pour y faire passer des tuyaux d'évacuation pour des poêles, appelés « cheminées postiches », requêtes auxquelles ils répondaient systématiquement par la négative en arguant, soit de problèmes techniques, soit esthétiques, les façades du château auraient en effet été percluses de trous.

Les innombrables lustres à bras, visibles encore aujourd'hui dans les salles d'apparat des palais, laissent imaginer la quantité de chandelles nécessaire pour éclairer ces vastes espaces. En 1739, un grand bal à Versailles exigea plus de 24 000 bougies pour près de 400 000 livres. Un faste inouï était déployé par la lumière lors des cérémonies et des divertissements – l'éclairage demeurant là encore de la fin du XVIIe à la fin du XVIIIe siècle l'un des principaux postes de dépenses des Menus Plaisirs du roi. Ce n'est pas pour autant que ces multiples lumières produisaient un éclairage en quoi que ce soit comparable avec ce à quoi nous sommes habitués aujourd'hui. Il fallait donc multiplier les sources de lumière (girandoles, chandeliers, bras de lumière, voire lampes à huile) et les moyens de réflexion (dorure des boiseries, miroirs multiples, y compris amovibles qui permettaient de masquer les fenêtres). En 1697, un amateur d'architecture, le Suédois Nicolas Tessin recommande ce dispositif : « Pour les cheminées, je les ferais de glaces [...] du haut en bas ; c'est le goût qui règne et qui est d'autant mieux fondé qu'avec deux ou quatre bougies un appartement, par la réverbération, se trouve plus éclairé et plus gai qu'un autre avec douze. »

C'est pourquoi, selon W. R. Newton, la famille royale n'était, en France, sans doute guère mieux éclairée au quotidien que les familles de la noblesse ou de la bourgeoisie urbaine[28]. Pour limiter les dépenses, l'administration curiale jouait d'ailleurs de plusieurs sortes de sources d'éclairage, notamment deux qualités de bougies – « blanches » (pour les appartements royaux et les repas publics) et « jaunes » dont la cire fondait plus vite – qu'elle combinait à des torches et des terrines de suif. Cette déclinaison se retrouve dans toutes les cours européennes, comme en Espagne, où le *proveedor* de la Maison du roi fournit, en 1684, 25 000 kg de cire blanche et jaune (pour 600 000 *reales*), ou en Suède, où l'on fait l'acquisition, en 1693, de 18 462 bougies de cire, 1 224 torches et 60 993 chandelles de suif[29].

Consommations alimentaires

Il s'agit de nourrir le souverain et sa famille, mais pas seulement : les « commensaux » – de « mensa », « table » en latin – sont étymologiquement ceux qui ont accès à la table du prince. En dépit de la conversion de nombreux droits alimentaires curiaux en indemnités monétaires au cours de la période, certains officiers ont conservé jusqu'au XVIIIe siècle le privilège de recevoir et de redistribuer les restes de la table du roi, comme le *mayordomo mayor* et le *Sumiller de corps* à la cour d'Espagne, ou, plus généralement, celui d'avoir « bouche à cour » – pour reprendre l'expression en vigueur en France –, c'est-à-dire d'être nourris des produits issus de la desserte des tables royales et des tables des grands officiers ou préparés spécifiquement dans les offices et cuisines du palais. Invités et visiteurs pouvaient enfin être régalés lors de grands festins[30].

Les mets proposés doivent être adaptés aux exigences de la civilité, imposant de ne pas trop mastiquer en public, au calendrier religieux, en raison des périodes de jeûne, à l'itinérance curiale ou encore aux types de circonstances curiales – imposant parfois de redoubler en quantité et en qualité. Les consommations alimentaires se caractérisent donc par l'abondance, à la fois en raison de l'importance du nombre de personnes à nourrir et de l'impression de libéralité que devait procurer la vue de la table royale. En France, les officiers de la Maison du roi mangent en moyenne un millier de pains par jour au début du règne de Louis XIII, soit environ 109 tonnes par an. Un peu plus de 800 litres de vin – blancs et « clairets » de Bourgogne et de Gascogne, le vin rouge étant réservé aux milieux populaires – sont également consommés chaque jour. À la fin du XVIIe siècle, les achats de blé auraient culminé à la cour d'Espagne jusqu'aux mille tonnes de blé par an pour la somme de

400 000 *reales*. En 1685, la Maison du roi aurait de même acheté 260 000 litres de vin provenant de sa principale source d'approvisionnement à Esquivias, dans la province de Tolède. S'ajoutent à tout cela des centaines de milliers de kilogrammes de glace (192 000 pour la seule Maison de la reine cette même année 1685) pour la consommation mais aussi la conservation des aliments.

Important critère de distinction, la consommation de viande occupe une place prépondérante, surtout en comparaison de l'alimentation quotidienne de la grande majorité de la population européenne. Il s'agit à la fois de viande d'élevage (majoritairement) et de gibier. Au début du XVIIe siècle, la cour de France consomme en moyenne 100 livres de bœuf par jour, soit 50 kg, mais aussi une dizaine de moutons et six veaux, sans compter les chevreaux, les agneaux (7) et les cochons (5). La volaille et le petit gibier abondent également : entre 300 et 400 pièces par jour pour la seule Maison du roi[31]. Il en va de même du poisson pour les jours maigres : le 1er décembre 1657, la table du roi utilise 250 carpes, 450 huîtres, 300 écrevisses, 121 vives, 50 brochets, 12 barbeaux et autant de perches, 10 truites. D'importantes commandes de poissons et de fruits de mer permettent de respecter les obligations du calendrier liturgique sans sacrifier pour autant les obligations d'ostentation – la *Casa del rey* acquiert ainsi en Espagne, en 1685, 21 379 kg d'aiglefin sec mais aussi 1 408 kg de saumon sec et 162 kg de saumon frais, tandis qu'on trouve à la cour de Londres du linge et des couteaux spécifiques pour la consommation des huîtres. Il s'agit aussi d'observer des jours de deuil comme le jour anniversaire de l'exécution de Charles Ier à la cour d'Angleterre où son fils Charles II privilégie par exemple haddock et carrelet.

Viandes et poissons représentent la base de plats de plus en plus raffinés à mesure que se développe une gastronomie curiale essentiellement à base de produits frais. Se multiplient les types de mets : hachis, chairs grasses, compotes, crèmes, entremets, sorbets… Quelques cuisiniers fameux se détachent au milieu des nombreux anonymes, en lien avec une culture gastronomique qui se forge par la circulation de publications et l'apparition de célébrités, les cuisiniers français étant recherchés dans toute l'Europe (chapitres 2 et 11). Philippe V introduit ainsi le goût français dans les repas servis à la cour d'Espagne et y fait servir, comme ses fils après lui, des vins de Bourgogne. Il n'en maintient pas moins certaines pratiques des Habsbourg, comme la consommation de vin doux des Canaries et de chocolat – qu'il substitue au vin en période de jeûne ! – et la tradition du ragoût de viande dominical. La *olla podrida* – composée pour la famille royale de huit livres de bœuf, trois livres de mouton, une poule, deux pigeons, un lièvre, deux chorizos, des pieds et des oreilles de cochon, des haricots blancs, des légumes et des épices – est un plat partagé, avec des adaptations diverses, par toutes les couches sociales espagnoles[32].

L'utilisation des épices tend à reculer puisque l'utilisation de produits frais rend moins nécessaire de masquer des goûts peu agréables, même si elles apparaissent toujours significativement dans la ration hebdomadaire du gentilhomme de la Chambre espagnol au XVIIIe siècle (une demi-livre de piment, une once de noix de muscade, une once de clou de girofle, une once de canelle et une demi-once de safran). Les fruits sont aussi largement consommés et sous de multiples formes : frais, cuits ou confits, ils proviennent à la fois des environs de la résidence princière et d'horizons beaucoup plus lointains (agrumes, papayes, litchis, mangues, ananas...). Les friandises telles que beignets et confiseries se multiplient lors des festivités sous des formes particulièrement spectaculaires. Lors de l'accession au trône d'Angleterre de Jacques II et de Marie de Modène, les pyramides de confiseries auraient été si hautes qu'elles auraient empêché les convives de se voir[33]. L'emploi à foison de l'or blanc qu'est le sucre – ce qu'atteste par exemple l'apparition de saupoudreuses dans les inventaires – produit des ravages sur les dentitions mais constitue un puissant marqueur distinctif, *a fortiori* sous la forme d'extravagantes sculptures qu'adopte même la cour de Russie, où les usages gastronomiques sont pourtant longtemps restés différents de ceux des cours d'Europe occidentale (voir chapitre 11) : est ainsi réalisé en 1672 un Kremlin de sucre pour la naissance du futur Pierre I[er][34].

Vaisselle et linge de table

Le faste de la table se joue aussi largement dans la manière dont elle est dressée. Si des services d'argent et de vermeil existent pour les circonstances les plus solennelles – Jacques II d'Angleterre fait ainsi redorer, repeindre et compléter le sien lors de son couronnement –, on use au quotidien, *a fortiori* en dehors des tables de la famille régnante, de vaisselle plus ordinaire – encore que le roi Guillaume III, pourtant réputé pour son tempérament austère caractéristique de la cour du stadhouder des Pays-Bas, aurait même emporté sa vaisselle de vermeil en campagne militaire en Irlande. À la faïence prédominante au XVIIe siècle, succède la porcelaine, au XVIIIe siècle. Le chimiste Johann Friedrich Böttger trouve en effet en 1709 le moyen de produire en Saxe de la porcelaine – jusque-là importée de Japon et de Chine – grâce à l'utilisation de kaolin. Bien que captif de l'électeur de Saxe qui souhaite conserver le monopole de la fabrication de porcelaine (avec l'ouverture de la première manufacture à Meissen en 1710), le secret s'évente bien vite et les manufactures se multiplient en Europe

(Vienne, Sèvres, Frankenthal, Berlin, Nymphenburg, Capodimonte…). Elles produisent non seulement de la vaisselle, mais aussi de nombreux objets décoratifs, qui combinent parfois plusieurs techniques et qui deviennent des ornements spécifiques aux cours européennes (notamment des dessus-de-table).

Le déploiement des arts de la table reflète la capacité curiale à s'approprier les nouveautés, et à inspirer les modes de vie des élites, le XVIIe siècle étant par exemple marqué par la généralisation de la fourchette dont la présence se démultiplie dans les inventaires lorsqu'ils existent comme en Angleterre où disparaissent concomitamment rince-doigts et essuie-mains. Des serviettes assorties aux nappes y sont également attestées : tous ceux qui avaient bouche à cour au sein de la *Royal Household* bénéficiaient d'une serviette d'une largeur et d'un textile – du damas le plus fin aux toiles les plus ordinaires – adaptés à leur rang, si bien qu'on lavait en moyenne chaque semaine 400 nappes et 350 douzaines de serviettes. Les nappes avaient des dimensions exceptionnelles, propres aux usages de cour, non seulement en longueur mais aussi en largeur – alors même que celle-ci était souvent standardisée dans les productions européennes. Il était donc nécessaire, pour obtenir des nappes suffisamment larges pour les immenses tables destinées au souverain, de passer des commandes spécifiques, voire de coudre bord à bord des bandes de tissu. C'est ainsi que furent achetés aux Pays-Bas pour le couronnement de Jacques II en 1685 « dix *yards* de pièces de tissu de table en damas superfin pour une nappe destinée à la table de Leurs Majestés » et « dix *yards* de damas superfin pour coudre la nappe »[35]. Inversement, la diminution de la longueur des nappes atteste les mutations du cérémonial et des consommations. C'est très sensible dans ces inventaires dont on dispose pour la cour d'Angleterre et où la part des nappes de cérémonies, mesurant entre 5,50 et 8 mètres de long, passe du quart (sous Charles II) au dixième des stocks de linge de table sous les Hanovre. Se développent aussi des nappes plus courtes pour des repas moins formels (dîners avec une assistance restreinte, soupers) et du linge adapté à la consommation des boissons exotiques à la mode, comme des nappes et des serviettes de taille réduite pour les tables à thé.

Acteurs de l'approvisionnement

Sans même considérer les consommations de l'ensemble de la société de cour, mais seulement celles que le prince prenait en charge, se fait nettement sentir le poids des centres urbains dans l'approvisionnement en produits transformés de haute qualité et en biens de luxe. Paris semble demeurer le centre névralgique de l'approvisionnement des Maisons princières de la cour de France installée à Versailles, même si la ville offre des ressources (par exemple dans les secteurs alimentaires ou le commerce du livre) aux courtisans qui y disposent d'un logement dans le palais, d'un hôtel urbain ou d'un château à proximité. Au-delà, Paris constitue pour la plupart des cours européennes une plaque tournante du marché du luxe et un laboratoire des goûts de l'élite. C'est là que la cour de Bavière – dont les États ne peuvent produire, jusqu'au milieu du XVIIIe siècle, des fournitures d'un luxe comparable – recherche de quoi soutenir un train de vie de plus en plus somptueux. Les électeurs Max Emmanuel et Karl Albrecht passent commande en produits de tous genres auprès de leur envoyé en France le comte d'Albert. Près de 2 200 000 livres sont ainsi dépensées en textiles, vêtements et accessoires (boutons, perruques...), mais aussi en mobilier et objets précieux (cristaux, vaisselle de faïence ou surtout porcelaine, meubles de prestige, carrosses, instruments de musique). Tous les articles achetés par la cour de Bavière ne sont cependant pas nécessairement produits dans la capitale, ni même dans le royaume, tant il reste difficile aux manufactures françaises de concurrencer les porcelaines de Saxe (du moins jusqu'au développement de la manufacture de Sèvres dans la seconde moitié du siècle), les soieries de Lyon ou encore les tapisseries de Bruxelles.

À mesure que les besoins des cours augmentent et se diversifient, elles font appel à des fournisseurs plus nombreux et plus spécialisés. Entre le règne de Louis XII et celui d'Henri IV, le nombre de marchands et de métiers sollicités par la consommation de la cour de France a par exemple plus que triplé. Par la suite, le XVIIe siècle voit encore doubler ce chiffre (de 328 à 608)[36]. De même, au XVIIIe siècle, le nombre de fournisseurs de la seule administration des Menus Plaisirs ne cesse de croître : en 1698, elle fait appel à trois tailleurs, un panacher, un marchand de bas, un autre de soie, un autre de fleurs artificielles, une empeseuse et un marchand linger ; en 1762, on compte 21 fournisseurs : six lavandiers et blanchisseurs, quatre tailleurs, deux marchands de bas, deux marchands de gaze, un marchand d'étoffes, deux marchands de drap, deux peintres et imprimeurs sur étoffe, un gantier-parfumeur, un marchand de fleurs et un panacher ; en 1786, on dénombre jusqu'à 153 fournisseurs (avec 118 métiers représentés une seule fois).

L'ampleur et la diversité croissantes des métiers reflètent à la fois les modalités du travail à l'époque moderne (division du travail, relative absence de standardisation) et les besoins spécifiques de la cour (que ce soit en termes de formes, de qualité ou de rapidité d'exécution). La volonté de contrôler les processus de fabrication peut aussi amener à rechercher des artisans prêts à travailler à l'intérieur ou à l'extérieur des palais, les locaux de stockage pouvant devenir de véritables ateliers, temporaires ou permanents – que ce soit à Munich (chapitre 2) ou dans les multiples dépendances des Menus Plaisirs et du Garde-Meuble pour la cour de France dans leurs hôtels construits au XVIIIe siècle dans la plus ou moins grande proximité du Louvre, où des artisans avaient été installés de longue date par la monarchie. Qui dit nombre dit aussi diversité des statuts, des formes d'intégration à la cour et plasticité des systèmes d'approvisionnement.

Artisans et marchands liés à une cour par un titre officiel avaient en effet l'obligation de répondre aux sollicitations de la cour sans détenir pour autant systématiquement d'exclusivité. Certains marchands patentés, comme les marchands suivant la cour dans la France du XVIIe et plus encore du XVIIIe siècle[37], ne comptaient même pas directement l'institution curiale parmi leurs clients. Ils n'en bénéficiaient pas moins de l'avantage économique et symbolique du titre qu'ils pouvaient inscrire sur leur enseigne ou leurs produits – par exemple sur le cadran d'une horloge de haute précision. Cette distinction curiale fonctionnait dès lors comme un label, signal de qualité renforçant leur attractivité et asseyant leur réputation au sein d'une société de cour élargie et des élites urbaines. Inversement, certains artisans pouvaient peiner à répondre aux commandes curiales à une époque où les ressources étaient encore rares et les moyens de locomotion assez lents. C'était notamment le cas lors des situations d'urgence comme des funérailles princières inopinées, où était déployé un faste matériel exceptionnel et les artisans dévalisés, notamment les marchands textiles et les teinturiers, submergés de commandes de drap noir. De ce fait, au-delà des officiers et autres marchands patentés, une grande flexibilité s'imposait dans l'approvisionnement de la cour de manière à pourvoir à tous ses besoins, où qu'elle soit et dans quelque circonstance que ce soit. S'ils devaient faire appel à plusieurs représentants d'un même métier, les Menus Plaisirs réservaient alors les fournitures, réalisées par les marchands privilégiés, au roi et à la famille royale tandis que les autres marchandises étaient destinées au reste de la cour ou aux employés.

Par ailleurs, en parallèle de l'office, du titre et du privilège, de véritables contrats pouvaient être conclus avec des marchands ou des entrepreneurs servant d'intermédiaires – quand les officiers n'assuraient pas eux-mêmes ce rôle –, pour de larges pans de l'approvisionnement des cours d'Espagne, d'Angleterre ou de France[38]. Jusque dans les années 1740, des marchands doivent fournir par contrat annuel des quantités fixes de linge de table à la cour d'Angleterre, tandis que des commissaires royaux garantissent l'importation de drap depuis les Pays-Bas. En France, quatre courtiers s'engagent devant notaire à approvisionner à tarifs fixes la Maison du roi en viandes, volailles et poissons, vin, pain et linge : ce sont les « contrats de pourvoirie » (dont l'origine remonte au XIIe siècle), valables pendant un à trois ans.

Enfin, on n'hésitait pas non plus, dans les circonstances les plus exceptionnelles, à louer plutôt qu'à acheter ou faire faire des articles spécifiques – que ce soit dans l'Angleterre de la Restauration ou dans la France du XVIIIe siècle, en ce qui concerne par exemple le linge de table. La gestion des fournisseurs révèle ainsi la recherche permanente d'un équilibre entre une discrimination des objets, opérée au nom de la hiérarchie sociale des usagers et des règles de « convenance », et un pragmatisme nécessaire pour faire face aux exigences de formes, de nombre et de qualité propres à la cour.

De la cour au royaume : redistributions souveraines, bienfaits personnels, fortunes familiales

L'économie des charges curiales

Un premier constat s'impose, les charges curiales rapportent nominalement peu dans la mesure où les gages sont en général peu élevés, même s'ils représentent une part significative des dépenses des Maisons[39]. Si les gages croissent en fonction de l'importance des charges, ils demeurent faibles, aussi considérable que soit le statut socio-économique de son détenteur. Les gages attachés aux grandes charges de la Couronne et de la Maison semblent à première vue dérisoires en comparaison du patrimoine et des revenus des représentants des plus grandes familles du royaume de France ou des États patrimoniaux des Habsbourg qui les occupent. Par exemple, dans le second quart du XVIIIe siècle, les gages du chancelier Philipp Ludwig, comte von Sinzendorf (4 000 florins) sont ainsi bien plus élevés que ceux d'un chambellan en service (500 florins) ou d'un grand officier (2 000 florins) : ils ne représentent toutefois qu'1 à 2 % de ses revenus – fonciers, fiscaux et financiers –, pourcentage probablement équivalent quelle que soit la charge occupée à la cour[40].

Pour résumer, à Vienne, quand ils étaient effectivement payés, les gages d'un grand officier curial peuvent à peine couvrir le loyer annuel à débourser pour louer un grand appartement dans un palais aristocratique. En réalité, quelle que soit la nature ou l'importance de la charge, les gages ne représentent qu'une part dans une rémunération composite, au demeurant caractéristique des rémunérations dans les économies anciennes[41]. Aux gages s'ajoutent les dons en nature et les indemnités précédemment évoqués – rations journalières de pain et de viande en Espagne ; accès aux tables du roi, droit de livrée et logement en France, etc. – visant à faciliter la vie matérielle des officiers et serviteurs à la cour, et ainsi à les y retenir, à la fois à des fins pratiques et symboliques. Au-delà, officiers et serviteurs sont des bénéficiaires directs de l'abondance matérielle régnant à la cour, par le jeu des redistributions. On comprend mieux ainsi les résistances farouches que pouvait susciter la patrimonialisation des biens du prince. Ce procédé entamait sévèrement la rémunération en nature que ces redistributions constituaient, sans compter le prestige qu'il y avait à utiliser ces objets et… le profit que l'on pouvait en tirer en les revendant – les circuits de revente, d'emploi de seconde main et de recyclage étant au cœur d'une économie circulaire avant l'heure qu'était l'économie d'Ancien Régime[42]. Les officiers de l'*Ewry* anglaise revendaient ainsi à des marchands londoniens le linge de table de la *Royal Household* : qu'il soit jugé indigne de la table du roi et de ses officiers ne les empêchaient pas d'en tirer de substantiels bénéfices. À la cour de France, les officiers de la garde-robe se partageaient les vêtements et le linge de corps usagé du roi, de la reine ou d'autres membres de la famille royale, dont ils géraient l'acquisition, la confection et l'entretien. Se noue ainsi un rapport de propriété ambigu qu'illustre la présence de l'inventaire de la garde-robe de la jeune reine Marie-Antoinette dans l'inventaire après décès de la duchesse de Villars, sa dame d'atours décédée en charge en 1771[43]. C'est aussi pour cette raison que la diminution de la fréquence des renouvellements (tous les cinq ans et non plus tous les deux ans à partir de la guerre de Sept ans, en 1759) du linge de toilette et du linge de lit du souverain – linges à barbe, linges d'affaires, linges à rasoir, linges à essuyer et frottoirs, « grands linges » et « linges des bains »[44] – suscite autant de résistances. Pris en charge par les Menus Plaisirs, ces linges revenaient aux premiers gentilshommes de la Chambre qui en assuraient la redistribution et/ou la revente[45]. On pourrait multiplier les exemples de ces bénéfices en nature, de la cire utilisée quotidiennement aux objets et textiles de cérémonie.

Une part essentielle de la rémunération résidait en effet en diverses gratifications ; extraordinaires, mais aussi ordinaires, elles en venaient parfois à constituer des prérogatives associées à une charge – dont elles étaient censées alléger le poids et les dépenses afférentes – ou des grâces à vie – témoignage de la reconnaissance du prince envers ses serviteurs méritants.

L'analyse détaillée du bilan effectué à la Révolution française des pensions versées par la monarchie a montré cependant que la cour au sens strict n'en représentait en fait qu'une part infime[46]. 1,3 % des pensionnaires appartenaient à la haute noblesse de cour (pour 4,8 % du montant total des pensions) et 10,3 % des pensionnaires détenaient une charge subalterne ou un emploi domestique à la cour. Comme dans le cas de la part des consommations et des gages des Maisons princières, il convient à la fois de nuancer et de mettre en exergue le poids des pensions de cour dans les dépenses des États. Ces pensions pouvaient d'une part concerner des courtisans et des domestiques qui n'étaient plus en service ou physiquement présents à la cour, ainsi que leurs proches – conjoints survivants ou héritiers. D'autre part, les autres pensionnaires – membres de la noblesse pauvre, anciens militaires, officiers de justice… – étaient souvent liés à la société de cour même sans y être intégrés. Les grâces qu'ils touchaient étaient le produit de leur réseau de relations à la cour, telles que des parents mieux introduits ou des officiers supérieurs. Les bénéfices retirés d'une charge profitaient donc non seulement à celui qui l'exerçait, mais aussi à son entourage, parfois lointain. C'est ainsi qu'une femme de chambre à la cour de Munich pouvait obtenir un poste dans l'administration électorale pour son frère, par l'intermédiaire de sa supérieure, la comtesse de Perusa, gouvernante du prince Joseph Ferdinand :

> Je [la comtesse de Perusa] permets à nouveau de transmettre les mémoires ci-jointes à Votre Altesse Électorale. La femme de chambre Susanna, qui fait vraiment en tout un bon service, m'a priée de lui recommander fortement, ainsi que Madame Zepfin de ne pas privilégier un autre candidat à son frère pour le poste vacant d'un collecteur de taxes auprès des États du territoire ; entretemps, j'écrirai aussi au nom du Kurprinz [Joseph Ferdinand] aux représentants des États[47].

Recommandations en cascade et chaînes d'intermédiaires se nouent donc depuis la cour et permettent aux membres de la haute noblesse d'instaurer un système de « protectionnariat » de leur lignage et de leur clientèle, à l'échelle du territoire, et parfois même en faveur de personnes qu'ils ne connaissaient pas[48]. En recrutant pour leur régiment des hommes vivant sur leurs terres, les officiers supérieurs appartenant à la noblesse de cour faisaient par exemple le lien entre la société de cour, Paris et la province.

La valeur, symbolique et pécuniaire, et l'attractivité d'une charge dépendaient donc des bénéfices directs et indirects que son détenteur pouvait en tirer. En France, sous l'effet de la vénalité des offices de justice et de finance (normalisée sous le règne de Henri IV), une partie des charges curiales étaient la propriété de l'officier et intégraient le patrimoine de sa famille. Certaines étaient officiellement vénales, car assimilées à des offices de finances (par exemple toutes les charges liées à la comptabilité : trésorier, contrôleur), d'autres faisaient l'objet d'une vénalité tacite qu'actualisait la « retenue » (ou « assurance »), fixée par brevet, que devait régler au roi celui à qui était concédé l'exercice d'une charge non héréditaire. L'échelle des retenues confirme dès lors la hiérarchie sociale, mais aussi économique de ces charges dans lesquelles figurent en bonne place les charges de la Chambre et celles d'aumônier[49]. Le premier gentilhomme de la Chambre (dont le brevet de retenue était fixé à 500 000 livres tournois en 1780) bénéficiait quant à lui de nombreuses prérogatives (voir ci-dessus), mais aussi des cadeaux des grandes familles de l'aristocratie qui cherchaient à placer leurs rejetons comme pages, et qui bénéficiaient à ce titre d'une éducation, d'une fonction curiale et de la certification de leur noblesse. La charge, plus modeste, de chef de la Paneterie-Bouche demeurait l'une des plus coûteuses de la Maison du roi parce qu'elle conférait une visibilité exceptionnelle auprès du roi lors du service à table (d'autant plus que son détenteur servait toute l'année et non seulement par quartier), et qu'elle permettait en outre de profiter de la revente des restes, nombreux, de la table du souverain, même après redistributions aux autres officiers. Quant à la charge de premier valet de chambre, elle rapportait des revenus fixes plus substantiels que d'autres plus prestigieuses et plus coûteuses, car elle supposait un service effectif : « 700 livres d'anciens gages, 4 266 livres d'autres droits et apointemens et quelques profits : le tout montant environ deux mille écus de revenus », sans compter l'ordinaire versé depuis la suppression de la table des premiers valets de chambre, les pensions, les gratifications, les dons de terres et de charges[50].

De manière générale, et quels que soient la cour et le statut juridique des charges en son sein, la circulation et la jouissance des charges étaient donc conditionnées par toute une économie aux frontières de l'officiel et de l'informel – circulation de l'information sur la disponibilité des charges, négociation des soutiens pour être accepté par le grand officier concerné et par le souverain, paiements de droits, dons et pots-de-vin… À la cour de Vienne, les cérémonies de *jurament* étaient l'une des occasions parmi d'autres de perception de droits par les grands officiers auprès de leurs officiers subalternes. À la cour de France, de larges pans de l'économie de la vénalité tacite des charges curiales ne revenaient pas directement au souverain. Ce sont les grands officiers qui encadraient les relations entre les détenteurs de charges subalternes et leurs survivanciers ou cessionnaires, les redevances qu'ils percevaient sur ces transactions constituant leur « casuel » et, en pratique, la part la plus considérable des revenus qu'ils tiraient de leur office[51].

La cour comme ressource économique

Les gains que l'on pouvait tirer d'une charge curiale étaient donc contrastés, voire incertains, et prenaient autant la forme d'espérances que de biens tangibles et de revenus assurés. C'est d'autant plus frappant dans une cour comme Vienne où la vénalité n'a jamais été instituée et où il existait une séparation nette entre les charges effectives et des charges honoraires, dont le produit officiel était particulièrement modeste au regard du rang de leur détenteur[52].

Intégrer la cour, comme serviteur, fournisseur ou courtisan n'était donc pas nécessairement positif (ou négatif), c'était participer à une économie où l'on prenait des risques et où l'interdépendance des acteurs se doublait d'interactions complexes à l'échelle du territoire. Dans de nombreuses cours européennes, les retards de paiement indéfinis donnaient par exemple lieu à l'établissement de billets et, ce faisant, à un véritable marché de la dette curiale qui en débordait les frontières institutionnelles. À Munich, la systématisation du paiement des gages sous la forme de reconnaissances écrites de dettes favorisait la fiduciarisation de ces « billets », utilisés en ville comme un véritable papier monnaie. Leur circulation ayant fait l'objet d'un enregistrement par les comptables de la cour de Bavière, il s'avère que celle-ci était *de facto* placée sous l'électorat de Max Emmanuel dans la dépendance de créanciers dont 88 % n'appartenaient pas à la cour[53].

De même, l'approvisionnement de la cour s'avérait fréquemment un jeu risqué, tant les paiements pouvaient être aléatoires. Artisans, marchands et autres fournisseurs pouvaient se trouver pris dans un système défavorable car rigide au regard du marché, mais aussi parvenir à imposer un véritable rapport de force (et à surfacturer). Dans le premier cas de figure, les cultivateurs des 113 villages des actuelles provinces de Madrid, Tolède et Guadalajara devant livrer 500 000 kg de blé en 1660 à la Maison de la reine d'Espagne, à des tarifs inférieurs aux prix du marché, fixés par les commissaires royaux chargés de l'approvisionnement de la cour. Dans le second, les fournisseurs des Menus Plaisirs menaçant dans les années 1770 de ne plus approvisionner la Maison du roi si celle-ci ne s'acquittait pas des dettes accumulées au fil des grands événements qui s'étaient succédé dans la famille royale depuis la mort de Marie Leszczyńska en 1768. L'administration conjurait alors les premiers gentilshommes de la Chambre, le Contrôle général des Finances et le roi d'« entrer en payement sur les objets de Dépenses du dernier mariage, les marchands et entrepreneurs n'ayant consenty à fournir qu'après les promesses les plus formelles de les faire payer : le retard qu'ils éprouvent à cet égard leur cause le plus grand dérangement dans leur fortune et peut être la perte irréparable de leur Crédit, si l'on ne vient promptement à leur secours[54] ». Dans cet espace économique, les intermédiaires, plus ou moins visiblement intégrés à l'institution curiale, étaient sans doute parmi les plus gagnants, des officiers avançant le paiement des achats aux financiers à la fois impliqués dans le recouvrement des impôts, le financement de l'armée et celui de la cour. Dans la France du XVIIIe siècle, un trésorier de la Chambre aux deniers (service comptable de la Bouche du roi) pouvait aussi participer au financement des fournitures militaires et un intendant du Garde-Meuble être trésorier de la Marine[55]. Financer la cour était même un moyen sûr d'intégrer cette noblesse de cour (chapitre 2) que l'on doit donc caractériser par son éthique de la dépense sans pour autant l'y réduire.

On ne peut non plus l'assimiler à une foncière incapacité gestionnaire. En Espagne ou en Empire, du fait de la nécessité de préserver une noblesse irréprochable, il était impossible de faire épouser aux fils des grandes familles des jeunes filles bien dotées mais mal nées, comme cela se pratiquait à la cour de France. Si la gestion des domaines patrimoniaux aurait donc été de ce fait plus particulièrement rigoureuse dans les territoires de tradition cognatique, il ne faut sans doute pas généraliser les difficultés des grands lignages aristocratiques français. À considérer de près les comptabilités des grands lignages, il apparaît certes que des aristocrates connaissaient une situation financière difficile : la même année (1698), les duchés de Brisac et de Chaulnes manquent de sortir du giron familial en raison d'une mauvaise gestion financière et sont rachetés *in extremis* par des parents[56] ; en 1782, les Rohan-Guéménée font faillite. Pour autant, des travaux récents tendent à montrer que la cour constitue pour les grands lignages une ressource économique qui ne se limite pas à l'accès aux pensions royales et leur permet de participer plus généralement à une économie du crédit[57].

Tout d'abord, pas plus en France qu'ailleurs, la présence à la cour n'est synonyme d'un abandon pur et simple de la gestion des terres. Celle-ci peut passer par différentes formes de délégation, y compris familiale ou intraconjugale. Jérôme de Pontchartrain et sa femme, née Éléonore-Christine de La Rochefoucauld, échangent une longue correspondance au tournant du XVIIe et du XVIIIe siècles du fait de leurs fréquentes séparations liées aux missions du ministre, aux traitements que requiert la santé de l'épouse mais aussi aux exigences de la gestion de leur domaine de Pontchartrain. Le couple fonctionne comme une « cellule indivisible » (Pauline Ferrier-Viaud) dont la finalité n'est pas que biologique. Elle démultiplie les possibilités en termes de présence à la cour et d'investissements tant politiques qu'économiques : même dans une société profondément patriarcale, l'époux a besoin de son épouse pour maintenir le pouvoir de son lignage et là réside notamment l'*agency* de la femme de cour[58].

Par ailleurs, la mise en évidence du rôle de la noblesse dans le fonctionnement des finances publiques – la haute noblesse ne vit pas seulement à crédit, elle prête aussi beaucoup et notamment au souverain – ne peut résumer à elle seule les investissements et les gains que favorise l'appartenance à la société de cour. Comme le soulignait déjà Ronald G. Asch, « les monopoles (économiques) étaient un produit de la culture politique particulière de la cour »[59] et de l'entrelacement des intérêts publics et privés caractéristique de l'État d'Ancien Régime. Une enquête récente a confirmé, à la suite de ces travaux pionniers de Chris McLeod sur l'Angleterre, la part singulière de la noblesse et du personnel de cour – sans rapport avec son poids démographique – parmi les bénéficiaires de privilèges d'entreprise, c'est-à-dire de concessions, par les princes souverains, d'ensembles de droits – territoriaux, fiscaux, juridiques – à l'appui d'entreprises individuelles de production ou de commercialisation.

	Part des nobles par rapport à l'ensemble des bénéficiaires	Part des nobles par rapport à l'ensemble des bénéficiaires au statut identifiable
Royaume de France	15 %	29 %
Royaume d'Angleterre	30 %	76 %
Électorat de Saxe	3 %	10 %
Florence/Toscane	8 %	10,5 %
Piémont	15,5 %	21 %

Part des nobles parmi les bénéficiaires de privilèges d'entreprise recensés en Europe entre la fin du XVIe et la fin du XVIIIe siècle (XVIIe siècle pour l'Angleterre)

De même qu'un fournisseur de la cour de Bavière pouvait plus facilement obtenir un monopole de la vente de bière à Munich[60], la région-résidence royale francilienne est l'un des espaces privilégiés par la noblesse française pour ses investissements économiques (par exemple dans le domaine des transports « publics » entre Paris et les différentes maisons royales). Les capacités d'action économique qu'offre la cour dépassent cependant le cadre du service et de ses résidences. La diversification spatiale et sectorielle des privilèges concédés à la noblesse de cour française au XVIIIe siècle met en évidence des investissements en phase avec des innovations technologiques et industrielles disséminés dans le royaume, par exemple dans le domaine minier[61].

La cour est un espace à partir duquel renforcer le capital économique (et non seulement symbolique) d'une famille, qu'il ait été hérité et transmis sur plusieurs générations ou qu'il soit récent, acquis au service militaire ou financier du roi, ou encore par la faveur. C'est ainsi que certaines des favorites royales (sous Henri IV et sous Louis XIV) firent fructifier les grâces qu'elles avaient reçues au service de véritables stratégies familiales. Elles constituèrent puis transmirent des patrimoines que leurs héritiers purent pérenniser. Lorsque des maîtresses royales ou certains de leurs héritiers immédiats se retrouvèrent sans descendance, les biens qu'ils avaient reçus ne retournèrent en effet quasiment jamais à la Couronne : les grâces (bijoux, terres, demeures, charges, rentes...) intégraient durablement un patrimoine familial en dépit des limitations ou garanties initialement posées[62]. À l'instar des pensions et gratifications – préférées aux gages car plus facilement modulables à la hausse, en signe d'élection royale, ou à la baisse, en cas de nécessité budgétaire[63] –, les privilèges, dons et concessions étaient donc éminemment plastiques, définis par le souverain usant de sa faveur, mais aussi par ceux qui le sollicitaient. En ce sens, la cour, principal foyer de cette grâce souveraine, devenait un espace de transaction, pour ne pas dire de collaboration, entre le prince et ses sujets – appartenant à la noblesse mais pas seulement –, et, par ce biais, une des institutions économiques du territoire.

Chapitre 8

Une admirable routine : les divertissements de cour

Toute la grâce et la galanterie étaient réservées aux réjouissances d'un monarque qui sert en cela d'exemple même à tous les princes les plus polis de son siècle, et qui est le premier dans la belle manière de ces divertissements, comme il est le plus grand en puissance et en gloire : et qui enfin ne s'entend pas moins à honorer les jours de la Paix qu'il a si généreusement donnée à l'Europe par des Magnificences et des allégresses surprenantes, qu'à signaler les jours de la guerre par des victoires et des conquêtes toutes merveilleuses. C'est ce qu'ont prouvé tant de fêtes qu'il a déjà données à sa cour, où l'on n'a rien vu que d'extraordinaire et digne d'être consacré à la postérité : et c'est ce qu'a confirmé ce dernier divertissement, dont Sa Majesté l'a voulu encore régaler à ce Carnaval, dans le relâche des grands soins qu'elle prend, incessamment, pour le bonheur de ses peuples et pour la gloire de son État. [...] Qu'on ne nous vante plus les Jeux Olympiques et les autres divertissements des Grecs, ni les Cirques, et les autres spectacles des Romains. Ceux qui ont été les mieux réglés, et les plus éclatants, doivent perdre toute la réputation que l'Histoire leur donne, auprès des Fêtes de la première cour du Monde.

Les Magnificences du Divertissement qui a été pris par leurs Majestés pendant le Carnaval [1670][1]

Comment dire mieux que ce récit du *Divertissement royal* de 1670 que l'organisation des divertissements sert la gloire d'un prince souverain autant que ses faits d'armes ? Si les fêtes de cour permettent à Louis XIV de rayonner sur la scène européenne et dans la société des princes, elles seraient aussi le moyen de faire « le bonheur de ses peuples ». La cour s'énonce pour lui comme une « société de plaisirs » largement partagés, car donnés en exemple si ce n'est toujours ouverts au public[2]. Manifestation anthropologique d'une société dans laquelle le loisir est la marque distinctive de la noblesse sur laquelle s'appuient les souverains d'Ancien Régime, ils sont plus largement partie prenante des mécanismes de la représentation royale et du processus de civilisation dont la cour est censée être le foyer. Si les effets socio-politiques des fictions qu'ils déploient à la cour et au-delà – grâce à des institutions à la fois domestiques, savantes et artistiques comme les académies ainsi qu'aux *media* au service des pouvoirs princiers – sont difficilement mesurables, ils n'en caractérisent pas moins une « éthique monarchique » (Alain Viala) au fondement du gouvernement des sujets.

La cour constitue dès lors un laboratoire esthétique performant pour l'élaboration de divertissements aux formes sans cesse renouvelées au gré des besoins, des innovations ou des modes – théâtre, musique, bals, festins, chasse, promenades, feux d'artifice et illuminations. C'est notamment la capacité à les combiner qui leur confère leur splendeur et leur spécificité. Au-delà, ils sont indissociables des cérémonies qu'ils accompagnent ou prolongent : une administration comme les Menus Plaisirs du roi, à la cour de France, prend aussi bien en charge le décor matériel des cérémonies quotidiennes, des grands rituels d'État que celui des fêtes de cour qui participent de la représentation du souverain et tendent à s'institutionnaliser. Ces divertissements, proposés en toutes occasions aux souverains et courtisans – entre ravissement et ennui –, structurent donc la vie de cour, brouillant les frontières entre ordinaire et extraordinaire. Si le propre de la cour est que le quotidien s'y pare d'atours exceptionnels, l'intensité des temps cérémoniels et festifs peut déboucher sur une pesante routine.

Permanences et innovations : le laboratoire curial

Plaisirs chevaleresques

Les divertissements des cours princières de l'époque moderne s'inscrivent dans une continuité indéniable avec la période médiévale et dans un long processus de mutation qui tend à les extraire du militaire. La cour reste éprise d'idéal chevaleresque : tournois, joutes et manifestations de l'art courtois se poursuivent parfois tard dans le XVIe siècle, quand le pouvoir n'y met pas un coup d'arrêt brutal, telle Catherine de Médicis interdisant les tournois au lendemain de la mort accidentelle d'Henri II en 1559. Renaud, Roland, Tancrède ou les magiciennes Armide et Morgane peupleront longtemps encore les spectacles donnés à la cour. Le camp du Drap d'or décline cet imaginaire à l'occasion d'une rencontre diplomatique entre Henri VIII d'Angleterre et François Ier en juin 1520, près de Calais, lors de laquelle les deux cours, usant de tous les supports (habits, tentes, mets, chevaux, suites de domestiques...) pour rivaliser de prestige, déployèrent un faste sans précédent dans les banquets, bals et tournois donnés pour quelque 6 000 courtisans.

Cette matrice militaire ne disparaît donc pas, mais elle est progressivement policée dans le cadre du « processus de civilisation » décrit par Norbert Elias où l'art de la guerre est prolongé dans la maîtrise curiale des corps et des mouvements qu'incarnent la chasse et la danse. Les tournois et parades militaires se muent ainsi en carrousels, en courses de têtes ou en jeux de bagues. Les courses de têtes consistaient à bousculer le plus grand nombre de figures en carton ou en plâtre, par exemple des têtes de Turcs, durant les festivités organisées par l'électeur Auguste de Saxe lors de la venue à Dresde de l'empereur Maximilien Ier en 1564. Quant aux jeux de bagues, ils obligeaient le cavalier à attraper avec sa lance des anneaux suspendus entre des colonnes. Deux siècles plus tard apparurent des versions mécanisées de ce jeu, ancêtres de nos manèges modernes. Et même si l'intendant des Menus Plaisirs, Papillon de La Ferté, pouvait déplorer que les courtisans français, moins « magnifiques » qu'autrefois se détournent des tournois et autres spectacles inscrits dans la tradition curiale[3], un jeu de bague chinois installé en 1776 pour Marie-Antoinette au Petit Trianon témoigne de sa longévité et de sa mise au goût du jour :

> [...] il fut creusé une fosse près de l'angle Nord Ouest du château destinée à recevoir la machinerie, et au niveau du sol, une plateforme pivotante autour d'un mât couronné par un parasol ; le mât était soutenu par un groupe de 3 chinois, dont les corps évidés et les mains couvertes de plomb, cachaient les ferrures qui assuraient la solidité de la construction. Au sommet du parasol tournait une girouette, ornée de 2 dragons dorés. 4 dragons ou chimères à cornes de cuivre servant de montures aux hommes, alternaient avec autant de paons, dont la croupe offrait des sièges aux dames. Des chapeaux chinois faisaient entendre leurs clochettes, quand le mécanisme était en mouvement[4].

Si ce jeu de bague est marqué par le goût pour les chinoiseries, caractéristique de la fin du XVIIIe siècle, il n'en constitue pas moins une trace d'un héritage médiéval qui fut loin d'être exclu de la culture classique. À la cour de Louis XIV, le duc de Saint-Aignan, premier gentilhomme de la Chambre et grand ordonnateur de fêtes de cour aussi célèbres que les *Plaisirs de l'île enchantée* (1664) ou le *Divertissement royal* (1670), use notamment des motifs et traditions chevaleresques pour faire de la galanterie la vertu curiale par excellence (voir chapitre 9)[5]. En choisissant pour fil conducteur à l'ensemble des trois jours de divertissements de 1664 (course de bague et festin, comédie-ballet, ballet et festin) l'intrigue du *Roland furieux*, le duc de Saint-Aignan, qui donne le rôle du chevalier Roger à Louis XIV et se met lui-même en scène, donne chair à cette « éthique fondée sur l'éloge du sentiment amoureux et du mérite personnel » associant l'exercice de l'État et la supériorité nobiliaire à « une idéologie du pouvoir agréable » (Marine Roussillon). Par une intense créativité formelle en matière de divertissements, ce sont donc aussi de durables imaginaires nationaux que forge la cour – comme ici celui de la capacité française à susciter, par la fête et par les arts, une adhésion spontanée à des formes de domination politique (chapitre 11).

Du spectacle de la cour au théâtre de cour

Parmi les divertissements développés au sein des cours européennes, les arts de la scène occupent une place à la fois prépondérante et singulière. Sans être spécifiques à la cour, ils prennent toutefois une ampleur croissante au cours de l'époque moderne, à la fois par la multiplication des productions, leur professionnalisation et, surtout, par dans une dimension qu'on pourrait qualifier d'« art total ».

Ballet final de l'opéra *L'Euleo festeggiante nel ritorno d'Alessandro dall'India'* composé par Giovanni Bononcini et mis en scène par Ludovico Burnacini, J. U. Kraus, gravure sur cuivre, 1699

Leur mission n'est pas seulement de divertir et d'amuser, mais aussi d'étonner et de subjuguer la cour et les visiteurs étrangers afin de soutenir, ou d'amplifier, la renommée et la réputation de la cour.

Tout un appareil décoratif est alors mis au service de la majesté royale. Ces spectacles multiplient les tableaux fastueux, mettant en scène les héros de la mythologie dans des dispositifs scéniques complexes suggérant le merveilleux : toiles peintes figurant d'extravagants décors de palais et de jardins baroques, changements à vue, nacelles et jeux sonores et lumineux. La production viennoise d'*Il Pomo d'Oro* d'Antonio Cesti (1668) est, à cet égard, un modèle du genre. En un prologue et cinq actes, cet opéra alignait près de 50 rôles répartis en 24 tableaux, multipliant les effets scéniques stupéfiants grâce à une machinerie des plus compliquées, conçue par le scénographe mantouan Ludovico Ottavio Burnacini. L'argument évoque le mythe du jugement de Pâris, détourné pour glorifier la nouvelle impératrice, puisque la discorde provoquée par la décision du prince troyen décide finalement Jupiter à octroyer la pomme d'or à la jeune souveraine. Cette fin heureuse, censée éviter la guerre de Troie, rappelle la fameuse devise de la maison d'Autriche, *Bella gerant alii, tu felix Austria nube*. Sans doute trop ambitieux pour être réalisé à temps, l'opéra ne fut finalement donné que deux ans plus tard, en juillet 1668, sur deux jours, devenant l'archétype des productions lyriques exceptionnelles dont la cour de Vienne s'est faite une spécialiste jusqu'au milieu du XVIIIe siècle. L'empereur offre ainsi chaque été dans les jardins de la Favorite au moins une production lyrique à la cour, qui constitue l'un des summums des divertissements curiaux.

Les exemples de ces décors fastueux foisonnent – les inventaires du XVIIIe siècle en ont ainsi gardé la trace à la cour de France (figure ci-dessous) – et se combinent à la multiplication de salles pérennes. L'Europe des cours se couvre alors de théâtres princiers dont la programmation, sous l'égide plus ou moins étroite du souverain, associe cérémonial et divertissement.

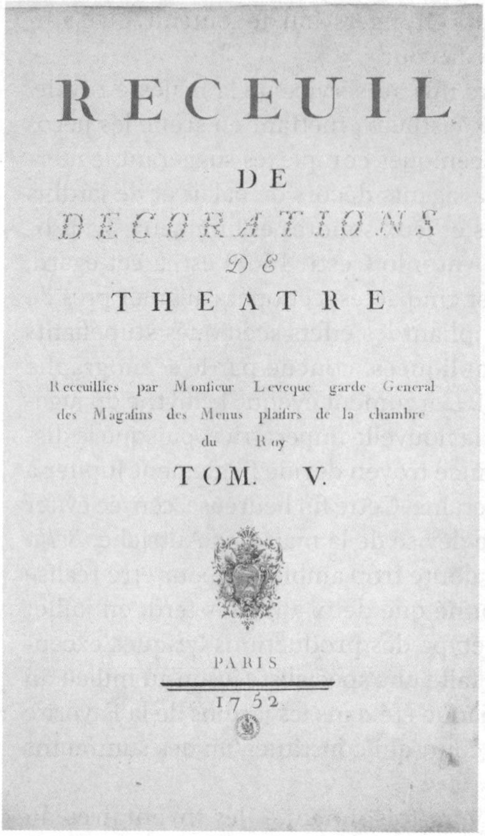

RECEUIL

DE

DECORATIONS

DE

THEATRE

Receuillies par Monsieur Leveque garde General des Magasins des Menus plaisirs de la chambre du Roy

TOM. V.

PARIS

1752

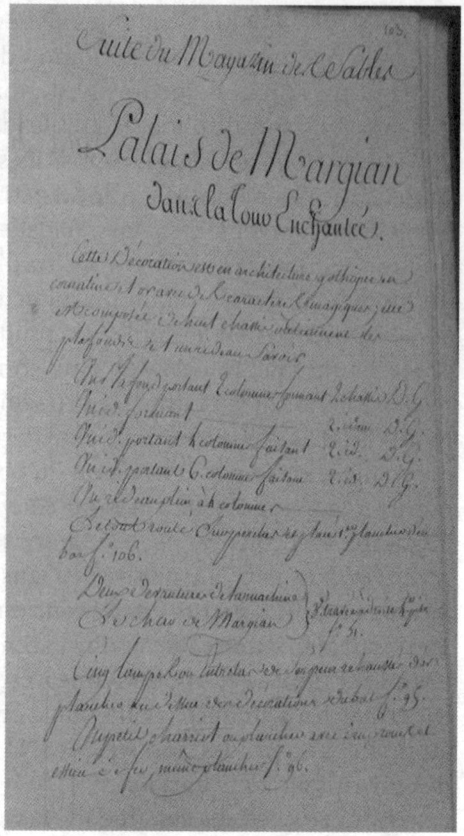

Suite du Magazin de la Salle

Palais de Margian

dans la Tour Enchantée.

***Recueil des décorations de théâtre* établi à la cour de France par le Garde-Magasin général des Menus Plaisirs Lévêque (Archives nationales (Paris), O[1] 3242[A]**

***Inventaire général des décorations du Grand Théâtre* [de Versailles], 1er septembre 1778 (Bibliothèque municipale de Besançon, Cabinet de Pierre-Adrien Pâris, Mss. n° 25)**

Les recueils dessinés et les inventaires de décors se multiplient. Souvent polyvalents, ces décors sont parfois précisément associés à une œuvre, du fait (comme pour *La Tour enchantée*, ballet donné pour le mariage du futur Louis XVI) ou d'un souci nouveau d'adéquation à l'intrigue.

Festins, bals et mascarades : de l'Olympe à la fête paysanne

Émerveiller les sens pour gouverner les esprits et prouver l'éminence politique du prince, la double fonction des divertissements de cour assignée par Louis XIV conduit à multiplier les déclinaisons toujours plus inventives des amusements hérités du passé. Si les cours de la fin du Moyen Âge et de la Renaissance s'attachaient déjà à combiner les plaisirs des yeux, des oreilles et de la bouche, hybrider devient le maître mot des cours de l'époque baroque qui redoublent de faste pour asseoir ou renforcer leur renommée. De fait, il serait bien hasardeux de vouloir présenter une typologie précise et définitive de spectacles de cour caractérisés par l'éphémère, d'autant que les sources n'en ont souvent conservé que des traces lacunaires.

Les plaisirs de la table combinent en général l'abondance alimentaire au faste décoratif (voir chapitre 7). L'introduction de mets délicats ou exotiques, de recettes concoctées par des cuisiniers réputés auxquelles s'adapte une vaisselle, en faïence, voire en porcelaine, en argent ou en vermeil, font des festins des spectacles à part entière. Le centre des tables était fréquemment décoré de surtouts évoquant des temples ou des parterres de jardins princiers – jusqu'aux jets d'eau –, animés de sujets en sucre, mais aussi en faïence ou en porcelaine, dont les manufactures allemandes se font les spécialistes, au premier rang desquelles Meissen, Vienne, Berlin ou Ludwigsburg[6]. Les dieux de l'Olympe, les Éléments, les Saisons ou les Sens cohabitant avec les Fleuves et les Continents répondent aux fresques des salles d'apparat et à la statuaire des jardins, dans un même discours allégorique à la gloire du prince. Les tables elles-mêmes adoptent les formes les plus extravagantes, qui rappellent les arabesques des parterres, à l'image des quatre tables en trois quarts de cercle dressées pour 300 personnes à l'occasion de l'anniversaire du couronnement de l'impératrice Élisabeth de Russie, le 25 avril 1748, et dont l'un des côtés bordait un bassin central où jaillissaient d'immenses jets. Le 1er janvier 1749, ce bassin était remplacé par un énorme surtout central dont l'élévation n'a malheureusement pas été conservée, alors que l'année précédente, deux tables adoptaient la forme du monogramme impérial[7].

Au plein cœur de l'époque baroque, les dieux et les muses côtoyaient les courtisans dans des décors construits pour l'occasion et évoquant les nuées du Parnasse ou de l'Olympe. Si ces réalisations éphémères disparurent, le célèbre tableau de Giovanni Paolo Pannini (voir cahier couleur, fig. 10) conserve le souvenir de la fête musicale, combinaison singulière du concert et du théâtre, donnée par le cardinal de La Rochefoucauld au théâtre Argentina de Rome en 1747 à l'occasion du mariage du Dauphin, fils de Louis XV, et mise en scène par le fils même du peintre, Giuseppe. En avant d'un fastueux décor de palais baroque dont la forêt de colonnes et d'atlantes soutient une large coupole, un orchestre et des chœurs perdus dans des nuées accompagnent quatre chanteurs travestis en divinités antiques – Minerve et Mars se disputent sur la suprématie de l'Art ou de la Guerre, Jupiter et Cupidon viennent rétablir l'harmonie (livret de Scarselli et musique de Jommelli). Le soubassement de bas-reliefs, surmontés des armes du dauphin et de Marie-Josèphe de Saxe et de deux fleuves unissant leurs cours – le Tibre et la Seine –, achevait de rendre somptueuse cette mise en scène pour le large public des familles de l'aristocratie pontificale et des invités de marque. S'il ne s'agissait ici que d'un divertissement musical *(componimento dramatico)*, les sources attestent de l'organisation conjointe de festins et de bals dans de nombreuses cours princières[8].

Descendant de leur piédestal olympien, princes et courtisans aimaient également à varier les transpositions : Marly connaît aussi bien les mascarades du « roi de la Chine » (le 21 janvier 1700), Louis XIV apparaissant porté dans un palanquin, que des fêtes turques (le 18 février) lors desquelles sont conviés des singes, des perroquets, des ourses, des tigres ou des autruches, ou des courres du loup dans le grand salon qui associe courtisans costumés en loup, chiens de chasse, piqueurs montés sur des chevaux de bois[9]. On s'encanaille aussi lors de fêtes paysannes que la margrave de Bayreuth définit ainsi : « Cet amusement n'est connu qu'en Allemagne. Il y a un hôte et une hôtesse qui traitent ; les autres masques représentent tous les métiers et professions différentes qu'il y a au monde. On ne met point de masque devant le visage à ces sortes de fêtes[10]. » L'affirmation de la margrave est un peu rapide puisque des noces paysannes sont également attestées à Marly à la fin du règne de Louis XIV – il est vrai peut-être importées par les princesses allemandes.

Un même esprit irriguait les spectacles mettant en scène les nains de cour. Présents dans de nombreuses cours, recherchés pour leur rôle d'amuseurs, tant du fait de leur physique (qu'il soit proportionné ou difforme), que de leur gouaille acide à l'égard du prince ou des courtisans, ils revêtent une importance particulière dans la culture de la fête et du divertissement curial. La cour d'Espagne en faisait venir de toute l'Europe au XVIIe siècle, en particulier du royaume de Pologne où les souverains comme Jean II Casimir (1648-1668) s'entouraient de nombreux nains[11]. La cour de Saxe, qui en est coutumière dès le XVIe siècle, a sans doute porté à son paroxysme l'inventivité en la matière : simulacres de tournois, de triomphes ou de scènes mythologiques (par exemple Atlas incarné par un nain) pour lesquels leur inaptitude suscite le ridicule, travestissements, mascarades (lors desquelles ils chevauchent des volatiles, comme à Dresde en 1721), ou encore des combats avec de vrais géants. Parallèlement, la mode des mariages de nains se répand dans toute l'Europe au cours du XVIIe siècle. Pour burlesques (et cruels) qu'ils fussent, ces divertissements n'en ont pas moins une portée politique dans la mesure où ils soulignent aussi la complétude de la création sur laquelle règne le souverain[12]. Selon la nature des divertissements, les règles de préséances étaient maintenues, mais altérer le rang pouvait constituer une source d'amusement en établissant comme au carnaval la fiction d'un renversement social. C'était la vertu des masques que de transgresser les lois de l'étiquette, mais il ne s'agissait que d'une abdication théorique puisque l'identité des convives était rarement ignorée, au même titre que l'*incognito* (chapitre 3). Même dans ces occasions, la société de cour conservait ses règles. À cet égard, les fêtes ou noces paysannes, qui n'étaient à Vienne que de simples festins costumés, pouvaient requérir ailleurs des aménagements plus sophistiqués, comme à Bayreuth :

> Je fis décorer toute la salle, qui est d'une grandeur immense, comme un bois, au bout duquel on voyoit un village avec son hôtellerie, avec pour enseigne la bonne femme sans tête. Cette hôtellerie étoit toute construite d'écorce d'arbres, et son toit étoit couvert de lampions. Elle contenoit une table de cent couverts, dont le milieu représentoit un parterre orné de divers jets d'eau. Les maisons des paysans enfermoient des boutiques de rafraîchissemens. Le bal commença après souper[13].

La cour de Suède module à la fin du siècle ces divertissements inversant l'ordre social, à l'image du simulacre de la foire parisienne de Saint-Germain, que donne le duc de Sudermanie en février 1776 à l'occasion du Carnaval. On mesure le contraste entre ce véritable capharnaüm et le décorum du palais où il prend place :

> Dans la première antichambre du duc, se voyaient des boutiques tout autour : confiturier, marchand de curiosités naturelles, parfumeur, modes, nippes, étoffes et bijouterie. Madame la comtesse de Lewenhaupt occupait la première, moi la seconde, la troisième madame de Strokirch, la quatrième le baron de Löwenhielm, la cinquième mademoiselle Sophie de Fersen, la sixième le baron de Macklier. Monsieur le général Duval faisait dans la huitième le rôle de fripiers dans une boutique remplie de vieux habits, même de ceux du roi et de la reine. Toutes les autres boutiques étaient bien assorties et bien illuminées. Dans la chambre d'audience, on voyait une guinguette et tout ce qui y

> appartient. La boutique d'un savetier, dont le comte Adolphe Hamilton faisait le rôle, celle d'un perruquier à côté que représentait le comte Adam Lewenhaupt puis l'opérateur qui criait des drogues merveilleuses de dont le comte Charles de la Gardie faisait le rôle. À côté de lui, la lanterne magique, puis madame de Stockenström débitant et chantant des vaudevilles, à côté d'elle madame de Klinckowström tirant une loterie de gaufres et de gimblettes aux assistants qui voulaient s'y arrêter. Ensuite un joueur de gobelet faisant mille tours de passe-passe, enfin le jeune comte de Fersen en piqueur anglais, montrant le cheval qui parle. Dans la chambre à coucher du duc, un café avec toutes sortes de jeux, damier, échiquier, cartes, tric-trac, gazette et la comtesse de Höpken en servante de café, versant du chocolat, du thé, du café à qui en voulait. À côté de ce café, sur des tréteaux élevés, les comédiens français donnèrent le spectacle d'une parade. Dans un autre coin de la chambre, on voyait la boutique d'un pâtissier et d'un rotisseur et à l'entrée du petit cabinet du duc, on allait voir les marionnettes sur leur théâtre. La foire fourmillait de personnages de tous états. Milords et miladies, petits maîtres français, abbés, procureurs, commissaires, houssards, gardes, soldats… Le baron Klinckowström, les comtes Oxenstierna et Gustaf Lewenhaupt travestis en femmes, le comte Ekblad en porteur d'eau, la jeune princesse en marchande bouquets, madame de Sinclair en vendeuse de petits gâteaux […]. Le souper fut servit à des petites tables où trouvaient place 72 personnes et le souper finit en ouvrant les petits appartements du duc, décorés en Vauxhall avec des musiciens qui firent danser jusqu'à trois heures du matin. La vraie gaîtée présida à tout et ne se démentit pas un seul instant[14].

Ces divertissements singuliers résultaient de la combinaison de traditions locales, qui pouvaient interloquer les étrangers, et de la nécessité, générique à l'échelle européenne, de surenchère dans la recherche du faste ou de l'originalité. La reine Louise Marie de Pologne (1611-1667), née en France princesse de Gonzague Nevers, avouait ainsi que les costumes portés à la cour de Varsovie pour le carnaval – auxquels était très attaché le roi Ladislas IV – lui avaient paru « extravagant[s] au commencement » et encore fort rustiques quand elle les comparait avec ceux du carnaval de 1664 à la cour de Louis XIV. Quelques décennies plus tard, Madame d'Aulnoy reste pour sa part dubitative devant un divertissement donné en Espagne pour le carnaval, qu'elle juge puéril, alors qu'il semblait pourtant ravir les courtisans madrilènes et leur souverain :

> [...] l'on vide des œufs par un petit trou, on les remplit d'eau de senteur, on les bouche avec de la cire et lorsque le roi est à la comédie, il en jette à tout le monde. Chacun à l'imitation de Sa Majesté s'en jette. Cette pluie parfumée embaume l'air, et ne laisse pas de bien mouiller. C'est là un de leurs plus grands divertissements[15].

Entre pittoresque et inventivité, l'enrichissement des formes du divertissement se joue aussi au croisement entre spectacles de curiosité, expérimentations scientifiques et intérêt pour les savoirs nouveaux – qu'ils relèvent de la géographie, de la médecine ou des sciences naturelles et physiques[16]. Bien avant les célèbres expérimentations électriques, caractéristiques de la science spectacle des cours de la seconde moitié du XVIIIe siècle, la cour de Varsovie est par exemple en 1648 le lieu d'une impressionnante démonstration de machine volante :

> Il se trouve en cette cour un personnage nouvellement arrivé d'Arabie, qui est venu offrir sa tête au roi de Pologne, s'il n'avait apporté de ce pays-là l'invention d'une machine aérienne, construite d'une matière si légère et néanmoins si ferme qu'elle est capable de loger et soutenir deux hommes en l'air, l'un desquels y peut dormir tandis que l'autre fait mouvoir cette machine qui est en la même forme que les vieilles tapisseries représentent les dragons volants dont elle prend le nom. Je vous les donne pour patron ne sachant point s'il y en a jamais eu de vivant, non plus que de griffons, de licornes, de phénix et de plusieurs autres telles choses que nous croyons de la foi de la bonne antiquité, sans les avoir jamais vues. Il y a peu de courtisans qui n'en aient ici le crayon, que j'espère vous envoyer si le dessein réussit, de quoi mes modèles qu'il en faits et les raisons dont il les appuie font concevoir beaucoup d'espérance.

Le Vénitien Burattini, revenu d'Égypte, se livra ensuite devant la cour à d'autres expérimentations du modèle réduit de sa machine. Si le spectacle qu'elle constitue peut faire jouer chez les courtisans des réminiscences de figures merveilleuses, la machine semblant animer les figures héritées de la littérature ancienne et les faire sortir des tapisseries, elle suscite aussi un intérêt savant pour ces mécaniques permettant de défier les lois de la physique. Si Burattini ne réussit pas à réunir assez d'éléments probants, et donc de fonds, pour la soumettre en France au célèbre Roberval, il y gagna une solide position à Varsovie. Devenu architecte royal en 1652, il continue à y produire des instruments scientifiques tout en équipant les jardins royaux des équipements hydrauliques nécessaires au faste des divertissements de cour en extérieur[17].

Divertissements de cour et institution monarchique

Cérémonialisation

À mesure qu'ils sont habités de façon explicite ou implicite par le discours monarchique, les plaisirs de la cour connaissent une cérémonialisation croissante. Les amusements chorégraphiés s'inscrivent en miroir des rituels de cour. Ballets ou carrousels mettent en avant les astres, les nations, tels des éléments gravitant autour de la personne royale dans un ballet qui transpose et transcrit très clairement les enjeux d'accès au souverain. Le masque solaire qu'Auguste II le Fort revêt lors du « grand cortège des dieux », donné à Dresde en juin 1709 en l'honneur du roi Frédéric IV du Danemark, ne laisse guère de doute sur les aspirations de l'électeur de Saxe : le monarque se conçoit comme le centre de gravité d'un microcosme curial. Sans doute s'était-il inspiré des gravures représentant Louis XIV dans le *Ballet royal de la Nuit* (1653 cahier couleur, fig. 12) et plus globalement de la mythologie royale apollinienne « fabriquée » par le « cabinet de communication » de Louis XIV (Peter Burke), et largement diffusée à l'échelle européenne par l'image comme la littérature dans le but d'exalter le prestige d'une cour de France, sur laquelle rayonnerait sans concurrence le Roi-Soleil.

Les opéras, en particulier de circonstance, usent jusqu'à la corde histoires et mythes édifiants. En témoignent les dizaines de livrets composés par Métastase dans les années 1720-1770 et utilisés par de très nombreux compositeurs, qui convoquent pêle-mêle Cyrus, Caton, Artaxerxès, Thémistocle, Hadrien, Alexandre Scipion ou Sémiramis, mais aussi Romulus ou Achille (voir aussi les programmes iconographiques évoqués au chapitre 6). Jusqu'à ce qu'il soit repris par Mozart en 1791 pour le couronnement de l'empereur Léopold II à Prague, le livret de la *Clémence de Titus* qui exalte la figure du prince magnanime avait déjà été utilisé une quarantaine de fois par de fameux compositeurs dont Caldara, Porpora, Hasse, Gluck, Jommelli ou Scarlatti, et ce dans la plupart des cours d'Europe : Vienne, Madrid, Munich, Mannheim, Dresde, Modène, Naples, Saint-Pétersbourg, Lisbonne, Turin, Ludwigsburg ou encore Londres.

Au-delà des thématiques et des idéologies qui nourrissent ces performances, c'est parfois l'art lui-même qui est investi d'une fonction politique. Pour le cardinal de Richelieu par exemple, le théâtre est par nature doté d'une fonction de représentation – il ne renvoie pas à lui-même mais au monde qu'il représente – et a de ce fait une fonction de mise en ordre social. Le théâtre tend du reste, en France, à supplanter le ballet de cour qui s'éclipse à la fin du XVIIe siècle. Dans une optique pédagogique, il s'énonce comme une entreprise de formation des sujets par la représentation d'actions, en donnant en exemple des manières d'incarner l'autorité et d'interagir avec elle[18]. Une pièce de théâtre n'est pas qu'une œuvre écrite, c'est aussi, voire d'abord, une performance : prendre en compte les modalités de représentation est essentiel pour en saisir les usages sociaux et politiques. C'est ainsi que la comédie de Molière *George Dandin* fut d'abord donnée à la cour dans un spectacle où elle était entrelacée d'intermèdes galants : dans ce contexte, elle contribuait à la célébration de la culture galante caractéristique d'une noblesse dont le roi se présentait comme la source et le garant, y compris par les recherches de faux nobles alors menées par Colbert[19].

La cérémonialisation de certains amusements offre des supports inédits à la mise en valeur de la personne du souverain et des hiérarchies curiales. Loin de laisser vraiment la place à de la spontanéité, ces manifestations constituent des occasions pour le prince d'imposer un ordre à la cour par sa présence et son arbitrage. Les courses de traîneaux en sont le reflet. Divertissement hivernal par excellence dans les cours germaniques et d'Europe du Nord, ces cortèges sont très prisés à Vienne depuis la Renaissance. Jusqu'au début du XVIIIe siècle, il s'agit d'un amusement relativement informel, improvisé selon l'envie du souverain. Les manuels de cérémonial constatent cependant une nette inflexion sous le règne de l'empereur Joseph Ier (1705-1711). Particulièrement friand de ce divertissement, il les multiplie et leur confère davantage de prestige par une débauche de moyens : des trompettes et des trombones ouvrent le cortège de traîneaux dorés aux formes fantaisistes de coquilles ou d'animaux (tigres, ours, pélicans, aigles ou cygnes) et au prix exorbitant, les chevaux sont caparaçonnés d'or ou d'argent et les laquais en livrée, les équipages aristocratiques rivalisent d'élégance. Surtout, ces cortèges gagnent en rigueur protocolaire au prix de leur caractère improvisé. Les équipages sont désormais ordonnancés, selon le rang des invités, essentiellement les membres de la famille impériale, des invités de marque et les principaux ministres et officiers de la cour. Sous couvert d'amusement, ces courses étaient devenues de véritables occasions de cour, susceptibles d'être rapprochées des entrées des ambassadeurs ou des carrousels. Signe de cette prépondérance bien envahissante du protocole, de nombreux témoignages font état d'un tirage au sort préalable qui permettait de combattre la tyrannie imposée par le rang, et surtout les désagréments suscités par des querelles de préséances de nature à gâcher la fête. Comme les bals et les festins, les courses étaient susceptibles de susciter des difficultés impliquant de canaliser les interactions entre individus : solliciter le sort était ainsi un moyen de réinjecter de l'imprévu, sinon de la spontanéité, dans la mécanique si bien réglée de la vie de cour.

Médiatisation

Si les divertissements curiaux, et le détail de leur contenu et de leur réalisation, nous sont aussi bien parvenus, c'est qu'ils furent d'emblée un objet de médiatisation du fait de leur rôle essentiel dans la représentation du prince. Les récits de festivités sont tout d'abord au cœur des correspondances échangées entre cours. Pierre des Noyers, secrétaire de la reine Louise Marie de Pologne (1611-1667), née princesse de Gonzague-Nevers et élevée à la cour de France, entretient ainsi ses correspondants français du récit des festivités de la cour de Varsovie, par exemple en 1663 : « Nous eûmes encore hier une comédie italienne, nous en eûmes aussi une française. Et mardi deux grandes compagnies de masques, celle du Roi était de maures et celle du sieur chancelier de Lituanie d'Indiens qui dansèrent un petit ballet ». Inversement, effectuant en 1664 un long séjour en France, il assiste à diverses festivités, notamment les *Plaisirs de l'île enchantée*, et en informe la reine à qui il transmet les lettres du duc d'Enghien qui vient d'épouser sa nièce, Anne de Bavière :

> Ma femme y [au bal masqué de mardi gras] alla parée de toutes les pierreries que Votre Majesté lui a données, et elle peut bien s'imaginer qu'elles furent admirées de tout le monde. J'y fis aller aussi sept ou huit Polonais qui sont ici ; je les fis entrer dans le bal en masque ; ils témoignèrent y avoir beaucoup de plaisir [...][20].

Les usages des deux cours apparaissent ainsi en miroir, présence française à Varsovie et présence polonaise à Paris se faisant écho au cœur de la société des princes qui invite aux échanges et aux comparaisons en ce domaine aussi. C'est à la fois dans ce contexte et dans le cadre d'une diffusion socialement plus large que la pratique des livres de fêtes devient exponentielle à partir du XVIe siècle[21]. Les gazettes, mercures et autres périodiques, où les « nouvelles » font une large part à l'actualité curiale, recensent et décrivent les amusements donnés dans les différentes cours, à coups d'articles détaillés et de descriptions fastidieuses publiées dans des suppléments[22]. Plus encore, certaines cours n'hésitent pas à immortaliser par la gravure, plus rarement par la peinture, ces occurrences prestigieuses. C'est le cas des carrousels donnés au début du règne de Louis XIV comme de l'opéra, *Il Pomo d'Oro*, composé par Antonio Cesti pour le mariage de l'empereur Léopold Ier et de l'infante Marguerite Thérèse (1666), qui défraya la chronique par son ampleur et son faste. Il semble donc qu'il y avait bel et bien un lectorat pour de telles publications. La cour faisait vendre au XVIIIe siècle, à en croire les baisses subites des abonnements à la gazette de Vienne dès que l'absence de la cour impériale en dégarnissait les pages de ces chroniques festives.

Toutes les descriptions qui circulent sous forme de médias imprimés, relations et gravures, parfois tirées à grande échelle, ne sont toutefois pas à prendre au pied de la lettre. Si elles nous donnent encore aujourd'hui l'illusion de prendre part à ces fêtes, elles sont tributaires, comme les correspondances, d'usages politiques et sociaux. En 1670, dans le récit du *Divertissement royal* placé en exergue de ce chapitre, l'accent est par exemple mis par la *Gazette* sur la supériorité des divertissements de la cour de Louis XIV sur les jeux antiques. Or cette célébration du triomphe de la modernité galante sur les Anciens estompe la rupture de ton entre la comédie de Molière, *Les Amants magnifiques*, et les intermèdes composés par la Petite Académie, notamment la danse pyrrhique qui clôt le spectacle. L'une relève du même imaginaire romanesque du pouvoir agréable que celui que le duc de Saint-Aignan avait déjà cherché à promouvoir en 1664 dans les *Plaisirs de l'île enchantée*, autant à la gloire du roi qu'à son bénéfice propre ; les autres valorisent l'image du « roi de guerre » (Joël Cornette) en recourant à un discours allégorique et érudit que la future Académie des inscriptions et belles-lettres fait alors fleurir sur les monuments et les médailles créés à l'initiative du souverain[23]. Les récits de fêtes masquent donc bien souvent, comme les relations imprimées de cérémonies (chapitre 3), les rapports de force entre acteurs qui les conçoivent, les divergences d'interprétation ainsi que les ratés, les déceptions ou encore les changements de dernière minute qui émaillaient fêtes et divertissements – des querelles de préséance aux problèmes logistiques et techniques. Papillon de La Ferté, intendant des Menus Plaisirs, livre dans son journal des bilans souvent en demi-teinte des représentations dramatiques et lyriques auxquelles il présidait, comme en juin 1770, à l'occasion des réjouissances qui suivirent le mariage du Dauphin avec l'archiduchesse Marie-Antoinette :

> On a ensuite donné la *Tour Enchantée* [ballet imaginé par la duchesse de Villeroy, fille du duc d'Aumont, premier gentilhomme de la Chambre]. Tout le monde a admiré la magnificence des habits, ainsi que la richesse des quatre chars attelés de deux chevaux chacun, qui ont fort bien joué leur rôle. Mais le

> tournoi a paru froid, ainsi que l'intrigue de la pièce, qui, à ce point de vue, a été fort critiquée. Pour comble de malheur, les décorations qui avaient été fort bien aux répétitions, ont été tout de travers. Il y avait plus de 800 personnes sur le théâtre qui embarrassaient les machinistes, M. de Bombelles ayant voulu absolument, malgré mes observations, employer un nombre prodigieux de soldats[24].

Avec les récits des voyageurs et des artistes qui circulent d'une cour à l'autre, la diffusion de ces nouvelles n'en contribue pas moins à forger la réputation d'excellence de certaines cours dans l'une ou l'autre de ces productions artistiques – ainsi l'opéra à Vienne, qui rivalise désormais avec les cours italiennes, ou le carrousel à Dresde. Les voyages du castrat Farinelli qui se produit à Vienne dans les années 1720, puis exclusivement au service de Philippe V à Madrid à partir de 1737, montrent comment les souverains usent de la réputation des musiciens. Le succès de l'artiste n'est cependant pas toujours à la clef : Vivaldi meurt en 1741 aux portes de Vienne, attendant en vain la protection de l'empereur Charles VI, puis de sa fille Marie-Thérèse, confrontée à la guerre de Succession d'Autriche. Des cours de moindre importance, aux moyens plus limités, misent parfois sur une spécialisation dans un domaine artistique : c'est le cas de la cour palatine de Mannheim dont l'orchestre acquiert une réputation européenne, du fait de son effectif et de la variété de ses pupitres, qui amènent même à la création d'une « école » de Mannheim, à l'origine de certains renouvellements de la musique orchestrale dans la seconde moitié du XVIIIe siècle, et jusqu'à son transfert à Munich en 1778[25]. À cet égard, l'obstination du prince-archevêque de Salzbourg à ne pas donner au jeune Mozart le congé qu'il espère tant atteste l'intérêt que constituait pour la petite cour alpine le service d'un génie déjà connu de l'Europe des cours aux commandes desquelles son contrat lui permettait fort opportunément de répondre. Il n'obtiendra sa délivrance du prélat excédé, par un fameux coup de pied aux fesses donné par procuration, qu'à 25 ans, en 1781.

Mise en administration et goût du prince

L'évolution du goût du souverain n'est pas sans conséquence sur les formes des divertissements eux-mêmes : la désaffection progressive de Louis XIV pour l'opéra eut ainsi pour conséquence une nette diminution du rythme des représentations lyriques – à peine une fois par semaine après l'installation de la cour à Versailles en 1682. Sans que le théâtre connaisse le même sort, le souverain vieillissant espaça progressivement sa présence au théâtre de la cour, au profit de spectacles plus intimes dans le grand cabinet de l'appartement de Mme de Maintenon.

Les goûts personnels des princes et de leur entourage ont donc une double incidence : sur la programmation officielle des divertissements, d'une part, et sur la multiplication de foyers et de pratiques artistiques aux frontières de l'officiel et du particulier, d'autre part. Le cas de la musique l'illustre avec éclat dans différentes cours européennes des Lumières. À la cour de Prusse, il était permis aux amateurs de musique d'assister, les jours sans cérémonies, à des concerts lors desquels les princesses se produisaient au clavecin. Excellant dans la pratique de nombreux instruments – Beaumarchais fut leur professeur de harpe –, les filles de Louis XV, Mesdames, offraient à un public d'intimes des concerts dans leurs appartements. Elles recevaient également des virtuoses de passage, comme la famille Mozart fin décembre 1763. Le jeune Wolfgang, âgé de sept ans, se produit ainsi devant la famille royale dans le grand cabinet de Madame Victoire – à laquelle il dédiera deux de ses premières sonates pour clavecin et violon (KV 6 et 7). Quant aux Habsbourg, ils conjuguent à une maîtrise instrumentale hors norme la pratique de la composition. Ferdinand III, Léopold Ier et ses fils Joseph Ier et Charles VI laissent ainsi un vaste ensemble de compositions qui comptent aussi bien des motets et des oratorios à destination de la Chapelle impériale que des pièces instrumentales plus intimistes[26].

Au-delà des goûts personnels et des cultures dynastiques, il faut cependant noter une tendance générale à la sollicitation, voire à l'incorporation dans les services curiaux, de *performeurs* dont les compétences spécifiques étaient désormais identifiées. Se structurent des corps d'artistes, en particulier de musiciens qui s'autonomisent des « chapelles » musicales héritées du Moyen Âge. C'est un corps d'officiers domestiques particulièrement important à la cour de France, ce qui explique l'attention de Philippe V à la réorganisation de sa Musique une fois devenu roi d'Espagne en 1701[27]. Or la mise en avant de professionnels du spectacle, à concurrence des corps dansants et chantants des membres des familles régnantes et de leur entourage nobiliaire, a pour corollaire la mise en administration des plaisirs et des divertissements.

Il faut cependant distinguer les configurations où s'imposent des administrations entièrement dédiées à la production des spectacles – comme en Angleterre avec l'office de *Master of the Revels*[28] ou en France avec l'intendant des Menus Plaisirs – et les cours où la responsabilité de l'organisation des divertissements est plus éclatée – notamment les cours plus petites comme la cour de Parme. En France, de nébuleuse de domestiques et de fournisseurs, le département des Menus Plaisirs devient une véritable organisation administrative, dotée d'un bâtiment, d'archives et d'un personnel spécifique (plus de 70 personnes, dont une minorité relève des offices de la Maison) clairement placé sous l'autorité de l'intendant contrôleur, et non plus des seuls grands officiers qu'étaient les premiers gentilshommes de la Chambre comme le duc de Saint-Aignan. Il y a un paradoxe dans ce processus dont l'achèvement coïncide avec l'explosion des critiques contre le système de cour dans l'espace public et au sein du gouvernement : celles-ci s'appuient entre autres sur l'incompréhension que suscite une entité aux fonctions insaisissables comme les Menus Plaisirs. À quoi bon un service qui s'implique à la fois dans la fabrication de meubles, de vêtements et d'œuvres d'art, alors mêmes que d'autres détiennent ces compétences ? Il paraît d'ailleurs impossible de le ressusciter comme tel à la Restauration. Les Menus Plaisirs sont alors explicitement réduits à la direction des fêtes et du théâtre. Est alors écrasé ce qui en faisait la spécificité sous l'Ancien Régime, c'est-à-dire la participation aux opérations de métamorphose de l'espace et de suspension du temps, qui définissent l'esprit de la fête, non seulement dans les moments extraordinaires, mais aussi dans les temps ordinaires de la vie de cour – comme lorsque les employés des Menus procèdent aux aménagements nécessaires à la présence de musiciens lors du Grand Couvert.

Toutefois, en 1775, alors même que le nouvel « hôtel » parisien de l'administration Menus Plaisirs est ouvert au public pour exposer les ornements royaux qu'elle vient de restaurer ou de faire fabriquer en vue du sacre de Louis XVI, il est incontestable qu'elle œuvre par ailleurs avant tout à la conception des costumes et des décors pour le théâtre de cour. La coordination du travail artisanal s'effectue à la fois à Paris et au sein des autres hôtels (ou « magasins ») dispersés dans les différentes résidences royales et qui peuvent accueillir simultanément des centaines de couturiers, tailleurs, brodeuses, peintres et tapissiers en cas de nécessité. Or les conséquences de l'institutionnalisation des spectacles professionnels au sein des fêtes et cérémonies curiales ne sont pas qu'économiques et logistiques mais également artistiques. L'analyse du répertoire théâtral fait apparaître la cour comme le creuset de la canonisation des auteurs classiques – Racine, Molière et Corneille – même si c'est aussi un lieu où il faut faire rire avec des comédies des auteurs à la mode[29]. La mise en administration des divertissements contribue donc à la pérennisation de formes esthétiques, à la fois matérielles et immatérielles. Se constitue ainsi une culture partagée dans la longue durée, en synergie avec les goûts des souverains et de leurs proches mais aussi par-delà. L'analyse quantitative de la programmation, certes exclusivement officielle, à laquelle présidaient les Menus Plaisirs met en évidence la manière dont étaient aussi bien pondérés l'absence de goût pour le théâtre de Louis XV et de Louis XVI – sous les règnes desquelles furent données des milliers de représentations – que les innovations formelles que promurent Madame de Pompadour – l'opéra-comique – et Marie-Antoinette – la tragédie lyrique revisitée par Gluck[30].

Temps et espaces des divertissements : ordinaire et extraordinaire

Le mélange de l'ordinaire et de l'extraordinaire donne l'impression quelque peu trompeuse d'une fête permanente, qu'il faut cependant nuancer en fonction des cours. Les calendriers des divertissements sont extrêmement variés et dépendent à la fois de traditions dynastiques bien établies, adossées sur des contraintes confessionnelles, et du caractère personnel de chaque souverain. D'une manière générale, le calendrier dynastique est l'occasion de réjouissances particulières : anniversaires et fêtes patronymiques des souverains et des principaux membres de la famille, mais aussi naissances et mariages, dont le faste est fonction du rang des protagonistes. D'autres occasions sont prétexte à divertir la cour de façon exceptionnelle : victoires, visites de souverains étrangers ou de personnages de haut rang, événements heureux de dynasties cousines ou alliées. Les célébrations liées aux naissances et aux mariages, comme du reste les pompes funèbres, font ainsi l'objet de répliques à travers l'Europe sous l'égide des diplomates ou des cours, selon leur degré de proximité avec la dynastie concernée (voir cahier couleur, fig. 10). Il importe alors de soutenir le rang de la cour par l'organisation de festivités exceptionnelles : opéras, ballets, bals, feux d'artifices, illuminations de bâtiments et de jardins dont la monumentalité était amplifiée pour l'occasion par des architectures éphémères de toiles peintes sur châssis, qui donnaient l'illusion d'une profusion de palais merveilleux aux perspectives infinies.

Divertir au quotidien : une nécessité impérieuse

Des fameux « Appartements » versaillais sous Louis XIV aux *Weekly Drawing Rooms* de la cour d'Angleterre au XVIIIe siècle, divertir la cour, c'est d'abord rendre plus agréable le quotidien par la combinaison des plaisirs des sens. Des réceptions associant la musique, le jeu et des mets raffinés sont offertes aux courtisans et côtoient des divertissements plus institutionnalisés tels que le théâtre et l'opéra. Au tournant des XVIIe et XVIIIe siècles, la fréquence des différents types de divertissements tend à devenir hebdomadaire. À la cour de France, chaque semaine voit, dès les années 1680, alterner concerts les lundi et mercredi, tragédie le mardi, comédie française le jeudi et comédie italienne le samedi, selon un rythme soutenu qui se maintient sous Louis XV comme sous Louis XVI[31]. À partir des années 1740, l'impératrice-reine Marie-Thérèse impose l'organisation de divertissements tous les soirs, soit à l'opéra ou au théâtre de la cour, les mardi, jeudi et dimanche, soit dans les appartements impériaux où l'on joue notamment au billard. Au même moment, la tsarine Élisabeth de Russie fait alterner comédies françaises, bals, concerts et réceptions au palais, ouverts à la ville ou restreints à sa seule cour.

Entre déclinaisons locales et pratiques largement répandues, les jeux de hasard ou d'habileté pratiqués se déclinent de multiples façons dans les cours princières. Jeux de cartes ou de dés, de quilles ou de billard, loteries, concours de tir participent des occupations en société au même titre que les bals ou les concerts. Plusieurs loteries organisées à la cour de France sont ainsi documentées, par exemple celles de Marly lors desquelles Louis XIV met en lots des porcelaines, des cannes garnies de diamants, des robes de chambre et rubans tissés d'or, ou encore un cabinet. Le roi peut prendre à sa charge l'ensemble des dépenses alors qu'en général les perdants doivent payer ce qu'ils jouent. Parfois, cela donne lieu à des scènes cocasses : en août 1684, une nouvelle loterie avait été programmée, mais une indiscrétion en a averti la cour. Les dames voulurent toutes en être et nombre d'entre elles coururent chez les fournisseurs du roi « pour apprendre combien on en [les étoffes] avait pris et ce qu'elles avaient coûté ». Le roi fit annuler la loterie disant « qu'on allait s'imaginer que ses présents seraient d'une magnificence indescriptible et que tout ce qu'il donnerait ne serait rien en comparaison »[32]. Les jeux d'argent sont à la fois recherchés et objets de préventions. Bon nombre de cours interdisent officiellement les jeux d'argent, obligeant les princes à se rendre à Venise pour y fréquenter les casinos que la Sérénissime a si opportunément su tolérer. En France, ils sont encouragés par Louis XIV. Les fortunes s'y font et défont et les sommes misées sont faramineuses. Lorsque Monsieur, le frère du roi, est du voyage de Marly, qu'il n'apprécie toutefois guère, il fait venir des joueurs professionnels. La cavagnole et le pharaon notamment faisaient des ravages à Versailles, faisant perdre la tête (et la bourse) à maints courtisans. Marie Leszczyńska perd beaucoup à la première, Marie-Antoinette autant au second…

Cette pratique du jeu en société, l'art de la discussion, ou, encore, la consommation de produits rares ou exotiques – comme le café, le chocolat ou le tabac – revêtent à la cour une dimension particulière du fait de la magnificence et du *decorum* que renforce encore l'accompagnement musical. Tout un répertoire l'atteste : *Symphonies pour les Soupers du Roy* de France ou autres musiques pour la Table (*Tafelmusik*) pour les cours allemandes, destinées à divertir souverains et courtisans pendant les longs dîners princiers, sérénades nocturnes pour les soirées. De manière générale, les instrumentistes attachés aux souverains ou invités tendaient à exercer leur art pour animer tous les temps morts de la vie de cour. Cette dernière devient l'un des foyers de développement de la musique de chambre à l'époque moderne, depuis les simples pièces pour guitare, luth ou clavecin – données par exemple lors du Coucher de Louis XIV – aux compositions destinées aux ensembles instrumentaux et vocaux plus élaborés. C'est d'ailleurs en version de concert, pour emprunter une terminologie anachronique, que l'opéra s'impose à Versailles au XVIIIe siècle, au rythme hebdomadaire des Concerts de la reine[33].

Autre plaisir simple qui est à l'époque moderne un plaisir curial à part entière, la promenade permet d'extraire la cour du palais et de l'exposer au public de badauds, non sans risque si l'on en croit cette anecdote relatée par la margrave de Bayreuth au cours de l'année 1733 :

> Le lendemain il y eut grande promenade. Nous étions toutes en phaéton, parées de notre mieux ; toute la noblesse suivoit en carrosse ; on en compta 85. Le roi [de Prusse] dans une berline menoit le branle ; il avoit ordonné d'avance tout le tour que nous devions faire ; il s'endormit. Il vint une pluie et un orage épouvantables ; malgré cela nous nous promenions toujours au pas. On peut bien s'imaginer comme nous fûmes accommodées ; nous étions mouillées comme des canes ; les cheveux nous pendoient autour de la tête et nos habits et coiffures étoient abymées. Nous débarquâmes enfin après 3 heures de pluie à Mon-bijou, où il devoit y avoir une grande illumination et bal. Je n'ai rien vu de si comique que toutes ces dames, faites comme des Xantippes et dont les habits leur colloient sur le corps. Nous ne pûmes pas même nous faire sécher et il fallut rester tout le soir avec nos habits mouillés[34].

À l'image des courses de traîneaux, ces promenades nécessitaient l'élaboration de véhicules nouveaux, largement ouverts, en particulier le phaéton qui apparaît au cours du XVIIe siècle, mais aussi des embarcations de prestige sur lesquelles pouvait naviguer la cour. Les *Water Music* composées par Haendel conservent le souvenir des promenades de Georges Ier sur la Tamise en juillet 1717. L'attrait croissant pour ces promenades nautiques avait motivé l'aménagement de canaux dans les parcs princiers : Versailles, Hampton Court, Queluz, Aranjuez, Schleissheim, Nymphenburg ou Peterhof, mais aussi de grandes pièces d'eau sur lesquelles des armadas de barques voguaient lors des grandes réceptions.

Enfin, ce rythme quotidien est modelé par un calendrier annuel, en grande partie conditionné par le calendrier religieux qui neutralise certaines périodes dévolues au jeûne et à la prière, de même que les saisons conditionnent les plaisirs de la cour, quand un deuil ne vient pas les mettre en berne. Pendant le carnaval – qui peut s'étaler sur plusieurs mois à l'image de celui de Venise – se multiplient les bals et les mascarades en ville, parfois les courses de traîneaux, tandis que l'été, souvent passé dans des résidences suburbaines, est le temps des divertissements extérieurs, dans l'environnement souvent prestigieux des jardins princiers ; l'automne privilégie les pratiques cynégétiques dans les forêts environnant les résidences de chasse.

Temps de la cour et saison théâtrale

Dans le cas des spectacles théâtraux ou lyriques, se superposent deux logiques calendaires différentes : le calendrier curial et dynastique et celui de la saison théâtrale ou lyrique, qui varient selon que les théâtres conservent une identité essentiellement curiale ou qu'ils deviennent « urbains », comme à Naples ou Londres.

De par le luxe exceptionnel déployé, l'opéra est intimement lié aux fêtes dynastiques, même s'il tend à s'institutionnaliser jusque dans les cours secondaires. Après avoir été réservé au carnaval, l'opéra devient, à la cour de Stuttgart, un divertissement utilisé pour célébrer les anniversaires des souverains, d'abord de façon irrégulière (tantôt pour le duc, tantôt pour son épouse), avant de devenir annuel mais réservé au seul duc. Entre 1758 et 1765, le duc Charles Eugène de Wurtemberg commande ainsi à son maître de Chapelle, le compositeur napolitain Jommelli (1714-1774), un opéra à chaque anniversaire puis, à partir de 1761, également pour sa fête patronymique, soit au total 17 pièces lyriques en seulement huit ans[35]. C'est dire le rythme effréné auquel étaient assujettis les compositeurs de cour. L'extraction des théâtres de l'espace palatial, et dans une certaine mesure du giron de la cour, favorise en revanche la mise en place progressive de véritables saisons (au sens moderne du terme) théâtrales ou lyriques qui nécessitent une organisation bien rodée.

Fig. 1. *La première cérémonie d'investiture de l'ordre de Saint-Étienne dans la grande antichambre de la Hofburg en 1764*, Martin van Meytens, après 1764, Vienne, château de Schönbrunn.

Fig. 2. *Cortège de la cour de Lorraine à l'occasion du mariage du prince de Lixheim à Lunéville en 1721*, Claude Jacquard, 1721, musée du château de Lunéville, inv. 2015.4.1. © CD54 - T. Franz.

Fig. 3. *Réparation faite à Louis XIV par le doge de Gênes,* Claude-Guy Hallé, v. 1710, Versailles, collections du château.

Fig. 4. *Charles III d'Espagne dinant devant sa cour,* Luis Paret y Alcázar, 1775, Madrid, musée du Prado.

Fig. 5. *Le château électoral de Nymphenburg depuis les jardins*, Bernardo Bellotto, v. 1761, Washington, National Gallery

Fig. 6. *La cour de France quittant le château d'Anet*, tenture dite « des Valois », apr. 1580, Florence, Galerie des Offices.

Fig. 7. Chambre de parade du palais royal de Turin, XVIIIe siècle.

Fig. 8. Grande galerie du château de la Venaria Reale, Turin, début XVIIIe siècle, É. Hassler.

Fig. 9. *Lecture au château de Drottningholm*, 1779, Pehr Hilleström, Stockholm, Musée national.

Fig. 10. *Fête musicale donnée par le cardinal de La Rochefoucauld au théâtre Argentina de Rome en 1747 à l'occasion du mariage du Dauphin, fils de Louis XV*, Giovanni Paolo Panini, 1747, Paris, musée du Louvre.

Fig. 11. Cabinet des porcelaines, Naples, palais de Capodimonte, 1757-1759, É. Hassler.

Fig. 12. *Louis XIV dansant dans Le Ballet de la Nuit*, Henri de Gissey, 1653.

Fig. 13. *François de Lorraine, futur duc et empereur*, Pierre Gobert, v. 1713, Lunéville, musée du château, inv. 2017.1.2 (achat avec participation de l'association des Amis du château de Lunéville et de son musée), © CD54 - T. Franz.

Fig. 14. Robe de cour anglaise, v. 1750, New York, Metropolitan Museum of Art.

Fig. 15. *La Glorification d'Elisabeth-Charlotte de Palatinat, électrice du Brandebourg*, Mathias Czwiczek, v. 1649, collection de la Maison de Hohenzollern.

Fig. 16. *Carrousel organisé à la cour de Charles III d'Espagne*, Luis Paret y Alcázar, v. 1770, Madrid, musée du Prado.

Fig. 17. *Portrait du roi Gustave III de Suède en uniforme de cour*, Niclas Lafrensen le Jeune, 1792, Stockholm, Nationalmuseum.

Fig. 18. Candélabre en porcelaine de Meissen, service du prince Sulkowski, Johann Joachim Kaendler, 1736, Dallas, Museum of Art.

Fig. 19. *Bal de cour donné par Charles II d'Angleterre à la Haye à la veille de son départ pour regagner l'Angleterre à la fin de son exil*, Hieronymus Janssens, v. 1660, Londres, Royal Collection.

C'est le cas des deux théâtres lyriques de Turin, le *Teatro Reggio* (1740), propriété du roi, et le *Teatro Carignano* (1752, mais déjà actif à la fin du XVIIe siècle), appartenant aux princes Carignan, branche cadette de la maison royale qui entretient une cour parallèle[36]. L'organisation de la saison est confiée à la société des Chevaliers, qui réunit un groupe d'aristocrates ayant la charge d'imprésarios. Ceux-ci coordonnent les productions en choisissant les livrets, puis les compositeurs et les scénographes qui doivent produire plusieurs maquettes parmi lesquelles seront choisis les décors définitifs. Entre-temps, se sont mis au travail les chorégraphes, en collaboration avec le compositeur qui compose d'abord les ballets et les récitatifs, puis les airs lorsque le choix des chanteurs est arrêté. Tout cela doit être effectué dans le mois qui précède la première répétition, fixée un mois avant la Première, soit le 26 novembre pour la soirée inaugurale de la saison donnée à la Saint-Etienne, le 26 décembre.

Entre éphémère et permanent, des infrastructures multiples

La diversité typologique des divertissements, la diversité des circonstances dans lesquelles ils sont donnés se prolongent dans la multiplicité des espaces mobilisés, entre espaces palatiaux ordinaires, constructions éphémères et espaces urbains. Les productions fastueuses de l'ère baroque, contemporaines de la naissance de l'opéra dans les premières années du XVIIe siècle, sont rendues possibles par la réalisation de grandes salles permettant d'accueillir ces spectacles nécessitant dispositifs scéniques et orchestre. Les cours italiennes de Florence, Mantoue ou Parme se dotèrent les premières de ce type d'infrastructures, élaborant la salle dite « à l'italienne » qui sera ensuite reprise dans toutes les cours d'Europe. Ces « salons de la cour », pour reprendre une expression qualifiant le San Carlo de Naples[37], n'en avaient toutefois pas le monopole, car des représentations d'opéra « de chambre » sont également attestées dans les appartements des souverains, notamment français. Ce n'est en effet qu'à la toute fin de l'Ancien Régime que Versailles se dote de deux salles permanentes. L'Opéra, alors appelé « Grand théâtre » et servant aussi de salle de festin, est construit pour le mariage du dauphin futur Louis XVI (1770), mais il s'avère rapidement surdimensionné et d'un usage trop dispendieux. En 1785, un « petit théâtre », plus facile d'utilisation, est donc construit par Pierre-Adrien Pâris dans l'aile neuve par laquelle l'architecte Gabriel venait de remplacer l'aile nord des communs (dite des Ministres) du château de Louis XIV. Ces deux réalisations tardives enrichissent l'infrastructure scénique de la cour de France et se substituent, avec le théâtre de l'aile de la Belle Cheminée construit à Fontainebleau sous Louis XV, aux salles antérieures – éphémères, mais très pérennes[38] !

De fastueuses salles d'opéra se sont toutefois multipliées au cours du XVIIIe siècle jusque dans les petites résidences princières allemandes comme à Schwetzingen, résidence secondaire de l'électeur palatin. De ces espaces d'apparat ne demeurent aujourd'hui qu'un petit nombre de théâtres de cour, au premier rang desquels le San Carlo de Naples (1737) ou le théâtre margravial de Bayreuth (1747). Ce dernier, conçu par Giuseppe et Carlo Galli da Bibiena, issus d'une dynastie de scénographes et architectes spécialisés dans le théâtre qui avaient déjà œuvré à la construction de l'opéra de la cour impériale, illustre à merveille le théâtre de cour. Il rappelle de nombreuses autres salles similaires, pour beaucoup d'entre elles aujourd'hui disparues, construites à Vienne, Dresde, Munich ou encore Lunéville. Aménagé en fer à cheval, à trois rangées de balcons destinés à accueillir les courtisans, ce théâtre est un véritable bijou de bois sculpté, peint et doré, dont les points de mire sont, en miroir de la scène, la somptueuse loge princière et les loges d'avant-scène, surmontées de vertus, de cariatides et de la couronne margraviale pour la loge principale, du chiffre du margrave et d'allégories militaires pour les loges latérales. Au plafond, une allégorie exalte le pouvoir princier. Le cadre de scène, enfin, est magistralement couronné par les armes princières, encadrées de deux renommées. La salle constituait ainsi véritablement une seconde scène, d'autant plus que le couple princier ne prenait que rarement place dans la loge d'honneur, mais plutôt au premier rang du parterre. À côté de ces vastes bâtiments sont également aménagés de petits théâtres, plus intimes, tels que celui de la reine au Petit Trianon de Versailles ou celui de Drottningholm (Suède, 1766) construit par la reine Louise-Ulrike qui, tout en reprenant la structure générale des grandes salles, conjuguent au faste l'intimité de salles réservées à des cercles de courtisans plus restreints.

Quant à eux dédiés à l'art équestre et aux carrousels, les manèges caractérisent eux aussi l'Europe des cours. Peu de structures nous sont parvenues : l'école équestre de Vienne, construite par Charles VI en bordure du complexe palatial de la Hofburg entre 1729 et 1735, concrétise le projet envisagé dès le milieu du XVIe siècle d'un espace fermé, doté de tribunes, pour s'entraîner en hiver ; le Zwinger, vaste esplanade bordée de pavillons, aménagé pour Auguste le Fort sur le rempart qui protège Dresde à l'ouest entre 1711 et 1722, constituait un espace monumentalisé pour les carrousels organisés par la cour de Saxe où pouvait prendre place une assistance nombreuse. Leur somptuosité occulte les nombreux carrousels improvisés en bordure des parcs des résidences de campagne, à l'image de celui d'Aranjuez immortalisé par le peintre Luis Paret y Alcázar en 1770 (voir cahier couleur, fig. 16). Ils accueillaient des divertissements équestres variés qui allaient du simulacre de tournois aux chorégraphies étudiées, mettant en valeur la dextérité des jeunes courtisans...

Les jardins, pensés comme un lieu d'amusement, avec leurs bosquets, leurs labyrinthes et les grands bassins où évoluent les flottilles, bénéficient aussi des techniques hydrauliques les plus avancées. Le jardin du château d'Hellbrunn, résidence d'été de la cour du prince-archevêque de Salzbourg, achevé vers 1615, conserve ainsi un rare témoignage, encore aujourd'hui fonctionnel, de ce type d'aménagements, qui permettait au maître des lieux d'espiègles surprises : laissant s'asseoir ses convives sur des bancs en marbre, il pouvait actionner un système d'où jaillissaient de petits jets d'eau cachés dans le sol, éclaboussant les courtisans surpris. La seconde moitié du XVIIe siècle voit la multiplication des jeux d'extérieur. Pour distraire ses invités, Louis XIV les renouvelle fréquemment à Marly : en 1689-1690, il fit disposer différents jeux sur la terrasse principale (un trou Madame, un anneau tournant et un jeu de passe de fer), en 1691 une escarpolette dans un nouveau bosquet qui lui fut spécialement dédié, en 1698 un mail (entre le croquet et le golf) sur les hauteurs qui dominaient la grande cascade, puis deux autres en 1701 et en 1705 dans d'autres parties du jardin. L'une des attractions favorites demeurait la « roulette », c'est-à-dire un chariot glissant sur un rail en pente de plus de 250 mètres de long, ancêtre des montagnes russes que l'on retrouve également, sans surprise, dans les résidences d'été pétersbourgeoises. Le complexe de montagnes russes d'Oranienbaum (1762-1764), comprenait le pavillon, plusieurs pistes de glissade, droites ou ondulées, et des galeries-colonnades s'étendant sur plus de 500 mètres. Les chariots sculptés et dorés, reprenaient les formes excentriques des traîneaux utilisés par les cours germaniques.

L'éthique du divertissement en question

Tout ce qui précède met en lumière la ritualisation croissante du divertissement qui, tout en contribuant indéniablement à l'exaltation de la majesté souveraine, peut aussi confiner à une routine paradoxalement source d'ennui. Si la cour de Charles II d'Espagne passe pour lugubre aux yeux de Mme d'Aulnoy (chapitre 3), on pouvait malgré tout s'ennuyer à Versailles, indice qu'il s'agit là d'une dimension peut-être moins conjoncturelle qu'inhérente à la vie de cour.

L'identité très catholique des cours habsbourgeoises priorise le calendrier religieux au détriment des divertissements si bien que le respect d'une religion parfois bien rigoriste obligeait à chercher plaisirs et amusements en ville quand la cour en était avare. Il en allait de même à Bayreuth où le margrave luthérien Georges-Frédéric, sous l'influence de l'aumônier de la cour, mais sans doute aussi sur le modèle de la cour impériale qu'il aimait à imiter, bien qu'elle fut catholique, restreignit les divertissements dans les années 1730, interdisant notamment les mascarades. Sa belle-fille, la princesse Wilhelmine de Brandebourg, et son entourage s'échinaient à contrecarrer les interdictions religieuses pour éviter d'être « réduits à vivre comme les religieux de la Trappe »[39]. Il n'est cependant pas sûr que le Versailles de la fin du règne du Roi-Soleil, assoupi par la vieillesse du roi et la bigoterie de Mme de Maintenon, ait été plus enjoué. Mme de Sévigné y regrette en effet la « tristesse mortelle » des jours ordinaires qui contraste avec le brillant des décennies précédentes.

On peut donc faire l'hypothèse que l'ennui n'était pas seulement le produit d'une culture dynastique ou d'une personnalité, mais qu'il pouvait être distillé par la routine propre à la ritualisation curiale. Un cas limite comme celui de la cour de Jacques II d'Angleterre en exil à Saint-Germain en donne un aperçu saisissant. En octobre 1690, le colonel Fielding décrit en ces termes une journée :

> (voici) quelques détails de notre façon de passer le temps : le matin, les dames, comme autant d'étoiles, assistent notre plus brillante planète, la reine, à sa toilette, qui devient si bien leur souveraine, que n'aurait-elle pas été reine, elle aurait été encore choisie par tous les juges impartiaux. De là elles vont à la chapelle puis au dîner et après le dîner, la chasse au sanglier que le Quaker appelle la chasse au porc, et où Mr Biddulph eut deux chevaux estropiés sous lui, comme un vrai chevalier errant. À leur retour de la chasse au cochon, nous avons eu un spectacle de musique, de là les cartes et autres jeux, et ainsi jusqu'au souper, puis au lit. Et tout cela sans un seul mot sur l'Angleterre ou rien qui donna à croire que nous désirions y retourner[40].

Le caractère routinier et monotone, l'absence de superlatifs pour qualifier le repas, la chasse, la musique ou le jeu – qui contrastent avec les relations officielles – pourraient être imputés à la situation particulière de la cour jacobite. Pour autant, cette lettre fait fortement écho à la description de son quotidien par la reine de Naples Marie-Caroline (sœur de Marie-Antoinette) dans son journal, par exemple à la date du 5 novembre 1782 :

> [...] je me levois a 6 heures pour ecrire mes lettres de la poste je m'abillois coefois dejeunois entendis la messe je parlois a A. ensuite a 10 heures j'allois en caretele avec la dame Princesse Migliano et des homes la il y eut une chasse aux sangliers ou entre courir les sangliers et les tuer avec le fusil on en tua 76 on dina la et nous retournames je me rabillois tout de nouveau parlois au Roi et ensuite au theatre florentin a une bien insipide tragedie intitule Cambise ou il n'y avoit personne a neuf heures au logis et soupe au lit[41].

L'entrelacement toujours répété des obligations – la messe, les affaires –, des temps consacrés à l'ostentation – l'habillement, la coiffure – et des divertissements – où s'ajoute le théâtre à la chasse au sanglier, pratiquée comme en France (Marie-Caroline dénombrant les animaux tués comme Louis XVI dans son « journal », voir aussi chapitre 10) – font apparaître les amusements pour ce qu'ils sont pour la reine : des moments aussi contraints que les autres, notamment du fait de l'obligation de les partager en public. Il n'y a donc point là nécessairement de mélancolie ou de crise politique, mais une singulière construction du temps et de l'espace, où la part du goût et de l'individualité s'exprime d'une manière qu'il convient d'historiciser.

Au cours des XVIIe et XVIIIe siècles, s'y mêlent l'expression des goûts du temps et des formes de canonisation, s'y jouent des processus d'institutionnalisation et de professionnalisation qui ne font pas disparaître toute initiative dans l'entourage personnel d'un souverain toujours en quête d'espaces d'intimité en contrepoint du faste officiel. Ces tensions sont par exemple perceptibles dans la France de1667, où paraît une *Histoire du Palais-Royal* qui dénonce les *Plaisirs de l'île enchantée* comme une manifestation de la tyrannie d'un prince, plus préoccupé de ses désirs intimes que de partager des plaisirs honnêtes avec ses sujets[42]. Répondre à ces violentes attaques passe notamment par l'ouverture de ces fêtes au public. C'est le cas des fêtes extérieures, comme les feux d'artifice et les illuminations, par exemple en France où la tradition d'ouverture et de publicité facilite la distribution de centaines de billets pour des bals donnés en intérieur. Mais c'est ce que décide un souverain Habsbourg comme le grand-duc de Toscane Pierre-Léopold, à une époque où d'autres espaces princiers, comme les bibliothèques, sont mis au service du public. Lors du mariage de sa fille Marie-Thérèse avec le prince Antoine-Clément de Saxe en 1787, hommes et femmes du peuple peuvent, du moment qu'ils sont décemment habillés, côtoyer les membres de la famille royale et de la cour dans le parc delle Cascine[43]. Fêtes et divertissements de cour sont donc l'une des multiples manières de fabriquer le portrait du roi. Comme dans toute la production de l'image royale, les acteurs en sont multiples, les réussites et les réceptions éclatantes au point d'aveugler parfois contemporains et… historiens, même si subsistent des traces des critiques, des opérations de réécriture du déroulement des fêtes ou encore des récits ou performances détournant ces dernières.

Chapitre 9

Entre social et biologique, le corps curialisé

Elle avait « l'instinct de la cour » écrivait de sa mère la comtesse de Boigne[1]. En peu de mots, la mémorialiste parvenait à restituer l'essence même de ce qui fait la distinction du courtisan : un port, un costume, des attitudes, une gestuelle, un verbe, que le corps semblait avoir assimilés naturellement, presque par le miracle de la génétique. La capacité à évoluer avec aisance dans une société redoutable, l'absolue maîtrise du corps, renvoient à ce que les cours germaniques ont conceptualisé comme la curialité (*hoffähig*), en termes prosaïques, la capacité à « montrer patte blanche ».

Cette corporéité spécifique, pensée par Norbert Elias comme une pure carapace curiale, s'avère d'une tout autre profondeur : l'habitus curial articule les artifices du corps dressé aux réalités du corps biologique. C'est cet ensemble qui fait le pedigree du gentilhomme de la cour et, en tant que premier d'entre eux, le prince est soumis aux mêmes contraintes sociales et physiques. Le corps souverain s'avère aussi un corps qui ressent, qui souffre, qui s'altère, qui s'éteint tout en se déclinant et en se perpétuant par la dynastie.

Le corps, dans ses métaphores comme dans ses réalités, constitue de fait un prisme d'observation dont les possibilités sont loin d'avoir été épuisées par la lecture éliasienne. Il s'agit donc ici de montrer en quoi la puissance symbolique de la cour se matérialise dans et par les corps physiques, en questionnant le corps curialisé grâce aux apports combinés de la prise en compte de ses interactions avec un espace, des objets, entre genres – mais aussi avec le reste du vivant, ce qu'on envisagera dans le chapitre suivant.

Corps physiques, corps dynastiques : famille, genre et affects dans les dynamiques curiales

Du double corps du roi au corps souverain démultiplié

Prendre en compte l'espace curial enrichit l'interprétation politique et symbolique du corps du roi qui n'a cessé d'être discutée à la suite des travaux fondateurs d'Ernst Kantorowicz sur la théorie médiévale des deux corps du roi[2]. La curialisation contribue en effet à l'actualisation de la transcendance du corps souverain, qu'elle opère à la fois en le mettant en scène par opposition avec d'autres corps et en le démultipliant. Transposant dans le champ politique la notion théologique de corps mystique dont la tête serait l'Église, la théorie des deux corps du roi a été forgée dès le xᵉ siècle puis mûrie jusqu'au xviᵉ siècle, si bien qu'elle irrigue largement les discours juridiques et institutionnels de l'époque moderne. Les historiens de l'école cérémonialiste (voir chapitre 3) ont interprété les grandes cérémonies monarchiques caractéristiques du tournant des époques médiévale et moderne comme la matérialisation de cette théorie, notamment dans les espaces anglais et français. Ralph Giesey s'en est fait l'un des plus brillants interprètes en l'appliquant aux funérailles du roi de France aux xvᵉ et xviᵉ siècles : clairement inspirées du modèle anglais dans le contexte de la guerre de Cent Ans, les funérailles suggèrent l'immortalité de la dignité royale en organisant la coexistence du corps du défunt et de son effigie. Or, pour Giesey, le cérémonial qui s'impose à la cour de France au xviiᵉ siècle prolonge au quotidien ce dispositif d'exaltation du corps du roi, tout en entérinant le principe d'une absorption du corps mortel par le corps symbolique. En représentation permanente, le roi n'aurait en quelque sorte plus besoin de double – l'effigie disparaissant d'ailleurs du cérémonial funèbre à partir de 1610[3]. C'est dans cette perspective que peut être exalté le principe de la continuité dynastique, selon lequel l'héritier présomptif accède à une pleine souveraineté dès la mort de son prédécesseur indépendamment des cérémonies du couronnement. Cette mystique du sang royal, partagée par toute l'Europe des cours, permet dès lors de prolonger le corps du souverain dans celui de ses rejetons et de l'ensemble de sa parentèle et qu'il n'y ait jamais aucune solution de continuité – ni vacance du pouvoir, ni absence physique.

À la vigueur idéologique de cette fiction juridique, il est nécessaire d'opposer la résistance du « simple corps du roi », bien physique et dont la dégradation était une évidence pour tous les contemporains[4]. Partant de là, deux voies s'ouvrent à l'historiographie. Il est tout d'abord possible d'entreprendre une

« bio-histoire » du corps souverain qui en dévoile l'histoire pathologique et sensible[5], et rend possible une autre histoire de la culture cérémonielle curiale et monarchique, celle-ci s'avérant façonnée par ces *realia*, autant que par les considérations pragmatiques (d'ordre diplomatique ou économique) ou les impératifs symboliques. Une autre voie est celle empruntée par exemple par Marie-Claude Canova-Green à la suite de Louis Marin[6]. Dans cette perspective, le corps souverain est un corps dont la complexité est inhérente à la curialisation et à la médiatisation. C'est un corps démultiplié, à travers les membres de son sang, mais aussi dans ses innombrables portraits et représentations. C'est aussi un corps toujours en tension entre transcendance et sensible : au cœur même des performances cérémonielles et artistiques, l'expression de la dignité royale le dispute à celle des émotions et des souffrances. C'est un corps, enfin, qui se positionne sans cesse par rapport à celui des autres membres de la famille royale et de la cour, eux-mêmes pris dans une double dynamique de distinction et d'imitation du langage corporel du souverain. C'est ainsi que Pierre Dionis, chirurgien de la reine Marie-Thérèse puis du Dauphin, raconte que l'opération, pourtant dangereuse, que subit Louis XIV d'une fistule anale en 1686 devint une condition physique « à la mode » :

> [Certains courtisans] avaient quelques petits suintements ou de simples hémorroïdes [et] ne différaient pas à présenter leur derrière au chirurgien pour y faire des incisions ; [...] ils paraissaient fâchez lorsqu'on les assurait qu'il n'y avait point de nécessité de la faire[7].

Dans cette imitation du corps souverain dans ce qu'il a de plus trivial, dans cette appropriation poussée à l'extrême des traits physiques les plus dégradants, se révèle en creux l'efficacité de la transfiguration du corps mortel, de même que la dénonciation et le désenchantement du pouvoir souverain passent par l'acharnement contre ce corps, qu'il soit vilipendé dans des pamphlets pornographiques ou supplicié en public[8]. Les dispositifs matériels propres à la culture cérémonielle curiale viennent donc à l'appui des corps physiques qu'il faut métamorphoser malgré leurs défaillances et leurs limites. C'est la fonction de la disposition des appartements (chapitre 6), comme des dais, estrades, barrières et autres balustrades (chapitre 3) de rendre visible la différence essentielle de ce corps souverain pourtant irréductiblement physique. L'attention extrême qui est portée au mobilier de la chambre de la reine après son accouchement est révélatrice de cette élaboration matérielle, sociale et symbolique des corps souverains incluant ceux des membres de la famille royale. Lors de la naissance de Marie-Henriette d'Angleterre, fille du roi Charles Ier et titrée Princesse royale, en 1631, avait ainsi été commandé un fastueux mobilier pour la chambre de la reine entièrement repeinte et remise à neuf : aux lits pour l'accouchée, ses suivantes et le personnel placé au service de l'enfant à naître, s'ajoutaient un berceau et un abondant mobilier d'assise pour recevoir les courtisans (fauteuils, chaises, tabourets, pliants) – le tout garni de velours et de damas cramoisi brodés et ornés d'or et d'argent – ainsi que, probablement, deux balustrades à la française[9]. Au-delà du corps du roi, la chorégraphie curiale des corps cérémonialisés était en effet structurée autour de celle de tous les corps dynastiques.

La cour, lieu de mise en scène de la dynastie comme corps

En 1649, Mathias Czwiczek peint un portrait choral qui est aussi un portrait de cour, intitulé *La Glorification d'Élisabeth-Charlotte du Palatinat* qui célèbre les multiples alliances au fil des générations entre dynasties réformées de l'Empire (fig. 15, cahier couleur). L'électrice douairière du Brandebourg y apparait assise en majesté, entourée des membres de sa famille, tandis que sa cour y figure à l'arrière-plan. Un certain nombre d'objets et d'animaux allégoriques jonchent le premier plan. Princesse d'Orange et sœur de l'électeur palatin Frédéric V, Élisabeth-Charlotte a épousé l'électeur de Brandebourg Georges-Guillaume juste avant le déclenchement de la guerre de Trente Ans. De cette union est né un fils, Frédéric-Guillaume, l'autre figure dominant le centre de la composition. Symbole de la fertilité et de l'abondance de son règne, les trésors de la maison princière apparaissent dans un coffre placé à leurs pieds. Autour de celui qui fut surnommé le Grand Électeur, apparaissent également son épouse – une princesse d'Orange comme l'indique le fruit qu'elle tient dans l'une de ses mains, alors que de l'autre elle tend une grappe de raisins à sa belle-mère, et le fils du couple électoral, Guillaume-Henri. Figurent également la fille d'Élisabeth-Charlotte, Edwige-Sophie, le mari de cette dernière, Guillaume VI de Hesse-Cassel (qui tient un parasol au-dessus des deux femmes), sa sœur, Louise Charlotte et son époux Jacques de Courlande, ainsi que son frère, Louis-Philippe du Palatinat et sa femme Marie-Éléonore de Hohenzollern (qui tient la traîne de sa belle-sœur). C'est donc une femme, l'Électrice douairière Élisabeth-Charlotte, qui est mise en scène comme le point nodal entre les dynasties réformées du Palatinat, du Brandebourg, d'Orange-Nassau et de Hesse-Cassel dont l'alliance a été forgée au feu de la guerre de Trente Ans (voir cahier couleur, fig. 15). En ce temps où la souveraineté s'incarne toujours plus dans la figure et le corps du prince, c'est la prééminence des princesses dans la perpétuation dynastique qui est d'autant plus affichée que leur mariage n'a pas effacé leur appartenance familiale d'origine[10].

Loin d'être seulement le lieu de la mise en scène d'un pouvoir souverain associé au corps unique d'un individu le plus souvent masculin, la cour est donc aussi l'espace où s'incarne et se déploie le paradigme dynastique, cette « société des princes » (Lucien Bély) repensée au prisme du *dynasticism*[11]. La capacité à gouverner tient au sang dynastique et la majesté se loge donc dans des corps multiples, féminins et masculins, aux liens à la fois verticaux (générationnels) et horizontaux – et ce, en dépit de l'homogénéisation européenne des procédures de transmission du patrimoine princier et du pouvoir souverain autour du principe de primogéniture masculine. Dans cette perspective, la fragmentation de l'espace curial tient étroitement aux configurations sociales et familiales que tissent les liens du sang, entre concurrence politique (déjà évoquée au chapitre 1) et complémentarité dans l'incarnation dynastique de la majesté souveraine.

La valorisation symbolique du sang du prince se décline dans les titres qui disent la plus ou moins grande proximité au prince, dans le double souci d'intégrer la cour et de différencier en son sein les membres de la famille princière élargie. S'est imposé dans la France des années 1560 le titre de « princes du sang », octroyé aux cousins du roi et à leurs descendants. En découlent toute une série de privilèges honorifiques, juridiques et politiques (sièges au conseil et au parlement, ordre du Saint-Esprit...) et une étiquette complexe qui implique de s'adresser à eux en les qualifiant d'« Altesse royale » ou « Altesse ». La même déclinaison s'observe en Angleterre et dans le Saint-Empire, de même que la maison de Savoie adopte ce principe dès sa promotion à l'issue de la guerre de Succession d'Espagne : les princes les plus proches par le sang de la nouvelle famille royale se voient gratifier du titre d'« altesse royale » et ceux qui s'y rattachent de manière plus distante celui d'« altesse sérénissime ».

La multipolarité spatiale de la cour (voir chapitre 4) tient donc à l'affirmation de cette corporéité dynastique : la personnalisation du pouvoir absolu se prolonge dans les multiples corps issus des différents rameaux familiaux et a pour corollaire l'éclatement légitime des implantations curiales. Même sous Louis XIV, se rendre à la cour de France, ce n'est pas seulement aller à Versailles, ni même dans ses différentes résidences (Trianon, Marly, Fontainebleau...), c'est circuler au sein d'une véritable constellation familiale, qui compte notamment Saint-Cloud – domaine de son frère Philippe, duc d'Orléans – ou Sceaux

– résidence de son fils légitimé, le duc du Maine et son épouse, princesse du sang[12]. Il en va de même en Prusse à l'époque de Frédéric II (1712-1786), lequel réside à Berlin ou Postdam, tandis que son épouse demeure à Charlottenburg, la reine-mère à Monbijou et ses frères à Rheinsberg et Oranienburg.

La tendance à l'homogénéisation européenne des règles de transmission de la souveraineté autour du principe de la primogéniture et de la préférence (si ce n'est de l'exclusivité) masculine transforme donc les modalités de reconnaissance des qualités inhérentes à l'appartenance dynastique sans disqualifier plus les princes cadets que les princesses dans le dispositif familial et curial d'exercice du pouvoir. Si les frères du prince souverain – héritiers en réserve pour traduire l'expression de Jonathan Spangler – ne reçoivent plus de territoires où exercer des fonctions de gouvernement en toute autonomie, ils peuvent conserver des sphères d'influence, notamment militaire comme dans le cas du futur Jacques II lorsqu'il était encore duc d'York et héritier présomptif de son frère aîné le roi d'Angleterre Charles II, mais surtout culturelle et sociale. En tenant une cour qui ne joue pas nécessairement un rôle d'opposition structurée, princes et princesses participent à un système curial articulé à différents corps princiers, à l'échelle d'un ou plusieurs territoires comme chez les Habsbourg. L'impératrice-reine Marie-Thérèse diligente ainsi son beau-frère, Charles-Alexandre de Lorraine (voir aussi chapitre 10), à Bruxelles, ses fils les archiducs Pierre-Léopold et Ferdinand à Florence et à Milan, sa fille l'archiduchesse Marie-Christine et son époux Albert de Saxe-Teschen à Bratislava, puis à Bruxelles. Elle peuple aussi les résidences de portraits des membres de la dynastie qui constituent autant de substituts en l'absence des souverains. Lors de la baroquisation de la Hofburg d'Innsbruck, désertée par les souverains la majeure partie du temps, elle fait aménager au début des années 1760 la salle des Géants (*Riesensaal*), du nom des grands portraits du couple impérial et de ses seize enfants, surmontés de portraits plus petits de leurs conjoints, pour certains princes régnants également.

Multiplicateurs de la présence et de la visibilité du corps du prince, affins et parents permettent également d'élargir la distribution des faveurs. À la cour de Charles Ier d'Angleterre, dans la première moitié du XVIIe siècle, la démographie nobiliaire s'avère par exemple cruellement en décalage avec la structure de la Maison royale. Chacun des quarante comtés du royaume compte plusieurs centaines de familles à distinguer (288 dans le comté de Warwick, 679 dans celui d'York en 1642) alors que seuls 350 à 400 offices convenaient en son sein à des membres de la *gentry*. De même, seuls quinze offices dans la Maison du roi et dix dans celle de la reine étaient dignes des membres de la pairie qui préféraient s'éloigner de la cour qu'y paraître sans y tenir d'office (ce à quoi leur rang les autorisait). La situation était d'autant plus inextricable que les charges, équivalentes dans la Maison de la reine à celles de la Maison du roi, tendaient à être pourvues par les épouses des officiers domestiques du souverain. La seule solution pour attacher les élites de la *gentry* et de la pairie était donc non seulement d'augmenter le nombre de charges attachées à chaque office – comme ceux de *gentleman* de la *Privy Chamber* et de *Queen's lady of the Bedchamber* – mais aussi de les établir dans d'autres Maisons constituées, comme celle du prince de Galles et des autres enfants du couple royal[13]. Chaque naissance fournit à la dynastie un nouveau corps physique, susceptible d'être magnifié par la constitution d'un corps de serviteurs. La démographie dynastique et le choix de valoriser la singularité des membres de la famille royale au sein de la cour en les dotant d'un service distinct de celui du couple royal – comme ce fut par exemple le cas pour les filles de Louis XV que leur neveu Louis XVI dota d'une Maison autonome[14] – sont donc des ressorts essentiels de l'évolution des configurations curiales.

La cour, « royaume de fémynie »[15]

Comme l'indique le portrait choral de Mathias Czwiczek, les princesses sont au cœur de ce système de cour multipolarisé où la construction sociale des corps débouche sur l'élaboration de réseaux, où les logiques de genre s'accordent de manière sensiblement différente du reste de la société et où les femmes acquièrent une visibilité de plus en plus grande au tournant du Moyen Âge et de l'époque moderne[16]. Entre les années 1550 et 1650, leur proportion s'accroît par exemple notablement dans la composition des services domestiques à la cour de France, les effectifs féminins ayant cru encore plus rapidement que les effectifs masculins[17].

La Russie fournit un contre-exemple illustrant l'ampleur de cette caractéristique des cours de l'époque moderne. Jusqu'à la fin du XVIIe siècle, les femmes de la noblesse de cour y vivaient en effet recluses dans leurs appartements appelés *terem* et interdits aux hommes. Si la tsarine disposait de ce fait de son propre palais, elle ne pouvait y tenir de cour au sens propre puisqu'elle ne pouvait recevoir que des membres du clergé ou des épouses de diplomates. Un changement progressif s'opère sous l'effet de l'adoption par la tsarine Nathalie Naryshkina d'un mode de vie radicalement différent. Elle se promène notamment dans une voiture aux rideaux relevés, ce qui fait de la visibilité de son corps un élément clef de la représentation dynastique, tandis que sa fille anime la vie artistique de la cour en y installant une troupe de théâtre bénéficiant d'un local spécifique et que son fils, le tsar Pierre le Grand, fonde Saint-Pétersbourg pour y déployer une vie de cour répondant aux mêmes normes que dans le reste de l'Europe et conférant, de ce fait, un rôle institutionnel aux femmes (voir chapitre 11)[18]. Un système de cour est organisé *a minima* autour des deux pôles déterminés par la Maison du souverain et celle de la souveraine – et à défaut de souveraine, de celle d'une autre princesse pouvant en tenir le rang et le rôle. La Maison de la souveraine réplique en l'adaptant le modèle de celle du souverain et place à sa tête une femme mariée (ou une veuve) : surintendante de la Maison de la reine en France, *first lady of the Bedchamber* en Angleterre, *Oberhofmeisterin* dans les cours de l'espace germanique, *camarera mayor* en Espagne. C'est ainsi que la création d'une charge similaire – celle d'*Överhovmästraninna*, maîtresse de la cour – s'impose d'autant plus en 1640 à la cour de Suède que la reine Christine n'est pas seulement consort mais censée exercer pleinement le pouvoir souverain.

Si les Maisons des princesses ont cette singularité d'intégrer des femmes – totalement exclues des autres Maisons princières – et de garantir ainsi l'institutionnalisation de leur visibilité curiale, elles sont toutefois très loin d'être exclusivement féminines. Au XVIIe siècle, la Maison de la reine compte en Espagne une centaine de femmes dont la proportion représente un quart de son effectif avant de décroître fortement du fait de la création par Philippe IV d'Écuries propres à la souveraine : celles-ci devaient lui permettre de garantir son rang dans tous ses déplacements mais leur personnel était uniquement masculin[19]. À l'époque de Marie Leszczyńska, la présence féminine dans la Maison de la reine s'élèvait à la cour de France à seulement 7 % de ses effectifs et se concentrait dans le département de la Chambre[20]. Partout, l'augmentation de la présence féminine s'est en effet opérée à travers la multiplication du nombre des charges associées au service du corps et de l'intimité de la souveraine : femmes de chambre, et, plus haut dans l'échelle sociale, charges dont la titulature se décline dans toutes les langues européennes dans des variations autour du terme « dame » – dame d'honneur, dame d'atour, dame du palais, à la cour de France ; *lady-in-waiting*, *hofdame*, *dama* (ou *dueña*), dans les cours d'Angleterre, de l'Empire et d'Espagne. Ce type de charge, extrêmement honorifique, n'avait pourtant rien d'une sinécure. Vivre au rythme de la reine, parfois une quinzaine d'heures durant, pouvait même s'avérer très astreignant comme le souligne par exemple le juriste Johann Christian Lüning dans son *Theatrum Ceremoniale Historico-Politicum*, publié entre 1719 et 1721 :

> Leur service est épuisant et leur vie ne connaît aucune routine, elles doivent se tenir debout pendant de longs moments et passer la journée entière enserrées dans des corsets et des vêtements raides, elles mangent froid et se couchent tard[21].

Pour visible qu'il soit – à l'inverse de ce qu'il en était en Russie avant la tsarine Nathalie et Pierre le Grand –, le corps des dames physiquement engagées dans le service de leur souveraine était donc sous contrainte, même si le contrôle exercé sur elles n'était pas toujours aussi rigoureux que chez les Habsbourg – où leur moralité et leurs sorties étaient étroitement surveillées par la *camarera mayor*, à Madrid, ou la *Oberhofmeisterin*, à Vienne – ou que dans le Saint-Empire – pas moins de 35 instructions sont édictées à Munich sur ce sujet entre 1651 et 1756[22].

Les évolutions à la cour de Suède des XVIIe et XVIIIe siècles montrent la manière dont la structuration des offices féminins supérieurs était à la fois utilisée pour magnifier le corps de la souveraine par l'amplification de sa suite et pour répondre aux défis posés par les variations de la démographie des élites. Au début du XVIIe siècle, apparaît la charge de dame d'honneur (*kammarjungfru*). Destinée aux filles de la haute noblesse à la cour, elle reste pourtant vacante à partir des années 1660 du fait même de l'abondance de candidates à la suite de la croissance significative des élévations nobiliaires : il est impossible de puiser dans le vivier sans créer des disparités insupportables dans la distribution de la faveur royale. Dans les années 1710, une solution semble être trouvée par la modification générale de l'échelle des titres à la suite de l'octroi du titre de *fröken*, réservé jusque-là aux princesses, aux dames et demoiselles d'honneur, les dames de chambre (*chamberers*) prenant le titre de *kammarjungfru*. Ce n'est cependant qu'à partir du règne de Gustave III que les effectifs féminins s'accroissent significativement, à la suite de la création, en 1774, de la prestigieuse place de *statsfru* (dame du palais) réservée aux femmes mariées puis de celle de *sällskapsfru* (dame de compagnie) en 1780. Ces décisions tiennent autant de la volonté d'imiter la cour de France que du pragmatisme curial : la soudaine augmentation du nombre de femmes mariées à la cour avait imposé de leur trouver un débouché[23].

L'obtention de ces charges suscitait donc, en Suède et ailleurs, une âpre concurrence parmi les familles nobles de la cour, non seulement parce qu'elles donnaient l'occasion aux filles de contracter une bonne alliance, mais, plus largement, parce qu'elles permettaient d'utiliser les femmes – indépendamment de leur statut matrimonial et donc juridique : mariées, veuves et célibataires – au service de l'illustration et de l'enrichissement du lignage, par la présence à la cour (voir aussi chapitre 7). Les femmes ne sont ainsi significativement représentées parmi les « pensionnaires » de l'État monarchique qu'au sein du groupe des bénéficiaires des « pensions de cour » (Benoît Carré) où s'affirme cette *agency* féminine et curiale, plus singulière en termes de visibilité par rapport au reste de la société que de moyens – au sens où les femmes tendent à employer les mêmes que les hommes pour obtenir et redistribuer la faveur princière.

Même sans avoir eu la même implication dans les affaires de l'État qu'une Henriette d'Angleterre – dont l'une des *ladies of the Bedchamber*, la comtesse de Carlisle, et l'une des femmes de chambre, Mme Vantelet, furent activement partie prenante de sa politique pro-française[24] – ou une Élisabeth Farnèse, une reine consort exerçait sans conteste des prérogatives royales en interaction avec les détentrices de charges au sein de sa Chambre. La manière dont celles-ci filtraient l'accès à la reine et la remise en ses mains de placets[25] comme les arbitrages cérémoniels que rendait la souveraine dans sa Maison et ses appartements participaient en effet de la gestion des grâces royales. La reine de France peut ainsi intervenir dans la nomination de ses dames d'honneur, attribuer des places dans son cercle, régler des conflits, voire modifier le cérémonial, comme lorsqu'Anne d'Autriche fait attribuer un tabouret à la marquise de Mirbel, épouse de l'ambassadeur d'Espagne[26] (voir aussi chapitre 3). Qu'une mention comme celle portée en 1753 dans le registre des provisions d'offices de la Maison de la reine Marie Leszczyńska – « la Reine parait désirer que le roi veuille bien nommer à cette charge [de surintendant] M. le Président Hainault (sic) »[27] – soit exceptionnelle atteste cependant que le souverain cherchait à garder la main, dans le choix des officiers comme dans le règlement des conflits de préséance. Or façonner la cour féminine ne consiste pas à en faire le strict reflet de la cour masculine – au sens où les épouses tiendraient notamment dans la Maison de la reine une place miroir de celle de leur époux dans la Maison du roi. Il pouvait en effet arriver que le roi distingue les femmes d'une famille noble de manière à répondre indirectement à une demande masculine qu'il ne pouvait ou ne voulait satisfaire. C'est ainsi que le prince de Monaco se plaignit auprès de Louis XIV de ne pas jouir à la cour d'un rang qui témoigne de son appartenance à une maison souveraine. Octroyer à sa fille le droit de s'asseoir permit de lui reconnaître une qualité supérieure, sans modifier autant un ordre curial qui ne réservait pas de place spécifique aux lignages étrangers. De même, les princesses du sang qui épousèrent les fils légitimés de Louis XIV furent confirmées par brevet dans le rang que leur mariage aurait dû leur faire perdre. Par ces honneurs concédés à titre personnel, Louis XIV contournait les règles du mariage et faisait des femmes un vecteur essentiel de l'exaltation du sang de France. Leur conserver leur rang en dépit d'une mésalliance patente démontrait en effet la qualité de ce sang tout en intégrant les bâtards royaux à la dynastie. La visibilité conférée aux corps de ces princesses dans le cérémonial de cour était donc l'instrument de la recomposition symbolique de la famille biologique de Louis XIV.

Une cour qui marche à l'affect ?

Curialisé, le corps du souverain est donc démultiplié en se répliquant dans le corps de tous les individus composant la dynastie : les relations familiales constituent dès lors un enjeu politique central à l'analyse duquel l'historiographie réintègre aujourd'hui une dimension affective que le primat de la raison d'État ne peut écraser tout entière. Prendre en compte émotions et sentiments tout en les historicisant achoppe toutefois sur la difficulté d'interpréter certains comportements ou démonstrations, où le pulsionnel semble le disputer au politique. Le journal de Marie-Caroline de Naples met ainsi en évidence la profonde affection de la reine pour chacun des nombreux enfants qu'elle a mis au monde et les tourments que leur santé chancelante lui a causés[28]. S'il y a là une preuve à l'appui de la transformation de la sentimentalité parentale à la fin du XVIIIe siècle, les cours princières sont dès avant des lieux essentiels de l'expression d'intenses et complexes relations entre parents et enfants mais aussi entre frères et sœurs.

Au tournant des XVIe et XVIIe siècles, les douze enfants du stathouder des Pays-Bas Guillaume le Taciturne ayant atteint l'âge adulte entretinrent une intense correspondance[29]. Nés de quatre mères différentes, parlant français et/ou allemand, de confession calviniste ou catholique, ils vécurent, tant dans leur enfance qu'à l'âge adulte, entre la France, l'Empire, les Provinces-Unies, les Pays-Bas espagnols ou l'Espagne, tantôt élevés par leurs parents, les ennemis (comme Philippe Guillaume à la cour d'Espagne où il était otage) ou les alliés de ces derniers ou encore leurs frères et sœurs. Parmi les filles, Marie épousa le comte de Hohenlohe-Neuenstein, allié des Provinces-Unies dans sa lutte pour l'indépendance, Anna son cousin, le comte de Nassau-Dillenburg, Emilia le prince catholique Manuel de Portugal, Louise-Juliana l'électeur palatin Frédéric IV, Élisabeth le duc de Bouillon – chef de file de la cause protestante en France –, Catharina-Belgica, le comte de Hanau-Munzenberg, Flandrine devint abbesse de Sainte-Croix de Poitiers, Charlotte-Brabantine épousa le cousin du duc de Bouillon, le duc de La Trémoïlle et Amelia-Antwerpiana le comte de Landsberg (à la cour de Heidelberg, auprès de sa sœur Louise-Juliana). Toutes ces trajectoires curiales se croisent dans une intense correspondance où ces jeunes gens apprennent les uns après les autres, mais aussi les uns avec les autres, à formuler leurs émotions et à les utiliser pour se positionner dans une complexe structure familiale et politique dont ils nourrissent les évolutions. Écrire contribue à construire et entretenir ce réseau familial, de la même façon que les échanges de cadeaux et de visites. Au-delà de l'expression des sentiments entre correspondants, les lettres servent également à en faire la démonstration autour de soi, à s'en revendiquer et à les perpétuer dans les autres cours en les transmettant à ses propres enfants à des fins indissociablement affectives et politiques, puisque familiales et lignagères.

Si les filles se désolent que leurs frères n'écrivent pas aussi souvent ni aussi ouvertement qu'elles le souhaiteraient, on y lit aussi cette capacité masculine, attestée par ailleurs à l'époque moderne, à exprimer fortement ses affects. Maurice n'hésite pas à assurer sa sœur cadette Brabantine de l'intensité et de la pérennité de son amour pour elle alors qu'il ne peut lui dire adieu en personne au moment de son mariage et qu'ils demeurent ensuite séparés. Par ailleurs, tout en étant globalement indexée sur les normes de l'âge, du genre et du rang, l'expression des sentiments dans la correspondance brouille parfois ces conventions – la colère et la frustration s'exprimant malgré la déférence due aux frères et aux aînés. Quoi qu'il en soit, les femmes de la société de cour – entre familles régnantes et familles de la haute noblesse – jouent un rôle clef dans la perpétuation non seulement biologique mais aussi sentimentale et scripturaire de familles profondément éclatées géographiquement. En ce sens, les descriptions vivantes et très concrètes auxquelles se livrent les filles de Guillaume le Taciturne de leurs enfants et de leurs progrès sont pleinement l'instrument du maintien de l'unité et de la vie de la famille d'Orange-Nassau en dépit des séparations physiques, confessionnelles et politiques.

De même, les reines d'Espagne Élisabeth Farnèse (épouse de Philippe V) et Marie-Louise de Parme (épouse de Charles IV) entrelacent dans leurs lettres aux infantes mariées les considérations politiques et dynastiques d'effusions sentimentales, sans qu'il y ait rarement solution de continuité entre le registre dynastique et le registre affectif[30]. Or la correspondance qu'entretinrent les rois d'Espagne Philippe II et Philippe III atteste elle aussi la profondeur des liens personnels qui les unissaient à leurs filles, à rebours d'une historiographie les ayant longtemps présentés comme des êtres insensibles et des principes d'une étiquette habsbourgeoise qui semblait commander la réserve[31]. Les sociétés de cour n'échappaient pas aux réalités démographiques de l'Ancien Régime et les femmes y mouraient précocement : les enfants y étaient fréquemment élevés par leur père, leur belle-mère ou leurs aînés, chez les Orange-Nassau calvinistes comme chez les Habsbourg catholiques. Bien qu'ayant été marié quatre fois – ce qui n'a d'ailleurs pas manqué d'alimenter sa légende noire –, Philippe II est ainsi demeuré veuf et sans consort pendant une dizaine d'années. Entre 1579 et 1588, la présence féminine à la cour était assurée par les infantes Isabelle-Claire-Eugénie et Catherine-Michèle, qu'il maria tardivement et comme à regret en dépit des risques d'extinction de la branche espagnole des Habsbourg. Lorsque Catherine-Michèle épousa en 1585 le duc Charles-Emmanuel de Savoie, Philippe II entretint avec elle une correspondance autographe suivie où il lui faisait part de son affection, lui exposait la souffrance que lui causait leur séparation et se préoccupait de sa santé et de ses grossesses. Le sujet était éminemment politique, ce qui n'invalide pas pour autant l'hypothèse d'une réelle inquiétude, aggravée par le sort de ses épouses. Il lui recommanda ainsi d'accoucher assise et non allongée sur un lit, ce qui aurait été fatal à sa mère Élisabeth de Valois (voir ci-dessous). Les lettres que Philippe III adresse à Anne d'Autriche, épouse de Louis XIII et reine de France, sont plus ouvertement politiques, mais n'en sont pas moins un lieu où évoquer l'ensemble de la fratrie, comme dans la correspondance des Orange-Nassau.

Les scènes de séparation sont, à cet égard, exemplaires de la double impossibilité de faire l'économie des affects dans l'analyse des comportements curiaux et d'en donner une interprétation tranchée. En 1629, Philippe IV choisit ainsi d'escorter sa sœur Marie, qui quitte la cour d'Espagne pour épouser l'empereur Ferdinand III, en compagnie de leurs deux frères. Devant s'arrêter initialement à Alcalá de Henares, à quelques kilomètres de Madrid, Philippe IV et sa cour organisée autour de sa fratrie poussèrent finalement jusqu'à Saragosse, capitale de l'Aragon. Témoignage éclatant de l'attachement entre frères et sœur, ce voyage fut apparemment sans conséquences politiques, intérieures ou internationales. Désapprouvé par le comte-duc Olivares, *válido* du souverain, il constituait toutefois probablement aux yeux de ce dernier une éclatante manifestation du caractère patrimonial et dynastique de son pouvoir[32].

Les soins du corps curialisé

Le corps du roi, entre santé et maladie

Lieu de l'incarnation de l'État, le corps physique du roi est au centre de toutes les attentions à la cour : tous les efforts possibles sont déployés pour le parer mais aussi le soigner, le protéger et en prolonger l'existence. Loin d'être dérobées, ces opérations étaient au cœur des rituels de cour, à commencer par la cérémonie du Lever qui impliquait la mise en scène des pratiques d'hygiène en usage à l'époque.

Les normes de civilité en vigueur dans les cours italiennes et à la cour d'Espagne ont été par exemple adoptées à la cour de France à l'initiative de princesses qui en étaient originaires : Anne d'Autriche aurait ainsi inculqué à son fils Louis XIV des exigences inédites de netteté, notamment des mains qu'elle avait elle-même très soignées et que Mme de Motteville opposait dans ses mémoires aux mains sales de la reine Christine de Suède[33]. Il est également tout à fait possible que Louis XIV ait pris des bains hygiéniques dans les cabinets de bains précocement aménagés « à l'italienne » dans les différentes résidences du roi de France à Fontainebleau, au Louvre ou encore à Versailles[34] et non plus seulement des bains thérapeutiques ou des bains de divertissement dans des rivières. Les *États de la France* sont explicites à ce sujet puisqu'ils indiquent précisément que la préparation des bains est une des attributions des officiers de la fourrière, chargés par ailleurs de l'approvisionnement de la Maison du roi en bois de chauffage :

> Lorsque le Roy ou Monseigneur ont besoin de prendre le bain dans la chambre ou de se laver seulement les pies ; c'est aux officiers de Fourrière à faire chauffer et à verser l'eau chaude : et le Roy ou Monseigneur étant au bain, dans le moment qu'il faut brûler [de l'encens ?], ou faire exhaler quelques senteurs : c'est à un officier [...] la pèle chaude, sur laquelle on répand ces parfums[35].

Cette pratique est également attestée par la mention de linges spécifiques pour les bains, notamment pour garnir les cuves, dans les comptes de l'administration des Menus Plaisirs qui se chargeait à la cour de France de l'approvisionnement du souverain en « gros linge », c'est-à-dire en linge de toilette et de lit. La comparaison des renouvellements effectués en 1698, sous Louis XIV, et de ceux effectués en 1780, sous Louis XVI, montre à la fois un accroissement des quantités et des spécifications des fournitures. Les linges à barbe sont multipliés par six ; les « grands linges » ont été multipliés par quatre et intégrés à la nouvelle rubrique des « linges des bains » ; « frottoirs » (destinés notamment à débarrasser le corps en le frottant des impuretés et sécrétions qu'il libère comme la sueur) et « linges » se déclinent désormais entre « linges d'affaires » (utilisés pour se nettoyer après avoir déféqué), « linges à rasoir », « linges à essuyer » et « frottoirs pour les mains ». Les usages nouveaux du siècle des Lumières en matière d'hygiène corporelle viennent encore complexifier les pratiques anciennes d'« accumulation lingère » (Daniel Roche) liées à l'idée selon laquelle la propreté du linge faisait la propreté du corps. Dès lors, l'abondance, la finesse et la blancheur du linge – « gros linge » mais aussi « petit linge », c'est-à-dire le linge porté à même la peau – sont essentielles à la mise en scène du corps souverain dans cet espace de la cour où le personnel de blanchisserie est notoirement très présent (voir chapitres 2 et 7)[36].

Sous le linge, c'est la vigueur du corps du souverain qui peut être mise en question. Roi plutôt chétif et maladif, Louis XIII dut ainsi lutter toute sa vie pour conjurer les faiblesses de son corps et parvenir à incarner malgré tout une majesté royale associée à la puissance physique. Il s'employait donc à participer à des ballets de cour et à des démonstrations sportives et équestres, comme des carrousels[37]. Son fils Louis XIV fait de même. Célébrer ses prouesses physiques – et, à travers elles, sa capacité à conduire ses armées, à triompher de la maladie et à séduire les dames de la cour (sur la galanterie, voir chapitre 8) – amène à escamoter, par la plume ou le pinceau, certains traits moins glorieux que ses courtisans ne pouvaient pourtant manquer de voir au quotidien. Ses portraits lui font par exemple généralement arborer un teint de porcelaine alors que de nombreux témoignages attestent qu'il avait la peau mate et marquée par les stigmates de la petite vérole.

Force, grandeur et santé sont ainsi au cœur de portraits royaux où le corps du souverain incarne la puissance de l'État dont il est la tête. Velázquez cherche ainsi à atténuer les ravages de la consanguinité chez les Habsbourg d'Espagne de la fin du XVIIe siècle tandis que le portrait de Louis XIV en costume de sacre par Hyacinthe Rigaud le représente à la fin de son règne la jambe découverte et galbée comme au temps des ballets de cour du Versailles galant des années 1660. Tous les portraits de cour ne sont pourtant pas des dispositifs délibérés de dissimulation du corps malade, handicapé ou vieillissant. Investis d'usages cérémoniels diversifiés – tantôt exposés, décrits ou encore offerts –, ils n'ont pas pour seule fonction d'exalter un souverain et, donc, un corps idéal. Selon les périodes, les artistes, les supports, ils peuvent aussi donner à voir le corps physique dans toute sa fragilité : Louis XIV, dont Hyacinthe Rigaud lui-même fait comprendre en 1701 à sa bouche pincée qu'il était édenté, avait aussi été représenté en nourrisson vulnérable[38].

En somme, « la fonction monarchique transcende le corps sans le renier » (Stanis Pérez) et la cour est l'espace par excellence où en est faite l'expérience collective. Là encore, nombreux sont les témoignages, des médecins royaux, des gens de la cour ou des gazettes, à attester combien le corps de Louis XIV avait été éprouvé par la représentation permanente à laquelle il s'astreignait depuis l'enfance et par les maux accumulés au cours de plusieurs décennies de règne. Madame Palatine, duchesse d'Orléans, écrivait ainsi en 1701, l'année même où Hyacinthe Rigaud peint son fameux portrait :

> Sa Majesté ne jouit plus d'une bonne santé, je le crains, car elle se drogue continuellement. Il y a huit jours on lui a tiré par mesure de précaution cinq palettes de sang : il y a trois jours elle a pris une forte médecine. De trois en trois semaines le roi prend médecine [= purge][39].

Loin d'être dérobés au public, les soins étaient largement annoncés et publiés, même s'ils étaient délivrés dans une certaine intimité. Ils ne pouvaient de toute façon passer inaperçus des courtisans dans la mesure où ils reconfiguraient l'ordinaire du temps curial, comme le soulignait par exemple le duc de Saint-Simon :

> Les jours de médecine qui revenaient tous les mois au plus loin, il la prenait dans son lit, puis il entendait la messe où il n'y avait que les aumôniers et les entrées. Monseigneur et la maison royale venaient le voir un moment. [...] Le roi dînait dans son lit, sur les trois heures où tout le monde entrait, puis il se levait et n'y demeurait que les entrées[40].

Destinées, conformément aux canons de la médecine du temps, à rétablir l'équilibre des humeurs, saignées et purges étaient d'autant plus nombreuses et mises en scène qu'elles attestaient l'éminence corporelle du souverain dans une société où « plus haut on (était) placé dans la société, plus fréquemment on (était) saigné et purgé » (Emmanuel Le Roy Ladurie), c'est-à-dire épuré conformément à une qualité indissociablement sociale et biologique.

Le *Journal* du médecin Héroard, sous le règne de Louis XIII, et le *Journal de santé du roi*, sous Louis XIV, constituent à cet égard des sources remarquables, enregistrant quotidiennement la trajectoire physiologique de ces souverains et les soins qui leur furent dispensés. Ils attestent le développement d'importantes Maisons médicales au service de la protection des corps royaux et du prolongement de leur vie. À la fin du XVIIIe siècle, les cours princières européennes furent d'ailleurs le lieu d'appropriation d'innovations médicales qui bénéficièrent non seulement aux souverains mais aussi à l'ensemble de leurs familles et servirent d'exemple à leur entourage et à leurs sujets. C'est le cas dans le domaine de la science dentaire, qui avait fait de grands progrès depuis Louis XIV : Louis XV aurait même fait le choix, d'après le duc de Luynes, de donner à chacun des membres de sa famille un dentiste différent pour « donner plus d'émulation en multipliant les places » qui s'ajoutaient à la charge de dentiste du roi[41]. De même, plusieurs familles régnantes encouragèrent les techniques vaccinatoires en se soumettant à l'inoculation de la variole. En 1768, Catherine II y cède, ainsi que son fils, bientôt suivis d'une bonne partie de la cour de Russie. La cour de Naples fait de même dix ans plus tard. Ferdinand IV et Marie-Caroline avaient réussi à y attirer le médecin toscan Angelo Gatti célèbre dans l'Europe entière pour ces travaux sur ce sujet :

> Ce Gatti a gagné ici le cœur des souverains ; ils ont exigé qu'il se fixât à Naples, et il y a consenti ; mais sans charges, sans titres, sans appointements : telles ont été ses conditions. En attendant, pour l'inoculation du roi, il a obtenu une pension de 4.200 livres et à peu près 10.000 livres en présens et en comptant[42].

Après avoir inoculé le roi Ferdinand IV en 1778, Gatti appliqua le même traitement aux autres enfants du couple, qui avait perdu en 1783 son fils Joseph de cette maladie. Ce fut notamment le cas de la princesse Marie-Christine en 1784 dont la convalescence fut attentivement suivie par sa mère mais aussi par la cour et par les diplomates qui y étaient en poste, comme Vivant Denon, envoyé par la cour de France où eurent lieu des expérimentations similaires :

> La reine de Naples s'est déterminée à faire inoculer l'infante Christine. Le sang de cette princesse d'une nature léthargique a reçu avec lenteur l'inersion [sic] du germe variolique ; et ce n'est qu'avec des symptômes effrayants que s'est produit la fermentation. Cependant après de longues convulsions, l'irruption s'est manifestée d'une manière plus consolante ; et cette princesse, d'une figure et d'un caractère infiniment intéressant est aujourd'hui hors de tous les dangers qui accompagnent et peuvent suivre cette maladie. Il n'est point encore question d'inoculer le prince héréditaire, il est au moins décidé que ce ne sera point pour ce printems[43].

Démultiplié dans les portraits et dans les corps des membres de sa famille, le corps du souverain est ainsi toujours un corps spectaculaire, dans la santé mais aussi dans la maladie.

Un corps voué à l'engendrement : le corps des princesses

Le corps du souverain s'affiche publiquement jusque dans l'exercice de ses fonctions les plus intimes, notamment ses relations physiques avec la reine. Madame Palatine rapporte ainsi les propos d'une grande crudité qu'un de ses médecins n'aurait pas hésité à opposer à Louis XIV qui s'interrogeait sur la santé de sa descendance légitime :

> À la mort d'un des enfants de la reine, le roi demanda à son ancien docteur : « D'où me vient, M. Guéneau [sic] que mes bâtards sont sains et ne meurent pas, tandis que les enfants de la reine sont tous si délicats et meurent ? » « Sire, répondit Guéneau, c'est qu'on n'a porté chez la reine que les rinçures du verre[44]. »

À une époque où l'on estimait que l'excès de rapports sexuels pouvait altérer la qualité de la semence masculine, un médecin se devait donc de rappeler un prince dont les infidélités étaient notoires à ses devoirs à la fois conjugaux et dynastiques. Apparaît ici le caractère à la fois central et ambivalent de la virilité à la cour où le souverain, comme du reste ses courtisans, se devait de se reproduire et de perpétuer sa lignée. D'un côté, l'incapacité à engendrer pouvait être assimilée à une incapacité à gouverner. C'est ce qu'illustre la mise en relation, à la fin du XVIIe siècle, de l'impuissance – sans doute liée à l'endogamie et la consanguinité caractérisant son ascendance – du dernier Habsbourg d'Espagne, le roi Charles II, avec le déclin de la monarchie hispanique. De l'autre côté, un souverain trop galant pouvait donner l'impression de dilapider une puissance dont les dimensions politique et sexuelle étaient intimement liées. Toute « transgression » des liens du mariage se devait donc de rester « raisonnée » (Flavie Leroux).

Sans cesse considéré au miroir de ses relations physiques et symboliques avec celui du souverain, le corps biologique de la souveraine était donc lui aussi éminemment politique : à l'époque où la correspondance de Marie-Antoinette avec sa mère, l'impératrice-reine Marie-Thérèse, est fébrilement scandée par le récit des échecs de sa vie sexuelle avec Louis XVI, sa sœur, la reine Marie-Caroline de Naples, consigne scrupuleusement dans son journal toute son histoire physiologique, enregistrant notamment le rythme de ses menstruations et de ses relations intimes avec Ferdinand IV au moyen de signes et de codes ménageant la pudeur[45]. C'est en effet de la capacité des princesses à enfanter que dépendent à la fois l'ordre du royaume, la stabilité dynastique et leur position à la cour. Le corps d'une princesse est donc non seulement censé témoigner par sa perfection physique de l'ordre du monde voulu par Dieu, mais aussi bel et bien susciter le désir de son époux. Catherine de Médicis s'inquiète ainsi sans cesse, dans ses lettres, de la santé de sa fille Élisabeth : lorsque celle-ci attrape la variole, elle craint pour ses traits, autant que pour sa vie, et lui conseille force onguents pour lui éviter d'être défigurée et de déplaire à son époux Philippe II. Vouées à l'engendrement, la plupart des princesses, lorsqu'elles n'ont pas le malheur d'être stériles, vivent dans un quasi perpétuel état de grossesse dès qu'elles sont nubiles. Sans avoir connu les mêmes tragédies que la reine Anne d'Angleterre – qui perdit tous ses enfants malgré dix-sept grossesses entre 1683 et 1700 –, Marie-Caroline de Naples décrit précisément l'épreuve physique que représentait l'exigence de représentation permanente pour des femmes aussi fréquemment enceintes. Elle se plaint ainsi amèrement en 1782 des tracas que lui cause la venue du comte et de la comtesse du Nord – c'est-à-dire du grand-duc héritier Paul de Russie et de son épouse : « (Rien) de pire ne pourrait me tomber sur le corps enceinte comme je suis, car c'est une fatigue de corps et d'esprit terrible. »[46] La lassitude morale et physique la pousse même à s'exclamer, après une épouvantable fausse couche en 1783, qu'« (elle) ne (veut) plus être mère », à l'instar d'autres souveraines et princesses qui cherchent à espacer les relations sexuelles avec leur époux une fois assuré l'avenir de la dynastie. Le caractère impérieux de leur vocation maternelle n'en est pour autant jamais remis en cause et les progénitures princières, encore souvent pléthoriques au XVIIIe siècle, demeurent au centre de la vie de cour et de sa représentation. Les portraits de famille se multiplient à partir du XVIIe siècle où Van Dyck peint à plusieurs reprises Charles Ier avec son « cher cœur » Henriette-Marie et les enfants issus des neuf grossesses qu'elle connut entre son mariage en 1625 et son départ en exil en 1644. On fait de même à la cour d'Espagne, comme le suggère le portrait de la famille royale réalisé par Van Loo en 1743 – dont la reine Élisabeth Farnèse, épouse de Philippe V, est du reste le centre –, ou à la cour impériale où le couple formé par Marie-Thérèse et François de Lorraine se fait représenter à maintes reprises avec ses enfants à partir des années 1750 et au fur et à mesure des mises à jour exigées par les grossesses successives de l'impératrice-reine qui ne néglige pas même ses enfants mort-nés ou décédés en bas âge.

Si l'état de grossesse des princesses était le plus souvent dissimulé[47], il pouvait toutefois être suggéré dans certains portraits – comme ceux de la reine Henriette-Marie d'Angleterre – par le gonflement d'une robe, par un bras reposant sur un ventre, le port d'un collier de perles rappelant la virginale maternité de Marie, une rose ou un vase[48], tant son importance politique et symbolique était grande. Et leur fécondité, indéniablement au cœur de toutes les attentions à la cour, faisait l'objet de nombreux discours, particuliers et officiels, parfois très crus – rumeurs propagées par les courtisans, bulletins de santé des gazettes et des mercures, dépêches des ambassadeurs consignant longuement maladies, grossesses, menstruations et consommation des mariages. Le comte d'Aranda, ambassadeur d'Espagne prenant ses fonctions à la cour de France en 1773 à la suite des mariages du Dauphin et de ses deux frères Provence et Artois, reçut ainsi des instructions soulignant clairement que le conditionnement des affaires d'État par le principe dynastique impliquait de s'intéresser très concrètement à la vie sexuelle des couples princiers :

> [...] si, en dépit des espoirs que l'on est fondé à faire, la succession desdits princes venait à manquer complètement, vous vous rendez bien compte que les circonstances seraient extrêmement critiques pour la France, propres à réveiller les vues ambitieuses des autres puissances d'Europe, et tout particulièrement dignes de l'attention de l'Espagne par sa proximité, par les liens de parenté et les intérêts politiques qui unissent les souverains des deux royaumes [...] vous devrez toujours essayer d'être bien informé de la réalité des faits et gestes des trois Princes en question dans le déroulement intime de leurs mariages respectifs[49].

Les naissances prennent la forme de cérémonies fastueuses (voir ci-dessus), même si leur caractère public est moins marqué à la cour d'Espagne où l'entourage assistant à l'événement était à la fois plus réduit et plus féminisé (*camarera mayor*, dames et sages-femmes)[50]. À la cour d'Angleterre comme à la cour de France, l'assistance est à la fois plus nombreuse et plus masculine, même si un espace spécifique pouvait être réservé à la souveraine ou à la princesse au moment de la délivrance. Le caractère partiellement masculin de l'assistance tient tout d'abord à la composition du public chargé d'attester la légitimité de l'enfant à naître : conseillers et officiers supérieurs de la Maison du souverain, membres de la famille royale et de la plus haute noblesse de cour s'ajoutent donc au personnel féminin de la Maison de la souveraine. Pas moins de 200 personnes auraient assisté aux accouchements de Marie de Médicis, qui se serait divertie en jouant aux cartes avec le maréchal de Bassompierre, proche compagnon d'armes du roi Henri IV, lors d'un travail particulièrement long ! La présence d'hommes tient aussi à l'évolution de la composition du personnel médical attestée dès le tournant des XVIe et XVIIe siècles. Un ou plusieurs médecins s'ajoutent aux sages-femmes : Henriette-Marie d'Angleterre tient par exemple à se faire assister par l'ancien médecin de Henri IV, Théodore de Mayerne, que sa mère, Marie de Médicis, avait aussi employé et lui fait envoyer. En cela, elle n'innove cependant pas à la cour des Stuarts puisque sa belle-mère, Anne de Danemark – épouse de Jacques VI d'Écosse, puis Jacques Ier d'Angleterre –, avait aussi fait le choix de recourir à un médecin. C'est souvent cette médicalisation qui impose la substitution d'un lit au traditionnel fauteuil d'accouchement, faisant ainsi de Philippe II le spectateur inattendu de la dépossession à la cour des femmes de leur corps en travail.

Les princesses vivaient donc dans leur chair l'expérience du changement de dynastie, qui faisait aussi d'elles les transfuges d'une tradition curiale à une autre. En témoignent aussi bien Marie-Antoinette (chapitres 3 et 11) qu'Élisabeth de Valois, évoquée plusieurs fois dans ce chapitre. Lorsqu'elle fit la rencontre de sa première dame espagnole, la comtesse d'Urena, elle n'hésita pas à la toucher avec une familiarité jugée caractéristique des mœurs en vigueur à la cour de France : « et apres s'estre agenouillée et baisé la maint de la dite dame, elle la releva et la baisa et embrasa bien fort, qui fut trouvé à très grande-faveur et non accoutumée. » Elle dut rapidement apprendre à se conformer aux us et coutumes de la cour d'Espagne et renoncer aux contacts physiques avec ses suivantes pour ne plus choquer son nouvel entourage[51]. Le corps d'une princesse était donc un corps dressé et parfois redressé, comme celui de sa suite – toutes ses dames durent abandonner en même temps qu'elle leurs vêtements à la française pour endosser des tenues dont l'ampleur et la raideur obligeaient à la distance voulue à la cour d'Espagne – et, plus généralement, des courtisans.

Les corps des courtisans : des corps dressés

Métaphore vivante du corps social, la cour est un lieu où le soin des apparences, le dressage des corps et la maîtrise de soi sont essentiels à la codification des gestes des courtisans dont la proximité réglée au corps du prince rend visibles les hiérarchies.

La maîtrise du corps passe d'abord par le maintien. Les manuels d'apprentissage du bon courtisan insistent sur l'apparence physique qui doit refléter les qualités morales. Le courtisan doit se forger un corps harmonieux et bien proportionné. Nicolas Faret détaille cela dans *L'Honnête homme ou l'art de réussir à la Cour* : « De belle taille, plutôt médiocre que trop grand, plutôt grêle que trop gros, des membres bien formés, forts, souples et dénoués. » Au corps gracieux doit correspondre une attitude suffisamment naturelle pour ne pas paraître contrainte, mais sans relâchement toutefois. Aucun geste ne peut être brusque, ni bruyant. La démarche doit rester souple et mesurée. Un tel corps se façonne au prix d'apprentissages précoces, particulièrement poussés pour les enfants de la famille royale, mais communs à tous les membres de l'élite sociale amenée à paraître à la cour. Cela passe notamment, pour les garçons, par la maîtrise de l'équitation et la pratique intensive de la chasse, pour les filles, par celle de la danse. Une princesse comme Élisabeth de Valois se montra par exemple dans les bals de cour dès l'âge de douze ans. Cela étant, les filles pratiquaient aussi l'équitation et les hommes devaient aussi prendre part aux ballets de cour. Ces exercices se combinaient aux vêtements pour donner aux corps physiques une tournure bien particulière.

La maîtrise du corps est étroitement liée à celle de l'esprit et des passions. Quelle que soit sa qualité, l'individu officiant à la cour, ou y paraissant, doit faire preuve d'un absolu contrôle de soi, face au souverain, bien sûr, mais aussi dans toutes les formes de relations sociales. Ces normes de comportement ont été à la base de la thèse de Norbert Elias qui voit dans la cour l'imposition d'une contrainte sociale forte obligeant à refouler ses émotions et à privilégier l'impassibilité et la capacité à ne pas perdre le contrôle de soi dans une situation désobligeante ou délicate, en particulier face à un courtisan de rang supérieur.

Composer physiquement ce masque implique notamment de sourire avec modération et de maintenir sa bouche fermée, afin d'éviter de donner trop d'animation au visage et de révéler des dents que l'on peinait par ailleurs à soigner et à conserver à un âge avancé. Ces pratiques semblent avoir évolué dans le dernier tiers du XVIIIe siècle, en lien avec les progrès de la science dentaire évoqués plus haut, puisque Marie-Thérèse fit aligner les dents de sa fille Marie-Antoinette avant son mariage avec le Dauphin. L'ambassadeur de la cour de Savoie note après le mariage de la princesse Joséphine avec le comte de Provence que « ces sortes de choses (la coiffure et l'entretien des dents) qu'on regarde comme des minuties ailleurs sont des affaires essentielles dans ce pays-ci »[52]. L'usage du maquillage, et notamment de la poudre, pour les hommes comme les femmes, offre justement la possibilité de masquer les émotions par l'élaboration d'un « masque » courtisan dont l'Anglais Tobias Smolett fait cette description saisissante en 1763 :

> Vous savez que sans ce masque horrible, aucune femme mariée n'est admise à la cour, ni dans le beau monde et que c'est une marque de distinction qu'aucune bourgeoise n'oserait revêtir. Les dames du monde ont seules le privilège d'arborer ces couleurs disgracieuses. Tout comme leurs visages se cachent sous un teint de composition, leurs têtes sont couvertes d'une énorme masse de faux cheveux, frisottés sur le front pour ressembler trait pour trait aux têtes couvertes de laine des nègres de Guinée. Et la teinte naturelle est sans importance car la poudre donne à toutes les chevelures la même couleur. Pas une femme dans ce pays, depuis son lever jusqu'à la nuit, ne se montre autrement que complètement blanche[53].

Dans ce portrait, apparaît également l'importance des accessoires, au premier rang desquels la perruque dont Louis XIV imposa le port et les normes de qualité à la cour de France[54]. S'y ajoutent les gants, l'éventail ou encore la canne, attributs qui, bien utilisés, contribuent tous à la prestance du corps curialisé. D'après Jean-Baptiste de La Salle, dans ses *Règles de la bienséance et de la civilité chrétienne* (parues en 1716), la canne ne doit pas être utilisée comme une arme et doit être manipulée sans geste brusque : son usage se généralise au XVIIIe siècle, y compris pour les femmes, comme signe de distinction.

La maîtrise du corps se fait ainsi dans le détail du geste qui matérialise constamment l'écart social entre les acteurs. Le positionnement lors d'une visite chez un individu de rang supérieur est strictement codifié : on ne peut prendre la parole sans y avoir été autorisé, ni s'asseoir sans y avoir été invité, et encore doit-on recevoir cette marque de politesse par une formule d'obligation et choisir le siège approprié. On ne peut prendre d'initiative (boire, manger, tabac...) de son propre chef. Il faut savoir se retirer, céder le passage, se tenir face à son interlocuteur, mais légèrement de biais. La gestuelle peut évidemment varier d'une cour à une autre : les dames autrichiennes tendent le cou pour signifier leur intérêt pour les propos de leur interlocuteur tandis que les prussiennes demeurent droites ; si on salue le roi de France par une révérence sans excès, le cérémonial en vigueur dans les cours de Madrid, Vienne ou Londres exige une révérence profonde et interdit de tourner le dos au souverain.

Ambivalences de la police des corps curialisés

Espace où sont sublimés des corps à la fois civilisés et cérémonialisés, la cour est aussi l'espace d'expression des résistances et des défaillances de ces corps dont les réalités physiques ne sont jamais niées. Outre qu'elle passe par différentes instances de contrôle social – des normes tacites ou explicites, morales, culturelles ou juridiques –, la police des corps est donc conditionnée par ces ambivalences.

Au XVIIe siècle, le soulagement des besoins naturels n'était pas dérobé aux autres comme il l'est dans le monde contemporain et de nombreux témoignages attestent que Louis XIV comme les grands seigneurs de la cour de France pouvaient recevoir et continuer à expédier leurs affaires lorsqu'ils étaient occupés à remplir le bassin de leur chaise percée. Se tenir auprès du prince en train de déféquer n'en impliquait pas moins d'approcher le corps souverain dans sa plus grande intimité et, donc, de recevoir un privilège pour y être autorisé, le « brevet d'affaires ». Lorsqu'il accompagna le duc d'Anjou devenu Philippe V en Espagne, Saint-Simon observa que le cérémonial organisé autour des fèces royales y était similaire et que ses modifications en cas de purge du souverain suscitaient les mêmes tensions :

> [...] l'honneur de présenter le bassin au roi après ses médecins revenait au « grand chambellan » (*camarero mayor*). Les « porte-chaises d'affaires » supportaient malaisément cette dérogation à leurs privilèges ; en temps ordinaire, le droit d'apporter au roi sa chaise revenait à ses officiers : ils accomplissaient là un service envié, obtenant de Sa Majesté après une digestion facile, toutes sortes de faveurs[55].

La valorisation rituelle des excréments des corps les plus nobles ne doit cependant pas accréditer l'idée selon laquelle Versailles aurait été un cloaque immonde. À la cour de France comme ailleurs, il n'y a pas une façade et ce qu'elle escamote, un décor fastueux et son envers sale et malodorant : il y a des accommodements sans cesse réajustés, du fait de l'évolution des imaginaires et des sensibilités, entre le symbolique et le matériel. Toujours est-il que l'abondance des fauteuils et autres « chaises » d'affaires fournis aux courtisans par le Garde-Meuble – 373 inventoriés entre 1673 et 1701 – amène à douter que les gens de la cour se seraient systématiquement plu à se soulager derrière les portes et les rideaux et à répandre n'importe où le contenu de leurs pots de chambre – d'autant plus qu'un système d'évacuation des déchets, d'adduction d'eau et de nettoyage des fosses avait été précocement mis en place. Progressivement reléguées au XVIIIe siècle dans les cabinets et les garde-robes, au fond des appartements des princes et de leurs officiers, les chaises d'affaires purent aussi être intégrées aux menuiseries et reliées à ces systèmes d'évacuation. Louis XV ne déféquait plus en public comme son arrière-grand-père et Louis XVI disposait d'une « chaise à l'anglaise », pourvue d'une arrivée d'eau et installée dans un lieu chauffé par un poêle de faïence. Le comte d'Hézecques raconte ainsi dans ses mémoires comment le roi y fut surpris par un chat angora « enroulé dans la conque de faïence pour y goûter en paix l'isolement et la fraîcheur » et la manière dont son existence justifia en 1787 la suppression des porte-chaises d'affaires lors de la restriction massive des effectifs de la Maison du roi :

> Le porte-chaise entrait au lever du roi, quand on appelait la première entrée ; il passait alors [...] dans la garde-robe, près du lit du roi, pour voir s'il n'y avait rien, dans son petit mobilier qui réclamât sa vigilance et sa sollicitude. C'était là son seul service. Ailleurs, et à tout autre moment, on n'avait pas besoin de lui. Il se trouvait, en effet, dans les petits appartements, un cabinet plus somptueux, construit à l'anglaise en marbre, porcelaine et acajou où sa présence était inutile[56].

À rebours des lieux communs sur la saleté qui y régnait, la cour fut donc bien l'un des lieux de l'invisibilisation des besoins naturels. Celle-ci s'y opère toutefois dans une ambivalence qui tient à la complexité des ajustements entre évolutions des exigences de la représentation princière et de la technicisation hygiéniste. C'est de même un de ces lieux où les oscillations entre atténuation et renforcement de la différence sexuelle manifestent combien furent réinventées à de multiples reprises les frontières du masculin et du féminin. Avant la « grande renonciation masculine » (John Carl Flügel) à la mode, aux couleurs et aux ornements, au tournant des XVIIIe et XIXe siècles, la cour est en effet l'espace par excellence de l'expression commune aux hommes et aux femmes du rang social par une exubérante « culture des apparences » (Daniel Roche). L'enjeu hiérarchique prime à certains égards sur la différence des sexes. Celle-ci s'y exprime cependant, comme partout à l'époque moderne, à travers l'évolution du costume qui tend à mettre en avant l'anatomie masculine – jambe et braguette notamment – et à dérober l'anatomie féminine. Et même à l'âge où princes et princesses portaient encore tous la robe (voir cahier couleur, fig. 13), c'est-à-dire avant sept ans, il semblait d'usage de leur offrir des cadeaux genrés, les filles recevant des artefacts en lien avec la parure et les garçons des objets paradoxalement plus adaptés à leur âge car répondant à des exigences éducatives en lien avec leur futur rôle[57]. De fait, les traités de civilité insistent sur la nécessité pour les hommes de se plier à des contraintes corporelles à la fois similaires et modulées en fonction du genre : « Votre visage est agréable et plaît à chacun, bien que ses traits ne soient pas fort délicats, mais il tient du viril et de plus il est gracieux » fait par exemple dire Baldassare Castiglione au comte Ludovico Canossa dans *Le Courtisan*. De même que les excès sexuels fragilisent la figure du prince, de même, les excès d'artifice brouillent à la cour les frontières entre corps masculin et corps féminin au péril de son exemplarité morale et politique.

Artus Thomas dépeint ainsi la cour de France des années 1600 comme peuplée de courtisans « frisés servant d'hommes et de femmes », les « hermaphrodites » qui donnèrent leur nom à son pamphlet. Nombre de traités et textes polémiques dénoncent ainsi aux XVIIe et XVIIIe siècles les attributs et artifices associés à la civilité curiale et accusés de subvertir la virilité[58]. Aux recommandations d'un Jean-Baptiste de La Salle enjoignant de ne pas confondre canne et arme, s'oppose au contraire la déploration de voir l'épée, dans un contexte où l'escrime valorise désormais l'adresse plus que la force et où les duels tendent à être proscrits, au rang de pur accessoire. Les représentations de la cour l'énoncent donc comme un lieu possible de tension entre normes de la civilité et affirmation de la virilité, même si la galanterie n'y a jamais été conçue comme un instrument d'égalité entre hommes et femmes. Jacques Ier d'Angleterre n'hésitait-il pas à recommander dans un même mouvement à son fils Charles de s'imposer à ses sujets, ses animaux et son épouse ? Bien loin d'une « courtoisie » d'ailleurs largement fantasmée, gouverner avec modération est l'instrument d'une domination absolue qui s'exprime dans le fait de « dresser les chevaux qui ont le plus de fougue » et de faire de sa dame un « être aussi prompt à obéir que [le prince] à commander »[59].

La cour n'est donc pas si facile à policer comme le montrent les travaux récents sur le maintien de l'ordre, la violence et la police en son sein[60]. Au-delà, l'exemple de la présence enfantine à Versailles au XVIIIe siècle révèle ainsi un espace curial comme espace de vie où les genres et les âges coexistent au sein de la famille royale mais aussi dans les logements des officiers et des domestiques de tout rang. Compagnons ou serviteurs placés à la suite des petits princes, travailleurs officiels ou non des Maisons royales, acteurs – ou victimes – des mondes de la prostitution et de l'économie informelle dont les activités alimentent les consommations de la cour, ces enfants sont pourtant souvent très discrets dans les sources tant iconographiques que policières. Loin qu'ils aient été absents, ce sont sans doute la banalité de leur présence à la suite de leurs parents ou de leurs patrons et sa combinaison à une oscillation permanente entre assimilation aux adultes et individualisation de l'enfance qui expliquent cette invisibilisation[61]. La cour n'était donc pas complètement fermée à ceux qui n'étaient pas (ou pas encore ou plus) physiologiquement armés pour en animer le cérémonial sans jamais en mettre en péril la civilisation et l'ordre normatif. En la matière, comme en matière vestimentaire, le jeu était permanent entre ce qu'il était possible ou souhaitable de montrer ou au contraire d'occulter.

Le vêtement et la cérémonialisation du corps

Vestiaire curial et identité dynastique

Comme l'architecture du palais, le vêtement du souverain (et celui qu'il invite son entourage à privilégier) participe d'un discours politique dont les destinataires sont à la fois la cour elle-même et les autres cours. La visibilité du vestiaire curial est assurée par l'image – notamment les portraits qui sont largement diffusés par la gravure –, mais aussi par les récits inclus dans la correspondance, les descriptions officielles des livres de fête ou encore la documentation administrative et comptable. C'est notamment par le biais de celle-ci qu'il est possible de faire l'histoire de l'adoption du noir par le duc Philippe le Bon au XVe siècle. Loin d'incarner la tempérance ou l'humilité, le choix de cette teinte difficile à obtenir – au contraire des couleurs indéterminées des vêtements des plus modestes –, celui de draps de laine de grande qualité et de coûteuses fourrures de martre et de zibeline témoignent d'une recherche de luxe et de sophistication propres à incarner la gloire de celui qui rêvait d'un royaume[62]. À 62 ans, Louis XV porte essentiellement du gris mais souvent orné de motifs et de broderies multicolores, toutes les couleurs étant présentes dans son vestiaire, bleu et vert notamment mais aussi rouge et lilas. Les descriptions de certaines étoffes inventoriées dans les papiers du grand maître de la Garde-Robe font rêver : « poids blancs nués, rayé en quinconce en vert, noir, cramoisi, mordoré et jaune » ou encore « fond blanc à carreaux gris », orné de « petits pois verts et oranges ». Il n'en reste pas moins que la comparaison entre la somptueuse sobriété des habits portés par les Habsbourg d'Espagne à la suite de leurs ancêtres bourguignons, et les couleurs affichées par les Bourbons en dit long sur l'éthique politique de chaque dynastie[63].

Couleurs, coupes et matériaux forgent l'identité des familles régnantes, débouchant sur d'intenses tractations vestimentaires lors des mariages princiers. Lors de ses noces avec Philippe II, Élisabeth de Valois doit non seulement changer d'attitude, mais aussi de maintien, comme ses seize suivantes qui doivent revêtir la tenue à l'espagnole, combinant une col montant et une crinoline conique (vertugadin). Aînée des filles de Henri IV et de Marie de Médicis, Élisabeth de Bourbon, qui épouse en 1615 le futur roi Philippe IV d'Espagne, fit le choix de s'en revêtir avant même d'avoir quitté la cour de France grâce à sa marraine l'infante Isabelle-Claire-Eugénie : elle fit ainsi clairement allégeance à la cour qu'elle devait rejoindre. Toutes les deux d'origine ibérique et devenues reines consort à peu près à la même date, Catherine de Bragance et l'infante Marguerite d'Espagne eurent des destinées vestimentaires opposées. En 1662, les tenues de Catherine renforcèrent l'horreur que ressentaient ses nouveaux sujets anglais en raison de son catholicisme. Au contraire, Marguerite, devenue impératrice par son mariage avec Léopold Ier en 1666, suscita l'admiration à la cour de Vienne en reprenant l'habitude de porter le traditionnel costume de la cour d'Espagne[64]. Élément clef de l'affirmation dynastique, le vestiaire royal se prête donc à des jeux permanents d'opposition et de distinction ou, au contraire, d'imitation et de filiation. Lors de son accession au trône d'Angleterre en 1603, Jacques VI Stuart, roi d'Écosse, s'empressa de faire délivrer à son épouse Anne de Danemark non seulement les joyaux mais aussi les robes d'Élisabeth Ire parmi lesquelles on puisa pour le premier masque donné à la cour, *The Vision of the Twelve Goddesses.* Fut ainsi matériellement affichée la continuité dynastique entre les Tudors et les Stuarts et la légitimité de ces derniers à ceindre la couronne d'Angleterre.

L'identité dynastique ne s'affiche pas que dans le costume du souverain mais se décline sur tous les corps curialisés, non seulement grâce aux livrées des domestiques et des gardes, mais aussi du fait des tentatives d'uniformisation du vêtement courtisan[65]. Les cours habsbourgeoises imposent par exemple le port d'un manteau dit « de cour » ou « espagnol » au-dessus des habits ordinaires lors des grandes cérémonies monarchiques comme des audiences ordinaires. Ce large manteau noir a pour vertu d'homogénéiser le vêtement curial au même titre que le titre de chambellan ou de conseiller intime en Autriche inclut les courtisans dans une même hiérarchie. Il permet à la fois de singulariser le corps curialisé en le distinguant par l'habillement des corps ordinaires et de se démarquer de la cour de France. Il masque en effet le corps masculin, quand, au contraire, les habits de cour français le mettaient en valeur : le port du justaucorps ou d'un manteau cintré à partir des années 1660-1670 valorisait la taille et celui de la culotte le galbe des jambes, souvent accentué par des talons surhaussés. De même, alors que le port du chapeau tend à être abandonné en France sous la Régence, il demeure à Vienne un important accessoire, le maintien ou non du couvre-chef constituant un signe de distinction.

En dépit de la force de ces identifications dynastiques, le costume de cour est cependant loin d'être immuable : il est au contraire susceptible de réformes à même d'en revivifier le sens politique. L'empereur Joseph II réactive par exemple à la fin du XVIIIe siècle le principe uniformisateur du manteau à l'espagnole en imposant un costume de cour masculin inspiré de l'uniforme militaire, plus conforme aux idéaux de vertu et d'utilité des Lumières[66]. Comme Joseph II ou le roi de Prusse Frédéric II, le roi de Suède Gustave III promeut une tenue de cour masculine à la croisée du civil et du militaire, dont la virilité affirmée permet aussi de se démarquer de l'habillement encore en vigueur pour les hommes à la cour de France. En 1775, l'ambassadeur de Suède à Paris, le comte de Creutz, assimile d'ailleurs cette réforme du costume de cour à la mise au point d'un costume national :

> On me marque que le Roi pense nous donner un habillement national plus analogue au climat. [...] Rien n'influe tant sur les mœurs mêmes que ces formes extérieures. On sent qu'on est soi et on prend un caractère national qui influe sur tout le reste[67].

Tenir son rang à la cour par le faste vestimentaire

Premier des courtisans, le souverain se doit de porter toujours des habits en relation avec son rang. Outre le tissu, en général de très grand prix, et éventuellement le port du chapeau, le souverain se distinguait par les nombreuses pierreries qui ornaient son habit : crochets de chapeau, boutons, boutonnières et fleurons de boutonnière pour le justaucorps ou pour la veste, épaulettes, plaques et croix des ordres, épées et garnitures de baudrier, boucles de jarretières et de souliers constituaient autant de supports sertis de pierres précieuses. À la fin du XVIIe siècle, Louis XIV est célèbre dans toute l'Europe pour la collection de pierres précieuses qu'il peut arborer : parure de diamants (480 pierres), parure des « quatre couleurs » (660 rubis, émeraudes, saphirs, topazes), parure de diamants et de perles (149). Loin d'être figés, les joyaux de la Couronne étaient alors exploités, montés, démontés et remontés pour être portés diversement par les différents membres de la famille royale. Les parures de Louis XIV furent au xviiie siècle dépassées par celles de l'électeur de Saxe Auguste le Fort devenu aussi roi de Pologne : réunir neuf garnitures complètes de pierres précieuses participait indéniablement de sa stratégie politique d'affirmation de la dynastie Wettin sur la scène européenne.

Henri IV que la légende a dépeint comme un bon roi fruste et débonnaire, peu soucieux de son apparence contrairement à ses prédécesseurs de la dynastie des Valois, a en réalité pleinement intégré son vestiaire à sa stratégie politique et illustre parfaitement cette nécessaire magnificence de la parure du corps souverain au milieu de ses courtisans[68]. Les comptes révèlent ainsi en 1595 l'achat des fournitures nécessaires à la fabrication de 61 habits ou de 157 paires de chaussures. Pour lui, le vêtement royal participe des instruments de restauration de la sacralité du corps du roi après les guerres de Religion. Un corps vêtu et paré comme il convient est la manifestation première de la majesté royale et de la capacité du souverain à être servi et à imposer sa légitime autorité. Le corps du roi devient ainsi la vive image d'un royaume bien ordonné et bien gouverné. Entre pragmatisme et ordre symbolique, Henri IV s'attache donc à disposer de vêtements appropriés à son statut de roi soldat et cavalier sans que leur caractère pratique ne contrevienne à leur raffinement. Il en résulte de multiples jeux autour d'une magnificence tantôt affichée, tantôt subrepticement révélée. Si les rembourrages nécessaires pour résister au froid peuvent être dissimulés sous de la soie, celle-ci peut aussi être employée en doublure au revers d'habits de toile plus ordinaire. De même, lors de son mariage avec Marie de Médicis, il fait consulter les comptes de la Garde-Robe de Catherine de Médicis pour évaluer ce qu'il devait dépenser pour lui faire faire un vestiaire à sa juste mesure[69].

Dans sa description des jours de « gala » à Vienne, le baron de Pöllnitz (voir chapitre 3) rappelle bien le contraste vestimentaire entre jours ordinaires et jours extraordinaires, mais aussi cette nécessité pour l'empereur et l'impératrice de marquer leur rang par rapport aux courtisans :

> L'empereur qui est ordinairement très simplement habillé, est tout couvert de Diamans le jour de Ste Elisabeth. Pour l'Impératrice, qui est ordinairement magnifique, elle l'est tellement le jour de la St Charles qu'elle a assez de peine à porter son habit, tant il est recouvert de pierreries[70].

Au-delà, les courtisans doivent eux-mêmes faire preuve de la magnificence nécessaire à l'éclat de la cour – par respect pour leur souverain – et se conformer aux règles de la bienséance qui consistent à éviter toute tenue qui serait trop fastueuse pour leur rang. Les commandes de la Maison du roi de France pour des tenues de cérémonies spécifiques illustrent parfaitement cette volonté d'adéquation de l'être et du paraître, de la qualité matérielle des vêtements et de la qualité sociale des personnes. En 1775, lors du sacre de Louis XVI, chacun des manteaux d'hermine portés par les pairs laïcs et les grands officiers de la Couronne et de la Maison était unique, résultant d'une savante combinaison de peaux de plus ou moins bonne qualité, et donc de plus ou moins grand prix, en fonction du rang de chaque personnage, de son intimité avec le sang de France et de sa proximité avec la dignité royale. Le garde des Sceaux avait ainsi le plus beau manteau après le roi ; les fils de France et les princes du sang, représentant les pairs laïcs, étaient revêtus, à l'image du roi, de manteaux comportant des peaux « de la plus belle qualité ». À l'inverse, les manteaux des grands officiers de la Couronne et de la Maison étaient dépourvus de cette hermine de grande qualité, sauf celui du premier gentilhomme de la Chambre : les hiérarchies de la cour se lisent ainsi dans les factures mêmes des fournisseurs[71]. De même, à la cour d'Angleterre – à rebours du principe théorique selon lequel tous ceux qui étaient correctement vêtus pouvaient entrer dans le palais royal –, s'opérait un véritable filtrage de salle en salle (voir chapitre 6) : les huissiers sélectionnaient ceux qu'ils pouvaient laisser passer dans les salles les plus reculées en fonction de leur titre, de leurs charges, de leur accréditation, mais aussi de la splendeur de leurs vêtements, laquelle venait en quelque sorte corroborer le reste.

À l'aune de leurs moyens respectifs, paraître à la cour coûtait donc très cher aux courtisans : si le souverain pouvait en effet concéder un certain nombre de droits vestimentaires (en argent ou en nature) à ses officiers, notamment subalternes, l'essentiel de la charge financière leur incombait. Elle était d'autant plus lourde qu'il convenait de privilégier des textiles de qualité (soie, brocard, velours damassé...), mais aussi d'acquérir de multiples ornements et payer la confection permettant l'assemblage de l'ensemble, le tout pour des tenues qui n'étaient en général portées qu'une fois ! La princesse de Conti acquittait ainsi en moyenne 2 400 livres tournois pour la fabrication d'un grand habit dans le dernier tiers du XVIIIe siècle, soit deux ans de salaire d'un ouvrier qualifié[72]. Partout en Europe, cette dépense était sans doute l'une des plus coûteuses pour l'élite sociale curialisée.

La fabrique des apparences curiales au féminin

Au féminin comme au masculin, le vestiaire curial modèle un corps tout à fait singulier. Les paniers déforment considérablement le bas du corps, totalement masqué jusqu'aux chevilles : si le vertugadin conique créé au XVIe siècle disparaît à la cour de France, il demeure, on l'a vu, essentiel à la cour d'Espagne au XVIIe siècle, tandis que de gigantesques paniers sont adoptés dans toutes les cours européennes au milieu du XVIIIe siècle. La lourdeur et les proportions vertigineuses de ces paniers contraignaient d'autant plus la silhouette et la marche qu'elles se combinaient à l'utilisation de corsets. Ces derniers accentuaient la finesse de la taille et soulignaient les formes du buste, même si ce n'est que très progressivement que le haut du corps est mis en valeur – les décolletés plongeants pouvant demeurer pudiquement voilés par des rubans ou des fichus.

Le « grand habit » porté à la cour de France du règne de Louis XIV à celui de Louis XVI marque l'apogée de ce faste vestimentaire curial au féminin[73]. De composition immuable, il repose sur la combinaison d'un grand corps, dont les baleines sont plus denses et la taille plus resserrée que dans l'habillement ordinaire, d'une jupe, d'un bas ou queue de robe et d'un panier, à laquelle s'ajoutent en outre des accessoires particuliers (palatines, mantilles, manches en dentelle et glands). Constituant le seul exemple d'un vêtement qui n'était revêtu qu'à la cour, son usage était de plus restreint aux seules princesses de sang royal et aux dames présentées au roi et à la reine (voir cahier couleur, fig. 14).

Cela étant, les témoignages attestant des aménagements du port du vertugadin à la cour d'Espagne ou du grand habit à la cour de France permettent de nuancer l'image figée par les portraits et les gravures. Il y avait place à la cour pour d'autres types de vêtements que ceux qui permettaient de déployer une culture distinctive du corps curialisé. Dans les temps ordinaires, on revêtait des habits plus sobres, y compris les princes et princesses qui ne se distinguaient dès lors plus guère des autres courtisans que par le respect d'une distance cérémonielle. Même dans l'austère cour d'Espagne du milieu du XVIIe siècle, la reine Marie-Anne avouait aimer pouvoir se vêtir légèrement et se mouvoir plus aisément lorsqu'elle n'était pas en représentation, par exemple dans les appartements d'été de l'Alcazar royal. À la cour de France, des adaptations cadrées par l'étiquette purent aussi être mises en place. Louis XIV autorise les dames à porter une robe troussée de moindre ampleur sur le grand corps à Marly et à Choisy. Lorsque la duchesse de Chevreuse, malade, doit renoncer à porter le grand corps en 1709, le roi l'autorise à prendre part au séjour prévu à Marly à la condition de ne pas paraître dans les salons. En 1744, Louis XV décide de simplifier plus radicalement les usages en autorisant le port d'une robe sans panier à Marly et à Choisy. L'application de cette décision amène après de longs débats à différencier l'habit des dames de la suite de la reine – qui conservent un grand habit simplifié, ce qui leur évite de modifier toute leur garde-robe –, tandis que les dames invitées peuvent paraître en relatif négligé.

En France comme dans les autres cours, le vestiaire des dames se diversifie au cours du XVIIIe siècle. Si l'on se fie à l'étude des garde-robes de la princesse de Conti ou de la comtesse d'Artois[74], le grand habit, jugé archaïque et malcommode, n'était vraisemblablement plus revêtu dans le dernier tiers du XVIIIe siècle qu'à l'occasion des cérémonies les plus fastueuses, notamment les fêtes religieuses, les mariages et les deuils. Il est fréquemment remplacé par un habit de cour qui décline différentes variations autour de la robe dite « à la française ». De telles tenues n'en supposent pas moins d'amples paniers et un faste extrême dans le choix des tissus, des accessoires et des pierreries, comme l'illustrent les tenues des galas viennois qui s'en inspirent. Dans le contexte général d'un faste vestimentaire partagé par toutes les cours d'Europe aux XVIIe et XVIIIe siècles, toute adaptation des tenues s'effectuait en effet au risque de contresens cérémoniel et politique – à l'image des critiques que suscita le portrait de Marie-Antoinette, peint en 1783 par Élisabeth Vigée-Lebrun, dans une simple robe de « gaulle ».

Traditions, mode, opinion publique : un vestiaire curial sous influence

Il n'en demeure pas moins que le vestiaire curial était plastique et d'autant plus sensible aux effets de la mode qu'il n'était pas tout le temps strictement encadré par l'étiquette. On assiste notamment à un renouvellement du répertoire de coiffures, chapeaux et ornements chez les femmes tout au long de l'époque moderne. Cette mode s'impose alors à toute la société de cour, circulant entre les espaces de la cour et de la ville – ce qui pose encore la question de savoir qui donne le ton ! Paraître dans un habit démodé pouvait donc être interprété comme une marque d'isolement, voire de déclassement social – comme dans le cas de Marie-Fortunée d'Este à la cour de France, après sa séparation de corps de son époux, le prince de Conti. Dans le cas de la coexistence d'une « vieille cour » et d'une « jeune cour » (voir chapitre 1), l'adoption de vêtements plus ou moins « à la mode » pouvait même servir de marqueur politique.

La « vieille cour » réunie à Versailles (et à Bellevue) autour de Mesdames sous Louis XVI évitait par exemple les couleurs telles que le vert, le prune et les tons puce.

L'utilisation du vêtement courtisan à des fins d'affichage partisan est particulièrement sensible dans le contexte singulier de la monarchie parlementaire britannique du XVIIIe siècle. À Londres, sous Georges II, choisir de se faire faire de nouveaux habits de cour pour les cérémonies marquantes, comme l'anniversaire du monarque, permet en effet de lui marquer sa loyauté. Au contraire, s'en faire faire pour l'anniversaire du prince héritier, qui tenait une cour parallèle, permet d'afficher son soutien à l'opposition (voir chapitre 1). Si la bipolarité n'est plus de mise sous Georges III, le vestiaire curial continue de se décliner en fonction des prises de position amenant par exemple à parer les habits de cour des mêmes teintes que les uniformes des *Insurgents* des colonies américains, au début des années 1780, ou à les faire tailler dans des tissus français pendant la Révolution. Dans cette perspective, la fonction politique de l'habit de cour – dont la forme reste pourtant la même – n'est plus seulement protocolaire : les choix partisans ou lignagers permettent de manifester une opinion, voire une appartenance politique et d'autant plus qu'ils sont commentés dans la presse[75].

De la hiérarchisation dans l'uniformité à la distinction par l'expression politique qui fait de la cour un espace de l'opinion publique, le vêtement du courtisan participe ainsi de la fabrication d'une apparence singulière. En lien avec l'adoption d'un maintien travaillé et le recours aux accessoires et aux cosmétiques, cette apparence manifeste la curialité et la proximité au corps du souverain, tout en se renouvelant du fait des multiples combinaisons possibles entre expression du rang, usages hérités, jeux des modes et identités politiques.

Chapitre 10

Une histoire environnementale des cours

> Versailles a dans ses jardins des beautés si somptueuses, qu'on ne peut que les contempler avec émerveillement la première fois, et que les Français peuvent bien se vanter en les montrant que le roi est le seul monarque qui puisse contraindre la nature. Mais tant de contraintes paraît un peu fatigant et décourageant, et c'est pourquoi il y a peu de gens qui ne préfèrent pas choisir Marly pour se promener, là où l'on a laissé plus de place aux beautés et aux changements de la nature.
>
> Johann Georg Keyssler[1]

Qu'il s'agisse de relever chaque jour les défis de nourrir plusieurs milliers de serviteurs, de dompter les animaux les plus étranges et les plus sauvages, de cultiver les fleurs et les essences les plus rares, de donner les formes les plus exubérantes aux arbres ou encore de tracer au cordeau terrasses et perspectives agrémentés d'une savante hydraulique, la mise en œuvre et la mise en scène des interactions complexes de la cour avec son environnement ont frappé les contemporains, puis les historiens. Comment ne pas y voir l'expression d'une volonté de puissance, un manifeste idéologique et politique ? Dans cette perspective, l'appréhension curiale du minéral, du végétal et de l'animal consacrerait le postulat cartésien de la maîtrise de la nature par l'homme et constituerait la métaphore de l'exercice de la souveraineté absolue du prince sur l'ensemble de ses territoires et de ses populations.

En rappelant avec sa célèbre acrimonie que Versailles était à l'origine « le plus triste et le plus ingrat de tous les lieux [...], parce que tout y est sable mouvant ou marécage » et que Louis XIV s'y complut, avec Le Vau, Le Nôtre et Mansart à « tyranniser la nature »[2], Saint-Simon a paradoxalement accrédité, autant qu'il en déplorait l'*hybris*, la capacité du monarque absolu à s'approprier les milieux les plus hostiles. Les voyageurs de passage à Versailles ont par la suite abondamment relayé ce discours tout en ambivalences, entre fascination, désillusions et fallacieuses oppositions. Au milieu du XVIIIe siècle, l'émerveillement initial du franconien Johann Georg Keyssler cède face à la comparaison avec les jardins des villas romaines et laisse la place à l'expression de sa perplexité. Il cherche alors sur le domaine de Versailles les lieux où Louis XIV aurait laissé libre cours à la nature – caractéristique qu'il attribue à Marly par opposition avec les jardins attenant au château. Sa déception ne remet donc pas en cause la croyance dans l'altérité entre nature et culture et la capacité du souverain à maîtriser l'une par l'autre.

Au contraire, l'historiographie actuelle et les humanités environnementales mettent l'accent sur l'historicité du concept de nature et des usages sociaux de cette dernière. À l'ère de l'anthropocène, il n'est plus possible de distinguer arbitrairement ce qui serait modifié par l'homme de ce qui ne le serait pas. Comme l'ont souligné Grégory Quenet, puis Jan Synowiecki, les jardins royaux et princiers fournissent le terrain par excellence où démontrer l'impossibilité de s'illusionner sur les ressorts et les effets d'une maîtrise prétendument infaillible de l'environnement :

> En nous plongeant dans les archives, nous nous sommes aperçu que, loin de nous donner à voir cette nature compassée si chère à la pensée classique, les désordres, les conflits et les négociations s'imposaient en réalité comme autant de modalités concrètes et quotidiennes de développement des pratiques de la nature urbaine. Pas plus qu'il n'a fait des jardins un instrument de domination sociale et de rationalisation du territoire, le pouvoir royal n'a jamais su imposer sa marque sur les jardins de la capitale sans provoquer des résistances et des controverses[3].

Il n'y aurait ainsi pas à Versailles, ni dans aucune cour princière, de lieu où la nature aurait gardé – ou repris – ses droits indépendamment de l'homme, bien que ce soit souvent en ces termes qu'aient pu être décrits les parcs de chasse par opposition avec l'ordonnancement des jardins « à la française ». Que tout soit cultivé dans la nature curiale ne signifie pas pour autant que tout y soit maîtrisé : tout aménagement est le fruit d'interactions complexes entre l'humain, le minéral, le végétal et l'animal, nouant indissociablement le social et l'environnemental à rebours des catégories étanches héritées de la révolution scientifique de l'âge classique.

La cour, un laboratoire pour penser les relations homme/environnement

« L'absolutisme environnemental » (Grégory Quenet) : de la métaphore politique au fantasme

Dès la Renaissance, les jardins ont été revêtus d'une dimension symbolique, ésotérique ou politique. Lieu d'une connexion étroite entre l'homme et la nature, ils peuvent autant célébrer l'osmose que la domination. Si les lectures maniéristes insistaient plutôt sur une même appartenance à un cosmos régi par des forces supérieures, le jardin baroque se mue davantage en microcosme centré sur la figure du prince. En évoquant le temps (Saisons, Heures de la journée) et l'univers (Éléments), le jardin devient une matérialisation d'un univers qui ne tournerait plus qu'autour de l'astre monarchique et d'une cour dominée par un maître à l'autorité incontestée. C'est bien la lecture qui a été proposée des jardins de Versailles dont la conception ferait écho à la symbolique des planètes développée dans le grand appartement. L'historiographie américaine a notamment fait du domaine de Versailles le foyer d'un rapport typiquement français à la nature et l'antithèse de la *wilderness* propre au territoire états-unien. Pour Chandra Mukerji, les jardins mettraient en scène un microcosme dont la maîtrise témoignerait de la même culture politique et technique présidant à l'administration du royaume[4]. Tant le tracé rectiligne des allées, des parterres et des bosquets que les changements d'élévation et le système de clôture feraient référence aux pratiques militaires de contrôle du territoire. Le Nôtre aurait ainsi en quelque sorte employé à Versailles les mêmes moyens que Vauban aux frontières du royaume. Si des textes littéraires comme *La promenade de Versailles* de Madeleine de Scudéry insistent sur le fait que tout est dans le parc surgissement, surprise, contraste, l'aménagement atteste la mise en pratique d'une nouvelle culture scientifique où l'optique permet l'appropriation mathématique du territoire. Offrir aux visiteurs de se promener dans pareil site aurait donc de puissants effets performatifs orchestrés par le souverain, dans sa *Manière de montrer les jardins de Versailles* et mis en scène dans les récits des contemporains. Les marquis de Sourches et de Dangeau relatent par exemple la manière dont Louis XIV aurait cherché à tirer la reine d'Angleterre, Marie de Modène, de l'état dépressif où l'aurait plongée le départ en campagne de son époux déchu, Jacques II. De la distraction par la promenade à l'idée que la vision du parc aurait pu matériellement lui rappeler l'expertise technique sur laquelle reposait l'exercice de son pouvoir géopolitique par le roi de France, il y a un pas que Chandra Mukerji n'hésite par exemple pas à franchir.

Quoi qu'il en soit, une indiscutable dimension allégorique, si ce n'est métaphorique, se retrouve dans les autres jardins de cour où se développent des scénographies complexes aux allusions plus ou moins limpides à l'histoire de la dynastie. Tel est le cas au palais de Queluz dont le jardin dit « de Malte », aménagé dans les années 1760, rappelle la fonction de grand prieur de l'ordre homonyme exercée par l'infant Pierre de Portugal qui y résidait alors. Au début des années 1770, c'est l'alliance entre le roi Joseph Ier et une infante espagnole qui est célébrée par la réalisation d'une fontaine associant les fleuves Tage et Guadiana ainsi que des Renommées[5]. En Espagne, quelques décennies plus tôt, le réaménagement de l'ancienne résidence de La Granja, et notamment de ses jardins, avait quant à lui permis d'inscrire la nouvelle dynastie de Bourbon dans la continuité de la maison d'Autriche tout en exaltant la victoire sur les prétentions de cette dernière. Un magistral ensemble de fontaines font la marque distinctive de la résidence de Philippe V (voir aussi chapitre 11). À la fontaine de la Renommée qui proclame la gloire du roi par un jet d'eau d'une puissance inédite (plus de 40 mètres) répond la Course des chevaux. Ce groupe sculpté dédié aux divinités marines exalte la puissance maritime d'une Espagne sauvée de ses ennemis par la maison de Bourbon, à travers des figures comme celle d'Andromède dont la libération est évoquée dans le bassin sommital. La conservation de liens étroits avec la France est, quant à elle, rappelée par la fontaine de Latone dont la forme et le caractère foisonnant des jeux d'eaux évoquent largement celle qui trône au pied du château de Versailles.

De même que la fontaine de Samson célébrant la victoire de la Russie sur la Suède lors de la grande guerre du Nord n'orne la grande cascade du jardin de Peterhof que depuis les années 1730, bien après la mort de Pierre le Grand, les jardins de La Granja résultent de quinze années de travaux. Dans ces conditions, toute lecture homogène peut être sujette à caution. L'historiographie a donc tendance aujourd'hui à réviser la lecture politique des extérieurs du palais comme elle l'a fait pour les aménagements intérieurs. Pris dans des temporalités et des jeux d'acteurs complexes, ni leur élaboration, ni leurs usages ou leur réception ne peuvent faire l'objet d'interprétations univoques. Ces dernières résultent d'un usage descriptif et décontextualisé des mémorialistes et des textes littéraires (sur ce type de sources, voir chapitre 3), qui s'articule à une vision achronique du jardin[6]. Elles manifestent un « fantasme de l'absolutisme environnemental », où la minimisation du caractère conflictuel ou inachevé de la domination du souverain sur la nature fait écho à l'effacement de la dimension transactionnelle de l'État absolu. S'en émanciper implique de sortir de la seule analyse des représentations, y compris celles qui mettent en exergue, dans la description des jardins, leur part sauvage ou monstrueuse[7]. Croiser les sources permet dès lors de mettre au jour les moyens – matériels, humains, financiers – mobilisés dans les appropriations de la nature[8].

Une histoire matérielle et sociale de l'appropriation curiale de la nature

En écho aux critiques acerbes de Saint-Simon, s'est donc imposée l'idée que Louis XIV aurait réussi à transfigurer un espace déshérité, malsain et malcommode et à en faire un abrégé de l'univers pour se présenter à ses sujets comme le « maître et possesseur de la nature ». Faire l'histoire sociale et matérielle de l'aménagement des extérieurs palatiaux permet de déconstruire ce discours en rendant compte des innovations techniques utilisées pour s'approprier la nature à la cour mais aussi des limites de ce processus.

Parmi les éléments que s'approprie l'institution curiale pour glorifier le souverain, l'eau joue un rôle fondamental. Dormante ou jaillissante, elle structure et artificialise les jardins, jusque dans des lieux réputés servir de retraite intime au souverain. En témoigne là encore le duc de Saint-Simon qui dévoile un Marly technicisé – dont la réalité échappera, par exemple, à l'attention de Johann Georg Keyssler :

> À la fin, le Roi, lassé du beau et de la foule, se persuada qu'il voulait quelquefois du petit et de la solitude [...]. Il trouva derrière Luciennes un vallon étroit, profond, à bords escarpés, inaccessibles par ses marécages, sans aucune vue, enfermé de collines de toutes parts, extrêmement à l'étroit, avec un méchant village sur le penchant d'une de ces collines, qui s'appeloit Marly [...]. En bâtiments, en jardins, en eaux, en aqueducs, en ce qui est si connu et si curieux sous le nom de machine de Marly, [...] on ne dira point trop sur Marly seul en comptant par milliards. Telle fut la fortune d'un repaire de serpents et de charognes, de crapauds et de grenouilles, uniquement choisi pour n'y pouvoir dépenser. Tel fut le mauvais goût du Roi en toutes choses, et ce plaisir superbe de forcer la nature[9].

L'approvisionnement de Versailles en eau constitua en effet un problème lancinant pendant un siècle et demi, obligeant à la puiser toujours plus loin, tant pour satisfaire les besoins de la cour en eau potable que pour faire fonctionner les jets d'eau des jardins. Tout en cherchant à ménager les ressources – par exemple par l'usage de sifflets pour prévenir les fontainiers de déclencher les jets d'eau à l'arrivée du roi et éviter de faire fonctionner toutes les fontaines simultanément –, Le Nôtre et ses successeurs ne cessèrent de mettre en chantiers de complexes systèmes d'adduction. De ces travaux, achevés en 1695, il subsiste aujourd'hui un réseau sous-terrain d'une trentaine de kilomètres destiné à la collecte, à l'acheminement et au stockage des eaux. Il relie les réservoirs aménagés sur les plateaux environnants afin d'utiliser la force gravitaire pour apporter aux réservoirs enfouis en contrebas l'eau qui manquait pour alimenter fontaines et bassins. Quant à l'aqueduc destiné à collecter les eaux de l'Eure – et dont la construction avait été confiée à Vauban lui-même –, il demeura inachevé, de même que la machine de Marly, destinée à pomper les eaux de la Seine, ne fonctionna jamais au rendement espéré. Ces travaux titanesques laissèrent donc des traces visibles dans le paysage de l'échec de ces tentatives de « forcer la nature » et d'égaler le génie technique des empereurs romains : l'aqueduc de l'Eure ne domine-t-il pas, telle une ruine antique, le parc du domaine de Maintenon cédé à Françoise d'Aubigné, maîtresse puis épouse morganatique de Louis XIV ?

Le cas de la résidence de La Granja, évoqué plus haut, illustre également les progrès de l'hydraulique, qui se traduisent par la complexité des dispositifs d'adduction au service de la puissance des jets d'eau, notamment permise par le remplacement des tuyauteries en bois en ou en terre cuite par des conduits en fonte bien plus résistants. Ce sont d'ailleurs notamment des fontainiers français qui œuvrèrent, entre 1721 et 1745, au développement des jardins et de leur programme de fontaines sans équivalent, en s'appuyant sur les techniques locales hybridées des savoirs faire expérimentés sur le domaine de Versailles (voir chapitre 11).

Si les jardins à la française sont souvent considérés comme des ensembles de pierre, d'eau et d'herbe, l'horticulture est aussi une ressource clef de l'exploitation curiale de la nature. Bien que généralement réservés aux jardins plus intimes, les parterres de fleurs n'en sont pas moins des réalisations de prestige. À Het Loo, Schönbrunn ou Trianon, on joue des couleurs vives pour créer des configurations polychromes susceptibles d'être modifiées d'un jour sur l'autre. Recherchées pour leur beauté, mais aussi pour leur parfum (voir chapitre 9) et leur rareté, les fleurs d'ornementation se trouvent au cœur de circuits économiques complexes. Entre 1634 et 1637, les oignons de tulipes que les marchands hollandais font venir de l'Empire ottoman s'arrachent à prix d'or : ils se seraient vendus plus cher que des Rembrandt et auraient été à l'origine d'une des premières bulles spéculatives de l'histoire du capitalisme en Occident. Au XVIIIe siècle, ce sont toujours des grossistes hollandais qui dominent l'approvisionnement de l'Europe des cours en bulbes de tulipes et de jacinthes : le fleuriste George Voorhelm, établi à Haarlem, est sous Louis XV le principal fournisseur de la cour de France, mais aussi des cours d'Espagne, d'Angleterre, de Prusse, de Danemark, de Russie, du Saint-Empire, de Pologne ou encore des cours italiennes. À la cour de France, où le marquis de Marigny, rappelle en 1755 « l'attention que le Roy donne à ses jardins fleuristes et potagers »[10], les pépinières royales s'avèrent en effet incapables de pourvoir à l'ensemble des besoins en fleurs d'ornementation, si bien que l'administration des Bâtiments du roi est contrainte de s'approvisionner sur ce marché européen. Si elle cherche à limiter la dépense en sélectionnant par exemple des oignons de tulipe coûtant 200 à 250 livres tournois, soit tout de même cent fois le salaire journalier d'un ouvrier qualifié, l'investissement demeure considérable dans la seconde moitié du siècle. L'ampleur des commandes rappelle même celles que durent passer Guillaume III d'Angleterre, ancien stathouder des Pays-Bas, et la reine Marie pour le réaménagement des jardins de Hampton Court en 1701, soit au moins 7 300 bulbes, dont 2 000 de tulipes et 800 de jacinthes[11]. Les seules commandes annuelles de bulbes de jacinthe coûtent à la Couronne 2 000 à 10 000 livres tournois pour une sélection de 50 à 100 espèces différentes servant à orner les jardins de Trianon, de Marly mais aussi de Choisy – résidence de chasse dont les jardins étaient également ouverts au public en l'absence du roi et de sa suite. Ils se parent de manière très distinctive, comme le démontre la comparaison des commandes des Bâtiments du roi ou de l'ornementation du jardin du comte d'Artois dans sa résidence parisienne du Temple avec celle d'autres jardins, même de la plus haute aristocratie. Sans exclure les panachages d'espèces à des fins à la fois esthétiques et économiques, ni l'influence de la mode ou du goût du prince sur les choix effectués, les fleurs à la fois rares, coûteuses et d'entretien difficile y prédominent – anémones, jonquilles, pivoines, renoncules, tulipes et, surtout, jacinthes par opposition avec les œillets, capucines et giroflées. On comprend dès lors la tentation pour certains jardiniers de faire le commerce illicite des bulbes ou des fleurs dont ils ont le soin tandis que les membres de la noblesse de cour cherchent à s'approvisionner en sollicitant indûment les pépinières royales déjà en peine de fournir les résidences du souverain[12].

Par ailleurs, les difficultés que suscite la manipulation d'un produit périssable comme les fleurs (plantées mais aussi coupées) à des fins ostentatoires

– coûts exorbitants du fait du recours à des intermédiaires lointains, dépérissement de produits comme les bulbes au cours du transport ou après la plantation – sont intrinsèquement liées à une perpétuelle recherche de conservation qui confine à l'artificialisation. En 1752, *Le Journal économique* mentionne ainsi l'envoi de bouquets de fleurs séchées par la cour de Russie, cadeau dont le caractère exceptionnel tient à leur remarquable état de conservation si bien qu'elles sont confondues avec des fleurs artificielles avant de reprendre vie une fois plongées dans l'eau[13]. Dans un cadre où les arbustes à fleurs sont autant, voire plus, recherchés que les fleurs d'ornementation, l'introduction dans les cours européennes d'arbres censés pousser sous des cieux plus cléments satisfait également l'impératif d'ostentation aux ressorts à la fois esthétiques, économiques et techniques. Au-delà de la présence de cactus – au titre de curiosités plus que d'éléments de curiosité –, le développement des serres atteste la pratique des sciences horticoles et agronomiques au cœur d'un espace curial caractérisé par l'artificialisation de la nature. Constante des jardins curiaux à partir du XVIIe siècle, les orangeries sont des réalisations grandioses dont l'aménagement complexe (chauffage en hiver, structures démontables) permet de peupler les allées à la belle saison d'orangers et de citronniers – tout en pourvoyant les tables princières. On peut également y cultiver d'autres fruits et plantes considérés comme exotiques – melons, ananas ou même caféier.

Un dernier exemple achèvera de montrer que tout est artifice dans la nature curiale et que ce phénomène s'articule bien à des rapports sociaux d'une grande violence, même si ceux-ci n'attestent pas nécessairement la toute-puissance du prince. Les articles « Faisanderie », « Fumier » et « Gibier » rédigés dans l'*Encyclopédie* par Charles-Georges Le Roy, lieutenant des chasses du roi proche du mouvement physiocratique, sont significatifs de cet idéal économique et technique où le prix à payer pour la conservation utilitariste de la nature est le renforcement des inégalités sociales[14]. À Versailles, la sédentarisation de la cour et l'augmentation qui s'ensuivit des prélèvements cynégétiques se sont combinées avec la réorganisation de la production agricole en Île-de-France sous la houlette de puissants fermiers. La valorisation du domaine au service exclusif des chasses royales participe d'un processus européen de privatisation de la nature au bénéfice des princes et de la noblesse[15] et débouche localement sur le démantèlement des droits collectifs des petits paysans qui y étaient précédemment implantés. La captation du droit de chasse par le roi, la clôture du domaine et les pratiques de conservation du gibier (voir ci-dessous) leur font perdre le droit de porter des armes, le libre usage de leurs chiens, l'accès aux forêts pour le bois, et, enfin, la maîtrise du calendrier agricole et des procédures de destruction des nuisibles. Ils sont progressivement placés dans la dépendance de gros fermiers dont les capacités agronomiques et financières – évoquées dans l'arrêt du Conseil de 1732 reproduit ci-dessous – leur permettent de s'accommoder des contraintes liées au gibier sur des terres qu'ils peuvent ainsi louer à bas coût. Ce faisant, ils conquièrent le quasi-monopole de l'approvisionnement de la ville de Versailles et de la cour en blé. C'est ce changement socio-productif que célèbre Charles-Georges Le Roy lorsqu'il vante les mérites d'une « société de chasseurs philosophes, d'animaux sensibles et intelligents, et de fermiers éclairés, apprenant les uns des autres sur un territoire soumis aux manipulations et aux changements environnementaux » (G. Quenet). De cet idéal, est cependant singulièrement absente la figure du père nourricier protégeant ses paysans : c'est sans doute ainsi que l'histoire environnementale du microcosme curial rend compte des effets politiques de la volonté absolutiste de domination de la nature.

Arrêt du Conseil de 1732 (Archives nationales (Paris), O[1] 3881), édité par Grégory Quenet, *Versailles. Une histoire naturelle*, Paris, La Découverte, 2015

Le Petit Parc de Versailles dans lequel ces fermes sont enfermées a toujours été l'objet des plaisirs des chasses, et n'a été fait que dans cette vue, et anciennement les terres qui le composent n'étoient que cultivées que pour la conservation et la nourriture du gibier, et qu'il y avoit cy devant dans les fermes de la Ménagerie, Galy et Satory des domestiques payés et entretenus aux dépens du domaine de Versailles pour la culture desdites terres, ce qui causoit une dépense assés considérable, le roy ordonna de mettre des fermiers dans ces fermes et de les louer à prix convenable, eu égard à la quantité du gibier, elles n'ont esté pendant longtemps affermées qu'à un très bas prix, mais ayant ensuite augmenté de valleur par différentes circonstances, [...] quoyque depuis le retour de Sa Majesté à Versailles, ce petit parc soit remply d'une quantité considérable de gibier les fermiers qui exploitent ces fermes se soient soutenus, et ayant satisfait le receveur du domaine de Versailles assés régulièrement, cependant il seroit à craindre que si elles estoient exposées aux enchères il se présentât des adjudicataires qui ne connaissant pas la manière dont ces terres doivent estre cultivées et ensemencées par rapport à la grande quantité de gibier dont ce Parc est remply, et peu en état de faire les dépenses nécessaires pour cette culture, ils ne fissent point de récolte, se ruineraient infailliblement, on seroit obligé de les déposséder faute de payement et de faire valloir les terres aux dépens

> du Roy, ce qui seroit également contraire aux intérêts de Sa Majesté, et à la conservation du gibier, n'y ayant que la grande culture et les améliorations annuelles des terres et prés de ce petit parc qui puissent estre utiles aux fermiers et à la nourriture du gibier ; que d'ailleurs il y a certains arrangements et certaines règles ausquelles ces fermiers sont assujettis pour la conservation du gibier et utilité des chasses, que des nouveaux adjudicataires ne connaissant point, quoyque mentionnés dans le cahier des charges, ils feroient naître des discussions qu'il convient d'éviter.

Des « palais végétaux » (Dominique Garrigues)

(Re)naissance des jardins curiaux

La renommée des résidences princières provient en grande partie du dialogue qu'elles ont su tisser avec un environnement de jardins dont le prestige égale le faste intérieur. Depuis la Renaissance, les jardiniers des princes rivalisent d'originalité pour constamment réinventer une grammaire formelle : perspectives savantes mais aussi sombres bosquets, jets d'eaux bouillonnants ou simples jeux de reflets des pièces d'eau dormante, charmilles et treillages, pavillons extravagants et statuaire à l'antique… S'il tire largement ses origines dans les cours de la péninsule italienne, cet art de discipliner la nature opère la fusion de nombreux savoirs horticoles, architecturaux et hydrauliques sans cesse perfectionnés à mesure qu'il est réapproprié par les différentes cours d'Europe mettant aussi à profit les techniques locales. Certains modèles, tels que les jardins du Vatican ou ceux aménagés à Tivoli pour le cardinal d'Este, ont d'autant plus durablement marqué les esprits qu'ils ont bénéficié d'une large diffusion grâce aux plans et vues gravés : ils constituent des chefs-d'œuvre à imiter, sinon dépasser. Au XVIIIe siècle, ils passent toutefois au second plan derrière les jardins des résidences royales françaises. L'Europe des cours se couvre alors de jardins fastueux, dont ceux de La Granja de Philippe V ou du Peterhof de Pierre le Grand témoignent encore grâce à un état de conservation exceptionnel, quand bon nombre de jardins princiers connurent de substantielles modifications ultérieures, voire disparurent. C'est dire la fragilité de ces ensembles dont eurent souvent raison le coût d'entretien – que l'on songe à la *Rivière*, la grande cascade de Marly, remplacée dès le règne de Louis XV (1728) par un simple tapis de gazon – ou les effets de mode – les bosquets du Nymphenburg des électeurs de Bavière, redessinés à l'anglaise en 1799.

La reconstitution historique des jardins suscite dès lors de vifs débats : quel état privilégier ? Sur quelle fragile documentation s'appuyer, les comptabilités princières et l'iconographie s'avérant bien souvent incertaines quant aux espèces et aux couleurs des végétaux ? Dans une Angleterre pionnière dans le domaine des jardins historiques, la restauration des jardins de la résidence royale de Hampton Court est emblématique. Si les dommages infligés par la Première guerre mondiale avaient semblé ouvrir la voie à la remise en état des jardins profondément modifiés au XIXe siècle, le sacrifice des parterres foisonnants et des nombreux arbustes plantés après l'abandon de la résidence par la cour ne devint acceptable qu'à la fin du XXe siècle. Le « Privy Garden », composé sous les Tudors et modifié plusieurs fois sous les Stuarts, fut alors réaménagé dans son état de 1702, c'est-à-dire au terme des travaux voulus par le roi Guillaume III et la reine Marie, en respectant notamment le principe d'une plantation clairsemée, établi par l'historien des jardins Frank Crisp, et en s'appuyant sur la documentation d'époque et les résultats des fouilles archéologiques[16]. En dépit de la prise de conscience de l'historicité des jardins et de la mobilisation de ce genre d'apports scientifiques, l'héritage des jardiniers d'autrefois demeure souvent insaisissable. À une impossible exacte restitution, on préfère ainsi dans le jardin de Louis XV à Trianon une recherche de l'originalité et de la nouveauté dans la disposition et le choix des espèces, à l'instar de ce qui était l'objectif des jardiniers des Lumières. Conservatoire d'un fragile patrimoine vivant, les jardins historiques sont également mis à rude épreuve par le changement climatique qui malmène les précieuses broderies de buis ornant les parterres à la française.

Quoi qu'il en soit, c'est dès le XVIe siècle que l'art des jardins déborde la péninsule italienne et renouvelle considérablement les réalisations princières de la fin du Moyen Âge. Malgré les contraintes urbaines, les souverains s'efforcent de doter leurs résidences de jardins qui puissent offrir un lieu de détente à leur cour, souvent dans les interstices laissés entre le palais et les fortifications. Un petit jardin composé d'un parterre et de quelques tonnelles est ainsi aménagé à la Hofburg à partir de 1428. Démantelé en 1729 en raison de l'agrandissement du palais, il est remplacé en 1752 par un nouveau jardin, guère plus vaste, aménagé sur une courtine et pompeusement dénommé *Paradeisgarten*[17]. C'est toutefois en bordure des villes de résidence qu'éclosent de grands jardins : à Paris et Londres, dans les grandes villes de cour du Saint-Empire et de la monarchie des Habsbourg – à Prague sous Ferdinand Ier, au Neugebau de Maximilien II à Vienne ou à la résidence de Munich.

Désormais moins exposés aux dangers extérieurs que la Hofburg, toujours sous la pression des armées ottomanes, les résidences berlinoise, munichoise et praguoise enjambent hardiment les fossés pour se doter de vastes jardins à la jonction entre la ville et les faubourgs qui voient également fleurir des résidences de loisir. À quelques encablures de Vienne, au Neugebau, l'empereur Maximilien II fait dessiner dans les années 1560 des parterres en terrasse à l'italienne. À la même époque, les grands projets palatiaux français et anglais sont justement pensés hors les murs pour favoriser le développement de vastes espaces horticoles susceptibles de rivaliser avec les villas italiennes. Le palais des Tuileries doit en partie son existence à la volonté de Catherine de Médicis de jouir de vastes jardins, aménagés sur le modèle italien à partir de 1564 par Pierre Le Nôtre, avant d'être remodelés un siècle plus tard par son petit-fils André. Alternent parterres fleuris et quinconces. Une fontaine et une grotte – celle-ci décorée par Bernard Palissy – en sont les points de mire. Louis XIII y fait ajouter une orangerie dans les années 1620.

Parmi les premières adaptations d'envergure de l'art du jardin italien en dehors de la péninsule, les jardins réalisés à Heidelberg pour le comte Palatin Frédéric V autour de 1615 marquent traditionnellement le moment d'éclosion de l'art du jardin moderne dans l'espace germanique. L'*Hortus palatinus*, entamé aux lendemains du mariage du prince avec Élisabeth Stuart, la fille du roi d'Angleterre et d'Ecosse, Jacques Ier, n'a vraisemblablement jamais été achevé dans la mesure où Frédéric V transporta sa cour à Prague au lendemain de son élection sur le trône de Bohême, en 1619. Le délabrement rapide du jardin d'Heidelberg fait qu'il n'est plus guère connu que par un tableau de Jacques Fouquières, réalisé avant 1620. Les historiens ont vu en lui un condensé de l'art du jardin italien et français, mâtiné d'adaptations allemandes. Toute la grammaire de l'art du jardin s'y trouve en effet déclinée : parterres à entrelacs, pièces coupées ou à broderie, tonnelles, labyrinthe, orangerie, grotte, pièces d'eau et fontaines, le tout orné d'une végétation et d'une statuaire foisonnantes. La disposition en successions de terrasses remodèle de façon titanesque une topographie peu amène qui empêche du reste une véritable conception d'ensemble. En revanche, l'*Hortus Palatinus* était sans doute animé d'un souffle symbolique complexe propre à glorifier le maître des lieux. C'est tout à la fois la Villa d'Este et le premier jardin des Tuileries, trois quarts de siècle antérieurs, sur les bords du Neckar[18].

Le château et les jardins d'Heidelberg, *Hortus Palatinus*, Jacques Fouquières, peinture à l'huile, Musée palatin de Heidelberg

Glorifier par la nature

Ces jardins demeurent cependant bien modestes face aux fastueuses réalisations des années 1650-1750 qui constituent l'apogée du jardin de cour. La poursuite du développement des résidences suburbaines qui disposent de réserves foncières significatives offre la possibilité de déployer de vastes jardins, en terrasse, avec des dessins complexes, commandés par de magistrales perspectives. Ceux-ci deviennent un décorum qui, à l'image du palais, exalte la gloire du prince. Versailles donne d'une certaine manière le ton, grâce au génie d'André Le Nôtre qui met en œuvre de savants jeux de perspective et des effets d'optiques : ses réalisations tendent à devenir des modèles pour les cours européennes où œuvrent disciples et imitateurs. Bien que largement tributaire d'adaptations locales ou d'influences hollandaises ou italiennes, se façonne ainsi un paysage horticole curial relativement uniforme à l'échelle européenne jusqu'à ce que la mode du jardin anglais prenne le dessus dans la seconde moitié du XVIIIe siècle (voir aussi chapitre 11).

Les jardiniers français travaillent dès les années 1670 dans les principautés allemandes. Le duc de Brunswick-Lüneburg emploie Henri Péronnet à Celle, puis Martin Charbonnier à Osnabruck en 1677 et à Herrenhausen (Hanovre) en 1682 pour les premiers remaniements du grand parterre avant sa complète transformation en jardin à la française la décennie suivante. Entre-temps, René Dahuron commence à travailler à Dresde, puis à Celle et Berlin. Les jardins de Charlottenburg, la résidence de l'électrice de Brandebourg, Sophie-Charlotte, sont quant à eux aménagés à partir de 1695 par Simon Godeau, un élève de Le Nôtre, recommandé par la cousine de l'électrice, la duchesse d'Orléans – belle-soeur de Louis XIV et petite-fille du comte palatin Frédéric V. Son dessin rappelle fortement, certes Versailles, mais plus encore le jardin de Clagny, dessiné pour la marquise de Montespan autour de 1675. Dans les années 1690, Claude Desgots, un neveu de Le Nôtre, travaille aux jardins de Het Loo et de Windsor pour les souverains anglais, qui demandent également à Claude Marot, architecte protestant exilé après la révocation de l'édit de Nantes, de dessiner un nouveau parterre à Hampton Court.

Au même moment, les jardins de la résidence électorale de Nymphenburg, aux portes de Munich, sont dessinés par Dominique Girard, garçon fontainier qui prit ensuite son envol comme jardinier de la maison de Bavière (voir fig. 5, cahier couleur). Ils usent fondamentalement des mêmes ressorts : perspective composée d'un long parterre de broderie et d'un canal dont le point focal est cette fois-ci une cascade, un réseau de canaux qui structure les zones des bosquets, même si la partie la plus éloignée du jardin oublie le cloisonnement versaillais pour privilégier des perspectives débouchant sur des éléments d'architecture – cascades, bassins ou pavillons. Il s'agit d'une évolution qu'on voit également poindre à Marly dans les années 1680, de part et d'autre de l'Escalier d'eau, et qui se généralisera au siècle suivant.

De même que pour les palais, le XVIIIe siècle constitue le siècle des grandes réalisations. L'Europe se couvre de résidences suburbaines qui, de Lisbonne à Saint-Pétersbourg, rivalisent avec un Versailles dont les jardins continuent d'évoluer, entre suppression de bosquets coûteux et réaménagements au goût du jour. Si l'on en croit le Maréchal de Tessé, les jardins de La Granja « ne cèdent en rien à ce qu'il y a de plus beau dans nos jardins de Versailles et de Marly ». L'ampleur des jardins des successeurs de Pierre le Grand qui ponctuent le golfe de Finlande ne sont guère concurrencés que par les grandes résidences bavaroises ou la perspective magistrale qui se déroule en succession de cascades sur plus de trois kilomètres, au bout du grand parterre de la Reggia de Caserte, près de Naples. Queluz (Portugal), Frederiksborg (Danemark), Colorno (Parme), Venaria Reale (Savoie), Schwetzingen (Palatinat), Ludwigsburg (Wurtemberg), Veitshöchheim (prince-évêque de Wurtzbourg),

Bayreuth (margrave de Bayreuth), Augustusburg (prince-électeur de Cologne), Lunéville (Lorraine), Wilanow (Pologne) en constituent encore aujourd'hui quelques uns des témoins les plus remarquables. Même si les années 1760 marquent les prémices d'un tournant vers les jardins « à l'anglaise », les jardins palatiaux conservent longtemps leurs formes rigoureuses, même simplifiées (les parterres formant des broderies complexes sont par exemple remplacés par de simples pelouses) comme à Schönbrunn ou Potsdam dans la mesure où se maintient le rôle primordial d'écrin pour le palais.

Vers la recherche d'une symbiose entre cour et nature

Véritables palais végétaux, ces jardins contribuent à élargir le théâtre de la représentation du prince et de sa cour. Parterres, salles de verdure ou galeries de treillages prolongent réellement les appartements princiers. Lieu privilégié de ce divertissement curial qu'est la promenade à la belle saison, arpenté par le prince et ses courtisans, le jardin contribue à l'éblouissement des visiteurs, selon des parcours savamment imaginés pour ménager les effets de surprise et les perspectives. On a vu que Louis XIV rédigea lui-même sous le titre *Manière de montrer les jardins de Versailles* à partir de 1689 un précieux mode d'emploi, dans lequel il détaille l'itinéraire à suivre pour les observer au mieux.

Bosquet dans les jardins du prince-archevêque de Salzbourg, au château de Mirabell, Matthias Diesel, gravure sur cuivre, v. 1720

Certains lieux constituent de véritables transpositions végétales d'espaces intérieurs : « salle du conseil » mais aussi « salle de bal », « théâtre » de verdure ou d'eau qui accueillent des divertissements estivaux tels que les bals dans le bosquet des Rocailles à Versailles, les opéras à la Favorite viennoise de l'empereur Charles VI, ou, plus prosaïquement, les jeux dans les boulingrins – ces étendues de gazon en léger renfoncement qui forment des clairières dans les bosquets (voir aussi chapitre 8). Parfois, ces bosquets ou « salles de verdure » vont jusqu'à imiter l'ameublement de la pièce dont ils portent le nom. Trianon voit ainsi la création d'une salle des Festins en 1671 dotée de deux buffets de marbre formant fontaines où l'eau joue avec la vaisselle, cascadant sur des gradins convertis en vasques. Ce type de fontaine connaît un succès certain tant en France qu'ailleurs[19] (voir aussi chapitre 11).

Inversement, la nature s'introduit aussi sous ses différentes formes dans les intérieurs princiers. Les thématiques des décors exaltent les interactions entre la cour et la nature, à l'image des séries figurant les chasses royales à la cour de France : série des chasses exotiques commandée par Louis XV pour ses petits appartements entre 1735 et 1739 et qui fit ensuite florès[20] ; série des « Chasses royales » de Jean-Baptiste Oudry déclinant les sites cynégétiques de la région-résidence sous la forme de cartons destinés au tissage de précieuses tentures aux Gobelins (entre 1736 et 1750), d'huiles sur toile, puis de tableaux de porcelaine de la manufacture de Sèvres[21] ; paysages largement intégrés dans les boiseries ou peints à fresque. Pour Marie-Thérèse, qui souffrait de la chaleur dans les dernières années de son règne, le peintre Bergl composa en 1769, avec une abondance de détails, un décor naturel imaginaire, formé de paysages exotiques et de jardins idylliques, pour son appartement de fraîcheur au rez-de-chaussée de Schönbrunn. L'exubérance du décor dans lequel mur et plafond se fondent donnait l'impression au visiteur d'avancer dans une forêt ouvrant sur des perspectives tantôt sauvages, tantôt baroques, où s'ébattaient paons et oiseaux exotiques, au milieu des fleurs et des fruits. Au terme de cette promenade, la dernière pièce donnait l'illusion de pénétrer dans un kiosque propre au repos. La maîtrise exceptionnelle des stucateurs germaniques permit de réaliser d'autres prouesses esthétiques, comme la salle à manger du Nouveau château de Bayreuth dont les murs sont rythmés de palmiers plus vrais que nature et s'élançant vers un plafond peuplé d'oiseaux de paradis, de dragons et de poissons volants. À cet univers décoratif végétal se conjuguait le minéral des marbres ou des pierres rares (porphyre, agate, ambre…) ornant les espaces d'apparat ou les meubles précieux.

À cet égard, les grottes et autres *sala terrena* constituent des espaces de transition saisissants entre palais et jardin. Situées au rez-de-chaussée des palais, parfois en pendant du vestibule, elles déploient un décor exubérant à l'atmosphère aquatique, associant marbres et mosaïques de coquillages, stucs imitant des concrétions, niches abritant des fontaines et statuaire évoquant les divinités marines, parfois des jeux d'eau surprise qui maintiennent une fraîcheur bienvenue à la saison estivale et offrent un refuge aux courtisans. Héritées du maniérisme italien, ces grottes perdurent en particulier dans l'espace germanique jusqu'à la réalisation magistrale commandée par Frédéric II dans les années 1760 pour le Nouveau Palais de Potsdam. À l' « Eremitage » des margraves de Bayreuth, la grotte est prise dans de faux rochers qui en occultent la porte. À l'articulation entre la demeure et le jardin, elle offre au courtisan qui s'y aventure en venant des appartements princiers la surprise de se retrouver au cœur du jardin. Tombées en désuétude dans les cours bourboniennes après la destruction de la fameuse grotte de Téthys de Versailles, les architectes leur ont trouvé des substituts. Une simple fontaine, placée dans la travée médiane de la salle qui ouvre sur les jardins du palais de La Granja, entame le dialogue avec la cascade située sur le même axe.

Et c'est parfois tout le palais qui s'articule à la nature environnante. Le pavillon de chasse de Stupinigi, bâti à partir de 1729 aux portes de Turin par Juvarra pour le fils aîné du roi Victor Amédée II, Charles Emmanuel, est conçu comme un éloge à la nature. Doté d'une forme organique qui articule en croix grecque les appartements autour d'un grand salon, il se veut largement ouvert sur la nature environnante par la multiplication des points de vue que permet son plan complexe. Diane, qui triomphe à la fois dans la voûte du grand salon et sur sa coupole surmontée d'un cerf, représente le fil conducteur du programme décoratif très élaboré des appartements où la nature est évoquée sous toutes ses formes. Pendant sacré, c'est au patron des chasseurs, Saint-Hubert, qu'est consacrée la chapelle. Largement surdimensionnées au regard de l'ensemble, les écuries sont , quant à elles, véritablement traitées comme des pendants monumentaux du pavillon central sur la cour d'honneur, tandis que la structuration des jardins entend s'inscrire en osmose avec les bâtiments[22].

Le carnaval des animaux

Les animaux : un « habitus » du prince (Joan Pieragnoli)

La patrimonialisation actuelle des anciens espaces palatiaux rend aujourd'hui difficilement imaginable l'expérience sensible qu'impliquait l'omniprésence animale caractéristique des cours princières de l'Europe moderne. La tentation a longtemps été grande de n'appréhender le bestiaire curial qu'inanimé. Si l'éléphant de la galerie de Fontainebleau peint par Le Primatice dans les années 1530 – dont la signification symbolique demeure encore incertaine – est un exemple emblématique, c'est effectivement en nombre que les animaux figurés peuplent appartements et jardins. Servant aussi bien à évoquer les puissances étrangères dans les espaces d'apparat – comme dans la galerie des Glaces où l'Empire défait est représenté par une aigle et l'Espagne par un lion – ou les évangélistes dans les oratoires, l'imaginaire animalier se décline à l'infini dans les résidences princières, sous forme d'attributs, d'éléments décoratifs ou mobiliers, sérieux ou satiriques, naturalistes ou allégoriques. Il anime aussi une part importante de la statuaire dans les espaces extérieurs : les fontaines ornées de volatiles – parfois animées par des mécanismes – se multiplient, les animaux tendent souvent à incarner des traits d'humanité à l'instar des groupes de plomb inspirés des fables de La Fontaine dans le labyrinthe des jardins de Versailles (aujourd'hui détruit). Dans ce bestiaire figuré apparaissent toutefois les animaux bien réels qui accompagnaient princes et gens de cour au quotidien. Leur prise en compte invite alors à interroger la vie de cour au prisme de la présence animale en s'appuyant sur les profonds renouvellements de la compréhension des interactions humains/non-humains par les sciences sociales.

Dans la perspective éliasienne où elle aurait été le foyer d'un « procès de civilisation » (chapitres 3 et 9) et de la répression des pulsions, la cour a pu s'énoncer – puis être considérée dans l'historiographie – comme l'espace par excellence de la maîtrise de l'animalité, en l'homme et en dehors de lui. Les outils théoriques des *Animal Studies*, comme ceux de l'histoire environnementale, permettent de complexifier cette lecture fondée sur des conceptions dépassées de l'exercice du pouvoir absolu et des rapports entre nature et culture. Les animaux s'avèrent non seulement omniprésents mais nécessaires au fonctionnement des cours où ils participent à la structuration des échanges, qu'ils soient collectifs ou individuels, économiques ou politiques, utilitaires ou symboliques. Entre instrumentalisation et résistances animales, entre intégration et distinction des humains et non-humains, se jouent de multiples tensions qui sont autant d'occasions de réinterroger les frontières institutionnelles, sociales et anthropologiques de la cour. Sans qu'une histoire du point de vue animal soit forcément possible, l'analyse des solutions – officielles et officieuses – pour réguler les interactions curiales entre homme et animal permet en effet de questionner les identités au cœur des sociétés de cour. Entre éthologie, économie et droit, la familiarité réciproque de l'homme et de l'animal incite enfin à mettre en lumière la complexité des modalités selon lesquelles la cour a été un des lieux de définition de l'animal comme objet d'exploitation, de consommation et de propriété[23].

Dans ses travaux pionniers sur la culture équestre de l'Occident, Daniel Roche a souligné la cristallisation à la Renaissance d'un *habitus* princier étroitement lié tout au long de l'époque moderne à la figure du cavalier. Si le cheval est bel et bien l'un des principaux animaux à peupler la cour, il est cependant loin d'être le seul. Chiens et animaux de chasse sont eux aussi nombreux tandis que « les espèces d'agrément participent elles aussi d'une "nécessité du prince" (Katia Béguin), révélatrice d'un style de vie »[24]. Cette culture n'est d'ailleurs pas exclusivement masculine : les princesses, elles aussi, montaient à cheval, chassaient et s'entouraient de nombreux animaux dans leurs appartements comme leurs portraits. Élisabeth Farnèse, seconde épouse du roi d'Espagne Philippe V, en aurait compté pas moins de dix-sept au palais de La Granja ! Si l'on comprend dès lors pourquoi certains animaux, comme les chiens et les chevaux, sont érigés en attributs du bon gouvernant et du bon courtisan, il s'avère, plus globalement, que les gens de cour sont non seulement des experts en interactions sociales mais aussi en relations inter-spécistes[25].

Cette densité curiale des relations inter-spécistes participe des évolutions de la vie de cour aux XVIIe et XVIIIe siècles. La cérémonialisation croissante de la présence animale rend celle-ci manifeste tout en suscitant des reconfigurations liées à la volonté de répartir les espèces dans des espaces différents. Les animaux de compagnie ou certains animaux exotiques deviennent, à l'instar des animaux de chasse, des attributs du rang et s'imposent dans les cérémonies, les appartements privés et les portraits de cour tandis que certains animaux avec lesquels il est désormais jugé difficile de cohabiter – du fait de leur saleté ou de leur dangerosité – sont relégués dans des bâtiments spécifiques, tels que les communs, écuries et ménagerie. Habitués à côtoyer sans cesse des animaux, hommes et femmes de l'époque moderne n'en deviennent pas moins de plus en plus sensibles au désordre qu'ils peuvent causer, tant il s'avère difficile de s'assurer de leur parfaite domestication. Si les animaux sont pleinement partie prenante de la vie de cour, la question de la compatibilité de leur comportement avec l'ordre du cérémonial se pose donc de manière cruciale : le défi de l'imprévisibilité des animaux se combine à celui de la maîtrise des revendications et faux pas des courtisans (chapitre 3). Dès la fin du XVIe siècle, des ordonnances régulent, dans différentes cours du Nord de l'Europe, la présence des chiens en fonction des races – les chiens de compagnie et les épagneuls sont admis à la cour d'Angleterre, à la différence des lévriers et autres chiens de chasse – comme des lieux et temps de cour – les chiens sont exclus des grandes salles où se tiennent les repas dans les cours de Brunswick-Wolfenbuttel et de Mecklenburg. L'éloignement d'animaux perçus comme incontrôlables participe d'une nouvelle économie sentimentale des relations inter-spécistes qui a pour corolaire l'attachement à certains animaux domestiqués et le rejet de formes de cruauté jugées gratuites. Dans les années 1780, un spectacle donné au palais de Drottningholm suscita par exemple l'opprobre dans la mesure où il déniait toute agentivité à de malheureuses dindes contraintes de danser sur du métal chauffé à blanc[26].

Les relations homme-animal impliquent en outre la médiation de personnels et d'artefacts spécifiques. Objets des dons princiers, les animaux circulent de cour en cour et de main en main alors qu'ils nécessitent environnement et soins spécifiques. C'est pourquoi les armées suédoises s'emparèrent non seulement d'un lion dans la ménagerie impériale de Prague qu'elles avaient mise à sac en 1648, mais aussi de son dresseur allemand Frantz Auer. Les rois de Suède ne manquaient pas pour leur part d'accompagner les rennes qu'ils offraient de leur soigneur d'origine samie. Au-delà, du chevalier sur sa monture à l'homme de cour en carrosse, l'époque moderne est marquée par une forme inédite d'association curiale de l'homme et l'animal où la fonction cérémonielle des véhicules est croissante[27]. Dès les années 1630, la diffusion dans l'Empire de cette nouvelle image du prince en mouvement est consommée : le duc Albrecht V de Bavière avait adopté le carrosse à la suite de son beau-père l'empereur Ferdinand Ier, frère de Charles Quint, ce changement dans les pratiques curiales étant attesté un siècle plus tard dans le traité du cérémonial de Bernhard von Rohr. Le carrosse n'est pas qu'un instrument de confort, il contribue à créer un effet de distance entre le prince et ses sujets. Tandis que la voiture du souverain devient objet de révérence à la cour de France – il convient de la saluer comme son lit, qu'il y soit présent ou pas –, se multiplient les obligations, les restrictions et les marques de distinction en lien avec les équipages. Des ordonnances attestent dans toute l'Europe du souci d'encadrer l'accès des carrosses aux cours du palais, pour limiter le bruit et les dégradations mais aussi pour marquer les différences de rang – en Espagne dès 1611, à Vienne en 1693. À la cour électorale de Bavière, un règlement précise dès la fin des années 1720 qu'un ambassadeur jouit du privilège d'entrer dans le palais en carrosse, à condition que celui-ci soit tiré par six chevaux. Les règlements sont ensuite réitérés à plusieurs reprises – 1748, 1756 et 1766 – déclinant de manière toujours plus subtile les obligations relatives à la possibilité d'atteler tel ou tel nombre de chevaux ou de descendre de voiture à plus ou moins grande proximité de la cour desservant les appartements du souverain. Le ballet des équipages devient donc partie prenante du système de représentation du prince et de sa cour.

Entre nécessités logistiques et impératifs cérémoniels, la présence animale est donc une réalité curiale partagée à l'échelle européenne. Des spécificités locales n'en existent pas moins comme à la cour portugaise où les courses de taureaux – les *tourada* – marquent les grandes occasions jusqu'à la fin du XVIIIe siècle. Lors du remariage du roi Pierre II avec la princesse Marie-Sophie de Neubourg en 1686, le comte de Atalaia effectua quatre entrées successives au cours desquelles il combattit les taureaux à cheval, accompagné à chaque fois d'une cinquantaine d'hommes représentant les différentes parties du monde. En 1713, lors des festivités données pour la naissance de l'infant, futur roi José Ier, sur l'esplanade aménagée devant le palais royal à Lisbonne (Terreiro do Paço), les démonstrations de deux taureaux – fortement perturbés par les feux d'artifice – succédèrent aux ballets mettant des sirènes en scène[28]. Signe de ces divergences des cultures animalières entre cours, Philippe V, premier roi Bourbon d'Espagne, interdit à la même époque à la noblesse de son royaume de prendre part à ce genre de spectacle qui le répugnait.

Chevaux et cultures équestres

La croissance des effectifs et des besoins curiaux, le maintien d'incessantes micro-mobilités, la cérémonialisation de celles-ci et la dispersion des foyers d'approvisionnement rendent la cour « sédentaire » des XVIIe et XVIIIe siècles plus que jamais dépendante de ses moyens de transport et de la force motrice des équidés. Des chevaux de selle choisis pour leur prestance aux solides chevaux de trait secondés par des ânes et des mulets en passant par toutes sortes de spécimens sélectionnés en fonction de leur utilité pratique et/ou cérémonielle (chasse, processions, carrousels chorégraphiés…), ils accaparent les soins d'un service à part entière, les Écuries constituant une constante dans l'organisation institutionnelle des Maisons princières européennes et rappelant combien la culture de cour était une culture équestre (voir aussi chapitre 1)[29].

Un grand aristocrate de cour et ses chevaux : l'exemple de Charles de Lorraine[30]

Charles de Lorraine, gouverneur des Pays-Bas autrichiens entre 1741 et 1780, était lié à la fois aux Habsbourg (par son père) et aux Orléans (par sa mère). La cour qu'il animait à Bruxelles constitue un observatoire où se conjuguent à échelle réduite les traditions équestres impériale et française. Issu d'une famille qui détenait la charge de grand écuyer depuis Louis XIV, il s'applique à jouer les intermédiaires entre les noblesses locales et l'impératrice Marie-Thérèse et à inspirer leurs comportements socio-culturels. Il « a été sans doute l'instigateur efficace de la reconstruction des hôtels, de leurs écuries, comme de l'industrie de la carrosserie. [...] C'est un modèle du paraître politique, personnalisé, et nourri du théâtre équestre nancéen et viennois, comme de ses lectures intimes : on relève dans sa bibliothèque la *Philippica* de Taquet, le *Parfait Maréchal* de Solleyssel, le *Cours d'Hippiatrique* de Lafosse et surtout la *Méthode* de Newcastle dans l'édition d'Anvers ». Militaire ayant œuvré à la réorganisation des armées impériales dans l'ombre de son frère, l'empereur François, il incarne la survivance des traditions chevaleresques en même temps qu'il stimule avant tout l'économie nobiliaire du cheval par les fêtes, les banquets et les chasses qu'il donne dans cette petite cour brillante. Prince extrêmement mobile qui effectue jusqu'à trente voyages par an vers Vienne ou ses terres dans la seconde moitié du XVIIIe siècle, il fait construire ou reconstruire de fastueuses écuries dans ses résidences de Tervuren et de Mariemont et consacre environ 20 % de ses revenus annuels aux dépenses liées au cheval et au transport. Chevaux et équipages personnels absorbaient chaque année l'équivalent de 200 000 journées de travailleurs salariés de l'époque.

Après l'élection de la résidence versaillaise, la cour de France voit continûment croître le nombre de chevaux indépendamment même de celle des effectifs curiaux : 382 chevaux en 1684, 700 en 1715, plus de 2 000 en 1787. En 1715, les grande et petite écuries, en contrebas de la place d'Armes, ne suffisent déjà plus et il faut chercher des espaces en ville pour abriter la population équine excédentaire. À titre de comparaison, en 1750, les écuries d'une cour germanique comme Munich comptaient 461 chevaux (selle et trait confondus), répartis dans différents lieux – y compris des bâtiments loués en surplus. Tenir son rang en la matière, parer aux critiques des observateurs impitoyables de la vie de cour à travers l'Europe ne va toutefois pas sans difficulté. Alors même que l'ambassadeur de la cour du Danemark à Stockholm souligne le manque d'envergure des écuries du roi de Suède en 1692, Charles XI cherche à acquérir, malgré ses difficultés financières, des chevaux dignes de ce nom.

Si son maître des Écuries ramène en 1694 vingt-quatre chevaux achetés en Espagne, il parvient difficilement à constituer des équipages à la hauteur de son rang, si bien que les visiteurs semblaient plus impressionnés par les écuries, reconstruites par l'architecte royal Tessin, que par les chevaux eux-mêmes[31].

Outre leur dimension pratique, les chevaux sont intrinsèquement liés au prestige du prince. Les équidés figurent parmi les animaux les plus observés de la cour, lors des déplacements ordinaires, mais aussi lors des cérémonies et des divertissements pour lesquels la conduite lente et en rythme pouvait s'avérer complexe. Au même titre que les domestiques en livrée, ils apparaissent caparaçonnés aux couleurs de la dynastie et contribuent au faste déployé par la cour. Ils sont aussi un indicateur social indispensable puisqu'ils manifestent dans un langage mathématique homogène à l'échelle européenne le rang de son occupant – plus encore que le luxe du véhicule qu'ils tractent ou des livrées de leur conducteur. Les souverains, à l'image du roi de France, attèlent toujours huit chevaux, les souveraines consorts généralement six. Les autres attelages ne peuvent dépasser deux à quatre chevaux selon le statut de l'aristocrate, sachant que seuls les deux chevaux les plus proches de la voiture sont tractants. Le prestige ne découlait pourtant pas seulement du nombre de chevaux, mais aussi de la capacité à pouvoir en aligner qui soient tous d'une robe exactement identique, d'un même âge et de caractères physiques similaires. Un tel assortiment devenait un tour de force du fait de la nécessité de disposer de chevaux de rechange pour chaque attelage – soit neuf bêtes pour une voiture attelée de six chevaux à Munich et du développement, au XVIIIe siècle, du goût pour des robes originales (chevaux pie noir, pie bai ou pie alezan). C'est dire l'importance pour les souverains de multiplier les modalités d'approvisionnement en équidés à travers l'Europe : mise en place de haras, dons et cadeaux entre cours, médiations diplomatiques d'un autre prince ou d'un ambassadeur, réseaux de marchands, notamment juifs, pour faire venir des chevaux d'Italie, d'Espagne ou d'Angleterre.

La multiplication des montures va de pair au XVIIIe siècle avec celle des types de véhicules adaptés aux différentes mobilités curiales. En 1778, les écuries bavaroises comptaient 460 chevaux, dont 290 étaient des bêtes plus musculeuses spécifiquement destinées à être attelées. Dès le règne de l'électeur Maximilien III Joseph (1745-1777), on dénombrait en effet 434 véhicules. Seuls vingt-six d'entre eux servaient aux cérémonies les plus fastueuses (comme le carrosse d'État construit à Paris pour le père du prince-électeur, l'empereur Charles VII, à l'occasion de son couronnement, en 1742), tous les autres répondant à divers besoins de la vie de cour. Utilisés par l'ensemble de la maison électorale, il s'agissait de berlines modernes largement vitrées pour que l'électeur puisse être vu ou suffisamment spacieuses pour qu'il soit possible de s'y allonger pendant les longs trajets, de véhicules de promenade – des voitures ouvertes à deux places, des landaus à double capote –, de véhicules pour la chasse – appelés *Jagdwürste* (littéralement « saucisses chassantes »), allongés et peints en vert, ils comportent un banc central –, ou encore de véhicules destinés aux divertissements de courtisans – comme des phaétons pour la promenade. Le personnel des Écuries est structuré de manière complexe et s'organise par exemple à la cour de Bavière en unités liées à des attelages de chevaux spécifiques et constituées d'un postillon et de valets de pied responsables des fers, des harnachements, du nettoyage de la calèche, tous qualifiés pour conduire en toutes circonstances ces lourds attelages mais aussi chargés de veiller à la surveillance d'écuries particulièrement exposées au feu. À un moment où les voitures sont à la fois de plus en plus confortables et sophistiquées (notamment grâce à l'usage du métal et de ressorts permettant d'améliorer considérablement la suspension), les investissements en termes d'acquisition, mais aussi d'usage et d'entretien – du fait de la nécessité de vérifier et changer régulièrement les ressorts, les courroies, voire les caisses –, s'avèrent en effet considérables[32].

À côté des chevaux aptes à la traction de charges de plus en plus lourdes, la mode des grands carrousels de cour depuis le XVIIe siècle, à Paris, Vienne ou surtout Dresde, nécessitait des chevaux de selle issus des meilleures races, susceptibles de mettre en valeur ceux qui les montaient et d'exécuter avec eux des chorégraphies complexes (voir cahier couleur, fig. 16). Or celles-ci supposaient, comme au demeurant la périlleuse conduite des attelages, des techniques de formation des cavaliers et de dressage des chevaux particulièrement abouties qui furent mises en œuvre dans les écoles équestres fondées dans toutes les cours européennes. Elles firent aussi l'objet de nombreuses publications (voir encadré ci-dessus), dont l'une des premières est le traité de l'écuyer napolitain Gianbattista Pignatelli au XVIe siècle. Publié en français en 1658, à la suite de l'exil de son auteur après l'exécution du roi Charles Ier, le traité de William Cavendish, comte puis duc de Newcastle, opère le transfert de la « raison cavalière » anglaise vers le continent. Maintes fois rééditée et traduite même en allemand, sa *Méthode et invention nouvelle et extraordinaire de dresser les chevaux* impose la figure du grand aristocrate et propriétaire foncier en écuyer dominant les chevaux de race qu'il élève. Des traités d'art équestre fleurissent partout en Europe jusqu'à la fin de l'époque moderne, comme celui de Johann Gottfried Prizelius – intitulé *Vollständige Pferdewissenschaft*, il y explique en 1777 comment dresser un cheval pour qu'il sache faire la *courbette* au prince montant en voiture – ou celui de Manuel Carlos de Andrade, rédigé en portugais en 1790. Orné de gravures en couleurs, *Luz da liberal et nobre arte da cavallaria* se place toujours explicitement dans le sillage de Pignatelli et de Newcastle pour décrire toutes les performances équestres en usage, y compris les antiques courses de têtes (voir chapitre 8).

Si Cavendish est amateur de croisements entre chevaux orientaux et juments anglaises, il valorise aussi le choix d'un cheval andalou dans l'économie du prestige curial :

> S'il est bien choisi, c'est le plus noble cheval qui soit ; le plus magnifique qui puisse être. Il est fougueux, robuste et très docile ; il a un pas très fier, un trot très fier... un galop altier, et c'est le plus affectueux et le plus doux des chevaux, le mieux adapté qui soit pour un roi au Jour de Triomphe[33].

C'est effectivement pour afficher la possession de chevaux de race et notamment de ces purs-sang d'origine espagnole que les cours se dotèrent de haras pour les produire et les entretenir. Leur élevage fut initialement développé par Philippe II au XVIe siècle, avant que la cour de Vienne ne s'en fasse une spécialité, donnant aux lipizzans le nom du haras fondé en 1580 à Lipica (aujourd'hui en Slovénie) par l'archiduc Charles, frère de l'empereur Maximilien II. Il fit la renommée de l'école équestre de Vienne pour laquelle l'empereur Charles VI commandita le manège d'hiver (1729-1735) qui existe toujours à la Hofburg. La cour du Portugal, friande, on l'a vu, de courses de taureaux, formait les cavaliers à ces techniques particulières et entretenait également des élevages de bovins à même d'assurer un spectacle qui mobilisait plus de deux cents serviteurs des Écuries royales. Jean V amplifia encore le faste des corridas en construisant de vastes arènes près du palais royal de Belém, ainsi qu'une nouvelle école d'équitation, spécialisée dans le dressage pour la *tourada*. Des instructions furent promulguées en 1736 pour l'administration des haras et un nouveau haras fut créé en 1748 en Alentejo. Il était même de coutume que les princes de la maison de Bragance fussent entraînés comme *toureiros*[34].

En dépit de ces politiques volontaristes pour produire des animaux dignes du prince et de sa cour, les chevaux n'étaient pas toujours dociles. Pas plus passifs que les courtisans, ils pouvaient perturber l'ordonnancement du cérémonial et en modifier l'efficience symbolique. Certains imprévus pouvaient être anticipés, voire intégrés au rituel, mais dans d'autres cas la prévalence du critère de prestance dans le choix des montures curiales pouvait emporter des conséquences redoutables. Lors du couronnement du roi de Suède, il pouvait par exemple arriver que son cheval perde l'un de ses précieux fers d'argent, mais un tel accident était par avance interprété comme un don princier à celui des sujets qui ferait main basse dessus. En revanche, quand Gustave IV Adolphe fut contraint lors de son couronnement en 1800 de changer de monture – celle-ci ayant couvert de boue les gentilshommes tenant la traîne puis obstinément refusé d'avancer –, on y vit un signe défavorable opportunément rappelé lors de la déposition du souverain neuf ans plus tard[35].

Animaux des chasses princières : auxiliaires et proies

Au cœur de l'écosystème curial, les interactions inter-spécistes résultent notamment de la pratique intensive de la chasse, intrinsèquement liée à la vie curiale dont elle impose l'implantation à proximité de forêts (voir chapitre 4). Au-delà du développement de résidences, les activités cynégétiques contribuent largement à structurer la vie de cour qu'elles rendent à la fois spectaculaire et fastueuse. Citons parmi tant d'autres, l'exemple des chasses exceptionnelles organisées par la cour du Portugal à Vila Boim à l'occasion des fiançailles de l'infante d'Espagne Marie Anne Victoire avec le prince du Brésil en 1728. On ne compte alors pas moins de quatre garde-chasses à cheval, huit trompettes en habits vert paré de dentelles et d'argent, quatorze garde-chasses des parcs royaux, 76 garde-chasses à pied, 54 rabatteurs, chacun avec un chien, un fusil et une pique à sanglier, 47 forestiers à cheval, six palefreniers à cheval, six autres chasseurs de la chasse royale, 37 chasseurs de moindre importance, et deux mulets de bât avec deux charrettes, chacune tirée par six mulets, pour transporter le gibier[36].

Aux chevaux et autres animaux de trait comme les mulets, s'ajoutent donc d'autres auxiliaires de chasse, notamment les chiens, mais aussi les oiseaux. Au XVIIe siècle, la chasse au vol continue d'autant plus d'être pratiquée qu'elle est particulièrement spectaculaire : Louis XIV aimait à passer en revue ses équipages, comme ses régiments, avec ses nombreux fauconniers, oiseau au poing[37]. Ces auxiliaires sont pris en charge par la Vénerie – dont les services sont plus ou moins nombreux et spécialisés en fonction de la taille des cours et peuvent par exemple compter une fauconnerie, comme à la cour de France où le statut du Grand Fauconnier est cependant moins assuré que celui du Grand Veneur, comme en témoignent les conflits l'opposant sous Louis XIV au capitaine des vols des oiseaux du cabinet. Parmi les chiens de chasse, on distinguera notamment les chiens *courants* des *chiens de force*. Les premiers sont réunis en meutes qui comptent parfois plusieurs dizaines de bêtes auxquelles leur odorat et leur rapidité permettent de localiser le gibier qu'il convient, pour chasser noblement, de laisser courir et de poursuivre dans un vaste espace. La pratique de la chasse à courre et de la vénerie du cerf s'est en effet imposée comme la chasse royale par excellence au tournant de l'époque moderne. Elle est immortalisée dans des tableaux comme ceux qu'Alexandre-François Desportes réalise à la demande de Louis XIV, de son fils, le Grand-Dauphin, puis de son arrière-petit-fils, Louis XV : y apparaissent ces fameux chiens « blancs » issus de savants croisements, notamment avec des chiens anglais, qui ont accru leurs capacités[38]. Quant aux chiens *de force*, ils ont pour tâche d'attaquer les animaux jugés moins nobles comme les loups et les sangliers. Si les souverains utilisent encore fréquemment à cet usage des lévriers au début du XVIIe siècle, animaux rares, coûteux et donc source de prestige, les dogues, plus trapus et cantonnés aux chenils royaux, tendent ensuite à s'y substituer.

Au-delà de l'art de la chasse à courre, les déclinaisons variées de la pratique de la chasse faisaient tomber les animaux en masse dans les crocs des chiens, dans des filets ou sous les coups de fusil, comme l'attestent ces extraits du journal de la reine Marie-Caroline qui y participait activement comme toutes les princesses de son rang :

> Le 12 (septembre 1782) Jeudi je me suis levée à 6 heures et demie [...] puis je m'occupai avec mes enfants jusqu'à l'heure du Rosaire et de la bénédiction, de là au Conseil des finances, (je) me (suis déshabillée) pour aller plus chaudement au bois avec le Roi et la Thérèse à voir la chasse des Moineaux. On en prit 1400 puis nous retournâmes au logis nous déshabiller, souper et coucher.
>
> Le 10 (novembre 1782) Dimanche je me levai à 7 heures, m'habillai, me coiffai, déjeunai, entendis la Sainte Messe [...] puis à 10 heures et demie [...] on descendit à la faisanderie où on mangea l'après-dîner, on fit trois menées, je vis plus de 4000 faisans, une quantité prodigieuse, le Roi en 102 coups tua 100 faisans nous retournâmes après la chasse, je me (déshabillai), réhabillai et assistai à la musique [...]
>
> Le 18 (novembre 1782) Lundi je me levai à 6 heures du matin, (déjeunai), (m'habillai), (entendis) la sainte messe à 7 heures après laquelle moi j'allais avec le Roi la petite Altavilla et Gravina en carosse à la chasse au Zingero. Je vis courir les sangliers puis tirai moi-même sept coups (avec) lesquels (j'en) tuais cinq ensuite on dîna à 4 heures et revint à 7 heures et demie, je me deshabillai, vis mes enfants et fis le Conseil, et au lit[39].

Si elles sont théoriquement moins nobles, ces chasses n'en sont pas moins essentielles : rythmant tout autant les temps de cour, elles ont en outre conservé leur dimension cuisinière et pourvoient les tables royales. À Versailles, la majeure partie du gibier consommée à la table du roi provient au XVIIIe siècle du Grand Parc et des capitaineries environnantes où le samedi est en général consacré aux tirs prévus à cet effet[40].

Si la proximité de forêts giboyeuses détermine largement la géographie des résidences royales, le maintien de l'abondance du gibier n'est pourtant pas naturel. Comme l'indique clairement la mention de faisanderies sous la plume de Marie-Caroline de Naples, il résulte au contraire d'une intervention princière extrêmement volontariste. C'est pour cette raison que le « Grand Parc » du domaine de Versailles avait été clos par un mur de quarante kilomètres de long, achevé en 1684 après un an de travaux. Cette clôture, dont l'architecture relève de l'ingénierie militaire et que l'on peut rapprocher des fortifications par lesquelles Vauban entreprend de ceinturer le royaume à la même époque, vise à fixer le gibier – cerfs, chevreuils, faisans, perdreaux, lièvres – qui se heurtait aussi à des fossés et à des rangées d'arbres que l'on faisait pousser aussi haut que possible pour stopper les volatiles.

De multiples dispositifs sont par ailleurs mis en place pour assurer la perpétuation du gibier. Les fermiers du domaine, évoqués plus haut, s'engagent dans leurs baux à entretenir l'ensemble des infrastructures de protection et de circulation du gibier – à commencer par l'enceinte du Grand Parc – et à laisser une part significative de leurs terres cultivées au gibier pour son alimentation, les coupes étant ajustées en fonction de l'activité cynégétique du souverain. Au contrôle des flux sortants répond si nécessaire la stimulation par des flux entrants. Grains et luzerne sont acheminés dans le domaine pour compléter la nourriture du gibier en cas de mauvaises récoltes de même que certains animaux lorsque certaines espèces viennent à manquer : Louis XIV fait par exemple venir d'Angleterre 150 daims qui arrivent en 1700 au port de Marly.

Les logiques de zonage du domaine de chasse illustrent la manière dont la gestion des flux servait ce double objectif de conservation et de mise à disposition cynégétique du gibier. Les trois faisanderies – espaces gazonnés et grillagés sur cent hectares où était organisée la reproduction des faisans – étaient à la fois longées par des remises plantées en grain ou en bois et par des friches aménagées, les premières pour nourrir le gibier, les secondes pour le retenir après en avoir orienté la fuite par la ligne de bois. Quant aux chasseurs, ils convergeaient au bon endroit parce que le tracé des routes se combinait aussi à ce zonage.

Or cette pratique n'en favorisait pas moins la démultiplication des lapins et compliquait donc la lutte menée contre les nuisibles. Si elle présidait au gouvernement des espèces sur le domaine, la distinction entre nuisibles et gibier était toutefois mouvante. Encore abondamment chassé sous Louis XIII, le renard est systématiquement exterminé à partir du règne de Louis XIV, comme le rat, la corneille, la belette, la fouine ou le lapin. Les pigeons sont également visés car ils dévorent les semences nécessaires à la perpétuation des espèces végétales garantissant l'abondance du gibier.

Toutes ces précautions n'empêchent pas pour autant la population giboyeuse de connaître de très fortes variations du fait de l'ampleur considérable des prélèvements et des effets que ceux-ci induisent. Dans le cas de Versailles, la politique menée par Louis XIV s'avère ainsi à double tranchant : c'est à la fois une réussite en termes de conservation, en même temps que l'abondance de gibier « réduit la biodiversité et se menace en retour elle-même »[41]. À la fin de son règne, on constate un « effet de cascade trophique » (Grégory Quenet), c'est-à-dire de bouleversement des équilibres entre espèces par la suppression d'un prédateur, en l'occurrence le loup. L'intensité des chasses conduites entre les années 1680 et 1710 aurait conduit à sa quasi-élimination du domaine de Versailles, ce que les contemporains avaient d'ailleurs pressenti : « Monseigneur le Dauphin a purgé de loups les environs de Paris », déclarait-on en 1688 dans le *Mercure de France*. Dès lors, les herbivores qui étaient ses proies croissent sans entraves. Cerfs, biches et chevreuils mais aussi les lapins – dont la multiplication est par ailleurs favorisée par l'élimination des nuisibles – ravagent les espaces cultivés et boisés. La disparition d'un arbre comme le tremble n'est qu'un des symptômes de la fragilisation globale de l'écosystème mis en place pour la conservation du gibier, qui aurait été amputé des deux tiers au moment du retour de Louis XV à Versailles en 1722. Louis XV choisit de ce fait de chasser plutôt dans les forêts de la Muette, de Saint-Germain, de Saint-Hubert, Choisy et Bellevue et permet au gibier de se reconstituer au cours de son règne comme l'atteste par exemple l'augmentation des dépenses pour l'alimentation du gibier. Bien que Louis XVI soit un chasseur invétéré, le gibier ne diminue pas sous son règne, grâce à la politique volontariste que mènent les gestionnaires du domaine. Le Grand Parc fait l'objet de travaux permanents : l'entretien des réseaux d'adduction d'eau ou encore la constitution de futaies composées d'arbres fruitiers vise à garantir l'activité cynégétique du souverain malgré les difficultés financières croissantes de la monarchie.

Des animaux sauvages au service de la grandeur monarchique

Dès le Moyen Âge, les animaux originaires de contrées lointaines figuraient parmi les cadeaux les plus prestigieux échangés entre souverains et alimentaient les cours en espèces à même d'en faire bel et bien des espaces de mise en scène du merveilleux. Si l'exhibition de girafes et d'éléphants demeurait alors tout à fait exceptionnelle, collectionner et entretenir des ménageries devint plus fréquent dans les grandes cours occidentales à partir du XVe siècle, rendant certains de ces animaux presque familiers. Le roi Christian Ier de Danemark ne fondait-il pas dans les années 1460 un ordre de l'Éléphant qui faisait référence aux nombreuses vertus prêtées au pachyderme ? Du fait de ses relations privilégiées avec les côtes africaines, la cour de Portugal devint, aux XVe et XVIe siècles, un modèle en la matière et une plaque tournante pour l'exportation des animaux exotiques dans le reste du continent, les banquiers Fugger d'Augsbourg se montrant très actifs dans le commerce de perroquets, paons, singes et grands félins. Tirant un prestige particulier de la présence de ces animaux encore peu connus ailleurs en Europe, les souverains portugais les sollicitaient fréquemment lors des cérémonies. Éléphants et rhinocéros participaient aux processions royales autant qu'ils étaient offerts aux autres souverains pour alimenter leurs propres ménageries[42]. La reine Catherine de Portugal, sœur cadette de Charles Quint, envoya ainsi en 1549 un éléphant du Sri Lanka, nommé Suleyman, à Don Carlos d'Espagne, lequel le céda à l'empereur Maximilien II. Point de mire de l'entrée triomphale de l'empereur et de son épouse à Vienne, en mai 1552, il fut ensuite exposé à la ménagerie du Neugebau, achevée vingt ans plus tôt, où il jouit d'une célébrité exceptionnelle jusque chez les artistes comme Dürer ou Arcimboldo[43].

Au XVIIe siècle toutefois, les interactions inter-spécistes à la cour reflètent la substitution dans les théories scientifiques et philosophiques de l'idée d'une différence radicale à celle d'une continuité homme/animal. Les mutations d'espaces comme les jardins, les domaines de chasse ou les ménageries traduiraient cette volonté de maîtriser le règne animal, au même titre que le règne végétal. L'historiographie actuelle invite toutefois à nuancer toute interprétation univoque : de même que les figures sauvages et monstrueuses sont loin d'être exclues de la statuaire des jardins, la ménagerie de Versailles ne peut pas être réduite à un « théâtre de civilité » peuplé d'animaux paisibles. À partir de 1668, elle accueille aussi des animaux sauvages – comme au château de Vincennes – et s'inscrit dans la continuité par rapport aux règnes des premiers Bourbons.

***La Ménagerie de Versailles*, gravure sur cuivre, XVIIe siècle**

Même si elle a vocation à accueillir des animaux rares et d'origine lointaine, elle se conçoit en effet avant tout comme une exploitation agricole et comme une collection zoologique qui rassemble notamment des volatiles rustiques – comme dans la ménagerie de Fontainebleau, déjà attestée sous Henri IV, ou celles qui se multiplient sous le règne de Louis XIII, par exemple à Saint-Germain[44]. Dans *Les Amours de Psyché et Cupidon*, les quatre protagonistes du récit où La Fontaine se fait le chantre du Versailles que Louis XIV fait alors sortir de terre s'émerveillent devant les oiseaux qu'abrite la Ménagerie – résultat du premier chantier conduit par Le Vau :

> [...] c'est un lieu rempli de plusieurs sortes de volatiles et de quadrupèdes, la plupart très rares et de pays éloignés. Ils admirèrent en combien d'espèces une seule espèce d'oiseaux se multipliait, et louèrent l'artifice et les diverses imaginations de la nature, qui se joue dans les animaux comme elle fait dans les fleurs. Ce qui leur plut davantage, ce furent les demoiselles de Numidie, et certains oiseaux pêcheurs qui ont un bec extrêmement long, avec une peau au-dessous qui leur sert de poche. Leur plumage est blanc, mais d'un blanc plus clair que celui des cygnes ; même de près, il paraît carné, et tire sur le rose vers la racine. On ne peut rien voir de plus beau. Ce sont espèces de cormorans[45].

Ces oiseaux, rares et exotiques, attestent ici le haut degré de civilisation dont le palais est l'expression ultime. Les années 1670 voient toutefois une nette évolution puisqu'on y expose dès lors d'autres types d'animaux, qu'ils aient été acquis par le roi (en particulier en Nouvelle France ou à Madagascar) ou qu'ils aient été offerts lors d'ambassades ou comme cadeaux politiques, notamment de princes du Maghreb ou d'Orient. Le soutien de la France à la prise de pouvoir du régent Pierre de Portugal en 1668 se solde ainsi par l'envoi d'un éléphant du Congo à Versailles. La grande affaire est l'acquisition d'un crocodile : les premières démarches datent de 1671 si l'on en croit la correspondance de Colbert. Un seul crocodile parviendra à Versailles : il cesse cependant de s'alimenter peu de temps après son arrivée et termine sur la table de dissection de l'Académie royale des sciences en décembre 1681[46]. L'incident révèle ainsi les difficultés inhérentes à l'approvisionnement de la Ménagerie en animaux exotiques, qui meurent souvent faute d'un environnement approprié – la plupart ne supportent guère le climat très humide de Versailles – lorsqu'ils n'ont pas péri dans le transport. Il rend compte aussi toutefois d'une conception plus scientifique de l'animal, qui prend le pas sur l'émerveillement propre au cabinet de curiosité et qu'incarne le médecin et académicien Claude Perrault. Frère du célèbre conteur, il dirige l'édition abondamment illustrée de planches anatomiques des *Mémoires pour servir à l'histoire naturelle des animaux* et meurt d'avoir participé à la dissection d'un chameau de la Ménagerie atteint de la gale.

Il n'y a toutefois là rien de programmé. Au XVIIIe siècle, la Ménagerie est toujours approvisionnée – notamment grâce à l'entremise du Secrétariat d'État à la Marine qui utilise à cet effet les comptoirs français dans l'océan Indien ou les relations diplomatiques entretenues de longue date par la France avec la Régence d'Alger. Elle n'en tombe pas moins en désuétude, concurrencée par d'autres espaces d'exhibition des animaux au public et d'expérimentation scientifique et agronomique, que ce soit à Paris ou dans d'autres résidences princières. À Rambouillet, est ainsi élevé dans les années 1780 un troupeau de moutons mérinos dont l'acclimatation vise à rompre la dépendance envers l'Angleterre et l'Espagne en matière de laine de qualité. Visuellement disparate, le troupeau répond bien à des exigences expérimentales et non esthétiques comme le hameau de la reine qui lui est contemporain. Ce soi-disant havre d'intimité et de simplicité répond en fait aux normes nouvelles de l'aménagement des jardins de la haute société, sans rien sacrifier par ailleurs aux exigences contemporaines de ségrégation sociale et fonctionnelle des espaces du service : même à proximité de sa ferme, la reine ne risquait guère de se heurter aux réalités de l'élevage de la volaille[47].

Au-delà du cas versaillais, partout en Europe, grands félins, dromadaires, autruches, perruches et autres volatiles font l'émerveillement des cours et de leurs visiteurs. Les résidences de Het Loo, Lisbonne ou Potsdam se dotent de ménageries. Celle de Schönbrunn, qui récupère en 1752 l'ancienne ménagerie du Neugebau, adopte le même plan radial que la ménagerie versaillaise. À la cour d'Espagne où le collectionnisme zoologique est autant une affaire de goût que de prestige, les animaux lointains sont particulièrement dispersés entre les différentes résidences pour que princes et princesses puissent jouir d'un contact étroit avec eux ; la ménagerie du Buen Retiro est toutefois leur principal refuge madrilène[48]. Dans ces ménageries, les animaux sont en général en captivité, contrairement aux animaux plus communs, comme les paons, cygnes ou hérons, d'abord élevés dans des enclos pour être servis à la table princière, avant de revêtir le statut d'animaux d'ornement qui déambulent dans les parcs. De même, les poissons passent des viviers aux bassins, comme les carpes qui sont prisées pour la variété de leurs couleurs.

Aucune cour n'échappe pour autant aux obstacles rencontrés à Versailles. Les animaux exotiques sont coûteux et difficiles à se procurer : en 1667, la reine douairière de Suède s'inquiète ainsi des négociations engagées par le conseil pour acheter un lion et un léopard, qui lui paraissent d'un prix trop élevé sans être susceptibles de rivaliser pour autant avec la ménagerie de la cour danoise. La cour d'Espagne peut compter sur ses relations privilégiées avec ses colonies américaines pour se faire envoyer des félins, des pachydermes et des rapaces (aigles couronnées et condors royaux), même si les envois demeurent aléatoires malgré la vigilance de la Secrétairerie des Indes et de la *Casa de Contratación*[49]. Une fois acquis, ces animaux sont en outre exposés à une surmortalité dès leur transport : les sources évoquent aussi bien de jeunes phoques, des gazelles, des chameaux ou des crocodiles décédés avant même d'atteindre les cours auxquelles ils étaient destinés. Quant à leur participation à la magnificence royale, leur formidable majesté est souvent prise en défaut : si le léopard offert à la reine Christine de Suède par le duc de Courlande en 1644 s'enfuit et sème la terreur dans les rues de Stockholm, le lion qu'elle avait acquis pour son couronnement en 1650 déçoit au contraire grandement en refusant systématiquement de combattre les animaux qu'on lui opposait. Même mort, il n'impressionnait toujours pas, ayant été fort maladroitement empaillé[50].

Les animaux domestiques au cœur du raffinement curial

La présence d'animaux domestiques connait des évolutions tout aussi notables. Certaines espèces qu'on logeait facilement dans les résidences jusqu'au XVIIe siècle sont ensuite reléguées dans les ménageries. Il s'agit non seulement des chiens de chasse, mais aussi de petites espèces domestiques telles que les capucins, singes verts, chimpanzés, ou autres orangs-outans, ainsi que des animaux marins comme le sterne et le goéland que l'on trouvait encore dans les appartements à la cour de France du début du règne de Louis XIII. Il faut imaginer les bruits singuliers qui devaient jusqu'alors scander les cérémonies et conférer une ambiance particulière aux cours princières. Si ces animaux disparaissent des intérieurs, leurs représentations demeurent, ainsi la mode des singeries dans les années 1750, qu'il s'agisse de peintures sur boiseries – dans lesquelles excellent en particulier Claude Audran et Christophe Huet –, de représentations sur des meubles ou des pendules, ou de figurines en porcelaine – dont la célèbre série des singes musiciens réalisés par Johann Joachim Kändler dans les années 1740 à la manufacture de Meissen.

Corolaire de ce phénomène, de petits animaux domestiques investissent les intérieurs comme l'attestent les inventaires des appartements ou des garde-meubles : à partir de 1680, de plus en plus de mentions de niches en tapisserie à la garniture richement galonnée indiquent la présence de petits chiens. C'est ce que confirment certains témoignages qui évoquent par exemple les chiens de manchon, appelés ainsi parce qu'ils tiennent dans la manche du vêtement féminin. Il s'agit en particulier de formes naines d'épagneuls ou de barbets : initialement utilisées pour des types de chasses tombées en désuétude, elles passent donc du statut de chien de chasse à celui d'animal de compagnie. Ces petits chiens de compagnie – dont la présence se développe notamment dans l'entourage des princesses – deviennent des attributs fréquents des portraits de cour. Charles Ier et Henriette-Marie d'Angleterre se font ainsi représenter par Van Dyck, eux-mêmes ou leurs enfants, entourés de leurs chiens. Leur fille, Henriette, devenue duchesse d'Orléans par son mariage avec le frère de Louis XIV, était d'ailleurs si attachée à son épagneul bolonais, Mimi, qu'elle aurait offert un chien semblable à son frère Charles II d'Angleterre en 1670. Cité dans *Le Ballet des Muses* en 1666, Mimi apparaît également sur le portrait que fait d'elle Mignard en 1661, où il arbore des boucles d'oreilles comme cela se pratiquait à l'époque, notamment à la cour d'Espagne. Au milieu du

XVIIIe siècle, Mme de Pompadour fait encore réaliser des colliers luxueux pour ses chiens[51].

***Les cinq enfants de Charles Ier*, Antoon van Dyck, 1637, Château de Windsor**

Au début du XVIIe siècle, Marie de Médicis collectionnait dans ses appartements singes, lévriers et perroquets : si les singes en disparaissent peu à peu et que les espèces canines y évoluent (cahier couleur, fig. 13), les oiseaux restent en revanche très présents dans les espaces intérieurs aux XVIIe et XVIIIe siècles. Ils sont en effet très prisés pour la qualité de leur chant et le chatoiement de leur plumage. Les Bourbons d'Espagne se font notamment envoyer d'Amérique de merveilleux oiseaux chanteurs (« moineau des Indes », turpial du Venezuela, cardinal rouge, « moqueur polyglotte »...) qu'ils installaient dans leurs appartements ou offraient aux infants partis pour les cours italiennes[52]. Là comme en France, les meilleurs orfèvres pouvaient être sollicités pour leur confectionner des cages luxueuses – comme celle qui fut réalisée pour le perroquet du Régent – et des espèces diverses pouvaient être collectionnées – pigeons, canards, perroquets, dont raffolaient par exemple Louis XV et Mme de Pompadour.

Dans ce bestiaire domestique, le chat conserve en revanche une place mal déterminée jusqu'à la fin de la période moderne. Encore considéré au XVIIe siècle comme un félin destiné à la ménagerie, il est longtemps victime d'une mauvaise réputation qui conduit à le diaboliser, voire le persécuter. Madame Palatine (seconde épouse de Philippe d'Orléans, frère de Louis XIV), qui évoque fréquemment ses nombreux animaux dans sa correspondance, souligne ainsi qu'elle « aime quasi autant les chats que les chiens, mais [qu'elle] n'en ose pas avoir chez [elle], parce qu'[elle a] beaucoup de gens qui les haïssent »[53]. Élisabeth Farnèse, quelques décennies plus tard, en était toutefois friande et n'hésitait pas à faire cohabiter ses neuf chats avec ses nombreux oiseaux. Les mentalités évoluent et font du chat un objet de dilection féminine. Circulent ainsi dans le Paris du dernier tiers du XVIIe siècle des portraits gravés de la duchesse de Lesdiguières en compagnie de sa chatte qu'elle fit enterrer dans la cour de son hôtel avec pour épitaphe « la plus aimable et la plus aimée de toutes les chattes ». Sous le règne de Louis XV, qui possédait lui-même une chatte prénommée Charlotte, les sources confirment cette transformation : les chats sont choyés au point de pouvoir porter de luxueux colliers à grelot (attestés depuis le XVIIe siècle au moins en Italie) et apparaissent par exemple sur certains portraits de Mme de Pompadour. C'est même le lecteur de la reine Marie Leszczyńska – qui s'était elle aussi entichée de ces félins –, l'académicien Paradis de Moncrif, auteur d'une épitaphe pour la chatte de la duchesse du Maine, qui entreprend une réhabilitation complète dans son *Histoire des chats*. En faisant l'histoire longue de l'attachement aux chats de compagnie, à la manière d'un « antiquaire » érudit et en adoptant aussi la forme mondaine d'un recueil épistolaire adressé à une aristocrate anonyme, il entend aussi légitimer l'amour masculin pour les chats, dans le sillage d'une culture galante valorisant une masculinité à la fois douce et virile[54]. Le chat de compagnie finit donc par s'imposer au XVIIIe siècle parmi les animaux de luxe que l'on peut comparer aux singes et autres animaux jugés décoratifs : on privilégie dans la société de cour des races précieuses comme les chats des chartreux et les chats angoras. La tsarine Catherine II de Russie était par exemple très attachée à son chat de cette race, immortalisée à la même époque par un peintre actif à la cour de France comme Jean-Jacques Bachelier.

Dans une société réputée pour la vacuité des interactions humaines, la fidélité et l'affection d'un animal envers son maître pouvaient compenser la solitude du prince et favoriser plus généralement chez les gens de cour, soumis à un cérémonial particulièrement rigoureux, un attachement prononcé pour ces compagnons. Cette tendance à rechercher l'affection des animaux de compagnie a d'ailleurs été mise en avant par certains moralistes du XVIIIe siècle :

> On ne sauroit presque dire d'où vient cet amour extravagant que bien des gens ont pour de certaines bêtes : Quoi, est-il possible qu'il y ait d'assez grands vuides dans le cœur humain, pour y placer de ces sortes d'affections qui en prennent l'empire ? On pourroit le pardonner aux femmes qui se forment des idées monstrueuses en amitié comme en toute autre chose : mais que des Sages & des Philosophes ayent la foiblesse de risque tout leur sagesse & toute leur philosophie pour une si sotte inclination, c'est ce qu'on ne pourroit croire si l'on n'en étoit convaincu par une infinité d'exemples[55].

Si la désapprobation les poussait à en faire une caractéristique féminine, hommes et femmes semblaient également soucieux à la cour de chérir leurs animaux domestiques et même de publier ouvertement leur profonde affection. Certains historiens font même l'hypothèse selon laquelle les animaux de compagnie auraient en quelque sorte remplacé les fous, constituant une présence aussi curative que distrayante, tant pour les maux de l'âme que ceux du corps. D'après Katherine McDonough, on aurait ainsi considéré que les écureuils pouvaient soulager les maux d'estomac, que le chant des oiseaux égayait les appartements, et, plus globalement, que les animaux amélioraient le confort digestif et moral. Mme Palatine, qui évoquait fréquemment ses nombreux animaux domestiques dans sa correspondance, était ainsi convaincue que seul un petit chien pourrait consoler la fille aînée de Monsieur qui épousait le difforme Charles II, dernier roi Habsbourg d'Espagne, et devait s'installer dans l'austère Alcazar madrilène – où, de fait, ses chiens, ses perroquets et ses oiseaux apportés de France (et non renvoyés comme sa suite) saccagèrent tout. S'expliqueraient sans doute ainsi, outre les raisons de prestige, les investissements considérables que pouvaient constituer les animaux au-delà du coût à l'achat en personnel, accessoires et autres bijoux.

Frédéric II de Prusse qui adorait ses lévriers, ses « marquises de Pompadour », et en particulier Biche, eut l'idée saugrenue de faire entretenir un échange épistolaire en 1748, entre cette dernière et Folichon, le chien de sa sœur, la margrave de Bayreuth, échange qui tourna court après seulement deux lettres… En revanche, il fit à ses chiens l'honneur insigne d'une dernière demeure sur la terrasse du château de Sans-Souci, demandant même dans un testament rédigé en 1757 qu'on l'enterre à leur côté. Catherine de Russie évoque abondamment dans sa correspondance, y compris avec Grimm, ses épagneuls et ses lévriers – pour lesquelles elle dépensa 2 000 livres en leur faisant ériger un mausolée funéraire en forme de pyramide à Tsarkoe Selo[56]. À l'extrême fin du siècle, Triton, le chien de la princesse Louise d'Anhalt-Dessau, fait l'objet de toutes ses attentions. La jeune femme, dont le mariage s'avère un désastre, se réfugie notamment dans l'écriture de son journal dans lequel elle consigne en détail tous les faits et gestes de son animal de compagnie[57]. Journaux, correspondances et autres formes d'écriture de soi – qui valorisent de plus en plus l'expression des sentiments au cours du siècle des Lumière – permettent ici de mesurer la richesse des interactions entre hommes et animaux, tout particulièrement dans ces milieux très privilégiés et richement documentés.

La mise en scène de la maîtrise de la nature et des différents règnes – minéral, végétal, animal – est indéniablement au cœur de la vie de cour. Elle n'en est pas moins fragile et s'exerce dans un environnement complexe. Les extérieurs curiaux sont profondément anthropisés : même les espaces *a priori* les plus sauvages ou les plus secrets, comme les ermitages où se cachent ceux qui voudraient échapper au cérémonial ou les forêts épaisses où se tapiraient les bêtes que pourchasse le prince, n'échappent guère à la main de l'homme et aux gestes techniques. Inversement, jardins et bestiaires sont des vivants qui ne se plient qu'avec réticence à la volonté des gens de cour de les conserver et de les perpétuer tout en les transformant en artefacts ambivalents, entre pragmatisme, connaissances scientifiques et usages symboliques.

Chapitre 11

Rencontres curiales. Pour une histoire connectée des cours princières

> It is all royal marriages, coronations and victories; they come tumbling so over one another from distant parts of the globe, that it looks like the handiwork of a lady romance-writer, whom it costs nothing but a little false geography to make the Great Mogul in love with a Princess of Mecklemburg and defeat two Marshals of France as he rides past on an elephant to his nuptials. I don't know were am! I had scarce found Mecklemberg-Streliz with a magnifying glass, before I am whisked to Pondicherri... How the deuce in two days can one digest all this? Why, is not Pondicherri in Westphalia...
>
> Horace Walpole[1]

Dans cette lettre écrite en juin 1761 à George Montagu, Horace Walpole use de toute sa verve pour évoquer le récent mariage du puissant George III, souverain britannique et électeur de Hanovre, récent vainqueur des Français dans l'océan Indien et au Canada, avec la modeste princesse Charlotte de Mecklembourg-Strelitz. Évoquant le roi d'Angleterre sous les traits du Grand Moghol, il emprunte l'imaginaire des romancières françaises du XVIIe siècle pour souligner la disparité (apparente) de rangs entre les deux époux et faire de la princesse Charlotte une héroïne de conte de fées. Armé de sa loupe, il prétend chercher en vain sur une carte le petit duché de Mecklembourg-Strelitz et télescope les contrées les unes avec les autres. France, Westphalie,

Pondichéry : la cour d'Angleterre devient un observatoire à partir duquel saisir le monde entier et comprendre comment les cours européennes se le représentent, entre circulations continentales des princesses et ambitions impériales des monarques. Georges III épouse en réalité par choix politique délibéré une princesse allemande de second rang, fervente luthérienne mais prête à se convertir à l'Église d'Angleterre. Charlotte de Mecklembourg-Strelitz a d'ailleurs été préparée à être consort en dehors même des frontières du Saint-Empire : parlant parfaitement le français et l'italien, elle apprend rapidement l'anglais et se plie sans peine aux usages de l'étiquette dont elle a assimilé les principes viennois auprès de sa gouvernante dans le palais de Strelitz, récemment reconstruit, moins délabré que Saint-James et plus grand que celui de Buckingham récemment acquis par son époux. C'est en fait aux princesses allemandes, mariées dans toute l'Europe des Lumières, plus qu'à une héroïne de conte de fées, qu'il faut la comparer – comme les sœurs de Frédéric II, Ulrike de Suède ou Wilhelmine, margrave de Bayreuth, les princesses Wilhelmine Amalia de Brunswick-Lunebourg et Élisabeth Christine de Brunswick-Wolfenbüttel mariées respectivement aux empereurs Joseph Ier et Charles VI, ou encore Sophie Augusta d'Anhalt-Zerbst, plus connue comme Catherine II de Russie.

En replaçant l'écheveau matrimonial et dynastique européen dans un jeu d'échelles – allant de la *Kleinestaaterei* germanique aux empires mondiaux –, Walpole dessine une spatialité curiale que l'histoire connectée permet aujourd'hui de mettre au jour. L'intense circulation européenne des princesses allemandes et de leurs bagages culturels – notamment en Angleterre, en Scandinavie et, donc, jusqu'en Russie – invite, entre autres exemples, à complexifier le phénomène des transferts culturels. Il s'agit moins d'apports verticaux et bilatéraux que de rencontres[2]. Il n'est dès lors plus possible de réduire celles-ci à l'exercice d'une domination culturelle française, avatar à l'époque des Lumières du modèle, unique et insurpassable, qu'aurait forgé Louis XIV à Versailles. Cette capacité d'absorption de pratiques culturelles ou cérémonielles repose donc à nouveau frais la question des « modèles » curiaux.

Indéniablement marquées par des processus d'homogénéisation au fil de l'époque moderne, les cours européennes n'en présentent pas moins une grande diversité dont les chapitres précédents témoignent amplement. Le maintien de spécificités inhérentes aux cultures locales ou aux traditions dynastiques façonne des subcultures curiales permettant d'envisager de multiples déclinaisons au sein d'un ensemble de cours dont les traits généraux sont convergents[3]. Inscrites dans un horizon à la fois territorial, continental et global, les cours européennes offrent ainsi un terrain particulièrement propice à l'histoire connectée. Ont pu être ainsi mises en lumière la plasticité et la perméabilité de ces subcultures, façonnées par des transferts culturels et, plus largement, des circulations fonction des alliances matrimoniales, des changements dynastiques, des configurations économiques ou diplomatiques. Échanges et rencontres se nouaient et se dénouaient sans cesse dans ces cours que l'on pourrait qualifier de « *trading zones* », en leur appliquant, à la suite de Sanjay Subrahmanyam, la notion forgée par l'historien des sciences Peter Galison. En somme, ce sont des espaces de transformations mutuelles, quoique jamais symétriques, ni d'intensité continue.

Les modèles curiaux, entre mythes historiographiques et réalités

Si la recherche a profondément modifié l'image d'une Europe des cours dominée par Versailles, elle a aussi mis en lumière la tendance des contemporains eux-mêmes à analyser le phénomène curial en termes de « modèles » et à jouer des différentes sources d'identification et d'inspiration disponibles.

« *Myths of power* » (Jeroen Duindam) : les modèles à l'épreuve des réalités curiales

À rebours de schémas explicatifs réducteurs, les mécanismes d'archéologie, de coexistence et d'appropriation ont été substitués dans l'historiographie aux logiques de généalogie, d'imitation ou de rayonnement. Différents arguments peuvent en effet être avancés pour disqualifier l'idée de modèles – bourguignon, espagnol, versaillais – qui se seraient naturellement engendrés les uns les autres pour régner tour à tour et sans partage sur l'Europe des cours.

D'une part, cette représentation généalogique d'une succession de modèles curiaux a longtemps été tributaire d'une assimilation étroite entre rayonnement culturel et hégémonie politique où les signes extérieurs de grandeur dont la cour était vectrice auraient été mécaniquement produits par l'exercice victorieux d'une volonté de puissance. Une approche pragmatique pourrait constituer une alternative à cette approche hiératique qui fige l'institution curiale. Par l'analyse des acteurs, des pratiques et des interactions, elle permet d'envisager ces enjeux à nouveau frais en réévaluant la diversité des configurations curiales.

Derrière les continuités et les similitudes fonctionnelles, c'est tout un champ des possibles qui s'ouvre dans une cour sans cesse réajustée par en haut et par en bas, organisme mouvant et réceptif à des influences extérieures souvent plurielles et pas systématiquement explicitées. Jeroen Duindam a pu ainsi faire remarquer que la cour de Vienne se réclamait d'un modèle bourguignon qu'elle avait pourtant vidé de sa substance en mettant en œuvre un cérémonial qui n'avait finalement plus grand-chose à voir avec les traditions supposément héritées de la cour de Bourgogne[4]. Se pose donc la question du caractère opératoire de modèles curiaux, l'étude des cours d'entre-deux – à l'interface entre grandes puissances – ou d'élaboration récente ayant permis aux historiens de repenser plus souplement les phénomènes de mimétisme curial.

D'autre part, nanti du triple attribut des fastes du Grand Siècle, de l'absolutisme louis-quatorzien et de la relecture sociologique de Norbert Elias, le « modèle versaillais » a profondément marqué l'histoire des cours princières de la seconde modernité avant d'être remis en cause. Subjugués par le faste louis-quatorzien, des princes en mal de gloire auraient cherché à singer un « modèle » versaillais, dont Caserte, Potsdam, Aranjuez ou Queluz ne seraient que les avatars, qu'il s'agisse de l'immensité des bâtiments ou du prestige de la cour qui lui était métaphoriquement associée. Cette lecture univoque a été battue en brèche à partir de la fin des années 1980 par certains historiens qui entendaient à la fois nuancer les mécanismes sociaux de la cour tels que les avait analysés Norbert Elias[5] et identifier d'autres situations curiales concurrentes. À la suite des travaux de Jeroen Duindam, mettant en évidence la coexistence de deux modèles, français et habsbourgeois, polarisant l'Europe des cours[6], l'examen des pratiques tend effectivement à déconstruire ce modèle versaillais. Loin d'avoir été imaginé *ex nihilo*, le fonctionnement de la cour de Louis XIV à Versailles est largement redevable aux derniers Valois qui ont laissé aux Bourbons un incontestable héritage cérémoniel[7]. Ces raccourcis chronologiques occultant le passé proche et lointain de la cour versaillaise ont nourri le fantasme d'un Versailles « para-historique » (H. Himmelfarb) dès l'époque des Lumières, à savoir une projection du Versailles dans son état d'achèvement du XVIIIe siècle sur le règne de Louis XIV. Le topos consistant à faire du Grand Siècle, par exemple sous la plume de Voltaire[8], l'apogée de la puissance française et du système curial, traverse tant la littérature de voyage que des écrits politiques, comme ceux de Frédéric II. Celui-ci expliquait les désirs de grandeur des petits princes d'Empire, accumulant mégalomanie architecturale, démesure militaire et entretien de favorites, par la volonté d'imiter Louis XIV :

> [...] la plupart des petits princes, et nommément ceux d'Allemagne, se ruinent par la dépense, excessive à proportion de leurs revenus, que leur fait vivre l'ivresse de leur vaine grandeur ; ils s'abîment pour soutenir l'honneur de leur maison, et ils prennent par vanité le chemin de la misère et de l'hôpital ; il n'y a pas jusqu'au cadet du cadet d'une lignée apanagée qui ne s'imagine d'être quelque chose de semblable à Louis XIV : il bâtit son Versailles, il baise sa Maintenon, et il entretient ses armées[9].

Dès que l'on confronte ces discours à la réalité et à la diversité des pratiques curiales européennes, la puissance de contamination du « modèle versaillais » se trouve largement amoindrie. L'écart demeure en particulier persistant, nous l'avons vu, dans les politiques et les pratiques d'accès au corps du souverain[10].

De la même manière, il faut nuancer l'idée d'une imitation systématique du château de Versailles, dont on a du reste pu observer le caractère empirique de la conception. Sans doute le rayonnement d'une résidence royale d'une telle ampleur a pu susciter l'intérêt des architectes comme des monarques en ce qu'elle représentait la quintessence d'un art total mise au service du politique. Mais une monumentale façade classique ou un plan en U ne suffisent pas à affirmer la volonté assumée de la reprise d'un modèle versaillais clairement identifié. S'il y a analogie, c'est sans doute dans la configuration suburbaine qui articule le palais d'État à la ville de résidence et à la capitale et dans l'ampleur des constructions palatiales dont nous avons vu qu'elle devient un critère significatif, autant dans les petites résidences germaniques (Schleissheim, Ansbach, Bayreuth, Wolffenbüttel, Cologne-Bonn, Rastatt, Gotha...) que dans les grandes cours, que l'on songe à l'interminable façade du palais Catherine de Tsarkoïe Selo ou au gigantisme de la *Reggia* de Caserte. Il est dès lors possible de renverser la perspective et de voir dans la multiplication de résidences princières de cette ampleur inusitée la source même d'un mythe versaillais irriguant toute l'Europe du siècle des Lumières.

On ne peut enfin douter que le prestige de la cour de France ait orienté des pratiques artistiques en Europe à partir de la seconde partie du XVIIe siècle. Les agences du jardinier Le Nôtre, puis de l'architecte de Cotte produisent des projets pour de nombreuses cours, y envoyant des artistes, qui s'en revendiquent pour s'en émanciper et faire carrière, ou formant des artistes étrangers qui s'approprient de réalisations érigées en canons d'un style français. Le bon goût en matière d'élévation des bâtiments, de distribution des appartements ou d'aménagement des terrasses et des parterres est désormais à chercher dans les traités artistiques français plutôt qu'italiens. Il n'empêche que les origines cosmopolites de leurs architectes et concepteurs convoquent fréquemment plusieurs influences, non seulement françaises, mais aussi italiennes, viennoises ou hollandaises. Ainsi, lorsque l'électeur de Saxe confie à Matthias Daniel Pöppelmann, au début des années 1710, l'aménagement d'un nouveau quartier palatial, dont seul le Zwinger verra finalement le jour, l'architecte est envoyé à Prague, Vienne, Venise, Rome et Paris[11]. De même, le buffet d'eau créé en 1702 par Jules Hardouin-Mansart pour Trianon, inspire dix ans plus tard celui de la résidence du duc de Parme, Francesco Farnese, à Colorno : l'architecte italien Giuliano Mozzani et l'hydraulicien français Jean Baillieul y substituent les statues de Neptune et d'Amphitrite par celles des fleuves locaux, Taro et Parma[12]. Une vingtaine d'années plus tard, c'était dans la Sierra de Guadarrama que le roi d'Espagne importait à son tour ce même buffet d'eau, le mettant toutefois à l'épreuve du modèle de fontaine en arc de triomphe développé à la Villa d'Este. Le Bain de Diane (1737-1745) constitua alors l'une des pièces maîtresses de la résidence d'été que se fit bâtir Philippe V à une centaine de kilomètres au Nord-Ouest de Madrid, dans l'espoir de retrouver le Versailles de son enfance. C'était sans compter le génie des fontainiers français à se saisir de diverses influences en matière d'hydraulique pour produire des jeux d'eaux dont le spectacle fut considéré par les contemporains comme supérieur à celui du palais de son grand-père[13].

Quand les contemporains catégorisent les cours : le modèle, un outil d'analyse des pratiques curiales au XVIIIe siècle

Est-ce à dire que ces constructions historiographiques ne correspondent à aucune réalité historique ? La question n'est pas aussi simple car les contemporains ont non seulement perçu des déclinaisons différentes, voire divergentes, dans les pratiques curiales, mais les ont aussi rapprochées d'une matrice originelle susceptible d'être reproduite. C'est en particulier le cas pour les cruciales questions d'accès au prince. Le publiciste Johann Bernhard von Rohr relève ainsi au début des années 1730 dans son manuel de cérémonial des différences très nettes entre les pratiques germaniques et françaises, en particulier dans l'accès aux espaces palatiaux :

> Dans les châteaux princiers en Allemagne, un étranger (sous-entendu à la cour) ne pourrait pas déambuler comme en France. À Versailles, les étrangers peuvent librement et sans contrainte entrer et sortir de la plupart des pièces du château, même si elles sont gardées, y compris dans la chambre à coucher royale[14].

Vingt ans plus tard, le juriste Moser identifie deux catégories de cérémonial en Empire, un espagnol et l'autre français, précisant du premier qu'il « régente les cours impériales, de Bavière et, depuis 1743, de l'Électorat du Palatinat, mais en partie aussi celle de l'Électorat de Cologne, qui ont toutes repris le modèle de la cour de l'Empereur »[15]. Apparaît ici la prise de conscience progressive par ces théoriciens de phénomènes de reprise, voire d'appropriation de ce que Moser qualifie justement de « modèle », c'est-à-dire d'un ensemble de pratiques reproductibles et consciemment reproduites par des acteurs qui se placent ainsi dans les sphères d'influence de cours prestigieuses. Dans les dernières années du XVIIIe siècle, de nombreux témoignages attestent de l'influence persistante de Versailles sur la cour de Gustave III et de Gustave IV de Suède « absolument calquée » sur « la vieille cour de Versailles », dont la Révolution a alors eu raison[16]. Le comte Frédéric Sparre décrit effectivement dans son *Journal intime* un cérémonial assez comparable, où alternent Grands Lever, Couvert et Coucher, mais aussi un calendrier hebdomadaire de divertissements[17].

Le constat énoncé par Julius Bernhard von Rohr en 1733 s'inscrit en décalage avec l'apogée supposé du règne de Louis XIV, considéré habituellement comme la période de rayonnement optimal de la cour versaillaise. Cette chronologie est toutefois confirmée par la reprise dans les années 1720, au château des margraves de Baden-Baden, à Rastatt – la première attestée dans l'espace germanique – du séquençage des appartements princiers sur un modèle français, articulant dans un appartement double une antichambre, une salle d'audience et une chambre de parade, laquelle était positionnée avant le cabinet, c'est-à-dire à l'interface entre espaces accessibles et « privés ». Comme on l'a vu, cette configuration prenait le contre-pied des habitudes germaniques, essentiellement conditionnées par les pratiques habsbourgeoises, qui excluaient strictement la chambre princière, fréquemment commune pour le couple, des appartements accessibles à tout ou partie des courtisans. Ce basculement cérémoniel devait être également opéré sur le même mode, au cours de la même décennie 1720, par l'électeur de Bavière Maximilien Emmanuel, de retour de son exil en France, au château de Schleissheim puis à la résidence électorale de Munich au cours des années 1730, avec l'aménagement d'un nouvel appartement électoral particulièrement fastueux[18].

Ce basculement n'est pas pour autant synonyme de servilité. Une quinzaine d'années plus tard, le baron Pöllnitz, de passage à Munich, observe que « la cour de Bavière respecte (encore) quasiment toutes les règles cérémonielles de la cour de Vienne », même si « dans tout le reste règne une manière de vivre bien différente, qui convoque davantage de jovialité et de divertissement »[19]. Le déplacement de la chambre de parade en amont de l'appartement n'a pas été lié à la mise en place d'un cérémonial semblable aux Lever et Coucher versaillais. Cette pièce n'est en effet pas utilisée pour cet usage, mais seulement pour la réception de quelques hôtes de marque qu'on veut distinguer en leur faisant grâce de la salle d'audience ordinaire[20]. On se rapproche donc de l'usage de la chambre de parade française, mais sans en assumer totalement la dimension symbolique, même lorsque le basculement diplomatique vers la France fut complet, après 1740 et l'élection de l'électeur Charles Emmanuel à la dignité impériale. Il n'en demeure pas moins que l'idée de « modèle » curial est désormais assumée, au moins dans les traités théoriques, même si la pratique, bien moins explicite, montre au contraire la nécessite de penser en termes de transferts et de circulations plutôt que d'imitation servile.

Le baron Pöllnitz n'hésite pas à se référer aux résidences royales françaises lorsqu'il décrit les palais allemands. Il qualifie ainsi la nouvelle résidence électorale de Schleißheim, aux dimensions alors inusitées, de « Versailles bavarois » (*Bayerisches Versailles*), faisant de Nymphenburg, résidence estivale plus ancienne, le « Marly » des électeurs de Bavière[21]. Les souverains eux-mêmes usent de l'onomastique française pour nommer leurs résidences : références directes aux palais français, Marly notamment, ou simple mode francophone, parfois teintée de germanismes, ainsi Favorite (plutôt que Favorita désormais), Solitude, Belvédère, Bellevue, Monrepos ou Sans-Souci... Voltaire aurait également assimilé le château de Lunéville à un « Versailles lorrain » et l'analogie entre les nouvelles résidences princières qui se construisent et Versailles devient un *topos* de la littérature de voyage. Ces résidences sont jaugées à l'aune de la résidence du Roi-Soleil, souvent de manière implicite et sans que ce soit systématiquement à son avantage. Sophie von La Roche, voyageuse allemande qui découvre Versailles en 1785, fait ainsi part de sa déception :

> Le décor intérieur date encore de Louis XIV. [Il est] somptueux, mais ses formes sont si éloignées du goût actuel qu'un visiteur français, qui trouverait ce décor dans un palais allemand, s'exclamerait : « Voilà une preuve du manque de goût des Allemands ! » [...]
> Nous avons beaucoup ri, parce que nous avions du mal à croire que c'était ça le château de Versailles. D'après les estampes et les tableaux, il nous semblait qu'il aurait dû être bien plus somptueux[22].

L'intensité de sa réaction en dit long sur l'imaginaire dont elle est tributaire et qui a fait de Versailles un référent au cours d'un long XVIIIe siècle.

Si l'invocation d'un « modèle » français reste à double tranchant, l'idée de « modèle » curial et d'un système de références s'avère nettement présente dans les traités théoriques et, plus largement, dans le discours des contemporains. Ceux-ci s'interrogent sur l'origine des pratiques curiales, de leurs convergences et divergences.

Une Europe à la mode française ?

C'est bien ce qu'illustre le frontispice de l'ouvrage de von Rohr dédié au cérémonial des particuliers[23]. S'opposent un couple de courtisans allemands de l'ancienne mode (*alte Teutschen*) habillés à l'espagnole, dans un décor architectural de maisons médiévalo-bourgeoises, et un couple de courtisans « à la mode » (*jetzige Teutschen*), l'un faisant la révérence à l'autre qui touche simplement son chapeau sans se découvrir, dans un environnement architectural cette fois-ci monumental et palatial.

Frontispice du traité de Johann Bernhard von Rohr,
***Einleitung zur Ceremoniel-Wissenschafft der Privat-Personen*, Berlin, 1728**

Une ombre sur le sol suggère que les mœurs et la culture française sont désormais de mise en Empire, ce que développe par ailleurs le propos du publiciste. Cela suffit-il pour justifier de parler d'« Europe française » ? Assurément pas si l'on déduit de cette formule le constat d'une domination politique ou même seulement culturelle de la France sur les élites européennes. La carte de l'implantation des troupes de théâtre français à travers l'Europe des cours doit ainsi, par exemple, s'articuler à l'analyse des modalités de recrutement et de représentation – les œuvres étant fréquemment adaptées, coupées et remontées, librement traduites, voire censurées ou réécrites, ou, dans le cas des opéras, jouées sur des musiques différentes de celles prévues à l'origine. À Vienne, les troupes françaises adaptèrent, entre 1752 et 1765, puis entre 1768 et 1772, les pièces de leur répertoire, notamment pour en atténuer le caractère licencieux, et donnèrent des représentations très différentes des performances parisiennes. Elles n'en firent pas moins l'objet de nombreuses critiques jusqu'à ce que Joseph II mît un terme à cette expérience du chancelier Kaunitz qui avait ainsi à la fois cherché à consolider sa position sociale au sein de la haute société viennoise et à asseoir culturellement l'alliance conclue avec la France[24].

Si le faste français fascinait jusqu'en Russie, le succès des pratiques de la cour de France ne s'actualise pas de manière homogène et systématique en Europe : il se produit par capillarité, grâce à l'influence de princes exposés à la culture française, à l'instar des Wittelsbach qui en seraient devenus les promoteurs dans l'espace germanique (voir aussi chapitre 7)[25]. L'analyse des appropriations à l'échelle locale est donc nécessaire pour mettre au jour la diversité des formes d'une possible hybridation et des ressources mobilisées : chaque cour est un nœud dans un « système de circulation complexe et multipolaire » (Rahul Markovits). C'est ainsi que l'action de Kaunitz sur le théâtre viennois s'inscrit dans l'espace européen de circulation des comédiens français et le modifie en retour. Chassée de Vienne en 1772, la troupe qu'il avait fait venir se lance dans une tournée en Italie. C'est donc grâce au réseau diplomatique autrichien que le répertoire français fut représenté « pour la première fois de mémoire d'homme » dans plusieurs de ses villes – qu'elles soient sous domination autrichienne (Vérone, Milan) ou qu'il s'agisse des villes de résidence de princes Habsbourg (Florence) ou même Bourbon (Naples).

L'occasion fut ainsi donnée à l'ambassadeur de France à Naples de s'attribuer la venue des comédiens afin de « rendre plus familière » la langue française. Depuis le règne de Louis XIV, théoriciens et linguistes, comme le père Bouhours dans *Les Entretiens d'Eugène et d'Aristé,* exaltent la perfection et la puissance de séduction du français : Voltaire s'en inspire directement pour décrire « l'empire de l'esprit » que la France pourrait se reconstruire, après les échecs de la guerre de Sept Ans, par la force de son verbe et la dissémination de son théâtre. Continuait pourtant à prédominer au sein de l'administration monarchique la conviction colbertiste qu'il fallait retenir sur le territoire des ressources aussi précieuses que les membres de la troupe de la Comédie-Française, attachés au service du roi et de la cour[26]. On refusa même en 1758 à la célèbre Mademoiselle Clairon de répondre favorablement à la sollicitation de la tsarine Élisabeth, alors même qu'une alliance avec la Russie était envisagée. Pour autant, la Couronne ne rechignait pas à s'approprier les effets socio-culturels de la circulation de comédiens français en Europe. Parmi les multiples déclinaisons du théâtre de cour, l'opéra-comique est au cœur du répertoire des troupes françaises actives dans les villes de résidence dans le second tiers du XVIIIe siècle : c'est par exemple le cas à Vienne mais aussi à la cour de Bruxelles où le genre fleurit sous l'impulsion de Charles-Alexandre de Lorraine auquel le maréchal de Saxe avait prêté sa troupe lors de la guerre de Succession d'Autriche. En 1762, l'intégration de l'opéra-comique au répertoire de la troupe officielle des Comédiens-Italiens du roi, qui devient en quelque sorte un second théâtre français, et les nombreuses représentations qui s'ensuivent à Versailles et Fontainebleau (chapitre 8) peuvent dès lors être lues comme un effet retour de ces pratiques des cours étrangères.

Un révélateur des transferts culturels : les moments de refondation curiale

L'étude des cours d'élaboration récente – notamment en cas de restauration ou de changement dynastique – ou des cours d'entre-deux met en lumière les difficultés soulevées par les tentatives d'importation de pratiques curiales, qu'il s'agisse de se positionner par rapport aux grandes puissances, de capter une tradition ou de trouver des solutions clefs en main.

À l'arrivée du Bourbon Philippe V sur le trône d'Espagne en 1700, le secrétaire d'État français aux affaires étrangères, le marquis de Torcy, espérait voir « les funérailles de l'étiquette espagnole ». L'entourage français du nouveau souverain entreprend, selon les instructions de Louis XIV, d'y substituer le cérémonial français, afin d'abattre cette « barrière insurmontable entre le prince et ses sujets » (Catherine Désos). Très choquée par la familiarité des courtisans français avec le roi, la noblesse espagnole résiste au changement, qu'il s'agisse du costume de cour ou des atteintes au cérémonial qui doit garantir ses prérogatives, en particulier le privilège des entrées et de la proximité du roi. En réaction, le port du costume de cour espagnol (et notamment de la « golille », support rigide du rabat de dentelle porté autour du cou) devient un symbole de la haine anti-française. Une autre affaire retentissante est déclenchée par un petit banc destiné au capitaine des gardes que le roi place juste derrière lui à la chapelle le 25 août 1705. Philippe V reléguait ainsi les Grands au second rang, lesquels s'estimèrent déclassés et refusèrent d'assister à l'office. S'opposent ainsi une cour dont le prince serait le seul maître, sur le modèle français imposé par Louis XIV, et une cour aristocratique héritée des derniers Habsbourg d'Espagne. Philippe V s'entête pourtant et tente d'imposer, au cours de la décennie suivante, Lever, Couvert et Coucher publics tout en réagençant les appartements de l'Alcazar pour favoriser l'accessibilité du souverain. Signe de la fragilité de ces réformes, les aristocrates reviennent à la charge lors du bref règne de son fils, Louis Ier, en 1724. Il faut attendre le début des années 1760 pour qu'une hybridation qui satisfasse tous les partis soit établie sous le règne de Charles III : seul le couvert revêt désormais un caractère véritablement public[27].

Le cas de la cour de Lorraine, ressuscitée par le duc Léopold au début du XVIIIe siècle, montre également la manière dont hybrider peut permettre, dans un contexte géopolitique tendu, d'éviter de se placer dans l'orbite de l'une ou de l'autre des deux puissances. En prenant « de l'un et de l'autre », c'est-à-dire des cours de Versailles et de Vienne, Léopold prétend pallier l'absence d'archives qui aurait permis comme cela se faisait ordinairement de reconstituer des précédents. La Chambre du duc conjugue ainsi des « gentilshommes de la Chambre » à la mode française et des chambellans à la mode viennoise, l'hybridation s'opérant au prix d'un double emploi. Ce choix dicté par des considérations symboliques s'avère finalement problématique en désorganisant durablement le service de la Chambre[28].

Vers des formes d'homogénéisation de la culture de cour

Harmoniser le cérémonial à l'échelle européenne : une obligation géopolitique

De la systématisation des contacts entre cours, en lien avec le développement des pratiques diplomatiques et des circulations à l'échelle européenne, découle l'impérieuse nécessité d'ajuster sans cesse les pratiques curiales afin d'éviter tout déséquilibre entre puissances qui se revendiquent d'un rang égal. Ce rang est reconnu de façon réciproque, mais peut aussi être un moyen de faire pression sur une puissance tierce pour lui faire comprendre qu'elle est considérée comme inférieure. Un écart dans le cérémonial suggère alors la non-reconnaissance du statut de l'autre. Les pratiques curiales doivent donc être extrêmement bien étudiées préalablement pour éviter toute querelle diplomatique. On observe donc de savants ajustements des savoirs curiaux pour maintenir le rang de chacun : cela passe d'abord par la consultation des archives diplomatiques soigneusement conservées qui décrivent les cérémonies antérieures sur lesquelles il convient de se fonder. Suppléant ces sources, la publication de manuels de cérémonial qui procèdent de la même manière par compilation d'exemples, montre l'importance croissante que revêtent la diffusion et l'échange de ces savoirs curiaux en voie d'uniformisation par réciprocité à l'échelle de l'Europe.

La querelle qui éclate à Vienne autour du cérémonial diplomatique à accorder aux archiducs et archiduchesses est à cet égard éclairante (voir aussi chapitre 1). Ceux-ci ne donnent théoriquement pas audience aux ambassadeurs qui se doivent pourtant de visiter les Enfants de France. En 1698 déjà, l'ambassadeur de l'empereur, le comte Carl von Waldstein, s'étonne de cette différence de traitement. En 1750, l'impératrice-reine Marie-Thérèse décide d'introduire la réciprocité des usages en incluant ses enfants dans le cérémonial diplomatique. Cette prétention fait l'objet d'une demande officielle à laquelle la chancellerie française répond que « selon les principes du cérémonial pendant le cours des derniers siècles, les fils des empereurs et ceux des rois électifs n'étaient pas considéré à l'égal des rois héréditaires », motif en partie fallacieux puisque, si l'empereur du Saint-Empire romain germanique est élu, les autres Couronnes royales que le Habsbourg porte sont alors héréditaires. En tout état de cause, on perçoit bien ici le souci de similarité du rang auquel Marie-Thérèse prétend. Il s'agit pour elle d'un double geste politique : d'une part affirmer son rang sur la scène européenne, d'autre part montrer l'importance de sa descendance et légitimer ainsi son propre statut de souveraine, contesté dix ans plus tôt au moment de la succession de son père (guerre de Succession d'Autriche). L'ambassadeur du roi de France se plie finalement « au nouveau cérémonial que le Roi a bien voulu admettre par complaisance et par amitié pour leurs Majestés Impériales ».

Au nom de la « réciprocité », principe clef de la diplomatie de l'équilibre qui caractérise le XVIIIe siècle, s'opère donc une homogénéisation du cérémonial entre les cours, qui alignent leurs pratiques les unes par rapport aux autres. Ces alignements n'en demeurent pas moins précaires et sans cesse renégociés. L'organisation périlleuse de la cérémonie de la remise de l'archiduchesse-dauphine Marie-Antoinette en mai 1770 à Strasbourg est révélatrice des prolongements de la querelle de 1750. Français et Autrichiens ne s'accordent effectivement pas sur les prérogatives de la princesse déjà plus vraiment archiduchesse, mais pas encore totalement dauphine, s'ingéniant à tenter de noyer le poisson dans des artifices cérémoniels. La France refuse ainsi à l'Autriche la mise en place de deux tables de part et d'autre de la frontière pour la signature de l'accord de remise. Un tel dispositif aurait acté l'égalité entre les deux puissances, ce à quoi s'oppose systématiquement la monarchie française qui impose une table unique sur la frontière. Au fil des escarmouches cérémonielles, les deux puissances tentent de négocier sans abdiquer leurs revendications pour parvenir à la mise en œuvre d'un moment censé exalter l'alliance entre les deux dynasties[29].

Une culture de plus en plus partagée : l'exemple de la Russie

Le développement d'une culture qui soit clairement identifiable aux cours princières favorise une convergence culturelle croissante au cours de l'époque moderne, particulièrement sensible lorsque l'on observe l'évolution des pratiques des cours situées aux marges de l'Europe. C'est en particulier le cas de l'occidentalisation de la cour de Russie qui met en exergue les caractéristiques désormais communes et incontournables des cours princières[30]. Les voyages de Pierre le Grand comme les connexions croissantes de la cour de Russie aux cours occidentales, et en particulier germaniques, favorisent des appropriations plus tardives que dans les cours scandinaves voisines, mais finalement aussi approfondies. L'exemple de la table impériale est à cet égard parlant. L'ambassadeur d'Angleterre décrit encore en 1664 combien les usages y divergent par rapport aux normes occidentales : « [...] nous eûmes plus encore l'occasion de nous étonner quand nous vîmes que nous n'avions pas de serviettes et que la nappe n'était pas plus grande que la table[31]. » Pourtant, dès la première moitié du XVIIIe siècle, les goûts changent et une vaisselle aux formes moins tarabiscotées est importée d'Allemagne ou de Suède avant d'être fabriquée en Russie même.

Comme dans les cours scandinaves, le prisme germanique a en effet laissé son empreinte, notamment linguistique, par la reprise, certes plus ou moins déformée, de l'onomastique des charges curiales importées du Saint-Empire. La Grande maîtresse de la cour de Russie prend le titre germanique d'*Ober-Hofmeisterin*, en écho à *l'överhovmästranin* créée un demi-siècle plus tôt par la reine Christine de Suède, tandis que les *Hof-* et *Kammer-Fraulein* équivalent peu ou prou aux *hov-* et *kammarfröken* suédoises. Les réformes successives du cérémonial tendent à mettre en œuvre une conception désormais commune de l'utilité du cérémonial au service de la majesté, quand bien même le degré de sanctuarisation du corps demeurerait variable d'une cour à l'autre. En reprenant les grandes lignes de l'organisation des cours germaniques, la cour de Russie confirmait également un lissage progressif des organigrammes curiaux, peuplés d'un nombre croissant de courtisans. L'inflation chronique des honneurs, levier privilégié de la fidélisation des élites, condamnait les cours à une potentielle illisibilité.

Cette occidentalisation se lit à travers l'adoption de diverses pratiques devenues des signes distinctifs du milieu curial. La publication d'almanachs, justement censés rendre lisibles des structures de plus en plus complexes, constituait un autre point de convergence entre cours. La cour de Russie adopte ce type de périodique à la suite de la grande majorité des grandes et moyennes cours d'Europe centrale et nordique, puis de la péninsule italienne sous l'impulsion de la maison d'Autriche. Un annuaire est publié en allemand à partir de 1776, même si un almanach plus rudimentaire existait déjà au milieu du siècle.

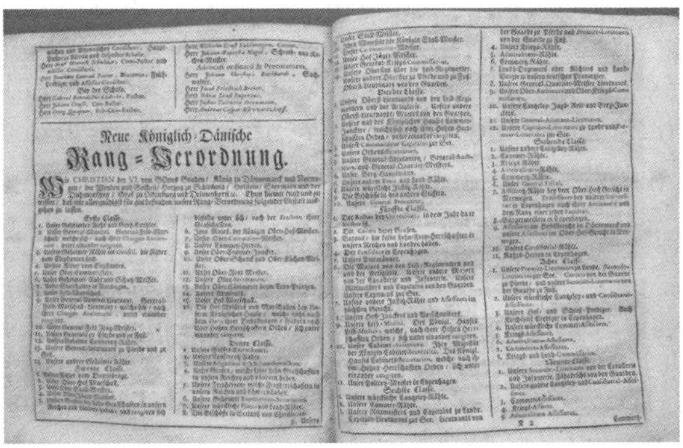
Neue Königlich-Dänische Rang-Verordnung.

Almanach (en allemand) de la cour royale du Danemark
(Königlicher Danischer Hof- und Staats-Kalender, auf das 1735 Jahr Christi),
Strasbourg, Bibliothèque nationale et universitaire, D. 136.389

La cour de Russie adopte également le port de vêtements de cour aux formes nettement occidentalisées, imposé par édit impérial à partir de 1702, l'obligation pour les hommes de se raser constituant une rupture culturelle et confessionnelle considérable. Enfin, la géographie résidentielle qui articule palais urbains pétersbourgeois et résidences suburbaines autour du golfe de Finlande, réalisés par des architectes italiens et des jardiniers français, à l'ampleur inégalée, permet d'assimiler la cour de Russie aux grandes cours européennes par les mêmes signes extérieurs de richesse.

Le cas des portraits de cour

La convergence des pratiques et de l'apparence courtisane semble trouver une concrétisation singulière dans les portraits princiers qui sont pourtant le miroir de théories politiques qui demeurent distinctes. Au XVIIe siècle pouvaient nettement être opposées une manière française – le grandiloquent portrait en costume de sacre – à la manière espagnole, emprunte de sobriété, à l'image des portraits peints par Diego Velázquez. Les autres cours européennes, Vienne ou Londres notamment, optent plutôt pour des configurations intermédiaires. Le siècle suivant voit au contraire une convergence des postures princières, observable dans la production de portraits officiels à l'échelle européenne : le souverain apparait désormais assez systématiquement debout, accoudé sur une table ou une console sur laquelle reposent les *regalia*. Si le port de la perruque est généralisé, le costume présente encore quelques déclinaisons singulières, malgré une ergonomie identique (manteau, culotte et bas).

Cette posture censée conférer une majesté particulière au modèle n'est pas seulement celle du souverain portraituré, mais correspond manifestement à une posture cérémonielle adoptée lors des grands rituels de cour et d'État. Sophie Wilhelmine de Brandebourg s'en fait l'écho dans la description d'une cérémonie curiale à la cour de Bayreuth :

> Il [le Margrave de Brandebourg-Bayreuth, son beau-père] étoit debout, fort richement vêtu, à côté d'une table, sur laquelle il s'appuyoit d'une main, pour imiter l'étiquette de Vienne. Il tâchoit même de contrefaire l'Empereur, et affectoit un air grave et soi-disant majestueux, pour inspirer le respect. Il n'y réussit pas avec moi ; je trouvai cela si ridicule, que j'eus bien de la peine à conserver mon sérieux[32].

Si la *vis comica* de la scène en accentue le caractère bassement mimétique, ce passage est malgré tout révélateur de la volonté de reprise par certains princes allemands d'éléments cérémoniels, empruntés à de grandes cours auxquelles ils sont de près ou de loin affidés. Il s'agit surtout d'aller chercher à la cour impériale, dont le cérémonial était réputé pour sa rigueur majestueuse, des pratiques censées renforcer le crédit politique d'un prince de rang secondaire.

Ces attitudes déteignent sur les courtisans qui assimilent ces nouveaux canons esthétiques. Les diplomates sont en première ligne et profitent de l'art des peintres qui portraiturent tout ce que l'Europe compte d'important : de nombreux princes qui passent par Paris lors de leur Grand Tour, les ambassadeurs de l'empereur les comtes Harrach, Kaunitz et Sinzendorf ou le prince de Liechtenstein, posent pour Hyacinthe Rigaud (respectivement en 1698,

1729 et 1738-1740) de même que des diplomates génois, suédois ou danois. Rigaud s'est de fait constitué une clientèle européenne et portraiture aussi bien Frédéric IV de Danemark en 1693 que Charles XII de Suède et Auguste III de Saxe-Pologne en 1715 ou encore le doge de Gênes en 1739 et travaille avec un atelier particulièrement efficace qui lui permet de répondre à un rythme soutenu de commandes. Ainsi, il contribue aussi à l'homogénéisation du portrait de cour par la reprise systématique de postures et de décors stéréotypés[33].

***Louis XV en costume de sacre*,**
Hyacinthe Rigaud, 1730, Versailles,
musée national du château de Versailles.

***George III in coronation robes*,**
Alan Ramsay, c. 1760, Édimbourg,
National Galleries of Scotland.

Les canons français s'imposent également dans les nouvelles cours des Bourbons en Espagne ou en Italie. La reine Marie-Gabrielle d'Espagne, épouse de Philippe V, écrit ainsi à sa sœur la duchesse de Bourgogne, qui lui demande un portrait d'elle, que :

> Si nous avions en Espagne quelques bons peintres, je n'aurais pas attendu votre demande pour vous envoyer nos portraits ; mais en vérité, ceux qu'on a fait jusqu'à cette heure sont tous si mauvais que je n'ai pu m'y résoudre. Ma mère me fait depuis longtemps la même demande, et je lui ai répondu que j'espérait pouvoir lui envoyer bientôt, parce que dès que nous aurons un temps plus tranquille [...] nous ferons venir un peintre de France[34].

Bon gré, mal gré, la noblesse espagnole s'accommode de ce nouveau style de représentation que l'on retrouve également à la cour de Parme, puis à Naples sous le pinceau de Mengs ou de Meytens à Vienne. La célébrité de peintres comme les français d'origine hollandaise Van Loo ou le genevois Liotard, dont il convient de se faire portraiturer, dicte aux élites européennes un style pictural commun[35]. Les premiers introduisirent « un style meilleur » selon Horace Walpole dans le portrait de cour britannique, qui influença ensuite les grands portraitistes que sont Romney, Gainsborough, Reynolds ou Ramsay. Les portraits que ce dernier fit de la reine Charlotte dans les années 1760 s'inscrivent pleinement dans la tradition du portrait de cour français. Liotard transite quant à lui de la Sublime Porte à la cour de France, en passant par celles de Vienne et des Orange. L'empereur Joseph II, le prince de Ligne ou le frère de Frédéric II posent dans son atelier dans les années 1750.

Acteurs, échelles et *media* des hybridations

Les cours sont donc au cœur de processus de circulations, de connexions et d'hybridations qui se matérialisent et s'expliquent selon des configurations agençant des intermédiaires, des ressources et des échelles (territoriale, européenne, mondiale) dont il convient de mettre en exergue la diversité.

Une société des princesses

Avec la sédentarisation des cours, les alliances matrimoniales sont l'un des vecteurs parmi les plus stimulants des circulations culturelles. À côté du rôle central des diplomates, que l'historiographie récente a valorisé, les *Gender Studies* ont mis en évidence le rôle primordial des femmes dans les connexions entre cours. L'arrivée d'une princesse étrangère, c'est d'abord l'introduction d'un entourage, qui peut s'installer plus ou moins longtemps, mais aussi la mobilisation d'objets, de savoirs, d'usages, d'une langue et de réseaux. Louis XIII dut ainsi composer avec certaines habitudes espagnoles de son épouse, Anne d'Autriche. Peuplant ses appartements, où résonnait avant tout la langue castillane, de dames d'honneur et de nains venus de Madrid, elle imposa jusqu'aux heures de repas, au grand dam du roi qui se plaignait de devoir déjeuner et dîner si tard.

C'est aussi la tentative d'imposer ses propres pratiques, soutenue par le maintien de contacts plus ou moins étroits avec le pays d'origine. Dès la fin du XVe siècle, Claire de Gonzague, princesse italienne mariée en 1481 avec le comte de Bourbon-Montpensier, cousin du roi Charles VIII, joue un rôle de passeur culturel entre les aires culturelles française et italienne (cours de Mantoue, Ferrare, Urbain, Pesaro, Florence ou Naples) : outre les nouvelles familiales ou politiques qui circulent via ses correspondances, la jeune princesse fait venir des œuvres d'art de la péninsule, comme ce *Saint Sébastien* de Mantegna en provenance de Mantoue et expédie à ses parents italiens des textiles et vêtements français[36].

Ambassadrices de premier plan, les princesses issues de la famille Médicis ont ainsi promu la culture florentine dans leurs cours d'adoption tout au long de l'époque moderne. Catherine de Médicis, épouse de Henri II, modernise le cérémonial et monumentalise le cadre palatial de la cour de France, Marie de Médicis, épouse de Henri IV, y mène un mécénat actif et sert de point de ralliement français à l'émigration italienne[37] (Jean-François Dubost). Anna Maria Luisa, la sœur du dernier grand-duc de Toscane issu de la famille (puisque les Habsbourg occuperont ensuite le trône toscan), et elle-même dernière des Médicis, fait au tournant du XVIIIe siècle de la cour palatine de Dusseldorf l'un des principaux centres de l'avant-garde artistique en Europe, tant dans les arts visuels que pour le théâtre ou la musique[38]. Elle y rassemble des collections exceptionnelles, peintures ou objets d'art - en particulier des meubles en *pietra dura* florentine – acquis grâce à ses agents à Venise, Rome ou Bologne et qu'elle rassemble en 1711, sur le modèle florentin, dans un bâtiment spécifique construit par l'architecte Matteo Alberti, le premier du genre dans le Saint-Empire. La présentation de nouvelles œuvres devient même le prétexte d'une cérémonie particulière qui valorise le tropisme artistique de cette petite cour allemande qu'elle conserve jusqu'à ce que le prince-électeur du Palatinat monte sur le trône bavarois, à la faveur de l'extinction de la branche aînée de la maison de Wittelsbach. Mannheim, leur nouvelle capitale devient au milieu du siècle l'un des grands centres musicaux d'Europe.

Véritables baromètres des circulations culturelles, ces petites et moyennes cours constituent des espaces de réception et d'ingestion d'influences culturelles provenant des grandes cours, en particulier française ou habsbourgeoises, et participant plus largement de la création de référents communs aux cours princières. Les princesses allemandes, évoquées en introduction, partageaient ainsi probablement un imaginaire littéraire européen – des romans de chevalerie du XVIIe siècle aux philosophes du XVIIIe siècle, en passant par la littérature de voyage. À l'instar de la jeune Sophie d'Anhalt-Zerbst qui avait fréquemment séjourné à la cour de Wolfenbuttel et possiblement fréquenté sa fameuse bibliothèque, les livres constituaient un recours précieux dans leur éducation, puis dans celle de leurs enfants ainsi que dans la conduite de leur vie, entre devoirs moraux et politiques, divertissements et cérémonies. Non contente d'acquérir plus de 4 500 livres dans les quatre langues qu'elle parlait et qu'elle fit disposer à Buckingham, Charlotte de Mecklembourg-Strelitz accueillait dans son entourage deux *ladies of the Bedchamber*, lady Egremont et sa belle-sœur Mrs Grenville. Celles-ci introduisirent à la cour le matériel pédagogique de la célèbre autrice de *La Belle et la Bête*, Jeanne-Marie Leprince de Beaumont, qui avait été préceptrice des filles du duc Léopold de Lorraine. Le patronage curial que reçut cette dernière à Londres à partir de 1748 lui permit d'écrire de nombreux ouvrages qui purent bénéficier de prestigieuses souscriptions grâce à ses connexions dans d'autres cours. C'est sans doute grâce à ses deux frères, peintre en décor et miroitier passés comme elle par la cour de Lunéville, et désormais implantés à la cour de Russie, qu'elle reçut l'aide de Catherine II.

Loin de se cantonner à ce qui sera ultérieurement relégué dans la littérature enfantine, ni même à la morale et à la théologie, certaines princesses se dotèrent d'un entourage érudit aux horizons scientifiques et géographiques étendus[39]. La reine Charlotte elle-même se choisit des *readers* qui étaient de véritables savants comme le genevois Jean-André Deluc, physicien, géologue et alpiniste – imitant peut-être en cela la tante de Georges III, Louisa, épouse de Frédéric V de Danemark qui avait fait venir auprès d'elle, et pour l'éducation de ses enfants, un autre savant genevois, Paul-Henri Mallet. Ces princesses allemandes, anglaises et scandinaves ont donc joué, comme les princesses italiennes du XVIe siècle, sans doute plus célèbres, un rôle essentiel dans les circulations matérielles et immatérielles entre cours européennes. On pourrait y ajouter encore la figure d'Anne de Danemark, épouse de Jacques Ier Stuart, dont les identités successives de princesse de la maison d'Oldenbourg, de reine d'Écosse et de reine d'Angleterre ont forgé la culture politique, l'encourageant à développer sa propre cour et un intense mécénat artistique. Qu'elle ait ainsi fait de la figure réginale une incarnation forte du pouvoir monarchique incite à complexifier le récit de la construction de l'absolutisme en Angleterre et à le décentrer de la figure du seul souverain. Nécessairement connectée, l'histoire des princesses à l'époque moderne met donc en lumière des échanges culturels dont les effets étaient inéluctablement politiques : or, celles-ci en furent les catalyseurs du fait de mobilités matrimoniales qui leur appartenaient, au contraire des hommes attachés à leur cour et à leurs terres[40].

Des cours au cœur de marchés mondiaux

La refondation de la cour ducale lorraine, évoquée plus haut, s'est accompagnée d'une importante production documentaire, non seulement normative mais aussi comptable. Ces archives donnent à voir l'intensité des circulations de produits qui conjugue multiplicité des points d'approvisionnement et des échelles de l'échange, depuis les environs immédiats jusqu'aux horizons les plus lointains[41]. Jouent singulièrement les tropismes européens propres aux deux époux : Élisabeth-Charlotte d'Orléans, nièce de Louis XIV, contribue à faire de Paris un pôle d'approvisionnement incontournable tandis que l'éducation viennoise et les goûts de Léopold expliquent l'attachement de la cour de Lunéville aux vins du Rhin, du Tyrol et du Tokay hongrois concurremment à ceux de Champagne et de Bourgogne. En matière d'objets importés ou inspirés des Indes, la cour pourra naturellement se tourner vers les manufactures et les marchands-merciers parisiens – une commode et une bibliothèque peintes et dorées à la chinoise sont par exemple commandées aux Gobelins –, mais aussi vers les négociants hollandais auprès desquels des indiennes sont acquises en 1717. De fait, ces multiples achats dans des contrées diverses mobilisent de nombreux relais. Il s'agit au premier chef des diplomates en résidence dans d'autres cours ou d'agents financiers. À Amsterdam, le banquier Pierre Geelhand était à la fois l'agent du duc et celui du roi de Pologne. Interviennent aussi des familiers ou des domestiques de l'hôtel ducal qui pouvaient même être envoyés en mission à l'étranger – écuyers et palefreniers se rendirent à plusieurs reprises en Angleterre pour y acquérir des chevaux. Soucieux d'affirmer sa légitimité et sa puissance par le prestige de la cour, le duc Léopold ne reculait pas devant les aléas liés à la distance – des dégâts matériels aux frais de douane et de change en passant par la longueur des acheminements. Une mission en Angleterre pouvait encore prendre plus de deux mois et la plupart des produits qui en étaient importés, comme du reste d'Espagne ou des Indes, devaient transiter par la France avec laquelle la situation demeurait conflictuelle. Les circulations d'objets entre cours supposaient donc de multiples transactions commerciales et négociations politiques.

Des « Indiens » à la cour

Liens et échanges avec les mondes lointains s'incarnent de différentes manières, notamment sous la forme des missions diplomatiques et des ambassades extraordinaires, comme celles qu'envoyèrent à la cour de France le Siam et la Sublime Porte sous Louis XIV ou, encore, en 1788, le sultan de Lahore

Tipû Sahib en quête d'appui contre les Anglais. Cette réception mêlait les pratiques cérémonielles françaises et hindoues puisque les trois envoyés de Tipû Sahib accomplirent le rituel du *nazer* qui consistait à faire l'offrande dans leur main d'une pièce d'or dont se saisissait le souverain hôte[42]. C'est ce même pittoresque qui frappe la société de cour lors des mondanités parisiennes, comme en témoigna entre autres Mme Vigée-Lebrun :

> Je vis ces Indiens à l'Opéra et ils me parurent si extraordinairement pittoresques que je voulus faire leurs portraits. Je me rendis à l'hôtel qu'ils habitaient [...]. Le plus grand, qui s'appelait Davich Khan, me donna séance [...]. Je commençai le portrait du vieil ambassadeur que je représentai assis avec son fils près de lui. Le père surtout avait une tête superbe. Tous deux étaient vêtus de robes de mousseline blanche parsemées de fleurs d'or. [...] Ces deux tableaux ont été exposés au salon de 1789.

Moins marquée par le faste, la venue des Tahitiens Ahoturu – à Paris en 1769 –et Omaï – à Londres en 1774 –, dans le sillage des expéditions de Bougainville et de Cook, est révélatrice de la complexité des contacts noués par les sociétés de cours avec les lointains. Loin d'avoir été fait prisonnier ou capturé pour être exhibé comme un monstre, Ahoturu est parti de son plein gré, probablement dans l'espoir de trouver l'appui du roi de France dans les conflits qui agitaient la Polynésie. Annoncée dans la *Gazette*, sa venue fait d'abord grand bruit : Ahoturu est présenté à Louis XV et fréquente la société parisienne dont les mondanités prolongent la vie de cour. Des témoignages convergents, ceux de la duchesse de Choiseul ou du président de Brosses, montrent toutefois qu'il déçut rapidement :

> L'insulaire de la Polynésie que Bougainville a amené en France est à Paris depuis plusieurs mois ; sa couleur est fort olivâtre, son maintien stupide et sa figure fort laide. Il est de taille moyenne, gros et membré ; il ne peut venir à bout d'apprendre notre langue. Il ne marque pas beaucoup d'étonnement ni d'admiration de tout ce qu'il voit de curieux à Paris. Il a toujours à la bouche le nom de son île Tahiti, marquant beaucoup de regrets d'en être absent et un grand désir d'y retourner.

Ces réactions n'attestent pas seulement la superficialité de la curiosité mondaine mais aussi les « contradictions inhérentes à la curiosité publique comme forme moderne de l'attention ». La société de cour participe donc doublement à l'échec relatif de la visite d'Ahoturu. Ce dernier est d'une part victime d'un zapping médiatique inédit, inhérent au nouvel espace public dont la cour n'est pas exclue. D'autre part, la vision traditionnelle de la société d'ordres, dont la cour est pétrie, assigne au protégé de Bougainville un statut de domestique. Passée la première rencontre, Ahoturu est finalement considéré comme appartenant à sa clientèle, « bénéficiant de ses réseaux aristocratiques » et appartenant « à une sorte de noblesse transnationale » : sa position au sein de la société de cour est normalisée, en même temps qu'il n'en maîtrise pas suffisamment les codes de comportement pour l'intégrer et perd ainsi tout intérêt[43].

De fait, les trajectoires curiales des « gens de couleur » ont été largement invisibilisées, hormis quelques exceptions fameuses comme celle d'Abraham Petrovitch Hanibal, ancêtre du poète russe Pouchkine. Esclave noir, il fut acheté à la cour du sultan ottoman pour la cour de Pierre le Grand, dont il devint l'affranchi et le protégé. Formé en France au métier des armes, il fut anobli et accomplit une carrière fulgurante dans l'Empire russe[44]. Son parcours n'est pas sans rappeler celui du chevalier de Saint-Georges, métisse né des amours d'un planteur de la Guadeloupe et d'une de ses esclaves, dont les talents d'escrimeur et de compositeur marquèrent la cour de Louis XVI et de Marie-Antoinette. Figures flamboyantes et représentations exoticistes de « négrillons » auprès de leur maîtresse ne doivent pourtant pas faire oublier la présence effective d'une population noire en Europe, notamment une domesticité silencieuse dans les sociétés urbaines et curiales britanniques et françaises. Pas moins de 1 500 cas ont pu être documentés pour l'époque moderne dans le bassin parisien. Appartenant majoritairement aux maisonnées aristocratiques, ces individus apparaissent fréquemment dans le sillage des propriétaires et des administrateurs des colonies de Nouvelle-France et des Antilles avant de transiter par Paris et, dans une moindre mesure, à la suite immédiate des résidences royales, tel que « Charles François Sébastien, dit Auguste, né à Madagascar et âgé de 25 ou 26 ans, embarqué en 1759 à Pondichéry sur un navire hollandais et arrivé à Amsterdam en 1760, [qui] a déclaré avoir reçu le baptême en 1765 ou 1766 en la cathédrale de Tréguier et sa liberté le 9 août 1774 de M. de Villeneuve, premier veneur du comte d'Artois et colonel d'infanterie qu'il a quitté pour servir au Grand Commun la marquise d'Ausey »[45]. Tant les individus que les artefacts attestent donc de la place des cours princières dans le « régime de grande circulation » (Sanjay Subrahmanyam) qui s'est mis en place dans le monde entre 1500 et 1700.

Appropriations d'Est en Ouest et d'Ouest en Est

Les consommations des produits importés d'Asie comme de l'espace atlantique passent autant par la mise en exergue de leurs singularités que par l'appropriation de celles-ci. L'attrait européen pour les produits des Indes orientales et occidentales ne se dément pas jusqu'à la fin du XVIIIe siècle. Ils s'insinuent dans les pratiques curiales en gardant une ou plus moins grande visibilité et en servant différents objectifs, notamment de distinction. Si l'adoption du chocolat, boisson « américaine », demeure hautement distinctive et très prisée des élites aristocratiques européennes, le café et le thé sont adoptés par l'ensemble des populations, y compris laborieuses. Quant aux porcelaines de Chine, elles sont par exemple inventoriées dans les inventaires du roi Manuel de Portugal à la fin du XVIe siècle sans être pour autant systématiquement signalées en tant que telles. Moins exotiques que « métisses » (Serge Gruzinski), ces précieux artefacts résultaient en général de multiples formes d'hybridations. Qu'il s'agisse d'objets utilitaires ou de figurines décoratives comme des magots ou des pagodes, ils circulaient fréquemment dans les cours européennes sous la forme d'assemblages de pièces disparates agrémentées d'une monture en bronze qui en augmentait la valeur et en favorisait l'harmonisation avec le reste du décor[46]. Si les matériaux et les techniques de fabrication asiatiques ont été appropriés en Europe (chapitres 6 et 7) à des fins d'imitation, les artisans indiens et chinois surent également adapter leur production à la demande européenne en expédiant vers l'Europe des cotonnades ornées de motifs inspirés de la mythologie gréco-romaine ou de la vaisselle aux formes occidentales qu'eux-mêmes n'auraient jamais utilisées.

Ces processus d'appropriation attestent en un sens la commensurabilité entre ces cultures lointaines que les cours, véritables *trading zones* d'un phénomène plus global, contribuent à construire en favorisant rencontres et connexions, non seulement de l'Est vers l'Ouest mais aussi dans l'autre sens. Bien qu'antérieurs à l'époque moderne, les liens entre cours occidentales et asiatiques – dont les convergences de trait ne s'expliquent cependant pas toutes par des emprunts et des connexions mais aussi par des similitudes anthropologiques[47] – s'intensifient à l'époque moderne, à la faveur de la première mondialisation et de vives concurrences entre empires européens en expansion et empires d'Asie. Les appropriations curiales de pratiques occidentales existent en effet autant que l'inverse, contrairement aux lieux communs qui ont longtemps eu cours sur le manque d'intérêt des non-Européens pour d'autres civilisations. La réprobation du président de Brosses à l'égard du défaut d'admiration d'Ahoturu vis-à-vis des merveilles parisiennes est à cet égard significative.

Pour autant, il est par exemple frappant que les intenses relations entre la France et le Siam, marquées par des envois réciproques d'ambassades à la fin des années 1680, se traduisent aussi par des échanges matériels. À la frontière du don et de la commande, Phra Naraï monnaye son soutien aux activités de la Compagnie des Indes orientales française, dont il a besoin pour contrer les ambitions néerlandaises, contre des cadeaux faramineux. Lors de la seconde ambassade française (en 1687), on tint un inventaire détaillé de ce qui avait été tiré du Garde-Meuble de la Couronne ou commandé auprès des fournisseurs habituels de la cour, entre autres :

> [...] cinq horloges, des meubles, de la cristallerie, des montres en or, une couronne d'or et de diamants (d'une valeur de 135 000 livres), des vêtements, des selles et des harnachements, des épées d'apparat, douze mousquets, huit paires de pistolets décorés, deux miniatures de Louis XVI peintes sur émaux et relevées de diamants, un coffre rempli de médaillons portant le profil du monarque français ainsi qu'un portrait équestre du Roi Soleil [...] deux grands miroirs, deux chaises à porteurs, des miroirs en cristal rehaussés de pierres précieuses, des chandeliers et des candélabres en cristal rehaussés de pierres précieuses, des consoles murales en marbre jaspé de blanc et de rouge et à pieds dorés, des tapis de la Manufacture de la Savonnerie, des tables en marbre, un orgue, un certain nombre de vases et toutes sortes d'étoffes raffinées[48].

De manière générale, ces circulations matérielles attestent que Phra Naraï fut un agent actif de ces échanges, même si ses opposants ruinèrent en l'assassinant les espoirs de la France de faire du Siam sa tête de pont en Asie du Sud-Est. Fin connaisseur des cultures européennes – il entretenait également au même moment des échanges avec la cour portugaise –, mais aussi persanes, Phra Naraï chercha à les acclimater et les hybrider à sa cour. Après avoir reconstruit une partie de son palais à la mode persane, il fit aménager de grands salons parés de glaces, de tapis et autres brocarts des manufactures françaises et néerlandaises. Usages et objets venus d'Asie comme d'Europe participèrent donc de son « projet esthétique et politique » (Giorgio Riello).

Vienne et Amsterdam chez les Moghols, Versailles en Chine

Parmi les exemples d'appropriation de formes architecturales, techniques et artistiques des cours occidentales par les cours asiatiques, retenons-en deux. Au XVIIe siècle, de nombreux peintres hollandais entrent en contact avec les cours de l'Inde moghole et, par leur truchement, avec une culture visuelle à laquelle les Occidentaux avaient été longtemps rétifs. Rembrandt n'est que le plus illustre d'entre eux à expérimenter l'introduction de principes de compositions et motifs pris dans les enluminures et miniatures mogholes visibles dans les collections qui commençaient à être rassemblées en Europe. William Schellinks s'en inspire aussi pour peindre des scènes de cour orientales, tantôt dans un style exoticiste et pseudo-réaliste – comme dans la *Partie de chasse au faucon* représentant l'empereur Shahjahan (1592-1658) et ses fils –, tantôt dans un style plus délibérément emprunté à ces modèles étrangers, avec des compositions originales intégrant des créatures composites et des apothéoses imaginaires, à l'instar de la *Scène d'inspiration indienne* conservée au musée Guimet, représentant également la cour de Shahjahan. Or, à la même époque, des représentations des empereurs moghols empruntent symétriquement des traits aux portraits princiers et, plus largement, à la peinture occidentale : halo, ombre, anges et chérubins, globe figurant la puissance souveraine attestant la présence d'un imaginaire biblique et catholique, même si ces motifs semblent moins avoir été déterminés par des considérations religieuses que par la séduction opérée par leur caractère formellement innovant[49]. Les archives de la VOC (compagnie des Indes néerlandaises) attestent bien la présence de peintres hollandais, que les princes moghols cherchèrent parfois à recruter par son entremise. L'appropriation indienne de la culture visuelle chrétienne tient cependant d'abord à la constitution d'importantes collections de livres occidentaux – manuscrits ou imprimés, souvent illustrés – dont les jésuites ont été les actifs intermédiaires, comme dans d'autres contextes et d'autres parties du monde.

Dans la Chine des années 1750, c'est aussi vers la Compagnie de Jésus que se tourna l'empereur Qianlong, recourant aux services de deux de ses membres, Giuseppe Castiglione et Michel Benoist, pour l'érection de pavillons et de fontaines de style occidental dans les vastes jardins du palais d'Été de Pékin (Yuanmingyuan)[50]. Des gravures, mais aussi les pavillons aujourd'hui restitués, rendent compte d'une hybridation stylistique originale, entre « baroque » occidental et traditions chinoises. On peut observer notamment le recours à la pierre, alors que les bâtiments traditionnels étaient généralement de bois, ainsi qu'une statuaire occidentalisée sur le modèle de l'ornementation des palais et monuments européens (trophées militaires, pots à feu...). De même, les jardins sont aménagés selon les principes d'ornementation et d'hydraulique caractéristiques des jardins dits à la « française » (cascades, girandoles ou obélisques liquides...). Castiglione, peintre de la cour des empereurs Ming, qui prit d'ailleurs en 1716 le nom de Lang Shining, introduisit plus globalement dans l'art de cour chinois des influences occidentales[51].

Façade du Haiyantang, gravure sur cuivre, v. 1783-1786

Cours en réseaux, cours de papier

Vraisemblablement influencé par des gravures d'architecture française que Castiglione avait reçues de Louis XV avec lequel il était en relation avant de produire lui-même des recueils gravés, le palais d'Été témoigne de l'importance de la circulation des images des cours sur papier. Almanachs, gazettes, gravures représentant palais, villes de résidence ou cérémonies circulent, telles des cours de papier, avec l'ambition d'éblouir les lecteurs. La concurrence est rude en effet entre ces grandes cours qui prétendent conserver leur prééminence et la multitude des petites et moyennes cours nouvellement royales ou encore seulement princières, ducales ou électorales qui défendent âprement leur rang sur la scène européenne.

La circulation des images comme celle des listes de courtisans, publiées dans les almanachs, véhicule ce que seul le visiteur peut voir, sans doute encore plus efficacement que les récits des voyageurs et les descriptions publiées dans les premiers guides de voyage. Les résidences princières s'exportent dans des recueils de gravures qui circulent jusqu'en Orient. La cour de France, parmi les premières, use de cette nouvelle pratique, en donnant à voir à l'échelle de l'Europe ses résidences et son théâtre urbain, mais c'est peut-être dans le Saint-Empire que le genre se développe avec le plus de vigueur. Les recueils des architectes Fischer von Erlach père et fils ou du graveur Salomon Kleiner étalent la magnificence viennoise, bientôt imitée par de nombreux princes d'Empire qui font éditer à leur tour de semblables vues de leurs fastueuses résidences baroques. Le prince-électeur de Mayence, Lothar Franz von Schönborn, ambitionne ainsi de déjouer les préjugés des snobs de la cour de Vienne en demandant à son neveu, vice-chancelier de l'Empire, d'y diffuser les images de la « Favorite » – folie qu'il s'était fait construire à partir de 1700 à l'aplomb du confluent du Rhin et du Main, sur le modèle de Marly : (la vue de Marly légendée en allemand et reproduite p. 111 témoigne de la circulation des gravures d'architecture dans l'espace germanique)

> Je vous enverray peutestre avec la premiere ordinaire le dessein de quelques ameliorissements dans ma Favorite, en partie faits, et en partie encore a faire. Je me flatte, qu'ils auront vostre Approbation. Il y aura un alphabeth ou un renvoy, par lequel l'idee que vous en aurez sans encor, vous en sera tout a fait rafraîchie, du moins s'il y a d'assez de curieux à Vienne, ils pourront voir qu'on ne plante pas seulement des choux dans l'Empire […][52].

Le caractère parfois plurilingue des légendes (recourant notamment au français) confirment l'ambition de dépasser le lectorat local.

La diffusion de ces images n'est toutefois pas entièrement contrôlée par les souverains et les appareils curiaux. En France comme dans l'espace germanique, la production d'almanachs illustrés, de diffusion souvent plus populaire que les almanachs de cour, n'est pas téléguidée par les pouvoirs même si elle entre en résonance avec la fabrication par le haut de l'imaginaire royal et curial. Des almanachs sont par exemple publiés à Ulm, Augsbourg et Nuremberg pour célébrer les faits et gestes de l'empereur Léopold Ier (1640-1705). À Paris, le quartier latin connaît aux XVIIe et XVIIIe siècles plusieurs dynasties familiales d'éditeurs d'almanachs, destinés à l'affichage mural ou sous forme de livrets périodiques, qui contribuent également à façonner des représentations plus ou moins réalistes de la cour, de son cadre de vie et de ses cérémonies, comme à l'occasion du mariage de Louis XV avec Marie Leszczyńska.

Almanach de 1726, *L'Auguste réception faite à la Reyne par Sa Majesté Louis XV*, chez François-Gérard Jollain, burin et eau-forte, 85,7 x 55 cm, BnF, Est., Réserve Qb-201 (171, 18)-Ft 5, Hennin, 7993

Les illustrations de ces almanachs populaires – dont l'usage est par ailleurs utilitaire, puisqu'il s'agit de calendriers et de recueils de conseils pratiques – relèvent très souvent d'une actualité conçue comme celle de la société des princes, entre affrontements militaires et vie de cour, à l'instar des gazettes. Elles mettent en scène celles-ci dans un style à la fois narratif, didactique et hiératique, très stéréotypé depuis le règne de Louis XIV. Ce n'est que tardivement dans le XVIIIe siècle que des éditeurs comme Crépy et Charpentier rompent avec cette tradition visuelle pour adopter un registre beaucoup plus décoratif. Tout en se focalisant plus que jamais sur les événements dynastiques – mariages et naissances –, les planches tendent à placer les membres de la famille royale et de la société de cour dans des décors fantaisistes, jardins et pavillons évoquant plus les scènes galantes fleurissant à la même époque sur les écrans de cheminée, les paravents ou les éventails, que le décorum versaillais[53].

Les images de la vie de cour sont ainsi appropriées de manières multiples, circulations sociales et spatiales se combinant pour les hybrider. C'est ainsi que le mythe européen de Versailles se construisit à la faveur de la mobilisation de supports variés et du remploi, de la contre-façon et/ou du détournement d'images dont le crédit tenait sans doute moins à leur caractère officiel ou véridique qu'à leur capacité à garantir la rentabilité de leur commercialisation. Parmi les nombreux supports iconographiques qui circulent à travers l'Europe des Lumières, les vues d'optique, dont le dispositif particulièrement ludique permettait de voir le château du Roi-Soleil en relief, grâce à un instrument associant une lentille et un miroir, remportèrent un vif succès dans le cadre de l'élargissement des consommations culturelles et du développement des spectacles de curiosités. Versailles, comme d'autres résidences princières ou lieux connus, se trouvait projeté jusque dans les milieux populaires.

De nombreux éditeurs, français mais aussi germaniques – comme l'Augsbourgeois Probst –produisirent ces vues de Versailles, souvent inspirées des images canoniques et facilement reconnaissables, de fameux graveurs du XVIIe siècle, tels que Isaac Silvestre et Pierre Aveline le Vieux, ou des *Vues des maisons royales* de Jacques Rigaud : vue du château depuis l'avenue de Paris, vues des jardins, et, dans une moindre mesure, comme dans toutes les séries topographiques diffusées sous forme de vues d'optique, vues des intérieurs (notamment la chapelle royale). Tant les gravures d'origine que les lieux représentés peuvent être déformés : les unes pour être mises à l'échelle – c'est notamment le cas des vues produites par Probst – ou actualisées, les autres pour résonner avec d'autres lieux familiers des spectateurs. Le salon de la paix attenant à la galerie des Glaces apparaît ainsi sous les traits d'une rotonde de *vauxhall* sur une vue datant des années 1760, à l'apogée de la production et de la diffusion de ce type de vues. Paradoxalement, c'est au moment où la France connut ses plus lourds revers militaires et coloniaux que les vues de Versailles furent les plus prisées : la célébration de la paix entre la France et l'Angleterre à la fin de la guerre de Sept ans, en 1763, donna lieu à une production pléthorique de vues du château. Ce marché de l'image curial qui s'avéra particulièrement lucratif et efficace, n'avait qu'un défaut : il contribuait à nourrir la fréquente déception des voyageurs qui évoquent explicitement le contraste entre ces gravures et la réalité, à l'instar de Sophie von La Roche[54].

Épilogue : que produisent les rencontres ?

Malgré le rayonnement (relatif) de modèles (présupposés), les convergences et les circulations, les rencontres ont un goût d'inachevé. L'incompréhension demeure : la commensurabilité ne dissout pas l'altérité. Si la stupeur suscitée par la cordialité de la jeune Élisabeth de Valois, venue épouser le roi Philippe II d'Espagne en 1559, n'est alors pas étonnante du fait des différences de culture entre les deux cours, celle qui prend la dame d'honneur de la jeune dauphine Marie-Antoinette, se jetant dans ses bras à l'issue de la cérémonie de la remise organisée à Strasbourg en 1770 étonne davantage. Outre le phénomène de renversement, qui fait passer la cour de France de libérale à guindée, c'est le maintien d'une telle différence d'appréciation dans les interactions entre les courtisans qui peut surprendre l'historien. Tout en produisant de fortes convergences entre cours, connexions et rencontres n'ont donc pas fait disparaître des subcultures curiales qui n'ont jamais été monolithiques. Elles invitent plus que jamais à une véritable histoire européenne, nécessairement comparatiste et située, pour mettre au jour par quelles logiques les cours ont pu être à la fois les foyers d'un cosmopolitisme transnational et de la fabrication des identités nationales.

L'émigration de la noblesse de cour française pendant la Révolution, vers l'Empire, la péninsule italienne ou l'Angleterre, jette une lumière crue sur ces divergences et ces paradoxes. À certains égards, la période est bel et bien celle d'une solidarité au sein d'une noblesse transnationale, partageant des valeurs politiques et sociales et des liens de parenté. Le marquis et la marquise de Bombelles ont ainsi trouvé des appuis au sein de leur réseau à chaque fois qu'ils ont dû changer de résidence au cours de leur exil : la reine Marie-Caroline de Naples accorde au marquis une pension de 12 000 livres après sa démission du poste d'ambassadeur de France à Venise, le comte de Thurn lui donne accès à un logement à Saint-Gall, celui de Buol à Ratisbonne[55]. Les fractures socio-culturelles n'en sont pas moins multiples. Certains émigrés, comme les Bombelles, rompent avec les divertissements inhérents à la vie de cour et à l'expression de leur rang, au nom du drame à la fois personnel, existentiel et politique qu'ils endurent. D'autres se seraient au contraire jetés dans une vie de fêtes et de plaisirs, suscitant l'opprobre en incarnant ce que la cour pouvait receler de turpitudes. De manière plus générale, les émigrés semblent avoir eu des difficultés à s'intégrer dans leurs sociétés d'exil, se réfugiant dans la supposée universalité du français et de la culture de cour attachée à cette langue pour ne pas apprendre l'allemand ni s'approprier les mœurs germaniques. Ils ont été finalement peu accueillis dans les cours de Weimar, Berlin, Brunswick ou Vienne. En Italie, un émigré auvergnat comme le marquis d'Espinchal juge durement les seigneurs piémontais – à Turin, « plus on est grand et moins la hauteur est de saison »[56]. La violence de la crise révolutionnaire fait donc éclater les décalages persistants entre sociétés de cour européennes.

Notes

Introduction

1. François SIMIAND, « Méthode historique et science sociale. Étude critique à propos des ouvrages récents de M. Lacombe et de M. Seignobos », *Revue de synthèse historique*, 1903, p. 1-22, p. 122-157.
2. Norbert ELIAS, *La Société de cour*, Paris, Calman-Lévy, trad. fç, 1974, rééd. fr. 1985 avec une introduction de Roger Chartier. Publié en allemand en 1969, l'ouvrage original était en fait tiré de la thèse d'habilitation rédigée par N. Elias avant-guerre.
3. Par exemple, dans le cas germanique, Johann Heinrich ZEDLER, *Grosses vollständiges Universal-Lexikon aller Wissenschaften und Künsten...*, Halle/Leipzig, 1732-1750, (XIII, p. 405) : 1. la demeure d'un prince ; 2. le service d'un prince ou sa famille (*Hof-Staat*) à laquelle appartiennent les gens et le personnel de cour. Les fournisseurs de la cour sont nantis du titre Hof-xxx ; 3. un espace non construit ; 4. le lieu où se tient le prince.
4. Pour une synthèse en français : Éric HASSLER et Pauline LEMAIGRE-GAFFIER, « Les sociétés de cour en Europe (XVIe-XVIIIe siècle). Essai historiographique », dans Nicolas LE ROUX, dir., *Faire de l'histoire moderne*, Classiques Garnier, 2022, p. 211-233.
5. Marcelo FANTONI, dir., *The Court in Europe*, Rome, Bulzoni, 2009.
6. On renverra en particulier à *The Court Historian*, la revue publiée par la *Society for Court Studies*: https://www.courtstudies.org/ S'est structuré un réseau d'institutions académiques tournées vers l'étude des cours princières dont les principaux acteurs sont, outre l'institution britannique, le *Centre for Research on Courts and Residences* (Prague), le *Centre de recherches du Château de Versailles*, *Europa delle Corti* (Ferrare), le *Centro Studi della Venaria Reale* (Turin), *La Corte en Europa* (Madrid) et le réseau académique *Royal Studies*.
7. Nancy, Archives départementales de Meurthe-et-Moselle, 1 MI 845, 8, *Sur la nécessité d'établir un cérémonial de la cour de Lorraine*, f° 43.
8. *Ibid.*, 1 MI 845, *Cayer*, art. 24, f°49.
9. Voir en particulier les travaux de Jeroen Duindam, José Martínez Millán et Carlos Gómez-Centurión, ou encore Mathieu Da Vinha.
10. Voir notamment : Fanny COSANDEY, *Le rang. Préséances et hiérarchies dans la France d'Ancien Régime*, Gallimard, 2016 et Barbara STOLLBERG-RILINGER, *Rituale*, Francfort, Campus Verlag, 2019.

11. À titre d'exemple : Mark Hengerer, *Kaiserhof und Adel in der Mitte des 17. Jahrhunderts : eine Kommunikationsgeschichte der Macht in der Vormoderne,* Constance, UVK Verlagsgesellschaft, 2004.
12. On renverra par exemple à l'étude du basculement de la cour d'Espagne des Habsbourg aux Bourbons : Catherine Désos, *Les Français de Philippe V. Un modèle nouveau pour gouverner l'Espagne, 1700-1724,* Strasbourg, Presses universitaires de Strasbourg, 2009.
13. René Vermeir, Dries Raeymaekers et José Eloy Hortal Muñoz, dir., *A Constellation of Courts: The Courts and Households of Habsburg Europe, 1555-1665,* Louvain, Leuven University Press, 2014.
14. Jeroen Duindam, « Die Habsburgermonarchie und Frankreich. Chancen und Grenzen des Strukturvergleichs », dans Petr Mat'a et Thomas Winkelbauer, dir., *Die Habsburgermonarchie 1620 bis 1740: Leistungen und Grenzen des Absolutismusparadigmas,* Stuttgart, F. Steiner, 2006, p. 60.
15. Outre l'importante production menée autour du projet *Residenzenstädte im Alten Reich (1300-1800)* de l'Académie des Sciences de Göttingen qui a profondément renouvelé l'étude de ces problématiques, voir en français : Léonard Courbon et Denis Menjot, dir., *La cour et la ville dans l'Europe du Moyen Âge et des Temps Modernes,* Turnhout, Brepols, 2015 ; Boris Bove, Murielle Gaude-Ferragu et Cédric Michon, dir., *Paris, ville de cour,* XIIIe*-*XVIIIe *siècle,* Rennes, PUR, 2017 ; Anne Motta et Éric Hassler, dir., *Noblesses et villes de cour en Europe* (XVIIe-XVIIIe*). La ville de résidence princière, observatoire des identités nobiliaires à l'époque moderne,* Rennes, PUR, 2021.
16. Mélanie Traversier, *Gouverner l'opéra. Une histoire politique de la musique à Naples, 1767-1815,* Rome, École française de Rome, 2009.
17. Maurice Aymard et Marzio Romani, dir., *La Cour comme institution économique,* Actes du douzième congrès international d'histoire économique, Séville-Madrid, 24-28 août 1998, Paris, Éditions de la Maison des sciences de l'homme, 1998.
18. Cité dans Antoine Durand, « Restitution des palais européens du Yuanmingyuan », *Arts asiatiques,* tome 43, 1988, p. 123.
19. Loin de prétendre à l'exhausitvité pour autant, l'ouvrage ne pouvait proposer dans ce format l'ensemble de la bibliographie mobilisée (et mobilisable) : le lecteur trouvera donc (en notes et en fin de volume) seulement les références des exemples détaillés ainsi que les synthèses les plus accessibles pour une orientation générale, notamment en français et en anglais. De même, la cour pontificale a été largement écartée même si elle partage des traits communs avec les cours princières en dépit de ses singularités ; sur ce sujet, les travaux de référence sont ceux de Maria Antonietta Visceglia.

Chapitre 1
La cour, institution monarchique et espace politique

1. Charles Loyseau, *Cinq Livres du droit. Traité des Offices*, Paris, rééd. 1701, p. 227.
2. Jeroen Duindam, *Vienna and Versailles: The Courts of Europe's Major Dynastic Rivals, 1550-1780*, Cambridge, Cambridge University Press, 2003.
3. Cordula Bauer, *Construire la cour au quotidien. Artisans et serviteurs à la cour de Bavière*, thèse de doctorat, Université Paris 1, 2023, 2 tomes (tout ce qui a trait à la cour de Munich dans ce chapitre en est tiré).
4. Élisabeth Lalou, « Le fonctionnement de l'Hôtel du roi du milieu du xiiie siècle au milieu du xive siècle », dans Élisabeth Lalou et Jean Chapelot, dir., *Vincennes. Aux origines de l'État moderne*, Paris, Presses de l'École Normale Supérieure, 1996, p. 145-161.
5. Mathieu Da Vinha, « Structures et organisation des charges de cour à l'époque moderne », dans Marcello Fantoni, dir., *The Court in Europe*, Rome, Bulzoni Editore, 2012, p. 275-289.
6. José Martínez Millán et Santiago Fernández Conti, dir., *La monarquía de Felipe II : la Casa del Rey*, Madrid, Fundación Mapfre Tavera, 2005 ; José Martínez Millán et Maria Antonietta Visceglia, dir., *La Monarquía de Felipe III : la Casa del Rey*, Madrid, Fundacion Mapfre, 2008, 2 vol. ; José Martínez Millán et José Eloy Hortal Muñoz, dir., *La Corte de Felipe IV (1621-1665) : reconfiguración de la monarquía católica*, Madrid, Polifemo, 2015, t. 1 et 2 ; Carlos Gómez-Centurión et Juan A. Sánchez Belén, *La Herencia de Borgoña. La hacienda de las reales casas durante el reinado de Felipe V*, Madrid, Centro de Estudios Políticos y Constitucionales, 1998.
7. Éric Hassler, *La Cour de Vienne, 1680-1740. Service de l'empereur et stratégies spatiales des élites nobiliaires dans la monarchie des Habsbourg*, Strasbourg, Presses universitaires de Strasbourg, 2013.
8. Louis de Rouvroy, duc de Saint-Simon, *Mémoires. Additions au journal de Dangeau*, Paris, Gallimard, 1982-1986, t. 3, p. 131.
9. Malcolm Vale, *The Princely Court: Medieval Courts and Culture in North-West Europe, 1270-1380*, Oxford, Oxford University Press, 2001.
10. Archives Nationales (Paris), O^3 529, « Réflexions » (texte anonyme daté du 15 juin 1790).
11. Christophe Blanquie, « Dans la main du Grand Maître : les offices de la Maison du Roi (1643-1720) », *Histoire et mesure*, XIII/3-4, 1998, p. 243-288.
12. Sophie de Laverny, *Les Domestiques commensaux du roi de France au xviie siècle*, Paris, PUPS, 2002.
13. John H. Eliott, *Richelieu et Olivares*, Paris, PUF, 1991 (trad. fç) ; Nicolas Le Roux, *La Faveur du roi. Mignons et courtisans des derniers Valois*, Seyssel, Champ Vallon, 2000. On renverra plus globalement à : John H. Eliott et Laurence W. B. Brockliss, dir., *The World of the Favourite*, New Haven, Yale University Press, 1999.

14. Henri Coëffier de Ruzé, marquis de Cinq-Mars (1620-1642), grand écuyer.
15. Charles-Albert, duc de Luynes (1578-1621), connétable et favori de Louis XIII.
16. Hannah Smith, *Georgian Monarchy: Politics and Culture, 1714-1760*, Cambridge, Cambridge University Press, 2006.
17. Sur le cas français, voir le corpus de périodiques mis en ligne par le Centre de recherche du château de Versailles : https://www.chateauversailles-recherche.fr/francais/ressources-documentaires/corpus-electroniques/sources-imprimees/periodiques
18. Sandra Martinez, « Comptabilités et représentations à la cour de Madrid sous Charles II d'Espagne (1665-1700). Les *Instructions au maître de la Garde-robe* », *Comptabilités. Revue d'histoire des comptabilités*, n° 11, 2019, http://journals.openedition.org/comptabilites/2311.
19. Christine Lebeau, *Aristocrates et grands commis à la cour de Vienne, 1748-1791*, Paris, CNRS éditions, 1996.
20. Pour une synthèse des recherches menées sur ces réformes du xviiie siècle, notamment dans le sillage de Carlos Gómez-Centurión: Natalia González Heras, « La Transformación de la Casa Real a finales del siglo XVIII » (en ligne : https://www.cervantesvirtual.com/obra/la-transformacion-de-la-casa-real-a-finales-del-siglo-xviii-986342/).
21. J. Duindam, *op. cit.* ; Pauline Lemaigre-Gaffier, notice « Dépenses de la Maison du Roi » dans Mathieu Da Vinha et Raphaël Masson, dir., *Versailles. Histoire et dictionnaire*, Paris, Robert Laffont, 2015.
22. Pour un panorama d'ensemble, John Adamson, dir., *The Princely Courts of Europe : Ritual, Politics and Culture under the Ancien Régime, 1500-1750*, Londres, Seven Dials, 2000.
23. Ces corps sont unifiés à partir du règne de Louis XIII, le terme de « Maison militaire » apparaissant seulement en 1671, voir Rémi Masson, *Défendre le roi. La Maison militaire au xviie siècle*, Ceyzérieu, Champ Vallon, 2017. Aux Gardes françaises et suisses pour l'infanterie, aux Chevau-légers, Gendarmes, Gardes du corps et Mousquetaires pour les troupes à cheval, s'ajoutent les Gardes de la Porte chargés de surveiller l'accès « au Louvre », c'est-à-dire aux demeures princières (Maxime Blin, *Les Gardes de la Porte du Roi. Étude institutionnelle et sociale. Dictionnaire biographique*, Paris, L'Harmattan, 2016). Ces questions ont également été travaillées dans le cas de la cour d'Espagne, notamment par José Eloy Hortal Muñoz et Félix Labrador Arroyo (voir leurs contributions, en espagnol, dans J. Martínez Millán et M. A. Visceglia, dir., *La Monarquía de Felipe III, op. cit.*, t. 1 ; J. Martínez Millán et J. E. Hortal Muñoz, dir., *La corte de Felipe, op. cit.*, t. 2., et, en français, dans le *Bulletin du centre de recherche du château de Versailles* (https://journals.openedition.org/crcv/38520).
24. Éric Hassler, « Mes estats estant situés entre l'Allemagne et la France il faudra prendre de l'un et de l'autre. Vienne, Versailles, Lunéville : réflexions sur les « modèles » de cour au début du xviiie siècle », dans Anne Motta, dir., *Échanges, passages et transferts à la cour du duc Léopold (1697-1729)*, Rennes, PUR, 2017, p. 151-165.

25. Contributions de Paolo COZZO sur Turin ainsi que de José Eloy HORTAL MUÑOZ et Marcello LUZZI TRAFICANTE sur l'Espagne de Philippe IV et Philippe V, dans Alain MARCHANDISSE et Benoist PIERRE, dir., *Église et État. Les Clergés de cour en Europe (fin XVe-XVIIIe siècles). Service religieux et service politique dans les systèmes curiaux*, Turnhout, Brepols, 2023. Tous les exemples de ce chapitre relatifs aux clergés des cours turinoise et espagnole en sont tirés.
26. Paul KEENAN, *St Petersburg and the Russian Court, 1703-1761*, Basingstoke, Palgrave McMillan, 2013.
27. Sur la prise de décision en conseil, voir : Michel Antoine, *Louis XV*, Paris, Fayard, 1989 ; Hugo Coniez, *Le Cérémonial de la cour d'Espagne au XVIIe siècle*, Paris, PUPS, 2009 ; Alexandre Dupilet et Thierry Sarmant, « Polysynodie et gouvernement par conseil en France et en Europe du XVIIe au XIXe siècle », *Histoire, économie et société*, 2007/4, p. 51-65 ; Xavier Le Person et Stanis Perez, dir., *Maladies diplomatiques. Souverains et puissants face à la maladie de l'Antiquité à nos jours*, Lyon, Jacques André éditeur, 2018.
28. Nicolas SCHAPIRA, *Maîtres et secrétaires, XVIe-XVIIIe siècles*, Paris, Albin Michel, 2020.
29. Flavie LEROUX, *Les Maîtresses du roi, de Henri IV à Louis XIV*, Ceyzérieu, Champ Vallon, 2020.
30. Marie-Françoise VAJDA, « L'œil du souverain ? Rôle et pouvoirs des représentants du souverain (*főispánok*) à la tête des comitats hongrois au XVIIIe siècle », *Histoire, économie et société*, 2011/1, p. 23-38.
31. Alexandre DUPILET, *La Régence absolue. Philippe d'Orléans et la polysynodie, 1715-1718*, Seyssel, Champ Vallon, 2011.
32. Ariane BOLTANSKI, *Les Ducs de Nevers et l'État royal : genèse d'un compromis, ca 1550-ca 1600*, Genève, Librairie Droz, 2015.
33. Ronald G. ASCH, *Der Hof Karls I. von England: Politik, Provinz, und Patronage, 1625-1640*, Cologne, Böhlau, 1993.
34. Joseph BERGIN, « L'essor du confesseur du roi au XVIIe siècle », dans Denis LOPEZ, Charles MAZOUER et Éric SUIRE, dir., *La Religion des élites au XVIIe siècle*, Tübingen, Gunter Narr Verlag, 2008, p. 112-125.
35. Jean Bérenger, *Léopold Ier (1640-1705), fondateur de la puissance autrichienne*, Paris, 2004. Voir aussi pour les prolongements de ces factions : János Kalmår, « Autour de l'empereur Charles VI : "Allemands" et "Espagnols" dans la cour viennoise du premier tiers du XVIIIe siècle », Jean-Philippe Genet et Günther Lottes, dir., *L'État moderne et les élites XIIIe-XVIIIe siècles. Apports et limites de la méthode prosopographique*, Paris, Publications de la Sorbonne, 1996, p. 256-257.
36. Madame Palatine, lettre à la duchesse de Hanovre, 28 septembre 1709, cité dans Emmanuel LE ROY LADURIE, *Saint-Simon ou le système de la Cour*, Paris, Fayard, 1997, p. 182. Voir aussi sa lettre du 23 décembre 1710 dans laquelle elle évoque les différentes cabales (des seigneurs, de Meudon ou encore des dévots).
37. E. LE ROY LADURIE, *Saint-Simon…, op. cit.*, p. 183-184.

38. Charles W. Ingrao, *In Quest and Crisis: Emperor Joseph I and the Habsburg Monarchy*, West Lafayette, Purdue University Press, 1978.
39. H. Smith, *Georgian Monarchy, op. cit.*, p. 221.
40. Ivo German, *Habsburgischer Adel und Aufklärung: Bildungsverhalten des Wiener Hofadels im 18. Jahrhundert*, Stuttgart, F. Steiner, 2010, cité p. 108.
41. Ce phénomène est au cœur du projet dirigé par Damien Tricoire (Université de Trèves) : « Pamphlets and Patrons: How courtiers shaped the public sphere in Ancien Régime France », https://papa.uni-trier.de/.
42. Voir H. Smith, *Georgian Monarchy, op. cit.*, chap. 5 ; Thomas Biskup, Benjamin Marschke, Andreas Pecar and Damien Tricoire, dir., *Enlightenment at court. Patrons, Philosophes, and reformers in eighteenth century Europe*, Oxford, Oxford University Press, 2022.
43. Pauline Lemaigre-Gaffier, « L'Ambassadeur de Famille, diplomate et courtisan au service des Bourbons. L'exemple du comte d'Aranda, ambassadeur d'Espagne auprès de la cour de France (1773-1786) », *Bulletin du Centre de recherche du Château de Versailles*, octobre 2021 (« Le Théâtre des Nations »), https://journals.openedition.org/crcv/21460. Symétriquement, l'ambassadeur de France à Naples n'a de cesse lui aussi de faire respecter son rang d'ambassadeur de famille (Françoise Janin, *La France face aux Deux-Siciles (1734-1792). Les impasses de la grandeur*, thèse de doctorat, EPHE, 2016, chap. 1er – *Le cérémonial et la cour : les déconvenues du roi de France*).

Chapitre 2
Une société dans la société

1. *Mémoires de Marie Du Bois, sieur de Lestourmière et du Poirier, gentilhomme servant du roi, valet de chambre de Louis XIII et de Louis XIV, 1647-1676*, Vendôme, éd. Louis de Grandmaison, Société archéologique, scientifique et littéraire du Vendômois, 1936, p. 348 et p. 386. Voir aussi Christian Jouhaud, *Le Siècle de Marie Du Bois. Écrire l'expérience au XVIIe siècle*, Paris, Seuil, 2022.
2. Norbert Elias, *La société de cour*, Paris, Calmann-Lévy, 1974.
3. Jean-François Dubost, « Le peuple de cour à Paris au début du XVIIe siècle : quelques aperçus offerts par la Maison de Marie de Médicis », dans Philippe Guignet, dir., *Le peuple des villes dans l'Europe du Nord-Ouest, fin du Moyen Âge-1945*, Villeneuve d'Ascq, Presses du Septentrion, 2002, t. I, p. 55-68. Voir également les travaux en cours de Pierre Nevejans sur une histoire populaire de la cour de la première modernité.
4. Jean-Marie Apostolidès, *Le Roi-machine : spectacle et politique au temps de Louis XIV*, Paris, Éditions de Minuit, 1981.
5. Fanny Cosandey, *Le Rang. Préséances et hiérarchies dans la France d'Ancien Régime*, Paris, Gallimard, 2016.

6. Émily GERVAIS-LEDOUX, *Lire à la cour de Versailles (1682-1789)*, thèse de doctorat, Université Paris-Nanterre, 2025.
7. *Almanach de Versailles*, Blaizot, 1775, p. 90 et *sq*.
8. *Almanach de Versailles*, Blaizot, 1786, p. 309-310.
9. Cordula BAUER, *Construire la cour au quotidien. Artisans et serviteurs à la cour de Bavière*, thèse de doctorat, Université Paris 1, 2023, tome 2, p. 425.
10. Jehanne FLEURY, *Servir la reine. La Maison de la reine Marie Leczszynska (1725-1768)*, thèse de l'École nationale des Chartes, 2023, p. 287-288.
11. Jeroen DUINDAM, « Die Habsburgermonarchie und Frankreich. Chancen und Grenzen des Strukturvergleichs », dans Petr Mat'a et Thomas Winkelbauer, dir., *Die Habsburgermonarchie 1620 bis 1740: Leistungen und Grenzen des Absolutismusparadigmas*, Stuttgart, F. Steiner, 2006, p. 43-61.
12. Fabian PERSSON, *Women at the Early Swedish Court: Power, Risk and Opportunities*, Amsterdam, Amsterdam University Press, 2021, p. 79 et *sq*.
13. Nuno MONTEIRO, « Noblesse et aristocratie au Portugal sous l'Ancien Régime (XVIIe-début du XIXe siècle) », *Revue d'histoire moderne & contemporaine*, vol. 46-1, nº 1, 1999, p. 185-210.
14. Archives nationales (Paris), M 608/11 : « Règlement fait par le Roi pour les aspirants aux honneurs de la Cour et à la Présentation ». Porte la mention « bon » et d'une autre main l'apostille : « Ce mot bon est de la main du Roi Louis XV », mais aussi, marginalement, « à brûler ». Les honneurs de la cour constituent une certification nobiliaire qui sanctionne l'appartenance à une noblesse curiale par l'octroi de quelques privilèges (la présentation aux souverains, l'accès aux Carrosses du Roi ou la capacité à suivre la chasse). Le texte est également reproduit dans le Journal du secrétaire des premiers gentilshommes de la Chambre en fin d'année 1759, puis en avril 1760 sans modification aucune (*Le Journal de la Cour, 1723-1785*, Stéphane CASTELLUCCIO, éd., Paris, CNRS Éditions, 2022, p. 34, p. 139-140).
15. Marquis DE BOMBELLES, *Journal*, 11 janvier 1783, Genève, Droz, 1984, vol. 1, p. 189, cité et analysé par Antoine LILTI, *Le Monde des salons. Sociabilité et mondanité à Paris dans la seconde moitié du XVIIIe siècle*, Paris, Fayard, 2005.
16. https://chateauversailles-recherche.fr/francais/ressources-documentaires/corpus-electroniques/corpus-raisonnes/les-etrangers-a-la-cour-de-france/les-etrangers-a-la-cour-des.html
17. María José DEL RÍO BARREDO, « Une matriarche espagnole à la cour de France : Estefanía de Villaquirán, *azafata* (nourrice) d'Anne d'Autriche », *Bulletin du Centre de recherche du château de Versailles*, 2016, nº 12 [*Le théâtre des nations : courtisans étrangers à la cour de France au temps des Bourbons (1594-1789)*], https://journals.openedition.org/crcv/17995?lang=fr. Dans le cadre du même programme de recherche dirigé par Jean-François Dubost, une communication avait été prononcée par Marylou Nguyen Hoang Phong à Versailles en décembre 2012, portant notamment sur Michel Danse.

18. Louis Delpech, *Ouvertures à la française. Migrations musicales dans l'espace germanique, 1660-1730*, Turnhout, Brepols, 2020 ; Charlotte Bellamy, « French Cooks in Sweden. 1740-1820 », *Food & History*, 15/1-2, 2017, p. 205-228.

19. Leonhard Horowski, *Au coeur du palais : pouvoir et carrières à la cour de France, 1661-1789*, trad. fç, Rennes, PUR, 2019. La base de données associée est accessible en ligne : https://perspectivia.net/receive/pnet_mods_00001825

20. Cité dans Ivo German, *Habsburgischer Adel und Aufklärung. Bildungsverhalten des Wiener Hofadels im 18. Jahrhundert*, Stuttgart, Franz Steiner Verlag, 2010, p. 131.

21. Oesterreichisches Staatsarchiv, Allgemeines Verwaltungsarchiv, Familienarchiv Harrach K 241 : les mois de septembre et d'octobre participent alors encore à Vienne de la saison de villégiature de la cour, qui réside à la Favorite, en périphérie de la ville.

22. Éric Hassler, *La Cour de Vienne. 1680-1740 : service de l'empereur et stratégies spatiales des élites nobiliaires dans la monarchie des Habsbourg*, Strasbourg, Presses de l'Université de Strasbourg, 2013, ch. II.

23. *Ibid.*, ch. VI.

24. E. Le Roy Ladurie, *Saint-Simon…*, *op. cit.*

25. Charles-Louis Secondat baron de la Brède et de Montesquieu, *Voyages*, Paris, Arléa, 2003, p. 352 ; Volker Bauer, *Die höfische Gesellschaft in Deutschland von der Mitte des 17. bis zum Ausgang des 18. Jahrhunderts*, Tübingen, Max Niemeyer, 1993, p. 90-91.

26. Les chiffres pour les cours de France et de Vienne sont essentiellement tirés de : Jeroen Duindam, *Vienna and Versailles: The Courts of Europe's Major Dynastic Rivals, 1550-1780*, Cambridge, Cambridge University Press, 2003, p. 51-84.

27. Il dénombre 4 000 personnes « dans le Château et son enceinte, princes, seigneurs, officiers et domestiques » et 2 740 dans les dépendances en ville (grand commun, grande et petite écuries…) dans un extrait cité et analysé par Mathieu Da Vinha, *Le Versailles de Louis XIV. Le fonctionnement d'une résidence royale au xviie siècle*, Paris, Perrin, 2009, p. 42-43.

28. R. G. Asch, *Der Hof Karls I…*, *op. cit.*, ch. 3, et en particulier p. 146-147.

29. José Martínez Millán et Maria Antonietta Visceglia, dir., *La Monarquía de Felipe III : la Casa del Rey*, Madrid, Fundacion Mapfre, 2008, 2 vol. ; J. Martínez Millán et José Eloy Hortal Muñoz, dir., *La Corte de Felipe IV (1621-1665) : reconfiguración de la monarquía católica*, Madrid, Polifemo, 2015, t. 1 et 2 ; Marcelo Luzzi Traficante, *La Monarquía de Felipe V : la Casa del Rey*, thèse de doctorat, Universidad Autónoma de Madrid, 2014.

30. Chiffres tirés de V. Bauer, *Die höfische Gesellschaft…*, *op. cit.*, p. 90-91.

31. Hélène Chauvineau, « La Cour des Médicis (1543-1737) », dans Jean Boutier, Sandro Landi et Olivier Rouchon, dir., *Florence et la Toscane, xive-xixe siècles*, Rennes, Presses Universitaires de Rennes, 2004, p. 287-301.

32. Joël Cornette, *Versailles*, Paris, Fayard/Pluriel, 2012, p. 84.

33. Hannah Greig, *The Beau Monde. Fashionable Society in Georgian London*, Oxford, University Press, 2013, p. 120.

34. Paolo COZZO, « Entre foi, politique et culture. Le rôle du clergé à la cour de Savoie (XVIe-XVIIIe siècles) », dans Alain MARCHANDISSE et Benoist PIERRE, dir., *Les Clergés de cour en Europe (fin XVe-XVIIIe siècles). Service religieux et service politique dans les systèmes curiaux*, Turnhout, Brepols, 2023, p. 124-125.
35. Nicolas FARET, *L'Honnête homme ou l'art de plaire à la cour*, Paris, Toussaint du Bray, 1630, p. 70-71.
36. Helmuth KIESEL, *Bei Hof, bei Höll. Untersuchungen zur literarischen Hofkritik von Sebastian Brant bis Friedrich Schiller*, Tübingen, Niemeyer, 1979 ; Nathalie PEYREBONNE, Alexandre TARRÊTE, Marie-Claire THOMINE-BICHARD, dir., *Le Mépris de la cour. La littérature anti-aulique en Europe (XVIe-XVIIe siècles)*, Paris, Presses universitaires de Paris-Sorbonne, 2018.
37. Christophe BLANQUIE, « Dans la main du Grand Maître. Les offices de la Maison du Roi, 1643-1720 », *Histoire & Mesure*, XIII/3, 1998, p. 243-288.
38. C. BAUER, *Construire la cour au quotidien, op. cit.*, t. 1, notamment p. 170-171.
39. Mathieu DA VINHA, *Au service du roi. Dans les coulisses de Versailles*, Paris, Taillandier, 2015, p. 283-286.
40. Éléonore ALQUIER, « Les aumôniers de Louis XIV (1643-1682). Pistes d'études prosopographique », dans A. MARCHANDISSE et B. PIERRE, dir., *Les Clergés de cour en Europe, op. cit.*, p. 157-170.
41. Sandrine JAUNEAU, *Les Garçons ordinaires de la Chambre du Roi, expression de la petite commensalité à la cour de France (1663-1789)*, mémoire de Master 2, UVSQ/Université Paris-Saclay, 2019 ; Youri CARBONNIER, *Les Derniers Musiciens du roi, 1761-1792*, Rennes, Presses universitaires de Rennes, 2025.
42. Sur l'identification des détenteurs des différentes charges à la cour de France des XVIIe et XVIIIe siècles et sur les liens les unissant, voir la base de données Prosocour mise en ligne par le Centre de recherche du château de Versailles (https://www.prosocour.chateauversailles-recherche.fr/). Une base de données similaire existe sur la cour des Habsbourg aux XVIe et XVIIe siècles (dir. Mark Hengerer) : https://kaiserhof.geschichte.lmu.de/
43. F. PERSSON, *Women at the Early Swedish Court, op. cit.*, p. 171 *et sq.*
44. Fanny COSANDEY, *Le Rang : préséances et hiérarchies dans la France d'Ancien régime*, Paris, Gallimard, 2016, p. 96.
45. Denis GODEFROY, *Le Cérémonial françois ou description des cérémonies, rangs et séances observées en France*, Paris, 1649.
46. É. HASSLER, *La Cour de Vienne…, op. cit.*, p. 33-44.
47. G. MONTRONI, « La corte : relazioni di potere e forme di società nobiliare. Napoli nel XVIII secolo », dans Martine BOITEUX *et alii*, dir., *Nobiltà delle città capitali*, Roma, Croma, 2009, p. 122.
48. *Mémoires de Frédérique Sophie Wilhelmine Margrave de Bayreuth, sœur de Frédéric le Grand, depuis l'année 1706 jusqu'à 1742, écrits de sa main*, Paris, Mercure de France, 1967, p. 305.
49. Eva SEEMANN, *Hofzwerge. Kleinwüchsige Menschen an deutschsprachigen Fürstenhöfen der Frühen Neuzeit*, Göttingen, Wallstein, 2023.

Chapitre 3
Des cérémonies au cérémonial de cour

1. Louis-Nicolas Le Tonnelier, baron de Breteuil, *Mémoires*, éd. E. Lever, F. Bourin, 1992, p. 257 (16 novembre 1700).

2. Ralph Giesey, *Cérémonial et puissance souveraine. France, xv*[e]*-xviii*[e] *siècles*, Paris, Armand Colin, 1987.

3. Bernard Hours, *Louis XV et sa Cour*, Paris, PUF, 2002, p. 81.

4. Sur ces divers emplois, voir Éric Hassler, « Définir et élaborer l'étiquette », *Bulletin du Centre de recherche du château de Versailles*, Articles et études, 2016.

5. B. Hours, *Louis XV et sa cour, op. cit.*, 2002, p. 78.

6. « An essential procedure of ritual, a process that classifies objects and make infinite distinctions and to give value to the slighteste shade of difference. The result is what Lévi-Strauss called bricolage, the amalgamation of pre-existing elements into new playful or ritual assemblies. » (Edward Muir cité par Matteo Cassini, « Court Rituals, ca. 1450-1650 » dans Marcello Fantoni, dir., *The Court in Europe*, Rome, Bulzoni, 2009, p. 241).

7. David Caradinne et Simon Price, dir., *Rituals of royalty. Power and Ceremonial in Traditional Societies*, Cambridge, Cambridge University Press, 1987.

8. Stéphane Benoist, « Images, effigies et corps du prince à Rome : une mise en scène du discours impérial dans la cité », dans Delphine Carrangeot, Bruno Laurioux, Vincent Puech, dir., *Rituels et cérémonies de cour de l'Empire romain à l'âge baroque*, Villeneuve-d'Ascq, Presses universitaires du Septentrion, 2018, p. 25-38.

9. Alexandra Beauchamp, « Ordonnances et réformes de l'hôtel royal au début du règne de Pierre IV d'Aragon », *Anuario de Estudios Medievales*, 39/2, 2009, p. 555-573.

10. Yann Morel, « Un écrit de gestion au service de la propagande ducale ? Les écrous de la dépense des ducs de Bourgogne (fin xive-fin xve siècle) », *Comptabilités. Revue d'histoire des comptabilités*, 2019, n° 11, https://journals.openedition.org/comptabilites/2268

11. À la suite de son article séminal interrogeant le « modèle bourguignon » dans l'une des premières entreprises collectives sur la cour occidentale de l'époque moderne (« The Court of the Dukes of Burgundy: A Model for Europe? », dans R. G. Asch, A. M. Birke, dir., *The Princes, Patronage, and the Nobility: The Court at the Beginning of the Modern Age*, Oxford, Oxford University Press, 1991, p. 69-102), Werner Paravicini a poursuivi l'enquête dans un colloque dont il a introduit et dirigé les actes (« La fin du mythe bourguignon ? », dans Werner Paravicini, dir., *La Cour de Bourgogne et l'Europe. Le rayonnement et les limites d'un modèle culturel*, Ostfildern, Thorbecke 2013, p. 11-17).

12. Hélène Chauvineau, « Ce que nommer veut dire. Les titres et charges de cour dans la Toscane des Médicis (1540-1650) », *Revue historique*, vol. 621/1, 2002, p. 31-49.

13. Cité dans B. Hours, *Louis XV et sa cour, op. cit.*, p. 80.

14. Bénédicte LECARPENTIER-BERTRAND, *Du Corps du roi au corps domestique. Les consommations de la cour de France au XVIIe siècle (v. 1594-v. 1670)*, thèse de doctorat, UPEC, 2016 (à paraître aux PUR en 2025), chap. 7.
15. Nathalie GENET-ROUFFIAC, *Jacques II d'Angleterre. Le roi qui voulut être saint*, Paris, Belin, 2011, p. 247.
16. Madame D'AULNOY, *Relation du voyage d'Espagne*, Paris, 1691.
17. Herbert Karner, dir., *Die Wiener Hofburg 1521-1705: Baugeschichte, Funktion und Etablierung als Kaiserresidenz*, Vienne, Verlag der Österreichischen Akademie der Wissenschaften, 2014.
18. Bénédicte LECARPENTIER-BERTRAND, « Conservation, copies et compilations de règlements curiaux au XVIIe siècle », *Bulletin du Centre de recherche du château de Versailles*, 2019, n° 16 – *Archiver la cour, XIVe-XXe siècles*, https://journals.openedition.org/crcv/17126
19. Carlos GOMEZ CENTURIÔN et José SANCHEZ BELÉN, « La casa real en el siglo XVIII : perspectivas por su estudio », dans José Luis CASTELLANOS, dir., *Sociedad, administración y poder en la Españ del Antiguo Regimen*, Grenade, Universidad de Granada, 1996, p. 155-174 ; José MARTÍNEZ MILLÁN, Concepción CAMARERO BULLÓN et Marcelo LUZZI TRAFICANTE, dir., *La Corte de los Borbones : crisis del modelo cortesano*, Madrid, Polifemo, 2013.
20. On citera, dans la lignée de l'œuvre d'Ernst Kantorowicz, les travaux de Ralph Giesey, Sarah Hanley, Richard Jackson ou encore Lawrence Bryant – et leur critique par Alain Boureau, notamment dans *Le Simple Corps du roi. L'impossible sacralité des souverains français, XVe-XVIIe siècles*, Paris, éd. de Paris/Max Chaleil, 2000.
21. Fabian PERSSON, « "So that we Swedes are not more swine or goats than they are": Space for Cremony at the Swedish Court within an international context », dans *Beyond Scylla and Charybdis: European Courts and Court Residences outside Habsburg and Valois/Bourbon Territories 1500-1700*, Odense, University Press of Southern Denmark, 2015, p. 135.
22. Raphaël MASSON, « Esthétique et étiquette du deuil à la cour », dans Gérard SABATIER, dir., *Le Roi est mort !*, Paris, Tallandier, 2015, p. 50-59.
23. D'après Frédérique LEFERME-FALGUIÈRES, *Les Courtisans. Une société de spectacle sous l'Ancien Régime*, Paris, PUF, 2006, p. 167.
24. On renverra ici aux trois volumes portant sur les funérailles princières, publiés sous l'égide du Centre de recherche du château de Versailles.
25. Louis MARIN, *Le Portrait du roi*, Éditions de Minuit, 1981.
26. Matthieu LETT, *Les Escaliers d'honneur dans l'Europe des cours, 1670-1760 : architecture et décor d'une pièce d'apparat*, Genève, Droz, 2023.
27. Hannah SMITH, *Georgian Monarchy. Politics and Culture, 1714-1760*, Cambridge, Cambridge University Press, 2006, p. 202.
28. Baron PÖLLNITZ, *Mémoires*, 1735, p. 217.
29. Nathalie GENET-ROUFFIAC, *Jacques II…*, *op. cit.*, p. 234-236.

30. Hélène Becquet, *Marie-Thérèse de France. L'Orpheline du Temple*, Perrin, 2012, p. 152-157.
31. *Le Mercure galant*, mai 1685, p. 316-324.
32. Volker Barth, « Les visites incognito à la Cour des Bourbons au xviiie siècle », dans Caroline zum Kolk *et alii*, dir., *Voyageurs étrangers à la cour de France, 1589-1789*, Rennes, PUR, 2014, p. 326-327.
33. *Gazette d'Amsterdam*, « Suite des nouvelles d'Amsterdam du 29 avril 1777 », de Paris, le 21 avril 1777.
34. Volker Barth, *Inkognito: Geschichte eines Zeremoniells*, Munich, Oldenbourg, 2013.
35. *Mémoires du duc de Luynes sur la Cour de Louis XV*, éd. L. Dussieux et E. Soulié, Paris, Firmin-Didot, 1860-1865, t. 8, p. 175.
36. *Lettres de la princesse Palatine, 1672-1722*, Paris, Mercure de France, 2001, p. 266 : lettre du 1er octobre 1699 à la Raugrave Louise.
37. *Mémoires du duc de Luynes*, *op. cit.*, t. 1 (février 1735), p. 64-65.
38. Cette diversité des foyers d'enregistrement des règles et des précédents se retrouve dans celle des sources exploitées dans la base de données Étiquette mise en ligne par le Centre de recherche du château de Versailles (https://www.chateauversailles-recherche.fr/francais/ressources-documentaires/bases-de-donnees-en-ligne/base-etiquette).
39. Cité dans Auguste Boppe, *Les Introducteurs des ambassadeurs, 1585-1900*, Paris, Alcan, 1900, p. 9.
40. Voir en particulier Ulf Christian Ewert, « Organiser l'ordre. L'arrangement formel dans les ordonnances de l'hôtel bourguignon sous l'angle de la théorie économique », dans Werner Paravicini, dir., *La Cour de Bourgogne et l'Europe*, *op. cit.*, p. 117-132.
41. José Luis Sancho, « L'espace du roi à la cour d'Espagne sous les Habsbourg », dans Gérard Sabatier et Margarita Torrione, dir., *¿ Louis XIV espagnol ? Madrid et Versailles, images et modèles*, Paris, Éditions de la Maison des sciences de l'homme, 2009, p. 124.
42. Jakob Wührer et Martin Scheutz, *Zur Diensten Ihrer Majestät. Hofordnungen und Instruktionsbücher am frühneuzeitlichen Wiener Hof*, Oldenbourg/Böhlau, 2009.
43. Thalia Brero, *Rituels dynastiques et mises en scène du pouvoir. Le cérémonial princier à la cour de Savoie (1450-1550)*, Florence, Sismel-Edizioni del Galluzzo, 2017.
44. *Le Cérémonial de la Cour d'Espagne au xviie siècle*, Hugo Coniez, trad. et éd., Paris, Presses universitaires de Paris-Sorbonne, 2009, p. 192.
45. Robert Oresko, « Banquets princiers à la cour de Turin sous le règne de Victor-Amédée II (1675-1730) », dans Catherine Arminjon et Béatrix Saule, dir., *Tables royales et festins de cour en Europe, 1661-1789*, Paris, La Documentation française/École du Louvre, p. 57-58.
46. Cité dans Fanny Cosandey, *Le Rang. Préséances et hiérarchies dans la France d'Ancien Régime*, Paris, Gallimard, 2016, p. 103.

47. D'après F. LEFERME-FALGUIÈRES, « Corps modelé, corps contraint : les courtisans et les normes du paraître à Versailles », dans Mathieu DA VINHA, Catherine LANOË et Bruno LAURIOUX, dir., *Cultures de cour, cultures du corps*, Paris, Presses de la Sorbonne, 2011, p. 147.
48. N. GENET-ROUFFIAC, *Jacques II…*, *op. cit.*, p. 247-248.
49. *Mémoires de Frédérique Sophie Wilhelmine Margrave de Bayreuth, sœur de Frédéric le Grand, depuis l'année 1706 jusqu'à 1742, écrits de sa main*, Paris, Mercure de France, 1967, p. 420.

Chapitre 4
Les espaces de la cour (1) : la « région-résidence »

1. *Mémoires de Mme Campan*, Mercure de France, 2012 [1822], p. 22.
2. On signale deux synthèses récentes : sur les enjeux curiaux, Boris BOVE, Alain SALAMAGNE et Caroline ZUM KOLK, dir., *L'Itinérance de la cour en France et en Europe, Moyen-Âge-XIXe siècle*, Villeneuve-d'Ascq, Presses du Septentrion, 2021, et sur la permanence politique et diplomatique des rencontres princières, Jean-Marie LE GALL et Claude MICHAUD, avec la collaboration de Julien Alerini et Stéphane Lamassé, *Comment la confiance vient aux princes. Les rencontres princières en Europe, 1494-1788*, Paris, PUF, 2023.
3. Monique CHATENET, *La Cour de France au XVIe siècle. Vie sociale et architecture*, Paris, Picard, 2002, p. 19.
4. Mary HILL COLE, *The Portable Queen: Elizabeth and the Politics of Ceremony*, Amherst, University of Massachusetts Press, 1999 ; pour une synthèse en français de la même auteure, « Le gouvernement en voyage d'Élisabeth Ire d'Angleterre : agir en reine et en déplacement », dans Josiane BARBIER, François CHAUSSON et Sylvain DESTEPHEN, dir., *Le Gouvernement en déplacement. Pouvoir et mobilité de l'Antiquité à nos jours*, Rennes, PUR, 2019.
5. « Relation de Marino Cavalli, 1546 », dans *Relations des ambassadeurs vénitiens sur les affaires de France au XVIe siècle*, M. N. TOMMASEO éd., t. 1, Imprimerie royale, 1838, p. 285.
6. Delphine CARRANGEOT, « Gouverner en Italie, gouverner l'Italie : les voyages de Charles Quint dans la péninsule Italienne (1529-1543) », dans *Le Gouvernement en déplacement…*, *op. cit.*, p. 397-417 et Manuel RIVERO RODRIGUEZ, « La transformation de la cour itinérante en cour sédentaire et le modèle de la vice-royauté hispanique sous Philippe II », dans le même volume, p. 453-467.
7. Cité dans Nathalie PEYREBONNE, Alexandre TARRÊTE et Marie-Claude THOMINE, dir., *Le Mépris de la cour.* La littérature anti-aulique en Europe, XVIe-XVIIe siècles, Paris, PUPS, 2018, p. 253-254 ; Manuel RIVERO RODRIGUEZ, « La transformation de la cour itinérante en cour sédentaire et le modèle de la vice-royauté hispanique sous Philippe II », art. cit.

8. Gérard Sabatier, « Le palais d'État en Europe, de la Renaissance au Grand Siècle », dans Marie-France Auzépy et Joël Cornette, dir., *Palais et Pouvoir. De Constantinople à Versailles*, Vincennes, Presses universitaires de Vincennes, 2003, p. 83 : l'historien définit le « palais d'État » comme le « siège d'un pouvoir de nature monarchique, où ce pouvoir puisse à la fois se donner à voir en tant que tel (étiquette quotidienne, fêtes et cérémonies, réception des ambassadeurs) et assurer son exercice (présence permanente des membres du gouvernement central et de leur personnel) ».
9. Maria José Del Rio Barredo, « Le transfert de la cour de Madrid à Valladolid et le débat sur l'établissement d'une capitale permanente en Espagne vers 1600 », dans Jean-Marie Le Gall, dir., *Les Capitales de la Renaissance*, Rennes, PUR, 2011, p. 145-163.
10. Jean Boutier, Alain Dewerpe et Daniel Nordmann, *Un Tour de France royal. Le voyage de Charles IX (1564-1566)*, Paris, Aubier, 1984.
11. Cité dans Christine Lebeau, « Gouvernement en absence ou à distance ? La monarchie des Habsbourg d'Autriche à l'époque moderne », dans *Le Gouvernement en déplacement...*, *op. cit.*, p. 526.
12. Sur la question des itinérances de la cour de Vienne, on renverra à É. Hassler, « Voyager et communiquer : les itinérances curiales viennoises au travers de la Gazette de Vienne (1703-1780) », dans Boris Bove, Alain Salamagne et Caroline Zum Kolk, dir., *L'Itinérance de la cour en France et en Europe...*, *op. cit.*, p. 105-123.
13. *Œuvres complètes de Montesquieu*, Voltaire Foundation/Oxford University Press, 1998, t. 18, p. 346, lettre 301, 9-12 juillet 1728.
14. On renvoie ici aux travaux sur la longue durée de Boris Bove et de Caroline zum Kolk, qui ont été prolongés par la publication en ligne d'itinéraires royaux du xiiie au xviie siècle (https://cour-de-france.fr/bases-de-donnees/les-itineraires-de-la-cour/?lang=fr).
15. Stéphane Castelluccio *et alii*, *Le Château de Choisy*, Arles, Honoré Clair, 2021.
16. Sur la question de la bicéphalité, voir François Étienne, « Versailles, Potsdam : les capitales bicéphales », dans Christophe Charle et Daniel Roche, dir., *Capitales culturelles. Capitales symboliques. Paris et les expériences européennes*, Paris, PUPS, 2002, p. 99-108.
17. Cité dans Matthieu Lett, *Les Escaliers d'honneur dans l'Europe des cours, 1670-1760. Architecture et décor d'une pièce d'apparat*, Genève, Droz, 2023, p. 62.
18. Elfriede Iby et Alexander Koller, *Schönbrunn*, Brandstätter, 2007.
19. Samuel Klingensmith, *The Utility of Splendor: Ceremony, Social Life, and Architecture at the Court of Bavaria, 1600-1800*, Chicago, University of Chicago Press, 1993.
20. Jonathan Brown et John H. Elliott, *A Palace for a King: The Buen Retiro and the Court of Philip IV*, New Haven, Yale University Press, 1986, notamment ch. VI et VIII.
21. François Fossier, éd., *Les dessins du fonds Robert de Cotte de la Bibliothèque nationale de France. Architecture et décor*, Paris/Rome, Bibliothèque nationale de France/École française de Rome, 1997, cat. 366, p. 668-676.

22. Stéphane CASTELLUCCIO, « L'étiquette dans l'appartement du Roi », dans *Louis XVI et Marie-Antoinette à Compiègne*, Paris, RMN, 2006, p. 27.
23. Maria Inês FERRO, *Queluz: The Palace and Gardens*, Londres, Scala, 2009.
24. Wilfried HANSMANN, *Barock. Deutsche Baukunst, 1600-1760*, Leipzig, Seemann, 1997, p. 76-77.
25. Le tour de France de Charles IX constitue un exemple particulièrement bien connu (voir J. BOUTIER, A. DEWERPE, D. NORDMAN, dir., *Un tour de France royal, op. cit*).
26. Christophe LEVANTAL, *Louis XIV voyageur*, Paris, CNRS éditions, 2019.
27. *État de la France*, 1749.
28. José MARTÍNEZ MILLÁN, « La cour de Madrid et l'étiquette comme mode de structuration de l'espace urbain aux XVIe-XVIIIe siècle », dans Boris BOVE *et alii*, dir., *Paris, ville de cour (XIIIe-XVIIIe siècle)*, Rennes, PUR, 2017, p. 117.
29. Benvenuto CELLINI, *Vie de Benvenuto Cellini écrite par lui-même*, Paris, Julliard, 1965, t. II p. 32-33.
30. Patrick PONSOT, « La cour à Fontainebleau au XVIIIe siècle », dans Vincent DROGUET, dir., *Louis XV à Fontainebleau : « demeure des rois » au temps des Lumières*, Paris, RMN, 2016, p. 136.
31. *Mémoires du duc de Luynes sur la cour de Louis XV*, L. DUSSIEUX et E. SOULIÉ, éd., Firmin Didot, 1860, t. 1, p. 370, le 23 octobre 1737.
32. *Mémoires du duc de Luynes, op. cit.*, t. 11, p. 279.
33. *Ibid.*, t. 14, p. 220.
34. *Wienerisches Diarium*, n° 52, 30 junii, Anno 1723.
35. Michel ANTOINE, *Louis XV*, Paris, Fayard, 1989, p. 365-378.
36. Pauline LEMAIGRE-GAFFIER, « Mobilité et "voyages" du roi de France à l'époque de la monarchie administrative (XVIIe-XVIIIe siècles) », dans *Le Gouvernement en déplacement, op. cit.*, p. 469-491. Sur le cas français, voir également les contributions de Bénédicte Lecarpentier-Bertrand et Christophe Levantal dans B. BOVE, A. SALAMAGNE et C. ZUM KOLK, dir., *L'itinérance de la cour en France et en Europe, op. cit.*
37. Simon THURLEY, « The Court on the Move. Problems and Perspectives », dans Anthony MUSSON et John P. D. COOPER, dir., *Royal Journeys in Early Modern Europe: Progresses, Palaces and Panache*, New York, Routledge, 2023, p. 11.

Chapitre 5
Les espaces de la cour (2) : la ville

1. Norbert ELIAS, *La Société de cour*, Paris, Calmann Lévy, 1974 et sa critique : Jeroen DUINDAM, *Myths of Power: Norbert Elias and the Early Modern European Court*, Amsterdam, Amsterdam University Press, 1994 ; Emmanuel LE ROY LADURIE, *Saint-Simon ou le système de la Cour*, Paris, Fayard, 1997. ; Daniela ROMAGNOLI, dir., *La Cour et la Ville. Des bonnes et des mauvaises manières*, Paris, Fayard, 1995.

2. Pour une synthèse, voir Étienne François, « Versailles, Potsdam : les capitales bicéphales », dans Christophe Charle et Daniel Roche, dir., *Capitales culturelles, capitales symboliques. Paris et les expériences européennes*, Paris, PUPS, 2002, p. 99-108.
3. José Martínez Millán, « La cour de Madrid et l'étiquette comme mode de structuration de l'espace urbain au xvie-xviiie siècle », dans Boris Bove, Muriel Gaude-Ferragu et Cédric Michon, dir., *Paris, ville de cour (xiiie-xviiie siècle)*, Rennes, PUR, 2017, p. 111-127.
4. Olivier Zeller, *La ville moderne, xvie-xviiie siècle*, Paris, Seuil, 2003, 2012 (coll. Histoire de l'Europe urbaine, 3), en particulier, ch. 3.
5. Philippe Saudraix, *Dresde et les Wettin (1697-1756). Ascension d'une dynastie, construction d'une capitale*, thèse de doctorat, Université Paris IV, 2011.
6. Pierre Patte, *Monumens érigés en France à la gloire de Louis XV*, Paris 1765, planche XXXIX : « Partie du plan général de Paris, Où l'on a tracé les différents Emplacemens qui ont été choisis pour placer la Statue équestre du Roi », gravure, 92 x32 cm.
7. Werner Paravicini et Jean-Marie Le Gall, « Conclusions : Paris, la cour et la ville », dans B. Bove *et alii*, dir., *Paris, ville de cour…*, *op. cit.*, p. 344.
8. Bernard Lepetit, « Démographie d'une ville en gestation : Versailles sous Louis XIV », *Annales de démographie historique*, 1977, p. 49-83.
9. Maria José Del Rio Barredo, « Le transfert de la cour de Madrid à Valladolid et le débat sur l'établissement d'une capitale permanente en Espagne vers 1600 », dans Jean-Marie Le Gall, dir., *Les Capitales de la Renaissance*, Rennes, PUR, 2011, p. 152-153.
10. Citation de l'historien et théologien Gilbert Burnet, tirée de Matthieu Lett, *Les Escaliers d'honneur dans l'Europe des cours, 1670-1760 : architecture et décor d'une pièce d'apparat*, Genève, Droz, 2023, p. 63.
11. Wolfgang Duchkowitch, *Absolutismus und Zeitung. Die Strategie der absolutistischen Kommunikationspolitik und ihre Wirkung auf die Wiener Zeitungen 1621-1757*, thèse université de Vienne, 1978, p. 189-190.
12. Archives nationales (Paris), F[12] 2295, cité par Grégory Quenet, *Versailles. Une histoire naturelle*, Paris, La Découverte, 2015, p. 138.
13. W. Paravicini et J.-M. Le Gall, « Conclusions : Paris, la cour et la ville », art. cit., p. 341.
14. Bénédicte Lecarpentier-Bertrand, *Du Corps royal au corps domestique. Les consommations de la cour de France au xviie siècle (v. 1594-v. 1670)*, thèse de doctorat, UPEC, 2016, 2e partie (à paraître aux PUR en 2025).
15. *Mémoires de Charles Louis Baron de Pöllnitz, contenant les observations qu'il a faites dans ses voyages, et le caractere des personnes qui composent les principales cours de L'Europe*, Demen, 1735, XXIII, p. 111.
16. Natacha Coquery, *L'Hôtel aristocratique. Le marché du luxe à Paris au xviiie siècle*, Paris, PUPS, 1998, p. 56.

17. Peter Claus HARTMANN, « Luxkäufe des Münchner Hofes in Paris 1718 bis 1727 », *Francia* 1, 1972, p. 350-360.
18. Daniel ROCHE, *La Culture des apparences. Une histoire du vêtement (XVII*[e]*-XVIII*[e] *siècle)*, Paris, Fayard, 1989, ch. VIII.
19. N. COQUERY, *L'Hôtel aristocratique...*, *op. cit.*, p 77.
20. Natalia GONZÁLEZ HERAS, « La convivencia entre propietarios, inquilinos y huéspedes en las casas de Madrid (1740-1808) », *Tiempos moderno. Revista electrónica de historia moderna*, 2016, n° 32, http://www.tiemposmodernos.org/tm3/index.php/tm/article/view/1290
21. Albane COGNÉ, *Les Propriétés urbaines du patriciat (Milan, XVII*[e]*-XVIII*[e] *siècle)*, Rome, École française de Rome, 2017.
22. Elisabeth LICHTENBERGER, *Die Wiener Altstadt. Von der mittelalterlichen Bürgerstadt zur City*, Vienne, Franz Deuticke, 1977.
23. William R. NEWTON, *Derrière la façade. Vivre au château de Versailles au XVIII*[e] *siècle*, Paris, Perrin, 2008, p. 15-43.
24. Rita COSTA GOMES, « Lisbonne, ville de cour, 1300-1500 », dans B. BOVE *et alii*, dir., *Paris ville de cour*, *op. cit.*, p. 142.
25. John P. SPIELMAN, *The City & the Crown: Vienna and the Imperial court, 1600-1740*, Purdue University Press, 1993, p. 89 : les appartements sont affectés ainsi : 1. les gardes, jardiniers, cellériers, courriers, laquais et trompettistes ont droit à une chambre et un cabinet ; 2. les employés de bureau et les huissiers une chambre et un ou deux cabinets ; 3. les contrôleurs de la cour, le personnel de la chambre, les musiciens, libraires, secrétaires, barbiers et physiciens une chambre et un cabinet s'ils sont célibataires, le double s'ils sont mariés ; 4. les chambellans et conseillers : trois chambres et trois cabinets au minimum.
26. J. MARTÍNEZ MILLÁN, « La cour de Madrid... », art. cit., p. 117-118. Francisco J. MARÍN PERELLÓN, « El aposentamiento de la corte en el reinado de Felipe IV : la Junta de Aposento » dans J. MARTÍNEZ MILLÁN et José Eloy HORTAL MUÑOZ, dir., *La Corte de Felipe IV (1621-1665) : reconfiguración de la monarquía católica*, Madrid, Polifemo, 2015, t. 1, vol. 3, p. 1897-1960.
27. Éric HASSLER, *La Cour de Vienne. service de l'empereur et stratégies spatiales des élites nobiliaires dans la monarchie des Habsbourg, Strasbourg*, Presses de l'Université de Strasbourg, 2013, p. 178.
28. N. COQUERY, *L'Hôtel aristocratique...*, *op. cit.*, p. 213 *sq.* ; Nicolas LYON-CAEN, « L'immobilier parisien au XVIIIe siècle : un marché locatif », *Histoire urbaine*, 2015/2, p. 55-70.
29. Sur la question de la location à Vienne : Éric HASSLER, *La Cour de Vienne...*, *op. cit.*, p. 174-178.
30. Sur Turin, voire la notice de Michela di MARCO dans *De l'esprit des villes. Nancy et l'Europe urbaine au siècle des Lumières, 1720-1770*, Versailles, Artlys, 2005, p. 285-289.

31. Guillaume Fonkenell, « Le Louvre, un palais royal face à la ville », dans B. Bove *et alii*, dir., *Paris, ville de cour…*, *op. cit.*, p. 89-110.
32. Ph. Saudraix, *Dresde…*, *op. cit.*, p. 170-171.
33. Paul Keenan, *St Petersburg and the Russian Court, 1703-1761*, Basingstoke, Palgrave McMillan, 2013, p. 17-18.
34. Sophie von La Roche, *Journal d'un voyage à travers la France*, 1785, Saint-Quentin de Baron, Éditions de l'Entre-deux-Mer, 2012, p. 83.
35. Mélanie Traversier, *Gouverner l'opéra. Une histoire politique de la musique à Naples, 1767-1815*, Rome, École française de Rome, 2009, p. 52 et *sq*.
36. *Journal intime du comte de Sparre*, dans *Ma chère amie… Billets de la duchesse Charlotte de Sudermanie à Sophie de Fersen*, Mercure de France, 2018, p. 75.
37. Sébastien Schick, « Les cours aristocratiques et leur rôle dans le système curial princier », *Bulletin du Centre de recherche du château de Versailles*, Articles et études, 2012, http://journals.openedition.org/crcv/11862 ; DOI : https://doi.org/10.4000/crcv.11862
38. Hannah Greig, *The Beau Monde: Fashionable Society in Georgian London*, Oxford, Oxford University Press, 2013, p. 106-107.
39. B. Lepetit, « Démographie… », *art. cit.*, p. 49-83.
40. Thierry Sarmant, *Les Demeures du Soleil. Louis XIV, Louvois et la surintendance des Bâtiments du Roi*, Seyssel, Champ Vallon, 2003, p. 190-191.
41. Pauline Lemaigre-Gaffier, notice « Voitures de la cour » dans Mathieu Da Vinha et Raphaël Masson, dir., *Versailles. Histoire et dictionnaire*, Robert Laffont, 2015.
42. Mélanie Traversier, *L'Harmonica de verre et Miss Davies. Essai sur la mécanique du succès au siècle des Lumières*, Paris, Seuil, 2021, chap. 7 et 8.
43. *Mémoires de la comtesse de Schwerin*, Bordeaux, Presses Universitaires de Bordeaux, 2013, p. 198.
44. H. Greig, *The Beau Monde…*, *op. cit.*, p. 108.
45. Antoine Lilti, *Le Monde des salons. Sociabilité et mondanité à Paris dans la seconde moitié du xviii*[e] *siècle*, Paris, Fayard, 2005., p. 109.
46. Comte de Creutz, *La Suède & les Lumières : lettres de France d'un Ambassadeur à son Roi (1771-1783)*, Marianne Molander Beyer, éd., Michel de Maule, 2006, p. 182 : Lettre 62.
47. A. Lilti, *Le Monde des salons*, *op. cit.*, p. 74 *sq*.
48. Voir Hannah Smith, *Georgian Monarchy. Politics and Culture, 1714-1760*, Cambridge, Cambridge University Press, 2006, chap. 5 et David Ashead, « La maison aristocratique à Londres au xviiie siècle », dans Stéphane Castelluccio, dir., *Vivre noblement en son hôtel. Résidences aristocratiques et vies sociale dans les capitales européennes au xviii*[e] *siècle*, Paris, CNRS éditions, 2021, p. 329-341.
49. Pour une synthèse : Albane Cogné et Éric Hassler, « L'insertion des demeures aristocratiques dans l'espace urbain. Panorama européen à l'époque moderne », dans

Michel FIGEAC, dir., *L'habitat des élites urbaines en Europe à l'époque moderne*, Pessac, Maison des Sciences de l'Homme d'Aquitaine, 2019, p. 25-60.
50. Parmi les nombreux travaux de Jean BOUTIER, voir notamment : « L'espace résidentiel de la noblesse florentine (XVIe-XVIIIe siècle) », dans John DUNNE et Paul JANSSENS, dir., *Living in the City: Elites and their Residences, 1500-1900*, Turnhout, Brepols, 2008, p. 29-55.
51. Voir en particulier, pour la dimension artistique : Alexandre GADY, *Les Hôtels Particuliers de Paris. Du Moyen Âge à la Belle Époque*, Paris, Parigramme, 2008 ; pour la dimension historique : N. COQUERY, *L'Hôtel aristocratique..., op. cit.*
52. Lady Mary Wortley MONTAGU, *Lettres de Milady Wortlay Montagute. Écrites pendant ses Voyages en diverses parties du Monde. Traduites de l'Anglois*, Paris, 1764, lettres VII à la Comtesse de ***. De Vienne, le 8 Septembre 1716.
53. Rachel STEWART, « Choice and Reasoning in the Eighteenth-Century London House », dans Shipé GURI, dir., *Les grandes résidences urbaines (1500-1830) = Revue belge de philologie et d'histoire*, vol. 94, 2016/2, p. 363-378.

Chapitre 6
Les espaces de la cour (3) : le palais

1. Casimir FRESCHOT, *Mémoires de la Cour de Vienne*, Cologne, Estienne, 1706, p. 3.
2. Le programme VERSPERA de numérisation de tous les plans du château de Versailles et de modélisation permet d'envisager la visualisation des états successifs de l'agencement du château et des appartements disparus (http://www.banqueimages.chateauversailles-recherche.fr/#/query/1a21869a-bb51-4bb9-937e-ebd3d8e8f1d8).
3. Claude MIGNOT, « Du dessin au projet. Du Cerceau architecte ? », dans Jean GUILLAUME, dir., *Jacques Androuet du Cerceau, « un des plus grands architectes qui se soient jamais trouvés en France »*, Paris, Picard, 2010, p. 251.
4. Luigi VANVITELLI, *Dichiarazione del disegni del reale palazzo di Caserta*, 1756.
5. Cité dans Matthieu LETT, *Les Escaliers d'honneur dans l'Europe des cours, 1670-1760 : architecture et décor d'une pièce d'apparat*, Genève, Droz, 2023, p. 67.
6. Guido HINTERKEUSER, « Zwischen Aneignung und Erneuerung. Die Wohn- und Paradeappartements des ersten preußischen Königs Friedrich I. im Berliner Schloss », dans Georg SATZINGER et Marc JUMPERS dir., *Zeremoniell und Raum im Schlossbau des 17. und 18. Jahrhunderts*, Münster, Rhéma, 2014 (Tholos, 7), p. 67-77.
7. Simon THURLEY, *Whitehall Palace: The Official Illustrated History*, Londres, Merrell, 2008.
8. Thierry FRANZ, « Le palais ducal de Nancy dans la première moitié du XVIIIe siècle. Architecture et vie de Cour », *Pays Lorrain*, 2017, n° 3, p. 199-214.
9. Maria Isabel BRAGA ABECASIS, « A Real Barraca. A residencia na Ajuda dos Reis de Portugal apos o terramoto (1755-1794) », *Tribuna da Historia*, septembre 2009.

10. José Luis Sancho, *The Royal Palace of Madrid*, Madrid, Patrimonio Nacional, 2009, p. 20.
11. Sur ce point, nous renvoyons à l'ouvrage de Frédéric Tiberghien, *Versailles. Le chantier de Louis XIV, 1662-1715*, Paris, Perrin, 2002, qui, bien que concentré sur un cas exceptionnel par son ampleur, permet de comprendre les processus et les contraintes à l'œuvre dans l'élaboration architecturale et technique d'une demeure palatiale comme dans le quotidien d'une cour confrontée à des travaux perpétuels.
12. Citée dans Thierry Sarmant, *Les Demeures du Soleil. Louis XIV, Louvois et la surintendance des bâtiments du roi*, Seyssel, Champ Vallon, 2003, p. 132.
13. Sur ces aspects, on renverra notamment à Thomas W. Gaehtgens *et alii.*, dir., *Versailles et l'Europe. L'appartement monarchique et princier, architecture, décor, cérémonial*, 2 vol., Album Edition Montmartre, 2017.
14. William R. Newton, *L'Espace du roi. La cour de France au château de Versailles, 1682-1789*, Paris, Fayard, 2000 ; *La Petite Cour. Services et serviteurs à la Cour de Versailles au xviii*[e] *siècle*, Paris, Fayard, 2006 et *Vivre à Versailles. Derrière la façade, la vie quotidienne au château*, Paris, Flammarion, 2014.
15. La plateforme « Immersailles », conçue par le Centre de recherche du château de Versailles au croisement des travaux de W. R. Newton et des opérations de numérisation du programme VERSPERA, permet de visualiser la topographie constamment évolutive (par cloisonnement et entresolement) et la distribution de ces logements – de « fonction » et/ou de « faveur » –, ainsi que d'en identifier les occupants à des dates clefs (https://www.chateauversailles-recherche.fr/immersailles/).
16. Guillaume Fonkenell, *Le Palais des Tuileries*, Paris, Cité de l'architecture et du patrimoine, 2010, p. 102.
17. Luigi Vanvitelli, *Dichiarazione del disegni...*, *op. cit.*, tavola III.
18. Cité dans Matthieu Lett, *Les Escaliers d'honneur*, *op. cit.*, p. 35 : 1. D'un grand escalier 2. D'un vestibule 3. D'un salon 4. D'une première anti-salle qui est ce qu'on appelle à Versailles salle des Gardes 5. D'une seconde anti-salle 6. D'une première antichambre 7. D'une seconde antichambre 8. D'une chambre d'audience 9. D'un grand cabinet qui sert aussi de chambre de conseil 10. D'une chambre à coucher 11. D'un cabinet secret.
19. *Reiglement général faict par le Roy à Paris le premier jour de janvier 1585 de tous les estats de sa Maison* dans *Supplément à la Maison du roi Louis XIII comprenant le Règlement général, fait par le roi, de tous les états de sa maison et l'état général de paiement fait en 1626*, Eugène Griselle, éd., Paris, 1912, p. 42.
20. Christina Hofmann-Randall, *Das spanische Hofzeremoniell 1500-1700*, Berlin, Frank & Timme, 2012.
21. Hugh Murray Baillie, « L'étiquette et la distribution des appartements officiels dans les palais baroques », *Bulletin du Centre de recherche du château de Versailles*, Articles et études, 2014, http://crcv.revues.org/12137 ; DOI : 10.4000/crcv.12137
22. Monique Chatenet, *La Cour de France au xvi*[e] *siècle. Vie sociale et architecture*, Paris, Picard, 2002., p. 143, fig. 58.

23. Françoise Janin, *La France face aux Deux-Siciles (1734-1792). Les impasses de la grandeur*, these de doctorat, EPHE, 2016, p. 87-88.
24. José Luis Sancho, *El Salón del Trono del Palacio real de Madrid*, Madrid, Patrimonio nacional, 2017, p. 10-11.
25. William R. Newton, *L'Espace du roi*, *op. cit.*, p. 24-64.
26. Il convient de rappeler ici que la Chambre est indissociablement un espace et une institution (voir le chapitre 1 ainsi que les travaux de Vivien Richard sur le cas français). La structuration de l'espace des appartements et l'institutionnalisation du service en fonction des principes de plus ou moins grande publicité s'articulent donc étroitement. Ainsi, l'opposition existant entre *Chamber* et *Privy Chamber* à la cour d'Angleterre fut encore complexifiée du fait de l'introduction par Jacques Ier, au début du XVIIe siècle, de la *Bedchamber*, à la fois nouvel espace et nouveau département domestique. La porte de la *Bedchamber* délimita dès lors physiquement la partie la plus reculée des appartements privés, dont l'accès fut réservé à un personnel spécifique, les *gentlemen of the Bedchamber* principalement issus de l'entourage écossais du premier souverain Stuart (John Adamson, « The Kingdoms of England and Great Britain: The Tudor and Stuart Courts 1509-1714 » dans *id.*, *dir.*, *The Princely Courts of Europe: Ritual, Politics and Culture under the Ancien Régime, 1500-1750*, Londres, Seven Dials, 2000, p. 110-115).
27. Alexandre Maral, *La Chapelle royale de Versailles sous Louis XIV. Cérémonial, liturgie et musique*, Wavre, Mardaga, 2002 (coll. Mémoires et documents de l'École des Chartes, 67), p. 17-50.
28. Mireille-Bénédicte Bouvet et Hélène Say Barbey, dir., *Les Chapelles royales. De la gloire de Dieu à la gloire du prince*, Paris, CTHS, 2015.
29. Charles-Christian chevalier Des Courtils, *Journal de la campagne des Vaisseaux du Roy en 1755*, *Bulletin des études portugaises*, nouvelle série, t. 26 (1965), p. 153.
30. M. Lett, *L'Escalier d'honneur…*, *op. cit.*, p. 51-52.
31. *Ibid.*
32. Monique Chatenet, « Un lieu pour se promener qu'en France on appelle galerie », *Bulletin Monumental*, t. 166, n° 1, 2008, p. 5-13.
33. Claire Constans et Mathieu da Vinha, dir., *Les Grandes Galeries européennes, XVIIe-XIXe siècles*, Paris, Éditions de la Maison des sciences de l'homme, 2010.
34. *La Reggia di Venaria e I Savoia. Arte, magnificenza e storia di una corte europea*, t. 2, Umberto Allemandi & C., 2007, p. 234.
35. Cité dans André van der Goes, « Le grand appartement de la résidence », *Splendeurs de la cour de Saxe*, RMN, 2006, p. 95. Plusieurs gravures, effectuées par Raymond Le Plat dans les années 1720, attestent de l'utilisation de ces revêtements muraux dans le grand appartement de l'Électeur, et notamment de très riches lambrequins brodés de fil d'argent doré sur brocart d'or dont quelques fragments ont d'ailleurs été conservés. On en retrouve de semblables à la résidence de Munich.
36. Catherine Arminjon, dir., *Quand Versailles était meublé d'argent*, Paris, RMN, 2007.

37. Gérard SABATIER, *Versailles ou la figure du roi*, Paris, Albin Michel, 1999, édition augmentée : *Versailles ou la disgrâce d'Apollon*, Rennes, PUR, 2016
38. *Ibid.*, p. 454-465.
39. Jonathan BROWN et John H. ELLIOTT, *A Palace for a King: The Buen Retiro and the Court of Philip IV*, New Haven, Yale University Press, 1986.
40. Franz MATSCHE, *Die Kunst im Dienst Staatsidee Kaiser Karls VI. Ikonographie, Ikonologie und Programmatik des Kaiserstils*, Berlin, De Gruyter, 1977.
41. *Mémoires de Frédérique Sophie Wilhelmine Margrave de Bayreuth, sœur de Frédéric le Grand, depuis l'année 1706 jusqu'à 1742, écrits de sa main*, Paris, Mercure de France, 1967, p. 331-332.

Chapitre 7
Les jeux de l'échange et de la consommation

1. Fabian PERSSON, « Splendour at a Price. The Economy of the Swedish Court in the Early Modern Period », dans Maurice AYMARD et Marzio A. ROMANI, dir., *La Cour comme institution économique*, Paris, Éditions de la Maison des sciences de l'homme, 1998, p. 151.
2. Maurice AYMARD, « Économie de l'information et réseaux interpersonnels à la cour de Versailles », dans M. AYMARD et M. A. ROMANI, dir., *La Cour…, op. cit.*, p. 165.
3. William Richtey NEWTON, *Dans l'ombre de la cour. Les baraques autour du château de Versailles. Le Nouveau Marché. L'hôtel de Limoges*, Paris, Champion, 2015.
4. On peut citer par exemple dans le cas français le texte apocryphe à valeur de pamphlet rédigé par Jean-Baptiste Coquereau et intitulé *Mémoires de l'abbé Terrai, controlleur-général, contenant sa vie, son administration, ses intrigues & sa chûte* (Londres, 1776).
5. F. PERSSON, « Splendour at a price », art. cit., p. 154.
6. J. DUINDAM, *Vienna and Versailles… op. cit.*
7. Travaux synthétisés dans Ronald G. ASCH, « The Court of Charles I. Some Reflections on the Social and Economic Role of the Court in Early Stuart England », dans M. AYMARD et M. A. ROMANI, dir., *La Cour…, op. cit.*, p. 141-142.
8. Cité par R. G. ASCH, « The Court of Charles I », art. cit., p. 140 : « […] government and order in our court which from thence may spread with more order through all parts of our kingdom »
9. José JURADO SANCHEZ, « La financiación de la Casa Real española y sus repercusiones sobre la Hacienda y la economía (1561-1808) », dans M. AYMARD et M. A. ROMANI, dir., *La Cour…, op. cit.*, p. 58 (synthèse de ID., *Los Gastos de la Casa Real, su financiación y sus repercusiones hacendísticas*, Madrid, Instituto de Estudios fiscales, 2000). Voir également les importants développements sur les finances et les dépenses curiales dans José MARTÍNEZ MILLÁN et Maria Antonietta

Visceglia, dir., *La Monarquía de Felipe III : la Casa del Rey,* Madrid, Fundacion Mapfre, 2008, 2 vol. ; J. Martínez Millán et José Eloy Hortal Muñoz, dir., *La Corte de Felipe IV (1621-1665) : reconfiguración de la monarquía católica,* Madrid, Polífemo, 2015, t. 1 et 2.

10. Cité par F. Persson, « Splendour at a Price », art. cit., p. 157-158.

11. *Ibid.*

12. Archives nationales (Paris), O[1] 2809, « Notice » de juillet 1774.

13. *Ibid.*, « Mémoire ».

14. C'est ce qu'ont montré dans le cas français les travaux récents d'Anne Jolly sur la comptabilité de l'administration des Ponts-et-Chaussées ou ceux de Viviane Idoux sur les Bâtiments du Roi. Pour un aperçu européen de ces questions, voir Anne Dubet et Marie-Laure Legay, dir., *La Comptabilité publique en Europe. 1500-1850,* Rennes, PUR, 2012.

15. Voir : Florence Berland et Pauline Lemaigre-Gaffier, « Ce que compter veut dire : culture de cour, gouvernement princier et pratques comptables. xiiie-xviiie siècles », numéro thématique de *Comptabilités. Revue d'histoire des comptabilités,* juin 2019, https://journals.openedition.org/comptabilites/. Sur le cas viennois, désormais bien connu, voir aussi Mark Hengerer, « Herz der Hofkammer – haubt buech über das universum Die kaiserliche Hofbuchhaltung zwischen Transaktionsdokumentation und Staatsgestaltung (16. bis 18. Jahrhundert) », Gerhard Fouquet, dir., *Hofwirtschaft : ein ökonomischer Blick auf Hof und Residenz in Spättmittelalter und Frûher Neuzeit,* Ostfildern, Thorbecke, 2008, p. 191-240.

16. F. Persson, « Splendour at a Price », art. cit., p. 157-158.

17. Carlos Gomez Centurión, « La Reforma de las casa reales del marqués de La Ensenada », *Cuadernos de Historia Moderna,* 1998, n° 20, p. 59-83.

18. Voir la citation dans R. G. Asch, « The Court of Charles I », art. cit., p. 143, lettre de Garrad à Wentworth du 16 décembre 1637 : « The Court is now filled with all the families of every mean courtier, dwelling houses are daily erected in every corner of the mewse proper only for stables, the King's servants wait pell-mell without any order, lodge still in court, and feed there though the be out of their month or quarter, places are sold at strange rates all the court over, which makes men prey upon the King in the execution of the lowest places. »

19. Kirsten Aschengreen Piacenti, « La cour de Florence au xviiie siècle », dans Catherine Arminjon et Béatrix Saule, dir., *Tables royales et festins de cour en Europe, 1661-1789,* Paris, La Documentation française/ École du Louvre, p. 118.

20. Sur la gestion de ce genre d'objets par le Garde-Meuble de la Couronne au xviiie siècle, voir Stéphane Castelluccio, *Les Collections royales d'objets d'art de François Ier à la Révolution,* Paris, éditions de l'Amateur, 2002, p. 177-190.

21. Yves Carlier, dir., *Le xviiie siècle aux sources du design,* Paris, Faton/Château de Versailles, 2014.

22. Les Écuries consomment au milieu du XVIIe siècle en Espagne 2 millions de kilogrammes d'orge (J. JURADO SANCHEZ, « La financiación de la Casa Real española », art. cit., p. 61). Sur les véhicules et les équipages, voir aussi chapitre 10.
23. Archives nationales (Paris), O[1] 2809, « Mémoire ».
24. María DEL CARMEN et Simón PALMER, *La Alimentación y sus circunstancias en el Real Alcázar de Madrid*, Madrid, Instituto de estudios madrileños, 1982.
25. Pauline LEMAIGRE-GAFFIER, *Administrer les Menus Plaisirs du Roi. La cour, l'État et les spectacles*, Ceyzérieu, Champ Vallon, 2016, chap. 10.
26. Archives nationales (Paris), O[1] 2809, « Mémoire » (issu de l'administration des Menus Plaisirs, dans les décennies 1760-1770).
27. P. LEMAIGRE-GAFFIER, « Les Menus Plaisirs et l'économie des funérailles royales au XVIIIe siècle », dans Gérard Sabatier, dir., *Le Roi est mort !*, Paris, Tallandier, 2015, p. 118-125 et p. 322-324.
28. K. ASCHENGREEN PIACENTI, « La cour de Florence au XVIIIe siècle », art. cit.
29. William R. NEWTON, *Derrière la façade. Vivre au château de Versailles au XVIIIe siècle*, Paris, Perrin, 2008, p. 131, 145 (pour la citation de N. Tessin).
30. F. PERSSON, « Splendour at a Price », art. cit., p. 153-154.
31. Au XVIIe siècle, les officiers du gobelet reçoivent ainsi leur vin et leur vin de la desserte de la table du roi tandis que les gentilshommes servants en reçoivent les viandes (Bénédicte LECARPENTIER-BERTRAND, *Du corps royal au corps domestique. Les consommations de la cour de France au XVIIe siècle (v. 1594- v. 1670)*, thèse de doctorat, UPEC, 2016, à paraître aux PUR en 2025, p. 431-436 ; tous les exemples qui suivent sur les consommations alimentaires de la cour de France sont tirés de la 2e partie de cet ouvrage). Sur les différentes catégories de personnes habilitées à manger à la cour d'Espagne, voir María de los Ángeles PÉREZ SEMPER, « La Alimentación en la corte española del siglo XVIII », *Cuadernos de Historia Moderna*, 2003, p. 153-197.
32. D'après J. SANCHEZ JURADO (« La financiación de la Casa Real española », art. cit., p. 60), la *Casa Real* dépense plus en volaille qu'en viande bovine à la fin du XVIIe siècle (sur le poisson, *ibid.*, n. 28, p. 63), tendance confirmée au XVIIIe siècle d'après M. A. PÉREZ SEMPER.
33. Sur les produits des tables royales et des rations alimentaires des officiers au XVIIIe siècle, voir M. A. PÉREZ SEMPER, « La Alimentación... », art. cit., p. 154-162 et p. 174-175.
34. Philippa GLANVILLE, « Repas à la cour des Stuart », dans C. ARMINJON et B. SAULE, dir., *Tables royales et festins de cour..., op. cit.*, p. 164.
35. Assia IVANOVNA ROMANENKO, « Table et festin de cour en Russie au XVIIe siècle. Usages et traditions », dans C. ARMINJON et B. SAULE, dir., *Tables royales et festins de cour..., op. cit.*, p. 341-342.
36. David M. MITCHELL, « Le linge de table dans les cours européennes aux XVIIe et XVIIIe siècles », dans C. ARMINJON et B. SAULE, dir., *Tables royales et festins de cour..., op. cit.*, p. 129.

37. B. Lecarpentier-Bertrand, *Du Corps du roi…, op. cit.*, 1re partie.
38. Jasmine Gherram, *Marchands suivant la cour et fournisseurs à la cour de France. Approche institutionnelle et sociale, XVIIe-XVIIIe siècles*, mémoire de Master 2, Université Paris 1, 2007.
39. En Espagne, ce sont les *contratos de obligación de abasto*, portant notamment sur l'approvisionnement en viande (voir J. Jurado Sanchez, « La financiación de la Casa Real española », art. cit., p. 60).
40. C'est par exemple le 2e poste de dépense après l'approvisionnement alimentaire à la cour d'Espagne où la rémunération représente environ ¼ des dépenses (*ibid.*).
41. Andreas Pečar, *Die Ökonomie der Ehre. Höfischer Adel am Kaiserhof Karls VI*, Darmstadt, Wissenschaftliche Buchgesellschaft, 2003, p. 110.
42. On renverra ici aux travaux de Michael Sonnenscher et de Jean-Yves Grenier.
43. Sur ce point, on renverra aux travaux pionniers de Daniel Roche, de Jon Stobart et de Peter Rauscher.
44. Matthieu Da Vinha, *Dans la garde-robe de Marie-Antoinette*, Paris, RMN/Grand Palais, 2018.
45. En 1744, ces « linges des bains » comportent notamment des chemises de bains et des draps de fonds de cuve (Archives nationales (Paris), O1 2865, fº 11 rº-13 vº). Voir aussi sur ce point chapitre 10.
46. Cette prérogative figure en bonne place dans la liste des revenus du premier gentilhomme de la Chambre au milieu du XVIIIe siècle : « […] Plus 500 lt pour trois paires de drap d'hollande qui sont employés dans la dépense du linge de la Chambre […] / Plus les deux Robes de chambre d'Été et d'hyver avec les deux toilettes, qui appartiennent aussy au premier Gentilhomme de la chambre en année qui valent bien au moins 500 lt / Et à la fin de l'année tout le dit linge de la Chambre qui coûte ordinairement 4 000 lt appartient au Premier Gentilhomme de la Chambre ; il vaut bien 2 000 lt parce que le Roy s'en sert très peu. » (« Fonctions et revenus de la charge de Premier Gentilhomme de la chambre du Roy », dans *Receuil des Differens Mémoires et Décisions Pour le service du Roy*, fº 120-121 (Collection de manuscrits français de Waddesdon Manor, nº 435).
47. Benoît Carré, *Pensions et pensionnaires de la monarchie au XVIIIe siècle. De la grâce royale à la redistribution de l'État*, thèse de doctorat, Université de Lille, 2018 (à paraître aux Presses du Septentrion), p. 67-89.
48. Cité par Cordula Bauer, *Construire la cour au quotidien. Artisans et serviteurs à la cour de Bavière*, thèse de doctorat, Université Paris 1, 2023, tome 2, p. 501.
49. Mathieu Marraud, *La Noblesse de Paris au XVIIIe siècle*, Paris, Seuil, 2000, p. 341.
50. Frédérique Leferme-Falguières, *Le Monde des courtisans. La haute noblesse et le cérémonial de cour. XVIIe-XVIIIe siècles*, thèse de doctorat, Université Paris 1, 2004, t. II, p. 433.
51. *État de la France* (1683) cité et commenté par Mathieu Da Vinha, *Les Valets de chambre de Louis XIV*, Paris, Perrin, 2004, p. 280-284.
52. J. Duindam, *Vienna and Versailles, op. cit.*, p. 112.

53. *Ibid.*, p. 114-115 et 122-128.
54. C. Bauer, *Construire la cour au quotidien, op. cit.*, t. 2, p. 383 et 392.
55. Archives nationales (Paris), O^1 2809, « Mémoire ».
56. Frédéric Garrigues, « Circuits économiques, comptabilité et contrôle administratif. Le cas des trésoriers à la cour de France au xviiie siècle », dans M. Aymard et M. A. Romani, dir., *La Cour…, op. cit.*, p. 169-182. Voir aussi les travaux de Serge Castelluccio sur le Garde-Meuble de la Couronne, dans la France des xviie et xviiie siècles.
57. Voir les travaux de Jean-Pierre. Labatut sur les ducs et pairs.
58. On renvoie notamment ici aux travaux pionniers de Natacha Coquery.
59. Pauline Ferrier-Viaud, *Épouses de ministres. Une histoire sociale du pouvoir féminin sous Louis XIV*, Ceyzérieu, Champ Vallon, 2022. Sur Vienne, voir Katrin Keller, *Hofdamen. Amtsträgerinnen im Wiener Hofstaat des 17. Jahrhunderts*, Vienne, Böhlau, 2005.
60. R. G. Asch, "The Court of Charles I", art. cit., p. 145.
61. C. Bauer, *Construire la cour au quotidien, op. cit.*, t. 2, p. 466.
62. Dominique Margairaz, Anne Conchon, Vincent Demont, Guillaume Garner, Pauline Lemaigre-Gaffier et Corine Maitte, *L'Économie des grâces. Les privilèges d'entreprise dans l'Europe moderne. xve-xviiie siècle (Angleterre, France, Mantoue, Nuremberg, Toscane, Piémont, Saxe, Venise)*, à paraître aux Éditions de la Sorbonne en 2026, chap. 5. Les données figurant dans le tableau sont également issues de cette enquête.
63. Flavie Leroux, Les *Maîtresses du roi*, Ceyzérieu, Champ Vallon, 2020, p. 341.
64. J. Duindam, *Vienna and Versailles…, op. cit.*, p. 117.

Chapitre 8
Une admirable routine : les divertissements de cour

1. Relation éditée dans le *Recueil des Gazettes nouvelles, ordinaires et extraordinaires*, Paris, Bureau d'adresses, 1671, p. 169-171.
2. Louis XIV, *Mémoires pour l'instruction du Dauphin*, Paris, Imprimerie nationale, 1992, p. 133-135.
3. Denis Pierre Jean Papillon de La Ferté, *Journal des Menus Plaisirs du Roi. 1756-1780*, Clermont-Ferrand, Paléo, p. 129 (1767).
4. REFERENCE MANQUANTE
5. Marine Roussillon, *Don Quichotte à Versailles. L'imaginaire médiéval du Grand Siècle*, Ceyzérieu, Champ Vallon, 2022.
6. Beatrix von Wolff Metternich, « Les surtouts des manufactures allemandes de porcelaine : iconographie et symbolique », dans Catherine Arminjon et Béatrix Saule, dir., *Tables royales et festins de cour en Europe*, Paris, La Documentation française/École du Louvre, 2004, p. 303-312.

7. Natalia I. Kazakévitch, « Cérémonial et décoration des tables d'apparat à la cour de Russie », dans *ibid.*, p. 345-389.
8. Michael Kiene, « Fêtes et cérémonies à Rome », dans *Pannini, Les dossiers du Musée du Louvre*, Paris, Éditions de la Réunion des Musées nationaux, 1992, p. 29-62.
9. Vincent Maroteaux, *Marly, L'autre Palais du Soleil*, Genève, Vögele éditions, 2002, p. 68.
10. *Mémoires de Frédérique Sophie Wilhelmine Margrave de Bayreuth, sœur de Frédéric le Grand, depuis l'année 1706 jusqu'à 1742, écrits de sa main*, Mercure de France, 1967, p. 446.
11. Chantal Grell, *Louise Marie de Gonzague (1611-1667), reine de Pologne : passion et politique à la cour des Vasa*, Paris, Honoré Champion, t. II, p. 599-600.
12. Eva Seemann, *Hofzwerge. Kleinwüchsige Menschen an deutschsprachigen Fürstenhöfen der Frühen Neuzeit*, Göttingen, Wallstein, 2023.
13. *Mémoires de Frédérique Sophie Wilhelmine Margrave de Bayreuth, op. cit.*, p. 446.
14. Journal intime du comte Fredrik Sparre, dans *Ma chère amie... Billets de la duchesse Charlotte de Sudermanie à Sophie de Fersen*, Paris, Mercure de France, 2018, p. 69-71.
15. Madame d'Aulnoy, *Relation du voyage d'Espagne*, Paris, 1691, p. 567.
16. Sur les pratiques savantes à la cour de France aux xviie et xviiie siècles, voir le corpus réunis dans le cadre de la préparation de l'exposition « Sciences et curiosités à la cour de Versailles » qui s'est tenue au château de Versailles en 2010-2011 : https://chateauversailles-recherche.fr/francais/ressources-documentaires/corpus-electroniques/corpus-raisonnes/les-pratiques-savantes-a.html
17. Ch. Grell, *Louise Marie, op. cit.*, t. II, p. 595-597 (citation d'une « Lettre écrite par un gentilhomme polonais de Varsovie le 22 décembre 1647 sur une merveilleuse proposition de voler en l'air, faite au roi de Pologne », *Gazette*, 1648, n° 9).
18. Déborah Blocker, *Instituer un « art ». Politiques du théâtre dans la France du premier xviie siècle*, Paris, Honoré Champion, 2009.
19. Roger Chartier, « George Dandin, ou le social en représentation », *Annales. Histoire, Sciences Sociales*, 49/2, 1994, p. 277-309. Parmi les nombreuses bases de données en développement sur le théâtre dans l'Europe des Lumières (notamment sur Londres avec les sites *London Stage* et *Theatronomics*), signalons notamment la base de données CESAR (Calendrier électronique des spectacles sous l'Ancien Régime : https://cesar.huma-num.fr/cesar2/) qui rense entre autres les représentations théâtrales à la cour.
20. Lettre de Pierre des Noyers du 9 février 1663 et lettre du duc d'Enghien du 22 février 1664 citées par Ch. Grell, *Louise Marie, op. cit.*, t. II, p. 591.
21. Les livres de fêtes ont donné lieu ces dernières décennies à différents programmes de recherche, ayant pu déboucher sur la mise en ligne de nombreux documents comme « *Livres de fête de la Bibliothèque de l'Institut national d'histoire de l'art, collections Jacques Doucet (xvie-xviiie siècles)* », https://agorha.inha.fr/ark:/54721/11 ou encore la base de données mise en ligne par l'Université d'Oxford (https://festivals.

mml.ox.ac.uk/index.php?page=home) dont les données excèdent largement le cadre curial. Voir également les travaux et publications de la Society for European Festivals Research (https://warwick.ac.uk/fac/arts/ren/festivals/).

22. Sur les périodiques à l'époque moderne et leurs rapports au monde et aux nouvelles des cours, voir par exemple Dinah Ribard et Marion Brétéché, « Qu'est-ce qu'un mercure au temps du *Mercure galant* ? », *xvii*[e] *siècle*, 2016/1, p. 9-22.

23. Marine Roussillon, « Roi danseur, roi guerrier : force et galanterie dans le Divertissement royal », dans Laura Naudeix, dir., *Molière à la cour :* Les Amants magnifiques *en 1670*, Rennes, PUR, 2020.

24. D. P. J. Papillon de La Ferté, *Journal*, *op. cit.*, p. 188 (1770).

25. Samantha Owens, dir., *Music at German courts, 1715-1760: Changing Artistic Priorities*, Woodbridge, Boydell Press, 2015.

26. À titre d'exemple, on peut mentionner le CD adjoint à la biographie de Ferdinand III par Mark Hengerer (2012).

27. Nicolas Morales, *L'Artiste de cour dans l'Espagne du xviii*[e] *siècle : étude de la communauté des musiciens au service de Philippe V, 1700-1746*, Madrid, Casa de Velázquez, 2007.

28. L'office est créé en 1545, sous Marie Tudor et est place sous l'autorité du Lord chambellan : le maître des divertissements coordonne artistes et artisans depuis Londres, foyer matériel et artistique des spectacles curiaux donnés dans les différentes résidences royales (Olivier Spina, *Une ville en scènes. Pouvoirs et spectacles à Londres sous les Tudors (1525-1603)*, Paris, Garnier, 2013, p. 329-437).

29.. Sur le répertoire du théâtre de cour, Pauline Lemaigre-Gaffier, « Tradition et modernité dans le répertoire de cour de la Comédie-Française. Les Menus Plaisirs et le cérémonial au xviiie siècle », *Comparatismes en Sorbonne*, n° 1, 2010, http://www.crlc.paris-sorbonne.fr/ et « Représentation théâtrale et cérémonial royal. Les spectacles de cour des théâtres privilégiés à l'époque des Lumières » dans Sabine Chaouche, Denis Herlin et Solveig Serre, dir., *L'Opéra de Paris, la Comédie-Française et l'Opéra-Comique (1672-2010) : approches comparées*, Paris, École nationale des Chartes, 2012, p. 75-89.

30. P. Lemaigre-Gaffier, *Administrer les Menus Plaisirs du roi. La cour, l'État et les spectacles dans la France des Lumières*, Ceyzérieu, Champ Vallon, 2016, notamment chap. 9-12.

31. Élisabeth Caude, Jérôme de La Gorce et Béatrix Saule, dir., *Fêtes et divertissements à la cour*, Paris/Versailles, Château de Versailles/Gallimard, 2016 (catalogue de l'exposition au Château de Versailles).

32. V. Maroteaux, *Marly*, *op. cit.*, p. 65.

33. David Hennebelle, *Les Concerts de la Reine (1725-1768)*, Lyon, Symétrie, 2015.

34. *Mémoires de Frédérique Sophie Wilhelmine Margrave de Bayreuth, op.cit.*, p. 424.

35. Britta Kägler, « Gesang, Kostüm oder Stück. Musiktheater als Element frühneuzeitlicher Politik am Beispiel der Höfe in München und Stuttgart », dans Elisabeth

NATOUR et Andrea ZELLER, dir., *Musik und Politik im Europa der Frühen Neuzeit*, Cologne, Böhlau, 2024, p. 246-278.
36. *Rois & mécènes. La cour de Savoie et les formes du rococo. Turin, 1730-1750*, Turin, Silvana, 2015, p. 46.
37. Mélanie TRAVERSIER, *Gouverner l'Opéra. Une histoire politique de la musique à Naples, 1767-1815*, Rome, École française de Rome, 2009, p. 57.
38. Philippe BEAUSSANT et Patricia BOUCHENOT-DÉCHIN, *Les Plaisirs de Versailles. Théâtre et Musique*, Paris, Fayard, 1996 ; Raphaël MASSON, « Le théâtre de cour à Versailles au XVIIIe siècle », dans Robert CARVAIS et Cédric GLINEUR, dir., *L'État en scènes. Théâtres, opéras, salles de spectacles du XVIe au XIXe siècle. Aspects historiques, politiques et juridiques*, Paris, Lextenso/CEPRISCA, p. 173-187.
39. *Mémoires de Frédérique Sophie Wilhelmine Margrave de Bayreuth, op. cit.*, p. 449.
40. Cité par Nathalie GENET-ROUFFIAC, *Jacques II : le roi qui voulut être saint*, Paris, Belin, 2012, p. 244.
41. Citation extraite de Mélanie TRAVERSIER, *Le Journal d'une reine. Marie-Caroline de Naples dans l'Italie des Lumières*, Ceyzérieu, Champ Vallon, p. 233.
42. C. Meli, O. Rabinovitch, D. Ribard, M. ROUSSILLON, N. Schapira et A. Viala, « Écrits de Versailles », dans Groupe de recherche interdisciplinaire sur l'histoire du littéraire, *Écriture et action, XVIIe-XIXe siècle. Une enquête collective*, p. 218.
43. Kirsten ASCHENGREEN PIACENTI, « La cour de Florence au XVIIIe siècle », dans C. ARMINJON et B. SAULE, dir., *Tables royales et festins de cour en Europe, op. cit.*, p. 119

Chapitre 9
Entre social et biologique, le corps curialisé

1. *Mémoires de la comtesse de Boigne*, Paris, Mercure de France, 1999, p. 22.
2. Ernst KANTOROWICZ, *Les deux corps du roi : essai sur la théologie politique au Moyen âge*, Paris, Gallimard, 2019.
3. Ralph GIESEY, *Le Roi ne meurt jamais. Les obsèques royales dans la France de la Renaissance*, Paris, Flammarion, 1987 ; *Cérémonial et puissance souveraine. France XIVe-XVIIe siècles*, Paris, Cahiers des Annales, n° 41, 1987.
4. Alain BOUREAU, *Le Simple Corps du roi. L'impossible sacralité des souverains français, XVe-XVIIe siècles*, Paris, éd. de Paris/Max Chaleil, 2000.
5. Stanis PEREZ, *La Santé de Louis XIV. Une biohistoire du Roi-Soleil*, Seyssel, Champ Vallon, 2007.
6. Louis MARIN, *Le Portrait du Roi*, Paris, Éditions de Minuit, 1979 ; Marie-Claude CANOVA-GREEN, *Faire le roi. L'autre corps de Louis XIII*, Paris/Versailles, Fayard/CRCV, 2018.
7. Pierre DIONIS, *Cours d'opérations de chirurgie démontrées au Jardin royal*, Paris, d'Houry, 1714, p. 242.

8. Rappelons que Charles Ier, accusé de vouloir instaurer une monarchie de type absolue, fut exécuté en 1649, plus d'un siècle avant Louis XVI.
9. Erin Griffey, « Births » dans Erin Griffey, dir., *Early Modern Court Culture*, Routledge, 2022, p. 190-205.
10. Helen Watanabe-O'Kelly, « Consorts and Court Ladies », dans *op. cit.*, p. 37-54.
11. Sur ce nouveau paradigme qui propose d'envisager la monarchie (et la cour) par le prisme de la dynastie, voir les travaux de Jeroen Duindam (*Dynasties: A Global History of Power 1300-1800*, Cambridge, Cambridge University Press, 2015) ainsi que de Jonathan Spangler (A.M.S.Rodrigues, M. Santos Silva, J. Spangler, *Dynastic Change: Legitimacy and Gender in Medieval and Early Modern Monarchy*, Routledge, 2019 ; J. Spangler, *Monsieur: Second Sons in the Monarchy of France, 1550-1800*, Routledge, 2022 ; pour une synthèse, voir *id.*, « Wider Kinship Networks » dans E. Griffey, dir., *Early Modern Court Culture, op. cit.*, p. 55-65).
12. Une illustration a pu en être donnée à propos des pratiques musicales dans Anne-Madeleine Goulet, dir., *Les Foyers artistiques à la fin du règne de Louis XIV (1682-1715) : musique et spectacles*, Turnhout, Brepols, 2019.
13. Ronald G. Asch, « The Court of Charles I. Some Reflections on the Social and Economic Role of the Court in Early Stuart England », dans Maurice Aymard et Marzio A. Romani, dir., *La Cour comme institution économique*, Paris, éditions de la MSH, 1998.
14. Anaëlle Herrewyn, *La Maison de Mesdames, filles de Louis XV*, Mémoire de Master 2, UVSQ/Université Paris-Saclay, 2020.
15. Expression d'un contemporain de Louise de Savoie empruntée par Éliane Viennot et Kathleen Wilson-Chevalier pour le titre de l'ouvrage qu'elles ont co-dirigé : *Royaume de fémynie. Pouvoirs, contraintes, espaces de liberté des femmes, de la Renaissance à la Fronde*, Paris, Honoré Champion, 1999.
16. Nadine Akkerman et Birgit Houben, dir., *The Politics of Female Households: Ladies-in-waiting across Early Modern Europe*, Leyde, Brill, 2014. Sur le cas français : Caroline zum Kolk et Kathleen Wilson-Chevalier, dir., *Femmes à la cour de France. Charges et fonctions, xve-xviie siècle*, Villeneuve-d'Ascq, Presses du Septentrion, 2018.
17. Pierre Nevejans, *La Cour nid d'espions. Caterina Gazzetti, une espionne à la cour de Catherine de Médicis*, Lille, Hobg, 2024.
18. Marie-Karine Schaub et Isabelle Poutrin, « Introduction – Pour une histoire européenne des princesses », dans M.-K. Schaub et I. Poutrin, dir., *Femmes et pouvoir politique. Les princesses d'Europe, xve-xviiie siècle*, Paris, Bréal, 2007, p. 43-44.
19. María Victoria López-Cordón Cortezo, « Entre damas anda al juego : las camareras mayores de Palacio en la edad moderna », *Cuadernos de Historia Moderna*, 2003, p. 128-129.
20. Jehanne Fleury, *Servir la reine. La Maison de la reine Marie Leczszynska (1725-1768)*, thèse de l'École nationale des Chartes, 2023, p. 40.
21. Cité par H. Watanabe-O'Kelly, « Consorts and Court Ladies », art. cit.

22. *Ibid. ;* M. V. López-Cordón Cortezo, « Entre damas anda al juego... », art. cit., p. 130-131.
23. Fabian Persson, *Women at the Early Swedish Court: Power, Risk and Opportunities*, Amsterdam, Amsterdam University Press, 2021, p. 79 et *sq*.
24. Sara J. Wolfson, « The Female Bedchamber of Queen Henrietta Maria : Politics, Familial Networks and Policy, 1626-640 », dans N. Akkerman et B. Houben, dir., *The Politics of Female Households, op. cit.*, p. 311-341.
25. Voir par exemple, sur le rôle de Henriette-Marie dans l'attribution de monopoles économiques relevant du patronage royal, Caroline Hibbard, « Henrietta Maria in the 1630s : Perspectives on the Role of Consort Queens in Ancien Régime courts », dans Ian Atherton and Julie Sanders, *The 1630s : Interdisciplinary Essays on Culture and Politics in the Caroline Era*, Manchester, Manchester University Press, 2006, p. 92-110.
26. Tout le paragraphe est basé sur Fanny Cosandey, « Les préséances à la cour des reines de France », dans M.-K. Schaub et I. Poutrin, dir., *Femmes et pouvoir politique, op. cit.* p. 271-274.
27. Archives nationales, O1 195, f. 6, charge de surintendant agréée au président Hénault, 26 juillet 1753, citée par J. Fleury, *Servir la reine..., op. cit.*, p. 62.
28. Mélanie Traversier, *Le Journal d'une reine. Marie-Caroline de Naples dans l'Italie des Lumières*, Ceyzérieu, Champ Vallon, 2017, chap. 6.
29. Susan Broomhall et Jacqueline van Gent, « Corresponding Affections: Emotional Exchange Among Siblings in the Nassau Family », *Journal of Family History*, 34/2, 2009. Sur ce point, voir aussi les travaux de Katrin Keller sur les princesses allemandes (synthèse en anglais dans *The Politics of Female Households, op. cit.*).
30. M. Victoria López-Cordón Cortezo, « Reinas madres, reinas hijas. Educación, política y correspondencia en las cortes dieciochescas », *Historia y Política*, 2014, n° 31, p. 49-80.
31. Alain Hugon, « Mariages d'État et sentiments familiaux chez les Habsbourg d'Espagne », dans I. Poutrin et M.-K. Schaub, *Femmes et pouvoir politique, op. cit.*, p. 80-102.
32. *Ibid.*, p. 94-95.
33. Stanis Perez, « L'hygiène de Louis XIV » dans Mathieu Da Vinha, Catherine Lanoë et Bruno Laurioux, dir., *Cultures de cour, cultures du corps, XIVe-XVIIIe siècles*, Paris, PUPS, 2011, p. 87.
34. Ronan Bouttier, « Les bains royaux de Fontainebleau à Versailles », dans *ibid.*, p. 209-226.
35. Nicolas Besogne, *État de la France*, 1698, t. I, p. 353.
36. Pauline Lemaigre-Gaffier, *Administrer les Menus Plaisirs du Roi. L'État, la France et les spectacles dans la France des Lumières*, Ceyzérieu, Champ Vallon, 2016, p. 287-288. La *camarera mayor* avait de même la responsabilité exclusive de la propreté du lit de la reine d'Espagne.

37. Stanis Perez, « Louis XIV ou la virilité absolue ? », dans Alain Corbin, Jean-Jacques Courtine et Georges Vigarello, dir., *Histoire de la virilité*, t. 1 : *L'invention de la virilité. De l'Antiquité aux Lumières*, Paris, Seuil, 2011, p. 256-287.
38. C. Jones, « Les dents du roi », dans M. Da Vinha, C. Lanoë, et B. Laurioux, dir., *Cultures de cour, cultures du corps, op. cit.*, p. 97-111 ; Stanis Perez, « Les rides d'Apollon : l'évolution des portraits de Louis XIV », *Revue d'histoire moderne et contemporaine*, 2003/3, p. 62-95.
39. *Lettres de la princesse Palatine (1672-1722)*, Paris, Mercure de France, 1981, p. 201.
40. Louis de Saint-Simon, *Mémoires*, Paris, 1879-1928, t. XIII, p. 196.
41. Cité par C. Jones, art. cit., p. 107.
42. Lettre de l'abbé Galiani à Mme d'Épinal, en 1778, citée par M. Traversier, *Le Journal d'une reine, op. cit.*, p. 153.
43. Dépêche du 20 mars 1784, éditée dans *Négocier sur un volcan. Dominique-Vivant Denon et sa correspondance de Naples avec le comte de Vergennes, 1782-1785*, édition critique par Françoise Janin sous la direction et avec une introduction de Jean-Claude Waquet, p. 301.
44. *Mémoires, fragmens historiques et correspondance de Madame la duchesse d'Orléans*, éd. Ph. Busoni, Paris, Paulin, 1832, p. 45.
45. M. Traversier, *Le Journal d'une reine, op. cit.*, p. 132-147.
46. Lettre de Marie-Caroline de Naples à son frère l'empereur Joseph II, le 16 février 1782, citée dans *ibid.*, p. 140.
47. E. Griffey, art. cit. ; Emmanuelle Berthiaud, « La grossesse invisible : la représentation des reines et des princesses enceintes à la cour de France (XVIIe-XIXe siècles) », dans Pascale Mormiche et Stanis Perez, dir., *Naissance et petite enfance à la cour de France. Moyen-Âge-XIXe siècle*, Villeneuve-d'Ascq, Presses universitaires du Septentrion, 2016, p. 139-153 ; Pascale Mormiche, *Donner vie au royaume. Grossesses et maternités à la cour de France*, Paris, CNRS éditions, 2022.
48. Alice Leroy, « The Fault is that she is my wife » : L'ambivalence des représentations d'Henriette-Marie (1625-1649) », *Sillages critiques*, n° 30, 2021, https://journals.openedition.org/sillagescritiques/11369.
49. Archivo Histórico Nacional (Madrid), legajo 4068, dépêche n° 181.
50. E. Griffey, art. cit., p. 190 sq.
51. Sylvène Édouard, *Le Corps d'une reine. Histoire singulière d'Élisabeth de Valois, 1546-1568*, Rennes, PUR, 2009.
52. C. Jones, art. cit., p. 108-109.
53. Tobias George Smolett, *Voyages à travers la France et l'Italie*, André Fayot éd., Paris, José Corti, 1994 : lettre VII, 12 octobre 1763. Sur le maquillage et les cosmétiques, Catherine Lanoë, *La Poudre et le fard. Une histoire des cosmétiques de la Renaissance aux Lumières*, Seyssel, Champ Vallon, 2008.
54. Catherine Lanoë, *Les Ateliers de la parure. Savoirs et pratiques des artisans en France, XVIIe-XVIIIe siècles*, Ceyzérieu, Champ Vallon, 2024.

55. Cité par Marie-France Noël, « Prendre ses aises... », dans M. Da Vinha, C. Lanoë et B. Laurioux, dir., *Cultures de cour, cultures du corps, op. cit.* p. 245.
56. *Souvenirs d'un page à la cour de Louis XVI*, 1983, p. 212-213.
57. Eugénie Pascal, « Princesses épistolières au tournant du xvie au xviie siècle: Consommatrices de culture, mécènes et/ou propagandistes? » dans Kathleen Wilson-Chevalier, dir., *Patronnes et mécènes en France à la Renaissance*, Saint-Etienne, Publications de l'Université de Saint-Etienne, 2007, p. 101-131.
58. Albane Forestier, « La figure du petit-maître est-elle subversive ? Peur de l'effémination et idéal masculin au Siècle des Lumières », *Apparence(s)*, 2022, n° 12, https://journals.openedition.org/apparences/4225
59. Sur ces thématiques appréhendées dans la longue durée, on peut écouter les cours de Patrick Boucheron, professeur au Collège de France, des années 2023-2024 (*Politiques de l'amour*) et 2024-2025 (*Le Sexe du pouvoir*) : https://www.college-de-france.fr/fr/chaire/patrick-boucheron-histoire-des-pouvoirs-en-europe-occidentale-xiiie-xvie-siecle-chaire-statutaire/events.
60. Voir le colloque organisé à Paris en juin 2025 sur « La violence à la cour » co-organisé par Fanny Giraudier, Nicolas Le Roux et Caroline zum Kolk.
61. Luc Grosshans, *Des Enfants à la cour. Versailles, seconde moitié du* xviiie, thèse de l'École nationale des Chartes, 2025.
62. Sophie Jolivet, « La construction d'une image : Philippe le Bon et le noir (1419-1467) », dans Natacha Coquery et Isabelle Paresys, dir., *Se vêtir à la cour en Europe (1400-1815)*, Lille, Presses de l'Université Charles-de-Gaulle-Lille 3, 2011, https://journals.openedition.org/apparences/1307.
63. Marie Chiozzotto, « Les apparences vestimentaires de Louis XV : la composition de la garde-robe du souverain pour l'année 1772 », *Apparence(s)*, 2012, https://journals.openedition.org/apparences/1179.
64. H. Watanabe-O'Kelly, art. cit.
65. Voir les contributions à ce sujet dans Pierre Arizzoli-Clémentel et Pascale Gorguet-Ballesteros, dir., *Fastes de cour et cérémonies royales. Le Costume de cour en Europe (1650-1800)*, Paris, RMN, 2009.
66. Philip Mansel, *Dressed to Rule: Royal and Court Costume from Louis XIV to Elizabeth II*, New Haven, Yale University Press, 2005.
67. Comte de Creutz, *La Suède et les Lumières. Lettres de France d'un Ambassadeur à son Roi (1771-1783)*, Marianne Molander Beyer, éd., Paris, Michel de Maule, 2006 : lettre 62.
68. Bénédicte Lecarpentier-Bertrand, *Du corps royal au corps domestique : les consommations de la cour de France au* xviie *siècle (v. 1594- v. 1670)*, thèse de doctorat, UPEC, 2016 (à paraître aux PUR en 2025), 3e partie.
69. Jean-François Dubost, *Marie de Médicis. La reine dévoilée*, Paris, Payot, 2009.
70. *Mémoires de Charles-Louis baron de Pöllnitz*, t.1, Liège, Joseph Demen, p. 292.
71. Pauline Lemaigre-Gaffier, *Administrer les Menus Plaisirs du Roi. La cour, l'État et les spectacles*, Ceyzérieu, Champ Vallon, 2016, p. 287.

72. Aurélie Châtenet-Calyste, *Une consommation aristocratique, fin de siècle. Marie-Fortunée d'Este, princesse de Conti, 1731-1803*, Limoges, PULIM, 2013.
73. Voir sur ce sujet les contributions dans *Fastes de cour, op. cit.*
74. Pascale Gorguet-Ballesteros, « Petite étude du grand habit à travers les mémoires quittancés de la comtesse d'Artois (1773-1780) », dans N. Coquery et I. Paresys, dir., *Se vêtir à la cour en Europe, op. cit.*, en ligne : *https://journals.openedition.org/apparences/1325* ; Ophélie Koziar, *Dans les secrets de la Garde-Robe de la Comtesse d'Artois. Espace, réseaux, contenu, échanges et fonctionnement d'une institution centrale de la mode*, Mémoire de Master 2, Université Paris 1, 2018.
75. Hannah Greig, « Faction and Fashion : The Politics of Court Dress in Eighteenth-Century England », dans N. Coquery et I. Paresys, dir., *Se vêtir à la cour en Europe, op. cit.*, en ligne : https://journals.openedition.org/apparences/1311.

Chapitre 10
Une histoire environnementale des cours

1. *Nueste Reisen durch Deutschand, Böhmen, Ungarn, die Schweiz, Italien und Lothrigen*, Hanovre, 1751, p. 695.
2. Louis de Rouvroy, duc de Saint-Simon, *Mémoires*, Paris, Gallimard, Bibliothèque de la Pléiade, 1987-1990, t. II, p. 1031-1033.
3. Jan Synowiecki, *Paris en ses jardins. Nature et culture urbaines dans Paris au XVIIIe siècle*, Ceyzérieu, Champ Vallon, 2021, p. 21.
4. Chandra Mukerji, *Territorial Ambitions and the Gardens Of Versailles*, Cambridge, Cambridge University Press, 1997, p. 37-38.
5. *The Gardens of the National Palace of Queluz*, Lisbonne, Imprensa nacional, 2011, p. 22 et 26.
6. Pour une synthèse sur l'historiographie des jardins, voir J. Synowiecki, *Paris en ses jardins, op. cit*, p. 11-30.
7. Michel Jeanneret, *Versailles. Ordre et chaos*, Paris, Gallimard, 2012.
8. Grégory Quenet, *Versailles. Une histoire naturelle*, Paris, La Découverte, 2015.
9. Louis de Rouvroy, duc de Saint-Simon, *Mémoires, op. cit.*, t. IV, p. 1008-1009.
10. Lettre citée par Margot Paget, *Les Marchés de fleurs ornementales à Paris, 1750-1789*, thèse de l'École nationale des Chartes, 2024. p. 125.
11. Sylvie Nail, « En quête de l'authentique : la restauration du *Privy Garden* à Hampton Court », *Bulletin de la société d'études anglo-américaines des XVIIe et XVIIIe siècles*, b° 49, 1999, p. 361-375.
12. Ce paragraphe s'appuie largement sur M. Paget, *Les Marchés de fleurs..., op. cit.*
13. *Ibid.*, p. 122 : « Les amateurs de Flore ont été de tout temps fort curieux de conserver les belles Fleurs avec leurs couleurs et dans leur forme naturelle » (*Journal économique*, août 1752, p. 21).

14. G. Quenet, *Versailles, op. cit.*, p. 149-155.
15. Sur ce point, voir notamment les travaux d'E. P. Thompson.
16. Brent Elliot, « Changing Fashions in the Conservation and Restoration of Gardens in Great-Britain », *Bulletin du Centre de recherche du château de Versailles*, 2010, http://journals.openedition.org/crcv/10764.
17. Herbert Karner, dir., *Die Wiener Hofburg 1521-1705: Baugeschichte, Funktion und Etablierung als Kaiserresidenz*, Vienne, Verlag der Österreichischen Akademie der Wissenschaften, 2014.
18. Monique Mosser et Georges Teyssot, dir., *Histoire des jardins de la Renaissance à nos jours*, Paris, Flammarion, 1991, p. 153-155.
19. Jacques Moulin, dir., *Le Buffet d'eau de Trianon. Une œuvre, une restauration*, Paris, RMN Éditions, 2023.
20. Xavier Salmon, *Versailles. Les chasses exotiques de Louis XV*, Paris, RMN Éditions, 1995.
21. Vincent Cochet et Oriane Beaufils, *Oudry, peintre de courre. Les chasses royales de Louis XV*, Paris, RMN Éditions, 2024.
22. Edith Gabrielli, dir., *La Palazzina di Caccia di Stupinigi*, Florence, Leo S. Olschki Editore, 2014.
23. Joan Pieragnoli, *Le Prince et les animaux. Une histoire zoologique de la cour de Versailles au siècle des Lumières (1715-1792)*, Bruxelles, Éditions de l'Université de Bruxelles, 2021.
24. J. Pieragnoli, *La Cour de France et ses animaux, op. cit.*, p. 17.
25. Mark Hengerer et Nadir Weber, « Introduction », dans M. Hengerer et N. Weber, dir., *Animals and Courts: Europe, c. 1200-1800*, Berlin/Boston, De Gruyter/Oldenbourg, 2020, p. 6.
26. Fabian Persson, « Unruly Display : The Challenges of Working with Animals in Swedish Royal Spectacle », dans *ibid.*, p. 274
27. Magdalena Bayreuther, « Royal Equipage on its Way: Carriages and Court Ceremonial in Eigthteenth-Century Munich », dans *ibid.*, p. 241.
28. John Villiers, « Horses, Bulls, and Cavaleiros at the Portuguese Court 1640-1800 », dans *ibid.*, p. 153-171.
29. Voir notamment, Daniel Roche et Daniel Reytier, dir., *Les Écuries royales du XVIe au XVIIIe siècle*, Paris/Versailles, Association pour l'Académie d'art équestre de Versailles/Château de Versailles, 1998 et les importants développements consacrés aux Écuries dans les tous volumes coordonnés par José Mártinez Millán sur la cour d'Espagne des Habsbourg.
30. D'après Daniel Roche, *La Gloire et la puissance. Essai sur la distinction équestre*, Paris, Fayard, 2011, p. 57-59.
31. Lettre de Bolle Luxdorp, citée par F. Persson, art. cit., p. 270-271.
32. M. Bayreuth, art. cit.
33. William Cavendish, *Méthode et invention nouvelle et extraordinaire de dresser les chevaux*, Anvers, Jacques van Moers, 1667.

34. J. Villiers, art. cit.
35. F. Persson, art. cit., p. 270-271.
36. J. Villiers, art. cit.
37. J. Pieragnoli, *La Cour de France et ses animaux, op. cit.*, p. 268. Le paragraphe s'appuie plus largement sur cet ouvrage.
38. J. Pieragnoli, *Le Prince et ses animaux*, p. 269 (annexe sur les chiens anglais).
39. Mélanie Traversier, *Le Journal d'une reine. Marie-Caroline de Naples dans l'Italie des Lumières*, Ceyzérieu, Champ Vallon, 2017, p. 212, 234 et 236.
40. J. Pieragnoli, *Le Prince et ses animaux, op. cit.*, p. 163.
41. G. Quenet, *Versailles, op. cit.*, p. 124.
42. Catarina Simões, « Non-European Animals and the Construction of Royalty at the Renaissance Portuguese Court », dans M. Hengerer et N. Weber, dir., *Animals and Courts, op. cit.*, p. 55-77.
43. Annemarie Jordan-Gschwend, *The Story of Süleyman: Celebrity Elephants and Other Exotica in Renaissance Portugal*, Zurich, Pachyderm Productions, 2010.
44. J. Pieragnoli, *La Cour de France et ses animaux, op. cit.*
45. *Les Amours de Psyché et Cupidon* (1669), cité dans *ibid.*, p. 231.
46. Alexandre Maral et Nicolas Milovanovic, dir., *Les Animaux du roi*, catalogue d'exposition, château de Versailles du 12 octobre 2021 au 13 février 2022, Paris, Lienart, 2021.
47. Tout ce paragraphe s'appuie sur J. Pieragnoli, *Le Prince et ses animaux, op. cit.*, chap. VIII.
48. Carlos Gómez-Centurión, *Alhajas para soberanos. Los animales reales en el siglo xviii : de las leoneras a las mascotas de cámara*, Valladolid, Junta de Castilla y León, 2011.
49. Id., « Curiosidades vivas. Los animales de América y Filipinas en la Ménagerie real durante el siglo XVIII », *Anuario de Estudios Americanos*, 2009, 66/2, p. 181-211.
50. F. Persson, art. cit., p. 279-280.
51. Katherine McDonogh, « A woman's Life : the Role of Pets in the Lives of Royal Women at the Courts of Europe from 1400-1800 », dans M. Hengerer et N. Weber, dir., *Animals and Courts, op. cit.*, p. 323-342.
52. C. Gómez-Centurión, « Curiosidades vivas », art. cit., p. 195-200.
53. Lettre à Etienne Polier de Bottens du 23 août 1706, citée par J. Pieragnoli, *La Cour de France et ses animaux, op. cit.*, p. 298.
54. Tomohiro Kaibara, « Moncrif, historien des chats. Masculinité et émotion dans la France des Lumières », *Clio. Femmes, Genre et Histoire*, 2022/1, p. 69-90.
55. Vigneul-Marville, *Mélanges d'histoire et de littérature*, Paris, Prudhomme, 1713, t. III, p. 14.
56. K. McDonogh, art. cit.
57. Andrea Erb, « Triton as a friend : A Dog's Life at the Dessau Court, c. 1798-1811 », dans M. Hengerer et N. Weber, dir., *Animals and Courts, op. cit.*, p. 343-359.

Chapitre 11
Rencontres curiales.
Pour une histoire connectée des cours princières

1. Lettre de Horace Walpole à George Montagu (22 juillet 1761), dans *Yale Edition of Horace Walpole's Correspondence*, Yale University Press, 48 vol., 1937-1983, vol. 9, p. 378-379, citée par Clarissa CAMPBELL ORR, dans « Marriage in a Global Context: Charlotte of Mecklenburg-Strelitz, Queen of Great Britain and Ireland », dans Helen WATANABE-O'KELLY et Andy MORTON, dir., *Queens Consort, Cultural Transfer and European Politics, c. 1500-1800*, Londres, Routledge, 2016, p. 109.
2. Sur la rencontre comme révélateur des modalités d'interaction réussies ou manquées, continues ou épisodiques, entre deux sociétés, voir Romain BERTRAND, *L'histoire à parts égales. Récits d'une rencontre, Orient-Occident, XVIe-XVIIe siècle*, Paris, Seuil, 2011.
3. Sanjay SUBRAHMANYAM, *L'Éléphant, le canon et le pinceau. Histoires connectées des cours d'Europe et d'Asie, 1500-1750*, Paris, Alma Éditeur, 2015 (trad. fç de *Courtly Encounters: Translating Courtliness and Violence in Early Modern Eurasia*, Harvard University Press, 2012).
4. Jeroen DUINDAM, « Le centre dynastique en Europe et en Asie. Une comparaison idéale », dans Marcelo FANTONI, dir., *The Court in Europe*, Rome, Bulzoni, 2009, p. 444-445.
5. Voir en particulier : Aloys WINTERLING, *Der Hof der Kurfürsten von Köln 1688–1794. Eine Fallstudie zur Bedeutung „absolutistischer" Hofhaltung*, Röhrscheid, 1986 et la critique sévère de Norbert Elias dans Emmanuel LE ROY LADURIE, *Saint-Simon ou le système de la Cour*, Paris, Fayard, 1997.
6. Jeroen DUINDAM, *Myths of Power: Norbert Elias and the Early Modern European Court*, Amsterdam, Amsterdam University Press, 1994.
7. Voir notamment Nicolas LE ROUX, *Le Roi, la Cour, l'État de la Renaissance à l'absolutisme*, Seyssel, Champ Vallon, 2013, p. 53 *sq.*
8. Christian JOUHAUD, *Sauver le Grand-Siècle ? Présence et transmission du passé*, Paris, Seuil, 2007.
9. *Réfutation du* Prince *de Machiavel*, dans *Œuvres de Frédéric le Grand*, tome VIII (*Œuvres philosophiques*, t. I), Rodolphe Decker, 1848, p. 209.
10. Voir par exemple Gérard SABATIER et Margarita TORRIONE, dir., *¿ Louis XIV espagnol ? : Madrid et Versailles, images et modèles*, Paris, Éditions de la Maison des Sciences de l'Homme, 2009 et Mathieu DA VINHA, Flavie LEROUX et Gérard SABATIER, dir., *Le Mythe de Versailles et l'Europe des cours, XVIIe-XXe siècles, Bulletin du Centre de recherche du château de Versailles*, 2023, n° 23, https://journals.openedition.org/crcv/.
11. Thomas DACOSTA KAUFMANN, *Court, Cloister and City: The Art and Culture of Central Europe 1450-1800*, Londres, Weidenfeld & Nicolson, 1995, p. 325-327.

12. Jacques Moulin, dir., *Buffet d'eau de Trianon : une oeuvre, une restauration*, Paris, RMN Editions, 2023.
13. Sophie Omère, *Jeux d'eau à La Granja. Les fontainiers français en Espagne au xviiie siècle*, Paris, École des Mines, 2021.
14. Julius Bernhard von Rohr, *Einleitung zur Ceremoniel-Wissenschafft der grossen Herren*, Berlin, Rüdiger, 1733, p. 76.
15. Friedrich Carl von Moser, *Teutsches Hof-Recht*, Andreä in Comm., 1754-1755, p. 46.
16. Voir les témoignages d'Edward Daniel Clark, *Travels in Various Countries of Scandinavia, Including Denmark, Sweden Norway, Lapland and Finland*, Cadell, 1838 et de Pierre-Marie-Louis de Boisgelin de Kerdu, *Voyage de deux Français dans le nord de l'Europe*, Desenne, 1796, t. II.
17. Édité dans *Ma chère amie… billets de la duchesse Charlotte de Sudermanie à Sophie de Fersen*, Le Mercure de France, 2018.
18. Samuel John Klingensmith, *The Utility of Splendor: Ceremony, Social Life, and Architecture at the Court of Bavaria, 1600-1800*, Chicago, University of Chicago Press, 1993.
19. Charles Louis baron de Pöllnitz, *Neue Nachrichten*, Francfort, 1739, t. 2, p. 30.
20. Henriette Graf, *Die Residenz in München. Hofzeremoniell, Innenräume und Moblierung von Kurfürst Maximilian I. bis Kaiser Karl VII.*, Munich, Bayerische Schlösserverwaltung, 2002.
21. Charles Louis baron de Pöllnitz, *Neue Nachrichten*, Francfort, 1739, t. 2, p. 30.
22. Sophie von La Roche, *Journal d'un voyage a travers la France*, 1785, Saint-Quentin de Baron, Éditions de l'Entre-deux-Mer, 2012, p. 145.
23. Julius Bernhard von Rohr, *Einleitung zur Ceremoniel-Wissenschafft der Privat-Personen*, Berlin, Rüdiger, 1728.
24. Rahul Markovits, « L'"Europe française", une domination culturelle ? Kaunitz et le théâtre français à Vienne au xviiie siècle », *Annales. Histoire Sciences Sociales*, 2012/3, p. 717-751, en particulier, p. 717-737 et p. 746-750.
25. Corinne Thépaut-Cabasset, « Garde-robe du souverain et réseau international : l'exemple de la Bavière dans les années 1680 », dans Natacha Coquery et Isabelle Paresys, dir., *Se vêtir à la cour en Europe (1400-1815)*, IRHiS/Centre de recherche du château de Versailles, 2011, p. 177-193 (en ligne : *https://books.openedition.org/irhis/3158*).
26. Pauline Lemaigre-Gaffier, *Administrer les Menus Plaisirs du Roi. La cour, l'État et les spectacles dans la France des Lumières*, Champ Vallon, Ceyzérieu, 2016, p. 314-323.
27. Catherine Désos, *Les Français de Philippe V. Un modèle nouveau pour gouverner l'Espagne (1700-1724)*, Strasbourg, Presses universitaires de Strasbourg, 2009.
28. Éric Hassler, « Mes estats estant situés entre l'Allemagne et la France il faudra prendre de l'un et de l'autre. Vienne, Versailles, Lunéville : réflexions sur les "modèles"

de cour au début du XVIIIe siècle », dans Anne MOTTA, dir., *Échanges, passages et transferts à la cour du duc Léopold (1697-1729)*, Rennes, PUR, 2017, p. 151-165.
29. Éric HASSLER, « *Lien de deux États, ornement de deux Cours* : Marie Antoinette à Strasbourg en mai 1770 ou comment deux puissances peuvent s'accorder sans abdiquer. Pour une approche connectée des cours princières », *Revue d'histoire diplomatique*, 2022-3, p. 253-275.
30. Paul KEENAN, *St Petersburg and the Russian Court... op. cit.*
31. Assia IVANOVNA ROMANENKO, « Table et festin de cour en Russie au XVIIe siècle. Usages et traditions », dans Catherine ARMINJON et Béatrix SAULE, dir., *Tables royales et festins de cour en Europe, 1661-1789*, Paris, La Documentation française/ École du Louvre, p. 128.
32. *Mémoires de Frédérique-Sophie Wilhelmine, Margrave de Bayreuth, soeur de Frédéric-le-Grand, depuis l'année 1706 jusqu'à 1742, écrits de sa main*, Mercure de France, 2001, p. 345.
33. *Hyacinthe Rigaud ou le portrait soleil*, Catalogue de l'exposition au château de Versailles, Château de Versailles/Fatou, 2020.
34. Miguel MORAN TURINA, *El arte en la corte de Felipe V*, Catalogue de l'exposition au Prado, Patrimonio nacional/Fundación Caja Madrid / Museo nacional des Prado, 2002.
35. Voir les contributions de Jo HEDLEY et Anne DE HERDT dans Xavier SALMON, dir., *De soie et de poudre. Portraits de cour dans l'Europe des Lumières*, Arles, Actes Sud, 2003.
36. Nicole DUPONT-PIERRART, *Claire de Gonzague, comtesse de Bourbon-Montpensier (1464-1503). Une princesse italienne à la cour de France*, Villeneuve d'Ascq, Presses universitaires du Septentrion, 2017, p. 145-176.
37. Voir les travaux de Jean-François DUBOST, *La France italienne*, XVIe-XVIIe siècles, Paris, Aubier, 1997 ; *Marie de Médicis. La reine dévoilée*, Paris, Payot, 2009.
38. Stefano CASCIU, « Ana Maria Luisa, Electress Palatine: Last Art Patron and Collector of the Medici Dynasty », dans Giovanna BENADUSI et Judith C. BROWN, dir., *Medici Women: The Making of a dynasty in Grand Ducal Tuscany*, Centre for Reformation and Renaissance, 2015, p. 322-346.
39. C. CAMPBELL ORR, « Marriage in a global context... », art. cit., p. 119-121 et p. 122-123.
40. R. Malcolm SMUTS et Melina J. GOUGH, dir., « Queens and the International Transmission of Political Culture. Introduction », *The Court historian*, 2005, 10/1, p. 1-13. Leeds BARROLL, *Anna of Denmark, Queen of England: A Cultural Biography*, Philadelphie, University of Pennsylvania, 2001.
41. Aurélie CHÂTENET-CALYSTE, « Réseaux commerciaux autour de la cour de Lunéville. La circulation des objets pour le service du duc Léopold (1698-1729) », dans Ariane FENNETAUX, Anne-Marie MILLER-BLAISE et Nancy ODDO, dir., *Objets nomades. Circulations matérielles, appropriations et formation des identités à l'ère de la première mondialisation, XVIe-XVIIIe siècles*, Turnhout, Brepols, 2020, p. 237-251.

42. Notice de Philippe Haudrère dans Érick Noël, dir., *Dictionnaire des gens de couleur dans la France moderne*, Genève, Droz, 2011, t. I : *Paris et son bassin*, p. 260 (la citation des *Mémoires d'une portraitiste* de Mme Vigée-Lebrun en est également extraite).
43. Antoine Lilti, « Comment peut-on être Tahitien ? Ahoturu à Paris (1769) », dans Pascal Bastien et Simon McDonald, dir., *Paris et ses peuples au XVIIIe siècle*, Paris, Éditions de la Sorbonne, 2020, p. 179-193 (le témoignage du président de Brosses est cité dans l'article).
44. Dieudonné Gnammankou, *Abraham Hanibal, l'aïeul noir de Pouchkine*, Paris, Présence africaine, 1996.
45. Archives nationales (Paris), Z1D 139 (16/09/1774) ; voir É. Noël, dir., *Dictionnaire des gens de couleur, op. cit.*, introduction et p. 341-346.
46. Anne Perrin-Khelissa, *Luxe intime. Essai sur notre lien aux objets précieux*, Paris, CTHS, 2020, p. 49.
47. J. Duindam, « Le centre dynastique en Europe et en Asie », art. cit.
48. Archives nationales (Paris), Colonies, C/1/23, f° 47-51 : « État général des présents, avec leur prix (1687) », cité par Giorgio Riello, « La Culture matérielle de la diplomatie. Les cadeaux diplomatiques des ambassades françaises au Siam à la fin du XVIIe siècle : entre réciprocité et incommensurabilité », dans A. Fennetaux, A.-M. Miller-Blaise et N. Oddo, dir., *Objets nomades, op. cit.*, p. 43-44.
49. S. Subrahmanyam, *L'Éléphant, le canon et le pinceau, op. cit.*, p. 222-273.
50. Antoine Durand, « Restitution des palais européens du Yuanmingyuan », *Arts asiatiques*, n° 43, 1988, p. 123-133.
51. Michel Cartier, dir., *Giuseppe Castiglione, dit Lang Shining, 1688-1766*, Lausanne, Favre, 2004. Voir aussi Marie-Laure de Rochebrune, dir., *La Chine à Versailles. Art et diplomatie au XVIIIe siècle*, Paris, Somogy, 2014.
52. H. Hantsch, éd., *Quellen zur Geschichte des Barocks, op. cit.*, t. I, p. 148-149 : lettre du 17 février 1708.
53. Luca Zimonyi, « Le calendrier illustré parisien du XVIIIe siècle entre l'almanach mural et l'almanach de cabinet (1716- 1789) », *Nouvelles de l'estampe*, n° 271, 2024 (en ligne : *https://journals.openedition.org/estampe/5188).*
54. Johanna Daniel, « La vue d'optique, vecteur de diffusion du mythe versaillais dans la culture visuelle du XVIIIe siècle », dans M. da Vinha, F. Leroux et G. Sabatier, dir., *Le Mythe de Versailles et l'Europe des cours, op. cit.*
55. Karine Rance, « Émotion, religion et politique dans le réseau épistolaire du marquis et de la marquise de Bombelles : un couple à l'épreuve de la Terreur », *Annales historiques de la Révolution française*, 2021/3, p. 105-125.
56. Philippe Bourdin, « Mémoires d'exil : l'émigrante noblesse auvergnate », *Annales historiques de la Révolution française*, 2006/1, p. 3-27.

Bibliographie

Ne sont proposés ici que les synthèses et les titres les plus aisément accessibles, notamment en français et en anglais.

John ADAMSON dir., *The Princely Courts of Europe: Ritual, Politics and Culture under the Ancien Régime, 1500-1750*, Londres, 1999.

Marie-France AUZÉPY et Joël CORNETTE dir., *Palais et Pouvoir. De Constantinople à Versailles*, Saint-Denis, 2003.

Maurice AYMARD et Marzio A. ROMANI dir., *La Cour comme institution économique*, Paris, 1998.

Hugh Murray BAILLIE, « L'étiquette et la distribution des appartements officiels dans les palais baroques » (trad. fç.), *Bulletin du Centre de recherche du château de Versailles* [En ligne], Articles et études, mis en ligne le 22 décembre 2014, *http://crcv.revues.org/12137*.

Boris BOVE *et al.* dir., *Paris, ville de cour, XIIIe-XVIIIe siècle*, Rennes, 2017.

Monique CHATENET, *La cour de France au XVIe siècle. Vie sociale et architecture*, Paris, 2002.

Monique CHATENET, et Krista DE JONGE dir., *Le prince, la princesse et leurs logis. Manières d'habiter dans l'élite aristocratique européenne, 1400-1700*, Paris, 2014.

Julius CHROSCICKI, Mark HENGERER et Gérard SABATIER dir., *Les funérailles princières en Europe (XVIe - XVIIIe siècle*, t. I : *Le grand théâtre de la mort*, Paris, 2012 ; t. II : *Apothéoses monumentales*, Rennes, 2013 ; t. III : *Le deuil, la mémoire, la politique*, Rennes, 2015.

Joël CORNETTE dir., *Versailles*, Paris, 2010.

Fanny COSANDEY, *Le rang. Préséances et hiérarchies dans la France d'Ancien-Régime*, Paris, 2016.

Fanny COSANDEY, *Reines et mères : famille et politique dans la France d'Ancien Régime*, Paris, 2022.

Léonard COURBON et Denis MENJOT dir., *La cour et la ville dans l'Europe du Moyen Âge et des Temps Modernes*, Turnhout, 2015.

Mathieu DA VINHA, *Le Versailles de Louis XIV. Le fonctionnement d'une résidence royale au xviie siècle*, Paris, 2009.

Jeroen DUINDAM, *Vienna and Versailles: the courts of Europe's major dynastic rivals, 1550-1780*, Cambridge/New York, 2003.

Norbert Elias, *La société de cour*, (trad. fç.), Paris, 1985.

Marcello Fantoni, Georg Gorce et Malcolm Smuts dir., *The Politics of Space: European Courts ca 1600-1750*, Rome, 2009.

Marcello Fantoni dir., *The Court in Europe*, Rome, 2012.

Thomas W. Gaehtgens *et al.* dir., *Versailles et l'Europe. L'appartement monarchique et princier, architecture, décor, cérémonial*, 2 vol., Paris, 2017.

Chantal Grell et Benoît Pellistrandi dir., *Les Cours de France et d'Espagne au XVIIe siècle*, Madrid, 2007.

Erin Griffey dir., *Early Modern Court Culture*, London/New York, 2022.

Éric Hassler, *La Cour de Vienne, 1680-1740. Service de l'empereur et stratégies spatiales des élites nobiliaires dans la monarchie des Habsbourg*, Strasbourg, 2013.

Éric Hassler et Pauline Lemaigre-Gaffier, « Les sociétés de cour en Europe », dans Nicolas Le Roux dir., *Faire de l'histoire moderne*, Paris, 2020, p. 211-234.

Éric Hassler et Anne Motta dir., *Noblesses et villes de cour en Europe (XVIIe - XVIIe). La ville de résidence princière, observatoire des identités nobiliaires à l'époque moderne*, Rennes, 2021.

Mark Hengerer, *Animals and Courts, Europe, c. 1200-1800*, Berlin, 2020.

Hélène Himmelfarb, « Versailles, fonctions et légendes », *Les Lieux de Mémoire*, t. II : *La Nation*, Paris, 1985, p. 235-292

Leonhard Horowski, *Au cœur du palais. Pouvoir et carrières à la cour de France, 1661-1789*, (trad. fç.), Rennes, 2019.

Bernard Hours, *Louis XV et sa Cour. Le roi, l'étiquette et le courtisan : essai historique*, Paris, 2002.

Paul Keenan, *St Petersburg and the Russian Court, 1703-1761*, New York, 2013.

Samuel J. Klingensmith, *The Utility of Splendor: Ceremony, Social Life, and Architecture at the Court of Bavaria, 1600-1800*, Chicago, 1993.

Catherine Lanoë, Mathieu Da Vinha et Bruno Laurioux dir., *Cultures de cour, cultures du corps, XIVe-XVIIIe siècle*, Paris, 2011.

Nicolas Le Roux, *La faveur du roi. Mignons et courtisans au temps des derniers Valois*, Seyssel, 2000.

Nicolas Le Roux, *Le Roi, la cour, l'État. De la Renaissance à l'absolutisme*, Seyssel, 2013.

Emmanuel Le Roy Ladurie, *Saint-Simon ou Le système de la Cour*, Paris, 1997.

Frédérique Leferme-Falguières, *Les courtisans. Une société de spectacle sous l'Ancien Régime*, Paris, 2007.

Pauline Lemaigre-Gaffier, *Administrer les menus plaisirs du roi. La cour, l'état et les spectacles dans la France des Lumières*, Ceyzérieu, 2016.

Laurent Lemarchand, *Paris ou Versailles ? La monarchie absolue entre deux capitales (1715-1723)*, Paris, 2014.

Flavie Leroux, *Les maîtresses du roi, de Henri IV à Louis XIV*, Ceyzérieu, 2020.

Alexandre MARAL, *Le roi, la cour et Versailles, 1682-1789. Le coup d'éclat permanent*, Paris, 2013.

Pascale MORMICHE, *Donner vie au royaume. Grossesses et maternités à la cour de France, XVIIe-XVIIIe siècles*, Paris, 2022.

Pascale MORMICHE et Stanis PEREZ dir., *Naissance et petite enfance à la cour de France. Moyen Âge-XIXe siècle*, Villeneuve d'Ascq, 2016.

Anne MOTTA, *Noblesse et pouvoir princier dans la Lorraine ducale, 1624-1737*, Paris, 2015.

Anne MOTTA dir., *Échanges, passages et transferts à la cour du duc Léopold, 1698-1729*, Rennes, 2017.

William R. NEWTON, *L'espace du roi. La cour de France au château de Versailles, 1682-1789*, Paris, 2000.

William R. NEWTON, *La petite cour : services et serviteurs à la Cour de Versailles au XVIIIe siècle*, Paris, 2006.

William R. NEWTON, *Vivre à Versailles. Derrière la façade, la vie quotidienne au château*, Paris, 2014.

Isabelle PARESYS et Natacha COQUERY dir., *Se vêtir à la cour en Europe (1400-1815)*, Villeneuve-d'Ascq/Versailles, 2011.

Fabian PERSSON, *Servant of Fortune. The Swedish Court between 1598 and 1721*, Lund, 1999.

Joan PIERAGNOLI, *La cour de France et ses animaux (XVIe-XVIIe siècles)*, Paris, 2016.

Joan PIERAGNOLI, *Le prince et les animaux. Une histoire zoologique de la cour de Versailles au siècle des Lumières, 1715-1792*, Bruxelles, 2021.

Grégory QUENET, *Versailles, une histoire naturelle*, Paris, 2015.

Jacques REVEL, « la Cour », *Les Lieux de Mémoire*, t. III, 2 : *La Nation*, Paris, 1993, p. 130-178.

Gérard SABATIER, *Versailles ou la figure du roi*, Paris, 1999.

Gérard SABATIER, *Versailles ou La disgrâce d'Apollon*, Rennes/Versailles, 2016.

Gérard SABATIER, et Margarita TORRIONE dir., *¿Louis XIV espagnol ? Madrid et Versailles, images et modèles*, Paris/Versailles, 2009.

Hannah SMITH, *Georgian Monarchy: Politics and Culture, 1714-1760*, Cambridge, 2006.

Jean-François SOLNON, *La cour de France*, Paris, 1987, rééd. 2014.

Sanjay SUBRAHMANYAM, *L'éléphant, le canon et le pinceau. Histoires connectées des cours d'Europe et d'Asie, 1500-1750*, (trad. fç), Paris, 2016.

Mélanie TRAVERSIER, *Le journal d'une reine. Marie-Caroline de Naples dans l'Europe des Lumières*, Ceyzérieu, 2017.

René VERMEIR, Dries RAEYMAEKERS et José Eloy HORTAL MUÑOZ dir., *A Constellation of Courts: The Courts and Households of Habsburg Europe, 1555-1665*, Louvain, 2014.

Caroline ZUM KOLK dir., *Femmes à la cour de France : charges et fonctions (XVe-XIXe siècle)*, Villeneuve d'Ascq, 2018.

Caroline zum Kolk dir., *L'itinérance de la cour en France et en Europe, Moyen Âge-XIXe siècle*, Villeneuve d'Ascq, 2021.

Caroline zum Kolk *et al.* dir., *Voyageurs étrangers à la cour de France, 1589-1789. Regards croisés*, Rennes/Versailles, 2014.

Catalogues d'exposition

André Le Nôtre en perspectives, Paris/Versailles, 2013.

Fêtes & divertissements à la cour, Paris/Versailles, 2016.

Le roi est mort. Louis XIV, 1715, Paris/Versailles, 2015.

Louis XIV. L'homme & le roi, Paris/Versailles, 2009.

Madame de Pompadour et les arts, Paris, 2002.

Splendeurs de la cour de Saxe, Paris, 2006.

Quelques sources

Le Journal de la Cour. 1723-1785, Stéphane Castelluccio (éd.), Paris, 2022, 34, 139-140

Madame d'Aulnoy, *Relation du voyage d'Espagne*, Raymond Fouché-Delbosc (éd.), Paris, 1926.

Margrave de Bayreuth, *Mémoires de la Margrave de Bayreuth*, Paris, 1967.

Baron de Bensenval, *Mémoires du baron de Besenval sur la cour de France*, Paris, 1987.

Madame Campan, *Mémoires de Madame de Campan. Première femme de chambre de Marie-Antoinette*, Paris, 1988.

Baltasar Castiglione, *Le livre du courtisan*, (trad. fç.), Paris, 1991.

Marquis de Dangeau, *Journal d'un courtisan (1684-1720)*, 35 t., Clermont-Ferrand, 2002-2014.

Madame de Genlis, *De l'esprit des étiquettes*, Paris, 1996.

Prince de Ligne, *Mémoires du prince de Ligne*, Paris, 2004.

Lettres de la princesse Palatine (1672-1722), Paris, 1999.

Duc de Saint-Simon, *Mémoires (1691-1723)*, 8 t., Paris, 1982-1988.

Table des matières

Troisième partie
Cultures de cour

262135 - (I) - OSB 70 - BLP - NRI
Dépôt légal : juillet 2025 - N° 202506.0076
Achevé d'impression par Imprimerie CHIRAT
42540 Saint-Just-la-Pendue
Imprimé en France